冶金工业出版社

普通高等教育"十四五"规划教材

# 电子商务物流管理与实践

主　编　贾扬蕾　阙师鹏
副主编　许礼刚　刘高常　郑珂柯

北　京
冶 金 工 业 出 版 社
2022

## 内容简介

本书从电子商务与现代物流的关系入手，系统地介绍了 B2C 和 C2C 电子商务环境下的现代物流管理和实践内容。全书共分 9 章，内容包括电子商务与物流管理、电子商务采购管理、电子商务仓储管理、电子商务运输与配送管理、电子商务物流的智能化、电子商务与第三方物流、电子商务与供应链管理、电子商务物流成本管理和跨境电商与国际物流。本书侧重实用性和操作性，每章均提供了电子商务物流管理相关案例、思考题及实践训练供读者参考。

本书可作为高等学校电子商务和物流管理专业教材，也可作为电子商务及物流企业管理人员培训用书。

**图书在版编目(CIP)数据**

电子商务物流管理与实践/贾扬蕾，阙师鹏主编．—北京：冶金工业出版社，2022.8

普通高等教育“十四五”规划教材

ISBN 978-7-5024-9185-7

Ⅰ．①电…　Ⅱ．①贾…　②阙…　Ⅲ．①电子商务—物流管理—高等学校—教材　Ⅳ．①F713.365.1

中国版本图书馆 CIP 数据核字(2022)第 120564 号

**电子商务物流管理与实践**

| | | | |
|---|---|---|---|
| **出版发行** | 冶金工业出版社 | **电　　话** | (010)64027926 |
| **地　　址** | 北京市东城区嵩祝院北巷 39 号 | **邮　　编** | 100009 |
| **网　　址** | www.mip1953.com | **电子信箱** | service@mip1953.com |

责任编辑　杨盈园　美术编辑　彭子赫　版式设计　郑小利

责任校对　王永欣　责任印制　禹　蕊

北京虎彩文化传播有限公司印刷

2022 年 8 月第 1 版，2022 年 8 月第 1 次印刷

787mm×1092mm　1/16；16.25 印张；394 千字；246 页

**定价 46.00 元**

**投稿电话　(010)64027932　投稿信箱　tougao@cnmip.com.cn**

**营销中心电话　(010)64044283**

**冶金工业出版社天猫旗舰店　yjgycbs.tmall.com**

(本书如有印装质量问题，本社营销中心负责退换)

# 前　言

在信息经济时代，电子商务与现代物流互为依存。一方面，电子商务的实现需要现代物流的支撑；另一方面，社会化、专业化、全球化的经济发展，使得现代物流呈现出更多电子化、虚拟化和网络化的特征。基于这一情况，作者构建了本书的内容体系。书中相关内容力求浅显易懂，不寻求理论的深入探讨，而注重实践层面的引导。针对电子商务环境下的物流管理和实践问题，本书重点介绍了电子商务物流系统中的采购管理、仓储管理、运输与配送管理及物流信息管理等物流业务运作的原理；强调第三方和第四方物流企业的运作要领和供应链物流管理的重要性；详细介绍物流成本管理和有效物流管理的意义；介绍在经济全球化和“一带一路”的国际商务大背景下国际物流业务管理相关内容，使读者掌握国际电子商务活动中的基础和实践知识。

本书抓住物流管理的重要环节进行章节布局，结构新颖；每章配以丰富案例和实践训练，反映最新电子商务企业的物流实践活动，使读者有效提高物流管理实践能力。本书由江西理工大学贾扬蕾、阙师鹏、许礼刚、刘高常和郑珂柯编写，贾扬蕾和阙师鹏对本书的总体框架和各章节的内容进行策划，并对本书进行了统改和定稿，具体编写分工为：阙师鹏编写了第1章，许礼刚编写了第2章，贾扬蕾编写了第3~7章，刘高常编写了第8章，郑珂柯编写了第9章。江西理工大学研究生朱佳强、陈锦回等人在资料搜集及文字整理方面做了大量工作，在此表示感谢。

本书的出版得到了江西理工大学教学工程项目、江西理工大学经济管理学院培育项目（成果）资助。在本书编写过程中，编者收集了有关学校的教学资料，引用和参考了许多中外专家学者的著作和科研成果，从互联网选取了一些案例作为分析材料。在此，谨对原作者、案例撰写者表示最诚挚的谢意！

由于编者水平有限，书中疏漏之处在所难免，有些内容可能不够完善，真诚欢迎专家、读者批评指正。

编 者

2021 年 12 月

# 目　录

# 1 电子商务与物流管理

**学习目标：**

（1）掌握电子商务、现代物流的基本概念。

（2）理解电子商务与现代物流的关系。

（3）熟悉电子商务物流的运作流程。

## 1.1 电子商务与现代物流的基本概念

### 1.1.1 电子商务基本概念

#### 1.1.1.1 电子商务的定义

电子商务（Electronic Commerce，EC）顾名思义，其内容包含两个方面：一是电子方式，二是商贸活动。电子商务是为了适应以全球为市场的变化而出现和发展起来的，它可以使销售商与供应商更紧密地联系起来，尽量满足客户的需求，也可以让商家在全球范围内选择最佳供应商，在全球市场上销售产品。因此，电子商务指的是利用简单、快捷、低成本的电子通信方式，买卖双方不见面地进行各种商贸活动。

**定义 1-1** 《中国电子商务蓝皮书 2001》认为，电子商务指通过 Internet 完成的商务交易。交易的内容可分为商品交易和服务交易，交易是指货币和商品的易位，交易要有信息流、资金流和物流的支持。

**定义 1-2** 加拿大电子商务协会给电子商务的定义是：电子商务是通过数字通信进行商品和服务的买卖以及资金的转账，还包括公司间和公司内利用 E-mail、电子数据交换（EDI）、文件传输、传真、电视会议、远程计算机联网所能实现的全部功能（如市场营销、金融结算、销售以及商务谈判）。

**定义 1-3** 美国政府在《全球电子商务纲要》中比较笼统地指出：电子商务是指通过 Internet 进行的各项商务活动，包括广告、交易、支付、服务等活动，全球电子商务将会涉及全球各国。

**定义 1-4** 欧洲经济委员会在比利时首都布鲁塞尔举办了全球信息社会标准大会，会上明确提出了电子商务的定义：电子商务是各参与方之间以电子方式而不是以物理交换或直接物理接触方式完成任何形式的业务交易。这里的电子方式包括 EDI 电子支付手段、电子订货系统、电子邮件、传真、网络、电子公告系统、条码、图像处理、智能卡等。

**定义 1-5** 世界贸易组织（World Trade Organization，WTO）认为，电子商务是通过电子方式进行货物和服务的生产、销售、买卖和传递。这一定义奠定了审查与贸易有关的电子商务的基础，也就是继承关贸总协定（General Agreement on Tariffs and Trade）的多边贸易体系框架。

**定义 1-6** IBM 公司提出了一个电子商务的定义公式，即电子商务=Web+IT。它所强调的是在网络计算机环境下的商业化应用，是把买方、卖方、厂商及其合作伙伴在 Internet、企业内部网（Intranet）和企业外部网（Extranet）结合起来的应用。

**定义 1-7** 惠普公司提出，电子商务以现代扩展企业为信息技术基础结构，电子商务是跨时域、跨地域的电子化世界（Electronic World，EW），且 EW=电子商务(Electronic Commerce，EC)+电子业务(Electronic Business，EB)。惠普电子商务的范畴按定义包括所有可能的贸易伙伴，即用户、商品和服务的供应商、承运商、银行、保险公司以及所有其他外部信息源的受益人。

综合以上分析，可以对电子商务做出如下定义：电子商务是各种具有商业活动能力和需求的实体（生产企业、商贸企业、金融企业、政府机构、个人消费者等）为了跨越时空限制，提高商务活动效率，而采用计算机网络和各种数字化传媒技术等电子方式实现商品交易和服务交易的一种贸易形式。

#### 1.1.1.2 电子商务的含义

从广义上讲，电子商务不仅包括企业间的商务活动，还包括企业内部的商务活动，如生产、管理、财务等，它不仅仅是硬件和软件的结合，而且是把买家与卖家、厂家与合作伙伴通过 Internet、Intranet 和 Extranet 与原有的系统结合起来进行业务活动，在网络化的基础上重塑各类业务流程，实现电子化、网络化的运营方式。这里所指的商务不仅包含交易，而且涵盖了贸易、经营、管理、服务和消费等各个业务领域，其主题是多元化的，功能是全方位的，涉及社会经济活动的各个层面。

一般而言，电子商务应包含以下 5 方面的含义：

(1) 采用多种电子方式，特别是通过 Internet。

(2) 实现商品交易、服务交易（含人力资源、资金、信息服务等）。

(3) 包含企业间的商务活动，也包含企业内部的商务活动（生产、经营、管理、财务）。

(4) 涵盖交易的各个环节，如询价、报价、订货、售后服务等。

(5) 采用电子方式的形式，主要目的是跨越时空、提高效率。

### 1.1.2 电子商务与现代物流

#### 1.1.2.1 物流的基本概念

物流是指原材料、产成品从起点至终点及相关信息的有效流动，主要是创造时间价值和空间价值，也创造一定加工价值的过程。《中华人民共和国国家标准物流术语》对物流的定义是：物品从供应地向接收地的实体流动过程。根据这个定义，可以从以下几个方面理解物流：

(1) 物流是为实现商务价值，使实体从生产者手中转移到消费者手中的过程。

(2) 物流是一个综合性过程，这个过程包括有计划地控制物品流动和信息传递的过程，同时是创造价值的过程。

(3) 物流是产品流、商流、信息流的相互融合和统一。

物流业与储运业的主要差别在于：

(1) 物流比储运所包含的内容更广泛，一般认为物流包括运输、保管、配送、包装、装卸、流通加工及相关信息活动，而储运仅包含储存和运输两个环节，虽然其中也涉及包装、装卸、流通加工及信息活动，但这些活动并不包含在储运的概念之中。

（2）物流强调所有活动的系统化，从而达到整个物流活动的整体最优化，储运概念则不涉及存储与运输及其他活动整体的系统化和最优化问题。

（3）物流是一个现代的概念，在第二次世界大战后才在各国兴起，而在我国，储运是一个十分古老、传统的概念。

#### 1.1.2.2　物流的分类

社会经济领域中的物流活动无处不在，对于各个领域的物流，虽然其基本要素都存在且相同，但由于物流对象不同，物流目的不同，物流范围、范畴不同，形成了不同的物流类型。在对物流的分类标准方面目前还没有统一的看法，主要的分类方法有以下几种：宏观物流和微观物流；社会物流和企业物流；国际物流和区域物流。在此采用第二种分类方法对物流进行划分。

##### A　社会物流

社会物流是指超越一家一户、以社会为范畴、面向社会的物流。这种社会性很强的物流往往是由专门的物流承担人承担的，社会物流的范畴是社会经济大领域。社会物流研究再生产过程中随之发生的物流活动，研究国民经济中的物流活动，研究如何形成服务于社会、面向社会又在社会环境中运行的物流，研究社会中物流体系结构和运行，因此带有宏观性和广泛性。

##### B　企业物流

从企业角度上研究与之有关的物流活动，是具体的、微观的物流活动的典型领域。企业物流又可以区分为以下具体的物流活动。

（1）企业生产物流。指企业在生产工艺中的物流活动。这种物流活动是与整个生产工艺过程伴生的，实际上已构成了生产工艺过程的一部分。企业生产过程的物流大体为：原料、零部件、燃料等材料从企业仓库或企业的“门口”开始，进入到生产线的开始端，再进一步随生产加工过程一个一个环节地流动，在物品流动的过程中，原料、零部件、燃料等材料被加工，同时产生一些废料、余料，直到生产加工终结，再流至生产成品仓库，便终结了企业生产物流过程。过去，人们在研究生产活动时，主要注重一个一个的生产加工过程，而忽视了将每一个生产加工过程串在一起，使得一个生产周期内，物流活动所用的时间远多于实际加工的时间。所以企业生产物流的研究，可以大大缩减生产周期，节约劳动力。

（2）企业供应物流。企业为保证生产本身的节奏，不断组织原材料、零部件、燃料、辅助材料供应的物流活动，这种物流活动对企业生产的正常、高效运行起着重大作用。企业供应物流的目标不仅是保证供应，而且要以最低成本、最少消耗、最大保证来组织供应物流活动。这就给企业带来了很大的难度。企业竞争的关键在于如何降低这一物流过程的成本，可以说是企业物流的最大难点。为此，企业供应物流就必须有效解决供应网络、供应方式、零库存等问题。

（3）企业销售物流。指企业为保证本身的经营效益，不断伴随销售活动，将产品所有权转给用户的物流活动。在现代社会中，市场是一个完全的买方市场。因此，销售物流活动便带有极强的服务性，以满足买方的需求，最终实现销售。在这种市场前提下，销售往往以送达用户并经过售后服务才算终止，因此，销售物流的空间范围很大，这便是销售物流的难度所在。在这一前提下，企业销售物流的特点，便是通过包装、送货、配送等一系列物流实现销售，这就需要研究送货方式、包装水平、运输路线等，并采取各种诸如小批量、多批次、定时、定量配送等特殊的物流方式达到目的，因而，其研究范围是很宽的。

(4) 企业回收物流。企业在生产、供应、销售的活动中总会产生各种边角余料和废料，这些东西的回收是需要伴随物流活动的。而且，在一个企业中，如果回收物品处理不当，往往会影响整个生产环境，甚至影响产品的质量，也会占用很大空间，造成浪费。

(5) 企业废弃物物流。是指对企业排放的无用物进行运输、装卸、处理等的物流活动。

1.1.2.3 电子商务中物流的地位与作用

在电子商务概念模型的建立过程中，强调信息流、商流、资金流和物流的整合。其中，信息流实现了对流通过程的监控。物流是实现电子商务的保证。电子商务的一般流程如图 1-1 所示。

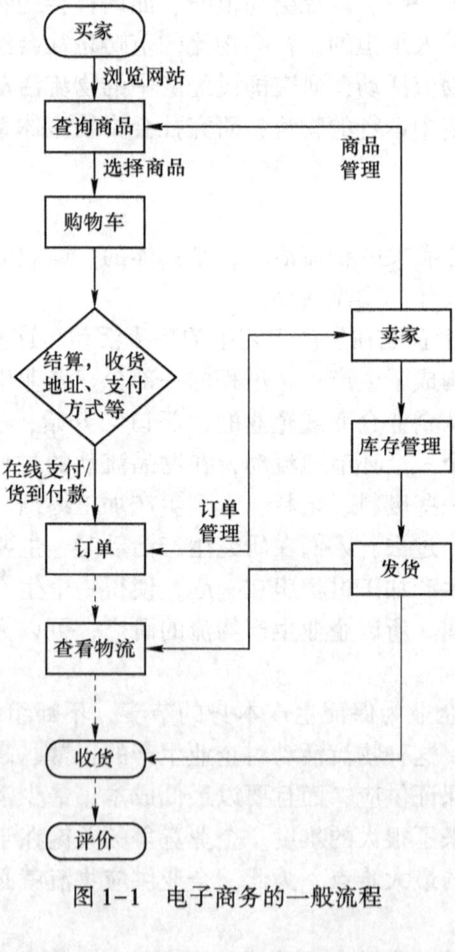


图 1-1 电子商务的一般流程

由图 1-1 可知，物流在电子商务活动中有着举足轻重的地位，物流在电子商务中有如下作用：

(1) 物流保障生产。无论是在传统的贸易方式下，还是在电子商务方式，生产都是商品流通之本，而生产的顺利进行需要各类物流活动支持。生产的全过程从原材料的采购开始，便要求有相应的供应物流活动，将所采购的材料到位，否则，生产就难以进行；在生产的各工艺流程之间，也需要原材料、半成品的物流过程，即所谓的生产物流，以实现生产的流动性；部分余料、可重复利用的物资的回收，就需要所谓的回收物流；废弃物的处理则需要废弃物物流。可见，整个生产过程实际上就是系列化的物流活动。合理化、现代化的物流，通过降低费用从而降低成本、优化库存结构、减少资金占压、缩短生产周期，保障了现代化生产的高效进行。相反，缺少了现代化的物流，生产将难以顺利进行，那么无论电子商务是多么便捷的贸易形式，仍将是无米之炊。

（2）物流服务于商流。在商流活动中，商品所有权在购销合同签订的那一刻起，便由供方转移到需方，而商品实体并没有因此而移动。在传统的交易过程中，除了非实物交割的期货交易，一般的商流都必须伴随相应的物流活动，即按照需方（购方）的需求将商品实体由供方（卖方）以适当的方式、途径向需方（购方）转移。而在电子商务环境，消费者通过上网点击购物，完成了商品所有权的交割过程，即商流过程。但电子商务的活动并未结束，只有商品和服务真正转移到消费者手中，商务活动才得以终结。

在整个电子商务的交易过程中，物流实际上是以商流的后续和服务者的姿态出现的。没有现代化的物流，任何轻松的商流活动都仍会退化为一纸空文。

（3）物流是实现“以顾客为中心”理念的根本保证。电子商务的出现，在最大程度上方便了最终消费者，他们不必再跑到拥挤的商业街，一家又一家地挑选自己所需的商品，只要坐在家里，在 Internet 上搜索、查看、挑选，就可以完成购物过程。缺少了现代化的物流技术，电子商务给消费者带来的购物便捷等于零，消费者必然会转向他们认为更为安全的传统购物方式，因此，物流是电子商务中实现以“以顾客为中心”理念的根本保证。

从以上的论述中可见，物流是电子商务重要的组成部分。我们必须摒弃原有的“重信息流、商流和资金流的电子化，而忽视物流电子化”的观念，大力发展现代化物流，以进一步推广电子商务。

## 1.2 电子商务物流与物流的电子商务化

### 1.2.1 电子商务物流的概念及特点

一般可以将电子商务物流理解为在电子商务环境下的物流。具体来说，是指基于电子化、网络化后的信息流、商流、资金流下的物资或服务的配送活动，包括数字化商品（或服务）的网络传送和实体商品（或服务）的物理传送。它包括一系列机械化、自动化工具的应用，准确、及时的物流信息对物流过程的监控，使得电子商务中物流的流动速度加快，尽量与电子商务中的其他“三流”，即信息流、商流和资金流相匹配。

电子商务时代的来临，既为物流业的发展带来了新的契机，也对物流服务提出了新的要求，带来了巨大的挑战。为了适应新的环境发展需要，能与信息流、商流、资金流进行完美对接，电子商务物流作为信息管理技术与物流作业的结合，与传统环境下的物流活动相比应该具备以下新特点。

1.2.1.1 信息化

电子商务时代，物流信息化是电子商务的必然要求。物流信息化表现为：物流信息的商品化，物流信息收集的数据库化和代码化，物流信息处理的电子化和计算机化，物流信息传递的标准化和实时化，物流信息存储的数字化等。因此，条码技术（Bar Code）、数据库技术（Database）、电子订货系统（Electronic Oedering System，EOS）、电子数据交换、快速反应（Quick Response，QR）及有效的客户反应（Effective Customer Response，ECR）、企业资源计划等技术与观念在我国的物流中将会得到普遍的应用。信息化是一切的基础，没有物流的信息化，任何先进的技术设备都不可能应用于物流领域，信息技术及计算机技术在物流中的应用将会彻底改变世界物流的面貌。

1.2.1.2 自动化

自动化的基础是信息化，自动化的核心是机电一体化，自动化的外在表现是无人化，自动化的效果是省力化。另外还可以扩大物流作业能力、提高劳动生产率、减少物流作业的差错等物流自动化的设施非常多，如条码、语音、射频自动识别系统、自动分拣系统、自动存取系统、自动导向车、货物自动跟踪系统等。这些设施在发达国家已普遍用于物流作业流程中，而在我国由于物流业起步晚，发展水平低，自动化技术的普及还需要相当长的时间。

1.2.1.3 网络化

物流领域网络化的基础也是信息化，是电子商务下物流活动的主要特征之一。这里指的网络化有两层含义：一是物流配送系统的计算机通信网络，包括物流配送中心与供应商或制造商的联系要通过计算机网络，另外与下游顾客之间的联系也要通过计算机网络通信。例如，物流配送中心向供应商提出订单这个过程，就可以使用计算机通信方式，借助于增值网（VAN）上的电子订货系统（EOS）和电子数据交换技术来自动实现，物流配送中心通过计算机网络收集下游客户的订货过程也可以自动完成。二是组织的网络化即所谓的企业内部网（Intranet）。例如，我国台湾的计算机业在20世纪90年代创造出了“全球运筹式产销模式”，这种模式的基本点是按照客户订单组织生产，生产采取分散形式，即将全世界的计算机资源利用起来，采取外包的形式将一台计算机的所有零部件、元器件、芯片外包给世界各地的制造商去生产，然后通过全球的物流网络将这些零部件、元器件和芯片发往同一个物流配送中心进行组装，由该物流配送中心将组装的计算机迅速发给订户。这一过程需要有高效的物流网络，当然物流网络的基础是信息、计算机网络。物流的网络化是物流信息化的必然，是电子商务下物流活动的主要特征之一。当今全球网络资源的可用性及网络技术的普及为物流的网络化提供了良好的外部环境，物流网络化是发展的必然趋势。

1.2.1.4 智能化

智能化是物流自动化、信息化的一种高层次应用。物流作业存在大量的运筹和决策过程，如库存水平的确定、运输或搬运路径的选择、自动导向车的运行轨迹和作业控制、自动分拣的运行、物流配送中心经营管理的决策支持等问题都需要借助于大量的知识才能解决。在物流自动化的进程中，物流智能化是不可回避的技术难题。好在专家系统、机器人等相关技术在国际上已经有比较成熟的研究成果。为了提高物流现代化的水平，物流的智能化已成为电子商务下物流发展的一个新趋势。

#### 1.2.1.5 柔性化

柔性化本来是为实现“以顾客为中心”理念而在生产领域提出的一种生产模式，其主要思想是指企业能根据消费者的需求变化来灵活调节生产和工艺。但要真正做到柔性化即真正能根据消费者需求的变化来灵活调节生产工艺，没有配套的柔性化的物流系统是不可能达到目的的。20 世纪 90 年代，国际生产领域纷纷推出弹性制造系统（FMS）、现代集成制造系统（CIMS）、制造资源系统（MRP）、企业资源计划（ERP）以及供应链管理的概念和技术，这些概念和技术的实质是要将生产、流通进行集成，根据需求端的需求组织生产，安排物流活动。因此，柔性化的物流正是适应生产、流通与消费的需求而发展起来的一种新型物流模式。这就要求物流配送中心要根据消费需求“多品种、小批量、多批次、短周期”的特色，灵活组织和实施物流作业。另外，物流设施、商品包装的标准化，物流的社会化、共同化也都是电子商务下物流模式的新特点。

### 1.2.2 物流的电子商务化

物流的电子商务化指的是电子商务环境下物流企业的电子商务化。如果从更广义的角度去理解这一概念，既可以理解为“电子商务时代的物流”，即电子商务对物流管理提出的新要求；也可以理解为“物流管理电子化”，即利用电子商务技术（主要是计算机技术和信息技术）对传统物流管理的改造。因此，物流的电子商务化可以理解为，以计算机网络技术进行物流运作与管理，实现企业间物流资源共享和优化配置的物流方式。

企业物流的电子商务化运作往往不仅包括单一企业内部对于物流作业过程的信息化，还包括在此基础上供应链中合作伙伴以信息技术为基础，协作完成整条供应链的物流运作。以供应链整体角度来理解物流的电子商务化，其流程主要包括订单处理和预生产。首先，在订单处理步骤中，企业要接收消费者的订单。消费者可以通过制造商的网站下订单，而制造商首先检查订单项目是否填写齐全，然后检查订单的付款条件，按付款条件将订单分类。只有确认支付完款项的订单才会立即自动发出。零部件的订货将转到生产数据库中，订单也随即转到生产部门进行下一步作业。用户订货后，可以对产品的生产过程、发货日期甚至运输公司的发货状况等进行跟踪。此后，进预生产阶段。在正式开始生产之前，需要等待零部件的到货，这就称为预生产。预生产的时间因消费者所订的系统不同而不同，主要取决于供应商的仓库中是否有现成的零部件。

物流的电子商务化使制造商及整条供应链的库存量大大降低，存货周转率大幅度提升，企业的毛利率和资本回报率都能得到明显的提高。首先，对于制造商，一方面可以尽量做到按单生产，减少库存风险；另一方面，可以使制造商和物流企业尽快获得用户的预付款和运费，减少对于制造商和物流企业流动资金的占压；其次，既可以满足个性化的用户需求，又通过精简的生产、销售、物流过程，省去一些中间成本，使产品价格进一步降低，同时使用户可以享受到完善的售后服务，包括物流、配送服务等。

物流电子商务化的生命力是增值性物流服务，其需要的不是普通的运输和仓储服务，而是更高质量的物流服务，除了传统的物流服务外，其还需要增值性的物流服务。因此，物流的电子商务化应包含适应客户需求的增值性物流服务，包括以下几层含义和内容。

（1）延伸服务。物流能够在当今发展得如此迅猛，是因为它的核心是成本的降低，但它的额外服务更令企业界赞不绝口。物流服务向上可以延伸到市场调查与预测、采购及订单处理；向下可以延伸到配送、物流咨询、物流方案的选择与规划、库存控制决策建议、货款回收与结算、教育与培训、物流系统设计与规划方案的制作等。

（2）降低成本，发掘第三利润源。电子商务发展的前期，物流成本居高不下，有些企业可能会因为根本承受不了这种高成本而退出电子商务领域，或者是选择性地将电子商务的物流服务外包出去，这是很自然的事情。一开始就应该寻找能够降低物流成本的物流方案。企业可以考虑的方案包括：发展电子商务采用第三方物流；电子商务经营者之间或电子商务经营者与普通商务经营者联合，采取物流共同化计划；同时，如果是具有一定销售量的电子商务企业，可以采用比较适用但投资比较少的物流技术和设施设备，或推行物流管理技术，如运筹学中的管理技术、单品管理技术、条码技术和其他信息技术等，提高物流的效率和效益，降低物流成本。

目前，如何实现物流的电子商务化已是企业面临的重要问题，而能否提供电子商务化的物流增值服务已成为衡量电子商务环境下，一个企业物流是否真正具有竞争力的标准。

### 1.2.3 电子商务物流运作流程

电子商务物流运作流程一般包含以下 4 个流程：收货、扫描发货、客服人员服务、退换货接收，如图 1-2 所示。

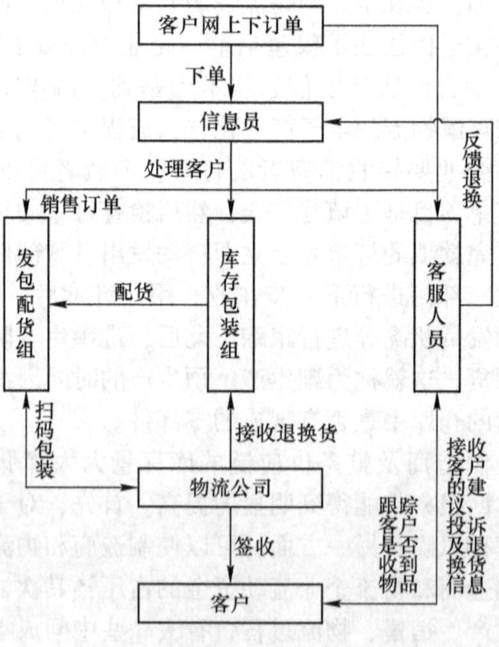


图 1-2 电子商务物流运作流程

（1）收货。货到仓库依据采购信息进行核对，核对件数、包装是否完整。待确定数量后在收货单上签字确认。确认后的商品依照收货仓位规划整齐地摆放并将货单交给账物组后进行验收。验收时必须由扫描员通过连接 ERP 系统的 POS 机进行逐个扫描。填写唛头

(唛头上应写明货号、种类、品名、颜色、尺码）并贴于收货箱的侧面。扫描结束后保存打印一式五联单据。

（2）扫描发货。库存组依据账物组验收后的销售订单进行配货，配货结束在配货单上签字确认后交给发货组。发货组接到配货组交来的物品后依据销售订单号在 ERP 系统中进行扫描查找，同时核对销售单的数量、尺码大小，如有差异即通知发货组进行更改。打印一式五联发货单据，在发货单据上签字确认连同发票一起装箱。并用本公司的专用封箱胶带进行封箱。封箱打包时必须封为“王”字形，同样填写唛头（唛头上应填写客户姓名、地址及联系方式）贴于发货箱（或包装袋）上，并填写发货明细台账。之后交给账物组进行审核并由账物组通知物流公司，物流公司人员进行交接，交接时应核对发货数量、发货地区。确认无误后在发货单上签字留底，第一联交由账物组。

（3）客服人员服务。客户需要的物品发货后应由专门的客服人员确认客户是否收到货品，并对客户所提出的疑问、建议、投诉及退换货信息进行反馈，并将信息记录下来交给部门主管，如有退换货问题则将退换货信息反馈给信息员，由信息员打印退换货单据交给库存配货组或是发货打包组，接收退货。

（4）退换货接收。库存配货组或发货打包组依据信息员打印的退换货单据来接收物流公司送回的客户退换货物品。验收的流程和收货流程一样，如遇到好的货品到客户手中，但客户退回来后变成残次品，应及时向上级主管反映处理。

## 1.3 案例1 同城配送的七大模式

当前，同城配送是一种较为新型的物流模式，这也是同城快递正在探索的新模式。我国快递业务量已经连续 4 年稳居世界第一，伴随着“足不出户”消费经济的快速发展，我国同城配送业务量逐年递增，进入高速发展时期。

同城配送被称为“最后一公里物流”，是指在同一座城市内进行配送。“美团”“饿了么”的外卖和“叮咚买菜”等都属于同城配送范畴。从事同城配送的企业有不同的配送模式。

### 1.3.1 同城配送的七大模式

#### 1.3.1.1 同城快递——顺丰、“通达系”

当前，包括顺丰、“通达系”（申通、圆通、中通、百世汇通和韵达快递五家民营快递公司的合称）等主流快递企业，都有同城快递这一业务。如上海浦东发往上海静安、北京大兴发往北京朝阳，这些都属于同城配送范畴。这些传统的快递公司同城快件都是按照频次来进行配送的。相对来说，顺丰在这方面做得较好，时效也能保证，因为它频次多，一天三、四、五个频次都有。该模式特点是业务量巨大，运输距离远，有固定的运力池，进行的是集中式高密度的投放，如图 1-3 所示。

#### 1.3.1.2 落地配——京东、丹鸟

落地配，就是指货物落地配送，重点在货物到达目的城市后的配送，至于这个货物是怎么到达这个城市的，落地配公司不管，如图 1-4 所示。

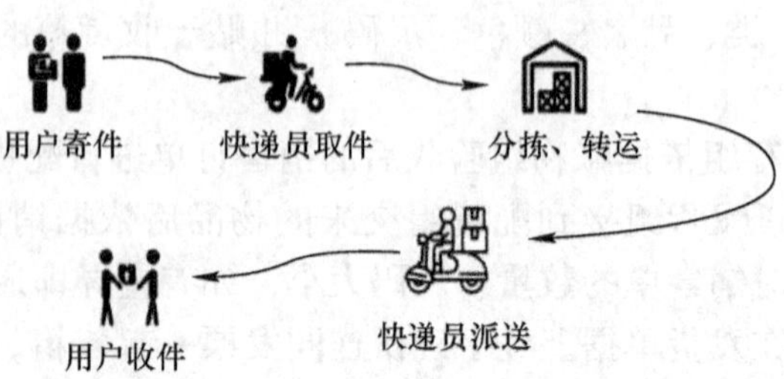


图 1-3 快递企业的同城配送业务

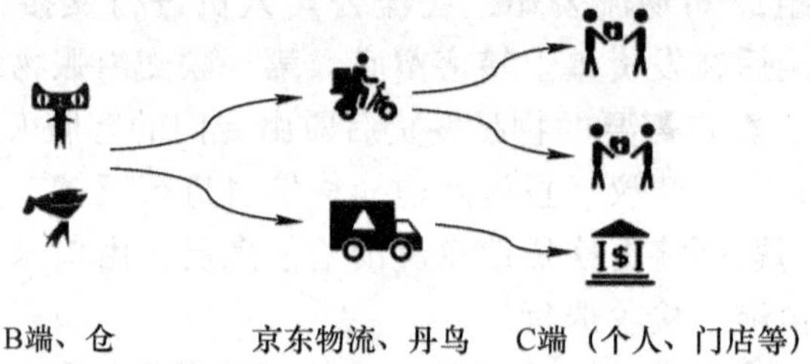


图 1-4 落地配——电商同城仓配当日达服务

京东是“落地配”模式典型的代表之一。在 2007 年京东开始自建物流的时候，采用的就是落地配的操作模式。在各大城市建立自己的电商仓，然后在城市里建立配送服务站，完成城市的“仓配一体化”。配送站的配送员在早期也承担代收货款、上门服务等职责。因为京东整个体系是自建的，所以可根据自身的战略业务需要进行资金投入和补贴，因此有着很好的服务质量和口碑。

落地配模式另一个典型代表就是菜鸟旗下的“丹鸟”。丹鸟是由菜鸟联合多家落地配公司共同推出的服务品牌，专注于提供优质的区域性、本地化配送服务。当前，在业务上，丹鸟采用了类似京东物流的仓配模式，主要服务天猫超市、电视购物等，目标是打造一张全国性的落地配网络。但近几年天猫的业务量在逐渐萎缩，边远城市的业务也在逐渐的放弃。

显然，可以看到，到目前阶段的线上零售商供应链无论是落地配还是自建物流，还只是停留在“仓+干+配”的“小的是美好”的时代，今天这些类型的业务总量日均还仅在 1000 万元之内，和上面的通达模式不是同一个量级。可见，该模式特点是业务量中等、固定的运力、集中式高密度投放、运送距离中等。

1.3.1.3 同城多频转运——全兴达、东方万邦

同城多频转运，就是在同一城市内多频次地进行转运，它的转运频次比快递企业要更多，一般为半小时转一频，如图 1-5 所示。

东方万邦是兴起这一业务类型的最早的典型企业，1993 年 3 月在上海成立。据了解，该业务模式主要是通过助动车、地铁等运输方式，通过设定的转运点和自身固定的运力，实现在城市之间进行高时效的中转和配送。因为它的整体运力有限，有些是地铁、有些是动车，所以运输价格一般较贵，一般以商务文件为主，时效平均在 2~3h 之间。可见，该模式特点是业务量随机、小，运力固定，运输距离较近，多以商务文件为主，呈现的是分散的、低密度投放结构。

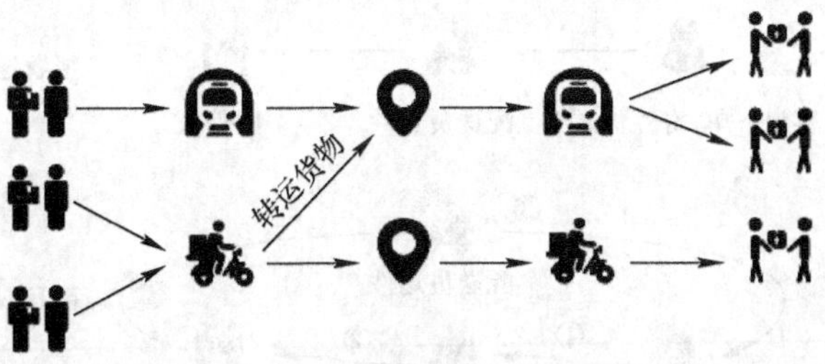


图 1-5　同城多频转运配送模式

1.3.1.4　O2O 模式——美团、蜂鸟、达达

O2O 模式，即线上到线下模式，是指将线下的商务机会与互联网结合，让互联网成为线下交易的平台，如图 1-6 所示。大家耳熟能详的外卖，就是这样一种形式。美团、蜂鸟、达达是这一模式的典型代表。

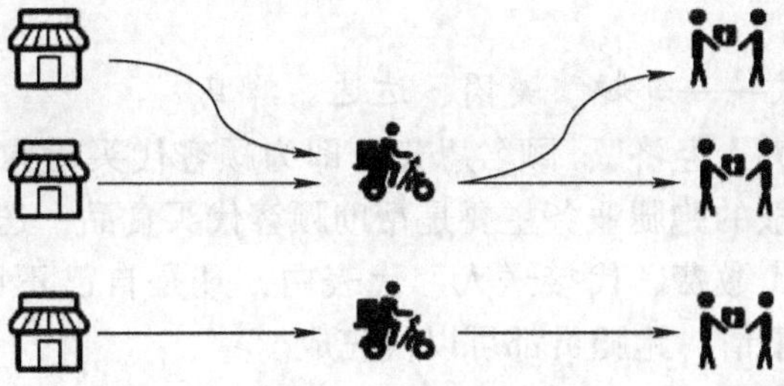


图 1-6　O2O——美团业务模式

虽然三家企业都做即时配送，但从服务对象和运力池来说也有所区别。美团配送和蜂鸟即配相似，主要围绕商圈 3km，服务于餐饮外卖、商超、生鲜果蔬、鲜花蛋糕等业务，双方运力池都有专送和众包两种形式。达达则围绕零售商的“店中仓”模式，主要服务于大卖场、标超、商超、精品超市等，同时还延伸到仓储、落地配、跑腿等业务，其运力池为专送和京东配送员。可以发现，在“双 11”和“6·18”等特殊时节，京东的订单有些也由达达骑手来承接。

该配送模式特点为业务量巨大；运输距离近，一般为 3km 范围内；配送物品多为非标商品；运力为区域性的固定运力；呈现的是一种“区域性、发散+集中”的供给结构，即配送员首先集中在某区域，然后散开（无法获知订单从哪里发出，订单的去向也是发往各地），在完成订单后配送员又集中在某一点（或区域）。

1.3.1.5　直拿直送模式——闪送、达达、美团

直拿直送是一种新型的快递模式，为用户提供专人直送，限时送达的同城递送服务，如图 1-7 所示。这种模式一般由专人配送（同城多频模式需要转手），一般半小时响应，在完成取件之后，大约 1 小时完成投递，价格相对来说较高。

目前，直拿直送模式最典型的就是由消费者自身发起的闪送。闪送服务就是说无论客户在城市的什么位置，需要递送何种物品，都可以在微信、闪送的 App 或官网下单，下单

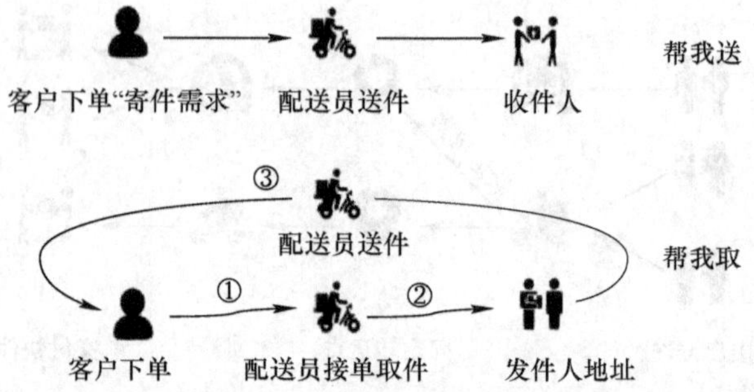


图 1-7 直拿直送——闪送"1 对 1"模式

完成后，系统会把订单推送到客户周围的闪送员手机上，闪送员就近进行抢单。从取件到送达，全程只由唯一的闪送员专门完成，平均送达时间在 60min 以内。这也和滴滴打车模式类似。可以发现，该模式特点是业务量小；运输距离较近；物品结构多为商务文件或私人物品为主；运力池为弥漫性发散结构，即配送员无法获知订单的来源，也无法预判订单的去向，是随机分布的。

1.3.1.6 跑腿模式——邻趣、美团、达达、蜂鸟

跑腿模式起源于"懒人经济"，顾名思义，即为顾客代买代购，代办事务提供有偿服务，如图 1-8 所示。一般的跑腿业务主要是帮助顾客代买食品，送餐占据总业务的 60%~70%。其他的业务则有代缴费、代接送人、代表白，凡是自己不愿意花费时间去做的事情，可以由他人代劳的事情，跑腿员都可以代完成。

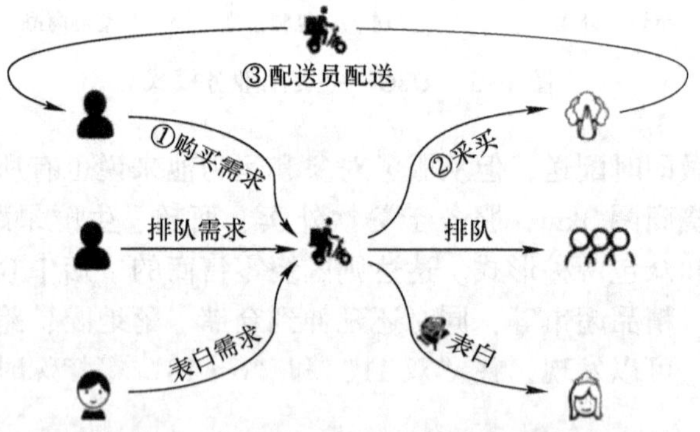


图 1-8 跑腿——邻趣业务模式

目前，市场上最典型的就是邻趣，它是一家全国领先的 C2C 跑腿服务平台，目前已覆盖上海、北京、广州和杭州 4 个城市。邻趣平台最突出的特点在于它的众包服务。其配送员多以兼职为主，有可能是物流公司专业人员，也有可能是你身边的同事、朋友，他们利用空闲时间来接单完成配送。

邻趣与闪送模式类似，但亦有所区别。比如，闪送是一对一，不接受拼单服务；邻趣通过拼单模式进行派送。闪送主要业务是商务文件取送；邻趣业务范围更广，由于涉及到众多业务，跑腿时效没有闪送快。该模式的特点是业务量小；运输距离较近；多为私人需求或物品为主；运力池与 O2O 类似，为"区域性、发散+集中"的运力结构。

#### 1.3.1.7 柔性串联模式——大马鹿

大马鹿成立于2016年，由名企高管、学术精英等复合高素质团队发起创立，致力于打造基于智能算法调度的同城极速低价物流。其利用“互联网技术+智能算法”实现同城当日达极速、低价、安全、精准送达的智能物流平台。货品实时的路径推送、透明化的载运人、灵活的用户路由更改、可追溯的异常拦截等，给用户更加安心、便捷的服务体验，如图1-9所示。

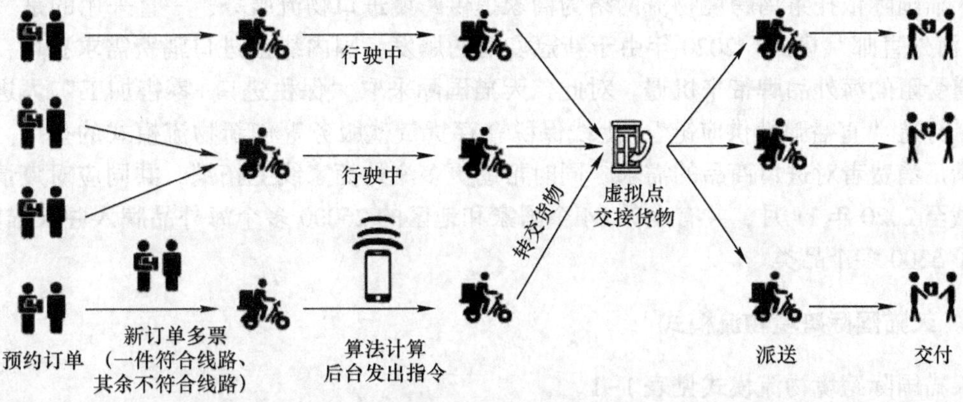


图1-9 柔性串联——大马鹿配送模式

简单来说，就是运用运筹算法的智能调度系统整合车辆资源，利用包括汽车、电动车、摩托车在内的车与车之间的协作来完成送达，司机只需要按照平台指令，在特定时间，到达特定地点，取到或送出特定货品即可。可以理解为是一种使用司机间接力方式来送货的模式。其业务模式与同城多频转运类似，但同城多频转运有固定的实体转运点，而大马鹿则用几十个虚拟的交接点（如停车位或电话亭等）来进行交接。

可见，该模式完全是基于在算法的基础上来调度配送员完成衔接任务，由于需要交接、转运等环节，其时效性则介于直拿直送和同城多频转运之间，无法承诺具体送达时间。该模式有以下特点：业务量小；运输距离较近，10km左右；为私人、非标物品居多；与直拿直送模式类似，呈现的是弥漫性发散的运力，即配送员无法预先获知订单的来源和最终去向。

### 1.3.2 总结

总体来说，这七大模式各有区别：一方面，运营模式与同城高时效配送服务需求不相匹配。高时效、服务稳定、需求随机分散、个性化强是同城配送服务需求的最大特征，而传统快递企业的分拨中转运营模式难以保障同城对高时效和高服务品质的需求；另一方面，末端运力的不匹配问题。快递企业现有人力及配送工具难以满足同城业务随机、分散且需高时效的服务需求；再者，盈利问题难以解决。虽然同城配送模式单价较高，但注意到，除同城快递、O2O模式业务量大外，其余模式需求量均较小，且随机分散，同城业务尚未形成足够的规模之前，投入产出极不平衡，短期难以盈利。

**思考题：**

(1) 从上述模式中选择两种模式进行对比，并说说各自的优缺点。

(2) 请谈谈同城配送的发展对物流行业的意义。

## 1.4 案例2 天猫国际跨境物流模式的创新

天猫国际是阿里巴巴旗下的跨境电商平台，主要是为国内消费者直供海外原装进口商品，同时也是帮助海外品牌直接触达中国消费者、建立品牌认知和消费者洞察的首选平台。自2014年2月成立以来，天猫国际已连续6年位居跨境电商市场第一位。

天猫国际依托菜鸟跨境物流网络为商家提供跨境进口物流服务，一直采用的是“保税进口+海外直邮”模式。2020年由于新冠疫情的爆发，国内线上进口消费需求猛增，为线下渠道受阻的海外品牌带来机遇。对此，天猫国际采取“保税进口+零售加工”大进口新模式、打造“直播弹性供应链”、上线保税仓存货贷款服务等创新物流模式的举措。此举不仅满足消费者对进口商品的需求，同时帮助更多海外商家线上拓销，共同应对疫情的影响。截至2020年11月，共有全球84个国家和地区的26000多个海外品牌入驻天猫国际，覆盖了5300多个品类。

### 1.4.1 天猫国际跨境物流模式

天猫国际跨境物流模式见表1-1。

**表1-1 天猫国际跨境物流模式**

<table>
<tr><th>模式</th><th colspan="2">简　介</th></tr>
<tr><td rowspan="3">保税进口模式</td><td>定义</td><td>电商企业以货物申报进入海关特殊监管区域或保税场所，境内消费者网上购物后，区内货物以物品逐批分拨配送，按物品缴纳税费和监管的一种跨境电商进口模式</td></tr>
<tr><td>适用品类</td><td>适用于标品、受到市场检验认可的热款以及大众商品</td></tr>
<tr><td>优缺点</td><td>优点：节省物流时间<br>缺点：模式较重，对平台资金、出货速度要求高</td></tr>
<tr><td rowspan="3">海外直邮模式</td><td>定义</td><td>根据是否集货又分为小包裹直邮和集货模式：小包裹模式是跨境电商直接从海外供应链处采购商品发货，通过国际物流到达国内清关，最后到消费者手里；集货模式是跨境电商通过海外仓集中订单进行采购，再通过国际物流到达国内清关</td></tr>
<tr><td>适用品类</td><td>可供选择的品类多，适用于非标和处于测试阶段的新品</td></tr>
<tr><td>优缺点</td><td>优点：模式较轻<br>缺点：物流耗时较久</td></tr>
</table>

### 1.4.2 天猫国际物流模式的创新举措

#### 1.4.2.1 首创“保税进口+零售加工”大进口新模式

2020年7月，天猫国际联合杭州综保区正式启动“保税区工厂”项目，全国首创“保税进口+零售加工”大进口新模式。这是双方在进口供应链升级上的又一新进展，也是天猫国际推进阿里巴巴5年2000亿美元进口战略取得的新成果。

“保税进口+零售加工”的模式发挥了综保区制度优势，对成熟的跨境零售进口供应链进行流程改造，将海外的成品终端加工前置到国内保税区，通过进口原料保税加工后，实现面向消费者零售、定制化销售，为商家提供了极致供应链服务。这不仅为海外品牌降本提效，更有效满足国内消费者的对于高品质、可溯源的进口短保商品的需求。

1.4.2.2 打造“直播弹性供应链”

天猫国际联合菜鸟打造“直播弹性供应链”，以部署在全国22个口岸的近200万平方米保税仓网为基础，由系统智能计算，智能定位聚合仓，实现多仓库存调拨，同时快速扩容物流能力，保障直播后的物流体验。

此前，网络主播们为保障粉丝的权益，常常要求追加赠品，但由于保税进口商品的调拨，赠品类别及数量管控都相对严格，从而让不少保税进口商品无缘直播间。而天猫国际的“直播弹性供应链”破解了这类难题，跨境商品通过天猫国际“直播弹性供应链”，系统智能计算库存和路由，将聚合仓定位在库存最多的保税仓，并自主决策将库存最多的保税仓商品调往有需求的保税仓。通过人员和车辆的紧急智能调度，加速处理原有库存。与此同时，秒级通关系统在线上就完成了保税商品进出保税区和拆包重组的海关申报。

目前，天猫国际“直播弹性供应链”已经实现30小时跨保税区备货，较市场上同类服务提速四倍，发货时效从常见的直播后10天到15天发货，提速到一边直播一边发货，是目前国内最为高效的直播供应链服务。2020年全年让上千款进口保税商品首次进入直播间，带动的成交额同比增长近400%，拉动全年实现百亿级增长。

1.4.2.3 上线保税仓存货贷款服务

为缓解商家资金及物流压力，天猫国际联合菜鸟正式推出保税仓存货贷款服务。商家只需登陆天猫国际供应链系统，进入特定板块可一站式申请存货贷款。系统会根据商家等级、信用风险、经营状况等因素进行智能化运算，提供不同等级的贷款服务，最高可申请存货货值70%的贷款金额，最快24小时就能到账。这项服务可帮助海外商家提升额外10%~40%的备货量，尤其对于海外中小商家，以及新品投入较大的跨境商家，通过该服务可确保大促前锁定货源，保障备货量。

2020年2~3月，天猫国际发布海外商家支持细则，为海外商家免除平台服务费，为100多个商家提供5亿元低息贷款，减免保税仓租、提供物流头程补贴，加快资金给付提升商家周转效率及保障备货等。随后天猫国际又联合菜鸟推出“10亿元让利计划”，包含保税订单处理费整体降低15%等让利措施。

这些举措推动海外商家加速来中国市场拓销，数据显示，2020年4月以来，天猫国际上海外新品牌入驻同比增速125%，成交额同比增长113%。

1.4.2.4 升级海外直购模式

2020年天猫国际宣布升级海外仓业务，正式发布官方跨境直邮业务“海外直购”，推出无配货买爱马仕、满299全球包邮、专机闪送全球7日达、海外专柜同步上新、官方直采海外原版五大消费者权益。与保税仓模式的标品、爆品不同，直购模式的重点是满足消费者小众化、个性化的需求。

2020年9月，天猫国际“海外直购”已在北美、欧洲、日韩、中国香港及东南亚五大区域布局100多个海外仓，在全球20多个国家和地区组建100多人的官方采购团队。与此同时，天猫国际新增10条国际空运航线和广州、北京、上海、威海、宁波五个口岸，提升货品抵达国内后的清关和配送时效。

天猫“海外直购”也为海外品牌提供了一条快速进入中国市场的高效绿色通道。海外品牌无需入驻和开店，只要将商品直接放入天猫国际海外仓即可直达中国，平台会提供包括仓储、前台运营、销售、物流及客服的一站式服务。

**思考题：**

（1）试分析天猫国际是如何进行跨境物流模式的创新的。

（2）请查找我国其他跨境电商平台的物流模式，并对比天猫国际的物流模式，谈谈看法。

## 1.5 实践训练 电子商务与物流管理

### 1.5.1 训练导图

电子商务与物流管理训练导图，如图 1-10 所示。

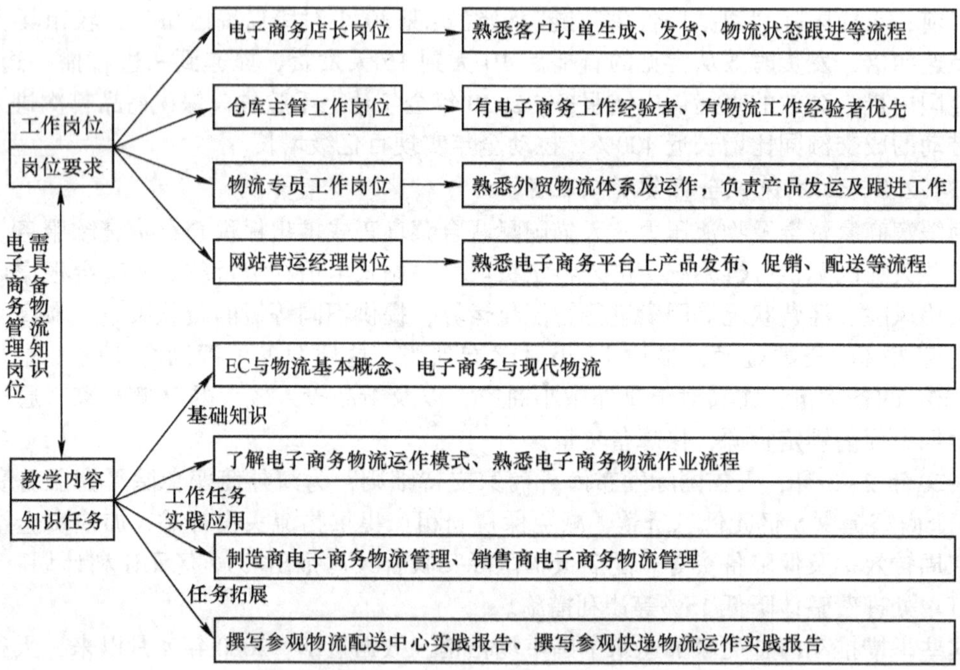


图 1-10 电子商务与物流管理训练导图

### 1.5.2 训练目标

（1）熟悉电子商务物流作业流程和主要作业环节。

（2）熟悉销售商电子商务物流管理的 3 个阶段。

（3）具备电子商务物流管理策略分析能力。

### 1.5.3 训练重点

（1）电子商务企业的 3 种主要物流运作模式。

（2）电子商务的 5 种业务模式。

### 1.5.4 训练内容

（1）了解电子商务物流运作模式。

1）了解京东电子商城的物流运作模式。

2）了解北京朝批商贸有限公司的物流运作模式。

3）了解淘宝卖家的物流运作模式。

4）比较这3种物流运作模式的异同。

（2）熟悉电子商务物流作业流程。

1）根据B2B电子商务的物流配送活动，在电子商务物流作业流程图上标上工作序号。

2）详细描述电子商务的物流作业流程。

（3）制造商电子商务物流管理。

1）分析戴尔公司的电子商务运营模式。

2）了解戴尔公司的物流管理过程：企业供应物流、企业内部物流、企业销售物流、企业回收物流、企业废弃物物流。

（4）销售商电子商务物流管理。

通过了解亚马逊电子商务公司（Amazon）的物流管理策略，以及销售商电子商务物流管理的3个阶段，熟悉销售商电子商务的物流管理。

1）比较不同类型销售商电子商务的物流管理策略。

2）了解销售商电子商务物流管理的3个阶段。

3）分析在发展的不同阶段采取的不同物流管理策略。

### 1.5.5 训练拓展

训练拓展一：撰写参观物流配送中心任务拓展实践报告

（1）任务安排。选择一个自己熟悉的商品，然后了解其与物流相关的信息，如商品的产地、价格、包装、储存条件、运输方式、流通加工方式等。然后在实地参观物流配送中心后，根据了解的实际情况，撰写任务拓展实践报告。

（2）任务要求。在实地参观物流配送中心之前必须设计好调查问卷，内容包括调查对象、调查时间、调查地址、调查人员、被访人员及提问。参观回来后撰写任务拓展实践报告，字数在3000字以上，格式规范、图文并茂。

训练拓展二：撰写参观快递物流运作任务拓展实践报告

（1）任务安排。选择一个自己熟悉的快递企业，前往快递企业的营业网点了解快递物流运营的主要环节和基本流程，并在参观快递物流的分拨中心后，根据实地了解的情况撰写任务拓展实践报告。

（2）任务要求。参观快递企业的营业网点和分拨中心之前必须设计好调查问卷，内容包括调查对象、调查时间、调查地址、调查人员、被访人员及提问。参观后撰写任务拓展实践报告，字数在3000字以上。

# 2 电子商务采购管理

**学习目标：**

（1）掌握采购的基本概念。

（2）理解电子采购的优势。

（3）熟悉供应商选择过程的流程。

## 2.1 采购的基本概念

### 2.1.1 采购的定义

采购，是指企业在一定的条件下从供应市场获取产品或服务作为企业资源，以保证企业生产及经营活动正常开展的一项企业经营活动；是指个人或单位在一定的条件下从供应市场获取产品或服务作为自己的资源，为满足自身需要或保证生产、经营活动正常开展的一项经营活动。采购是一个商业性质的有机体为维持正常运转而寻求外部资源的过程。

广义的采购主要有租赁、借贷、交换 3 种途径。租赁是指一方用支付租金的方式取得他人物品的使用权；借贷是指一方凭借自己的信用和彼此之间的友好关系获得他人物品的使用权；交换是指双方采用以物易物的方式取得物品的使用权和所有权。

### 2.1.2 采购的内涵

采购的基本作用就是将资源从资源市场的供应者手中转移到用户手中。其中包括商流过程和物流过程。商流过程主要通过商品交易、等价交换来实现商品所有权的转移。物流过程主要通过运输、存储、包装、装卸、流通加工等手段来实现商品空间位置和时间位置的完整结合，缺一不可。只有这两个方面都完全实现了，采购过程才算完成。因此，采购过程实际上是商流过程与物流过程的统一。

在整个采购活动过程中，一方面，通过采购获取了资源，保证了企业正常生产的顺利进行，这是采购的效益；另一方面，在采购过程中，也会发生各种费用，这就是采购成本。我们要追求采购经济效益的最大化，就是不断降低采购成本，以最少的成本去获取最大的效益。而要做到这一点，最关键的，就是要努力追求科学采购。科学采购是实现企业经济利益最大化的利润源泉。

### 2.1.3 采购的分类

根据采购的内容、要点等不同，可分为多种。下面重点介绍集中采购、分散采购、直接采购等几种主要的采购形式。

#### 2.1.3.1 集中采购

集中采购指企业在核心管理层建立专门的采购机构，统一组织企业所需物品的采购进货业务。

集中采购适用的商品对象：

(1) 大宗或批量物品，价值高或总价多的物品（企业内部划定）。

(2) 关键零部件、原材料或其他战略资源，保密程度高，产权约束多的物品。

(3) 易出问题或已出问题的物品。

(4) 最好是定期采购的物品，以免影响决策者的正常工作。

集中采购的优点：

(1) 可提高零售商在采购谈判中的议价能力。

(2) 可以降低采购费用。

(3) 保持企业统一形象，易策划实施整体营销活动。

(4) 提高采购效率和店铺的营运效率。

(5) 配送体系的建立降低了连锁店仓储、收货费用。

(6) 可以规范采购行为。

集中采购的缺点：

(1) 购销容易脱节。

(2) 采购人员与销售人员合作困难，销售人员积极性难以充分发挥，较难维持销售组织的活力。

(3) 责任容易模糊，不利于考核。

2.1.3.2 分散采购

分散采购是指将企业或企业集团的采购权限分散到下属各需求单位，各需求单位根据自身生产经营需要自行组织实施采购的采购方式。

分散采购适用的商品对象：

(1) 小批量、单件、价值低，总支出在产品经营费用中占的比重小的物品（各厂情况不同，自己确定）。

(2) 分散采购优于集中采购的物品（包括费用、时间、效率、质量等因素均有利，不影响正常的生产与经营的情况）。

(3) 市场资源有保证，易于送达，较少的物流费用。

(4) 分散后，各基层单位有相应的采购与检测能力。

分散采购的优点：

(1) 能适应不同地区市场环境变化，商品采购灵活。

(2) 对市场变化反应灵敏，补货及时，购销迅速。

(3) 可以提高一线部门的积极性，提高士气。

(4) 便于分部考核。

分散采购的缺点：

(1) 易出现交叉采购、各自为政、人员费用较高。

(2) 采购控制较难，采购过程中易出现舞弊现象。

(3) 计划不连贯，形象不统一，难以实施统一促销活动，商店整体利益控制较难。

(4) 难以获得大量采购的价格优惠。

#### 2.1.3.3 直接采购

直接采购指采购主体自己直接向物品供应单位（一般指生产厂家）实施采购的方式。一般指企业从物品源头实施采购，满足生产经营所需。目前，绝大多数企业均使用此类采购方式。

直接采购的适用条件：

(1) 需方的采购量足够大，供方能够接受。

(2) 在没有制度限制及各种特权影响的情况下实施。

(3) 需方自身有相应的采购、储运、渠道、机构与设施等。

(4) 采购行为费用低于间接采购费用。

直接采购的优点：环节少，时间短，手续简便，意图表达准确，信息反馈快，易于供需双方交流、支持、合作及售后服务与改进。同时，对于实施 ISO 9000 质量标准体系的机构，便于对供应商资信认证，完成企业质量管理体系建设。长期发展下去，能形成战略伙伴关系，实现供应链管理。

#### 2.1.3.4 间接采购

间接采购指通过中间商实施采购行为的方式，也称委托采购或中介采购。作为目前最常见的一种采购方式，它一般依靠有资源渠道的贸易公司、物资公司等流通企业实施，或依靠专门的采购中介组织执行。

间接采购的适用条件：

(1) 当地或较近的区域有能够承担采购任务的流通企业或中介组织。

(2) 直接采购的费用和时间大于间接采购的费用和时间。

间接采购的优点：

(1) 充分发挥工商企业各自的核心能力。

(2) 减少流动，资金占用，增加资金周转率。

(3) 分散采购风险，减少物品非正常损失。

(4) 减少交易费用和时间，从而降低采购成本。

#### 2.1.3.5 招标采购

招标采购指通过招标的方式，邀请所有的和一定范围的潜在供应商参加投标，采购实体通过某种事先确定并公布的标准从所有投标者中评选出中标供应商，并与之签订合同的一种采购方式。

招标采购的适用条件：

(1) 有完善的招标法律保障及道德和信誉保证，并已形成有效的监督机制。

(2) 有良好的经济环境秩序及基础，有足够的供货渠道和能力。

(3) 有社会认同的技术规范和标准做依据，并有检测度量方法。

(4) 有良好的专业技术及业务能力的招投标、评标机构队伍以及评标专家库。

(5) 有足够公开的环境和媒体传播。

招标采购的优点：可以优化采购，具有公开、公正、公平和竞争性的鲜明特点。政府已将其制度化、规则化。

## 2.2 采购计划

### 2.2.1 采购计划的概念

采购计划是企业管理人员在了解市场供求情况、认识企业生产经营活动过程及掌握物品消耗规律的基础上，对计划期内的物品采购活动所做的预见性安排和部署。

从狭义上来说，采购计划指年度采购计划，即对企业计划年度内生产经营活动所需采购的各种物料的数量和时间等所做的安排和部署。从广义上说，采购计划指为保证供应各项生产经营活动的物料需要量而编制的各种采购计划的总称。其中，何时、何处取得合适数量的原材料是采购计划的重点所在。

采购计划就是购入原材料的预见性的安排和部署，因此对于整个采购运作的成败有非常重要的作用。

### 2.2.2 采购计划的分类

采购计划可以从不同的角度进行划分。如按计划期的长短可分为年度物品采购计划、季度物品采购计划、月份物品采购计划等；按物品的自然属性可分为金属材料采购计划、机电产品采购计划、非金属材料采购计划等；按物品的使用方向可分为生产用物品采购计划、维修用物品采购计划、基本建设用物品采购计划、技术改造措施用物品采购计划、科研用物品采购计划等；按采购层次可分为战略采购计划、业务采购计划、部门采购计划等。

### 2.2.3 采购计划的组成

采购计划包括物料采购计划、资金需求计划、采购工作计划三大部分。采购工作计划包括供应商开发计划、品质改善计划等。

（1）物料采购计划。物料采购计划是采购人员依据公司的生产经营状况及生产管理部门下达的物料需求计划拟定的。一般有季度、月度的采购计划。

（2）资金需求计划。一是根据与供应商约定的付款期统计到期应付的款项，二是采购人员预计临时需要的资金计划（如紧急物料、设备），但相对不是很准确，可以采用周计划进行调控，使物料采购更为合理。

（3）采购工作计划。采购工作计划分年度计划，即采购人员将在整年的一个工作方向的定位及要达成的成绩的展望，接下来有月度计划、周计划（有的公司有年计划、季计划、月计划、周计划等）。在这些采购具体的工作计划中，要体现出采购人员在工作中做了哪些事（如供应商开发、不良物料处理、订单下达、付款申请、内部培训等）。

### 2.2.4 采购计划的制定

制定采购计划，必须明确采购计划的目的，了解采购计划的作用，收集采购计划的基础资料。

#### 2.2.4.1 编写采购计划的目的

企业的采购计划要发挥作用，以达到如下的目的：

(1) 预计采购物料所需的时间和数量，防止供应中断，影响产销活动。

(2) 避免物料储存过多，积压资金以及占用存储空间。

(3) 配合企业生产计划与资金调度。

(4) 使采购部门事先准备，选择有利时机购入物料。

(5) 确定物料耗用标准，以便管制物料采购数量与成本。

采购计划作为采购管理的第一步，起到知道采购部门的实际工作、保证产销活动的正常进行和提高企业经济效益的作用。

2.2.4.2 编写采购计划的作用

俗话说得好，“好的计划是成功的一半”，制定一个合理的采购计划，对整个采购运作的成败有非常重要的作用。具体表现在：

(1) 能有效地规避风险，减少损失。采购计划是面向未来的，企业在编制采购计划时，已经对未来因素进行了深入的分析和预测，能够做到有备无患，既保证企业正常经营需要的物料，又降低了库存水平，减少了风险。

(2) 为企业组织采购提供依据。采购计划具体安排了采购物料的活动，企业管理者按照这个安排进行采购就有了依据。

(3) 有利于资源的合理配置，以取得最佳的经济效益。采购计划选择经营决策的具体化和数量化保证了资源分配的高效率，对未来物料供应进行科学筹划，有利于合理利用资金，能最大限度地发挥各种资源的作用，从而获得最佳效益。

2.2.4.3 编写采购计划的基础资料

由于影响采购计划的因素很多，所以采购部门在拟定好采购计划以后，还必须与生产部门经常保持联系，并根据实际情况的变化做出必要的调整与修订，以保证维持企业正常的产销活动，协助财务部门妥善规划资金收支。通常在编制采购计划之前应掌握企业的年度销售计划、年度生产计划、物料清单、库存记录卡、物料标准成本的设定及生产效率等。

## 2.3 供应商的选择

供应商选择是供应管理中的一个重要决策，目前在市场上，同一产品的供应商数量越多，供应商的选择就越复杂，这就需要有一个规范的程序来操作。一个好的供应商是指拥有持续制造高质量产品的加工技术、拥有足够的生产能力及能够在获得利润的同时提供有竞争力的产品。不同的企业在选择供应商时，所采用的选择步骤千差万别，但基本的步骤应包含下列几个方面，供应商选择过程如图 2-1 所示。

### 2.3.1 分析市场竞争环境

若要建立基于信任、合作、开放性交流的供应链长期合作关系，采购方首先必须分析市场竞争环境。这样做的目的在于找到针对某些产品的市场来开发供应链合作关系。企业必须知道现在的产品需要是什么、产品的类型和特征是什么，以此来确认客户的需求，确认是否有建立基于供应链的合作关系的必要。如果已建立供应链合作关系，采购方则需要根据需求的变化确认供应链合作关系变化的必要性，同时了解现有供应商的现状，分析、总结企业存在的问题。

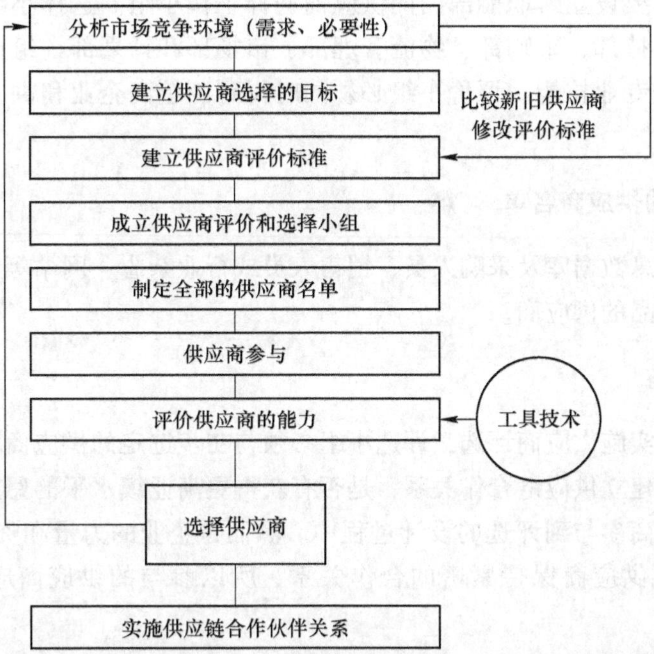


图 2-1　供应商选择过程

### 2.3.2　建立供应商选择的目标

企业必须确定供应商评价程序如何实施，而且必须建立实质性的目标。供应商评价和选择不仅仅是一个简单的过程，它本身也是企业自身的一次业务流程重构过程。如果实施得好，就可以带来一系列的利益。一般而言，企业供应商评价的目标包括：

（1）获得符合企业总体质量和数量要求的产品和服务。

（2）确保供应商能够提供最优质的服务、产品及最及时的供应。

（3）力争以最低的成本获得最优的产品和服务。

（4）淘汰不合格的供应商，开发有潜力的供应商，不断推陈出新。

（5）维护和发展良好的、长期稳定的供应商合作伙伴关系。

### 2.3.3　建立供应商评价标准

供应商评价指标体系是企业对供应商进行综合评价的依据和标准，是反映企业本身和环境所构成的复杂系统的不同属性的指标，是按隶属关系、层次结构有序组成的集合。不同行业、企业，不同产品需求和环境下的供应商评价应是一样的，不外乎都涉及的几个可能影响供应链合作关系的方面。

### 2.3.4　成立供应商评价和选择小组

供应商的选择，绝不是采购员个人的事，而是一个集体的决策，企业必须建立一个由各部门有关人员参加的小组以控制和实施供应商评价，进行讨论决定。供应商的选择涉及企业的生产、技术、计划、财务、物流、市场等部门。对于技术要求高、重要的采购项目来说特别需要设立跨职能部门的供应商选择工作小组。选择小组的组员应包括研究开发部、技术支持部、采购部、物流管理部、市场部和计划部，组员必须有团队合作精神，具有一定的专业技能。评价小组必须同时得到制造商企业和供应商企业最高领导层的支持。

### 2.3.5 制定全部的供应商名单

通过供应商信息数据库及采购人员、销售人员或行业杂志、网站等媒介渠道，了解市场上能提供所需物品的供应商。

### 2.3.6 供应商参与

一旦企业决定实施供应商评选，评选小组必须与初步选定的供应商取得联系，确认他们是否愿意与企业建立供应链合作关系，是否有获得更高业绩水平的愿望。所以，企业应尽可能早地让供应商参与到评选的设计过程中。然而，企业的力量和资源毕竟是有限的，只能与少数关键的供应商保持紧密的合作关系，所以参与的供应商应该是经过精选确定的。

### 2.3.7 评价供应商的能力

为了保证评估的可靠，评价供应商的一个主要工作是调查、收集有关供应商的生产运作等各个方面的信息。在收集供应商信息的基础上，就可以利用一定的工具和技术方法进行供应商的评价。对供应商的评价共包含两个程序：一是对供应商进行初步筛选；二是对供应商进行实地考察。在对供应商进行初步筛选时，需要使用统一标准的供应商情况登记表管理供应商提供的信息。这些信息应包括供应商的注册地、注册资金、主要股东结构、生产场地、设备、人员、主要产品、主要客户及生产能力等。通过分析这些信息，可以评估其工艺能力、供应的稳定性、资源的可靠性及其综合竞争能力。在这些供应商中，剔除明显不适合进一步合作的供应商后，就能得出一个供应商考察名录。接着，要安排对供应商的实地考察，这一步骤至关重要。在审核团队方面，必要时可以邀请质量部门和工艺工程师一起参与，他们不仅会带来专业的知识与经验，共同审核的经历也会有助于公司内部的沟通和协调。

### 2.3.8 选择供应商

在综合考虑多方面的重要因素之后，就可以给每个供应商打出综合评分，选择出合格的供应商。

### 2.3.9 实施供应链合作伙伴关系

在实施供应链合作伙伴关系的过程中，市场需求将不断变化。企业可以根据实际情况及时修改供应商评选标准，或重新开始对供应商评选。在重新选择供应商的时候，应给予新旧供应商以足够的时间来适应变化。

## 2.4 电子采购

电子采购（E-Procurement）是由采购方发起的一种采购行为，是一种不见面的网上交易，如网上招标、网上竞标、网上谈判等。人们把企业之间在网络上进行的这种招标、竞价、谈判等活动定义为电子商务，事实上，这也只是电子采购的一个组成部分。电子采购比一般的电子商务和一般的采购在本质上有了更多的概念延伸，它不仅仅完成采购行为，而且会利用信息和网络技术对采购全程的各个环节进行管理，有效地整合了企业的资源，帮助供求双方降低了成本，提高了企业的核心竞争力。

可以说，企业采购电子化是企业运营信息化不可或缺的重要组成部分。电子采购使企业不再采用人工办法购买和销售其产品，在这一全新的商业模式下，随着买主和卖主通过电子网络而联结，商业交易开始变得具有无缝性，其自身的优势是十分显著的。

### 2.4.1 传统采购模式

传统采购模式要求企业根据生产需要，首先由各需要单位在月末、季末或年末，编制需要采购物资的申请计划；然后由物资采购供应部门汇总成企业物资计划采购表，报经主管领导审批后，组织具体实施；最后，所需物资采购回来后验收入库，以满足企业生产的需要。

传统采购模式具有以下特点：

（1）在采购过程中，采购、供应双方都不进行有效的信息沟通。在传统采购过程中，选择供应商是一个首要的任务。在采购过程中，采购一方为了能够从多个竞争件业务的供应商中选择一个最佳的供应商，往往会保留私有信息，因为给供应商提供的信息越多，供应商的竞争筹码就越多，对采购一方也越有利。因此采购一方会尽量保留私有信息，而供应商也在和其他供应商的竞争中隐瞒自己的信息。这样，采购、供应双方都不进行有效的信息沟通，供应链上的各级企业都无法共享需求、库存信息，各级节点企业都独立地采用订货点技术进行库存决策，不可避免地会产生需求信息的扭曲现象。

（2）没有给予供应商产品质量保证方面的技术支持和信息反馈，质量控制靠采购部门事后把关，采购中要考虑的另外两个重要因素是质量与交货期。但是在传统的采购模式下，要有效控制质量和交货期只能通过事后把关的办法。因为采购一方很难参与供应商的生产组织过程和有关质量控制活动，相互的工作是不透明的。因此需要通过各种有关标准如国际标准等，进行检查验收。缺乏合作的质量控制会导致采购部门对采购物品质量控制的难度增加。

（3）供应商与需求企业之间是一种简单的买卖关系。在传统的采购模式中，供应与需求之间的关系是种简单的买卖关系，合作也是临时性的，或者短时间的，而且竞争多于合作。由于缺乏合作与协调，采购过程中各种抱怨和扯皮的事情比较多，很多时间消耗在解决日常事务性问题上。没有更多的时间用来做长期性预测与计划协作，供应与需求之间这种缺乏合作的气氛在运作中会增加许多的不确定性。

（4）供应商对采购部门的要求不能做出实时的响应。在传统采购方式中，供应商对制造过程的信息不了解，也无法关心制造商的生产活动。由于供应与采购双方在信息的沟通方面缺乏及时的信息反馈，即使在市场需求发生变化的情况下，采购方也不能改变供应方已有的订货合同，因此采购方在需求减少时库存增加，需求增加时出现供不应求的情况。重新订货需要增加谈判过程。

传统采购模式以各个单位的采购申请计划为依据，以填充库存为目的，管理比较简单，但容易产生库存量大、资金积压多、库存风险大等问题。因此不提倡企业采用。

### 2.4.2 电子采购模式

电子采购模式包括订货点采购、MRP 采购、JIT 采购、网络采购或电子采购、联合采购、集中采购、分散采购及招标型采购八种模式。

#### 2.4.2.1 订货点采购模式

它是应用于独立需求物资进行物资资源配置的有效方法，主要适用于未来需求不确定的情况；在应用于未来需求不确定的独立需求物资的情况时，可以做到非常经济有效的资源配置；订货点技术操作简单，运行成本低；适合于客户未来需求量连续且稳定的情况。

组织流程：采购人员根据各个品种需求量和订货的提前期大小，确定每个品种的订购点、订购批量或订货周期、最高库存水平等，然后建立起一种库存检查机制，当发现到达订购点时，就检查库存，发出订货，此时订购批量的大小由规定的标准确定。

适用范围：物资消耗率与采购提前期不变的物资。

#### 2.4.2.2 MRP 采购模式

物流采购计划（Material Requirements Planning，MRP）主要应用于生产企业，它是生产企业根据生产计划和主产品的结构及库存情况，逐步推导出生产主产品所需要的零部件、原材料等的生产计划和采购计划的过程。由企业采购人员通过 MRP 软件制定采购计划进而实施采购的。MRP 采购模式也是以需求分析为根据，以满足库存为目的。由于计划比较精细、严格，所以其市场灵敏度及库存水平都比以上方法有所进步。

#### 2.4.2.3 JIT 采购模式

准时化（Just in Time，JIT）采购模式是由准时化生产管理思想演变而来的。它的基本思想是：将合适的产品，以合适的数量和合适的价格，在合适的时间送达到合适的地点。它的特点是与传统采购面向库存不同，准时化采购是一种直接面向需求的采购模式；准时化采购的送货是直接送达到需求点上的；用户需要什么品种、质量、需要多少、什么时候需要、送到什么地点等都要符合客户需求。

适用范围：小批量、多频次的物资（供应商为单源供应商，并且和供应商的关系为长期合作关系）。

#### 2.4.2.4 网络采购或电子采购模式

以计算机和网络技术为载体，通过网络这种成熟、便利的工具寻找产品及供应商资源，利用网络信息交流的便捷与高效进行产品的性能价格对比，并将网上信息处理和网下实际采购操作过程相结合的一种新的采购模式。在网上采购，由于 Internet 具有公开性的特点，全世界都可以看到采购方的招标公告，谁都可以投标；网络没有边界，所有的供应商都可以向采购方投标采购方案，采购方也可以调查所有的供应商；电子商务采购过程中采购方与供应商的网上联系非常方便，可以通过电子邮件或聊天的方式进行信息交流；网上操作可以节省大量人工业务环节，省人、省时间、省工作量，总成本最小；网上信息传输速度快、效率高。

适用范围：适用于信息化程度高且物流配送水平高的企业。

组织流程：公司内部单位根据权限，在平台上提出采购需求。供应商通过采购平台注册并成为合格供应商后，参与网上竞标。公司选择专家进行集中评标。中标供应商及时向公司供货。

#### 2.4.2.5 联合采购

一种由多个企业因相同需求而形成的采购联盟的采购模式。它的特点是采购成本和其他环节成本低；市场透明度高；有利于创造协同效应；避免无谓的市场竞争；采购风险低；有利于实现规模效应。

适用范围：联合采购要求按统一的采购标准采购，因此适合联合采购的是一些通用产品和最标准的标准件、原材料等。

#### 2.4.2.6 集中采购模式

企业在核心管理层建立专门的采购机构，统一组织企业所需物品的采购进货业务。它以组建内部采购部门的方式，来统一管理其分布于世界各地分支机构的业务，减少采购渠道，通过批量采购获得价格优惠。其特点是采购量相对较大，过程长，手续多；集中度高，决策层次高；支付条件宽松，优惠条件多；专业性强，责任加大。

适用范围：大宗或批量物品；价值高或总价高的物品；关键零部件、原材料或其他战略资源；保密程度高，产权约束多的物品。

#### 2.4.2.7 分散采购模式

分散采购是由企业下属各单位，如子公司、分厂、车间或分店实施的满足自身生产经营需要的采购。它的特点是批量小、价值低、开支小；过程短、手续简、决策层次低；问题反应速度快、针对性强、方便灵活；占用空间小、库存资金少、保管简单方便。

适用范围：小批量、单件、价值低，总支出在产品经营费用中占的比重小的物品；市场资源有保证，易于送达，较少的物流费用；分散后，各基层单位有相应的采购与检测能力。

#### 2.4.2.8 招标型采购模式

招标型采购模式具有如下特点：

（1）招标程序的公开性。有时也指透明性，是指整个采购程序都在公开情况下进行。公开发布投标邀请，公开开标，公布中标结果，投标商资格审查标准和最佳投标商评选标准要事先公布，采购法律也要公开。美国采购学者亨瑞之将招标程序的公开性比喻为“如在金鱼缸中（in a goldfish bowl）”，人人都可洞察一切。

（2）招标程序的竞争性。招标就是一种引发竞争的采购程序，是竞争的一种具体方式。招标之竞争性充分体现了现代竞争的平等、信誉、正当和合法等基本原则。招标作为一种规范的、有约束的竞争，有一套严格的程序和实施方法。政府采购机关通过招标程序，可以最大程度地吸引和扩大投标人的竞争，从而使招标方有可能以更低的价格采购到所需的物资或服务，更充分地获得市场利益，有利于政府采购经济效益目标的实现。

（3）招标程序的公平性。所有感兴趣的供应商、承包商和服务提供者都可以进行投标，并且地位一律平等，不允许对任何投标商进行歧视；评选中标商应按事先公布的标准进行；投标是一次性的并且不准同投标方进行谈判。所有这些措施既保证了招标程序的完整，又可以吸引优秀的供应商来竞争投标。

组织流程：采购方作为招标方，事先提出采购的条件和要求，邀请众多企业参加投标，然后由采购方按照规定的程序和标准一次性地从中择优选择交易对象，并提出最有利条件的投标方签订协议等过程。

### 2.4.3 电子采购优势

电子采购具有如下优势：

（1）提高采购效率，缩短了采购周期。采购方企业通过电子采购交易平台进行竞价采购，可以根据采购方企业的要求自由设定交易时间和交易方式，大大地缩短了采购周期。

（2）节约大量的采购成本。据美国全国采购管理协会称，使用电子采购系统可以为采购企业节省大量成本。采用传统方式生成一份订单所需要的平均费用为 150 美元，使用基于 Web 的电子采购解决方案则可以将这一费用减少到 30 美元。企业通过竞价采购商品的价格平均降幅为 10%左右，最高时可达到 40%。

（3）优化采购流程。采购流程的电子化不是用计算机和网络技术简单替换原有的方式方法，而是要依据更科学的方法重新设计采购流程。在这个过程中，摒弃了传统采购模式中不适应社会生产发展的落后因素。

（4）减少过量的安全库存。海尔集团在实施电子采购后，采购成本大幅降低，仓储面积减少一半，降低库存资金约 7 亿元，库存资金周转日期从 30 天降低到了 12 天以下。

（5）实现信息共享。各个供应商都可以共享信息，可以了解当时采购、竞标的详细信息，还可以查询以往交易活动的记录，这些记录包括中标、交货、履约等情况，帮助买方全面了解供应商，帮助卖方更清楚地把握市场需求及企业本身在交易活动中的成败得失，积累经验。

（6）改善客户服务和客户满意度。促进供应链绩效，以及改善与供应商关系。

（7）让供应商获益。对于供应商来说，电子采购可以更及时地掌握市场需求，降低销售成本，增进与采购商之间的关系，获得更多的贸易机会。

## 2.5 江铃汽车企业采购流程再造

“江铃汽车”是江西省首家上市公司，通过发行 B 股与美国福特汽车公司结成战略合作伙伴，福特作为第二大股东拥有 29.96%的股份。1995 年开始，江铃汽车通过与美国福特汽车公司等多家世界 500 强企业展开合资合作，引进先进技术，在管理上与国际惯例接轨，培养了一大批适应市场经济竞争需要的中高级专业人才。公司通过设计开发环节 ISO9001 和 ISO14000 环保体系认证，并率先通过国家强制性产品认证 IIE（3C 认证），所属发动机厂、铸造厂等通过 QS9000 第三方认证。江铃应用 QAD 商务系统（QAD 是全球领先的著名 ERP 软件公司，拥有完整的企业管理软件，重点面向中型的制造企业，尤其是汽车、电子、消费品、机械制造等行业。迄今为止，全球一共有 90 个国家超过 5500 个制造商在使用QAD的产品）等现代化手段和理念塑管理新体制，在产品开发、物流、制造管理等方面均建立了快速反应的市场运行机制，并建立覆盖全国的“四位一体”（销售、维修、服务、信息）代理商网络。

江铃通过技术和管理不断创新，以“高品质、多品种、中价位、优质服务”的综合优势，保持了产销量快速增长的势头。“宝典”皮卡成为国内皮卡市场增长最快的车型，市场占有率称雄。轻卡在行业内位列三甲，全顺商务车销量增幅在细分市场领衔，2016年，江铃集团全年销售了28.1万辆汽车，营业收入达到266.34亿元，并继续保持较高的盈利水平。

江铃的电子采购SRM系统是基于SAP（Systems Applications and Products in Data Processing）软件建立起来的系统管理平台，该系统除了实现了SAP软件原有的SRM（Supplier Relation Management）、MM（Material Management）、CO（Cost）、FI（Finance）等模块功能外，还在其提供的ABAP开发平台上进行了系统开发，建立了符合江铃业务需求的一体化管理平台。

业务方面，用户和供应商在统一的共享平台中进行采购相关的业务操作，如电子目录管理、订单处理等。在系统功能实现上，对电子采购系统的业务进行了分模块的实现。如主要的采购业务在SRM电子采购平台实现，而采购后的到货验收、财务管理等则通过SAP、R/3和QAD等系统来实现。

### 2.5.1 采购业务需求分析

SAP/SRM系统在建立的过程中为了效益最大化，采用了集中化采购的概念，即成立独立的采购组织面向全公司各部门和分厂提供采购业务服务。

#### 2.5.1.1 组织结构

SAP/SRM系统是面向集团公司的应用结构，包括集团总公司及总公司下属各采购部门、各个分公司及分公司各部门及子公司。为了充分利用集团化采购的优势，将所有采购需求集中到采购中心来处理。为此在采购部门下成立专门的集中采购组织并设立相对应的物料操作组。

#### 2.5.1.2 用户角色

由于采购业务链较长，整个业务涉及人员角色较多，因此在系统设计时根据流程对用户群进行了权限区分。

SRM系统用户角色见表2-1。

表2-1 SRM系统用户角色

| 序号 | 角色 | 操作内容 |
|---|---|---|
| 1 | 需求部门综合 | 创建、更改、显示、删除采购需求 |
| 2 | 办事人员 | 收货、退货 |
| | | 打印物料凭证 |
| | | 创建更改显示、删除采购订单（自助采购） |

续表 2-1

| 序号 | 角色 | 操作内容 |
| --- | --- | --- |
| 3 | 分厂仓库库管员 | 收货、退货 |
| | | 打印物料凭证 |
| 4 | 各分厂设备科计划员 | 创建发布采购需求 |
| 5 | 供应商 | 打印订单，提交投标书 |
| | | 创建、更改、显示、删除采购订单 |
| 6 | 归口部门需求提出人 | 收货、退货 |
| | | 打印物料凭证 |
| 7 | 非生产性采购部门采购员 | 创建发布采购订单、收货、选择要处理的采购需求、使用框架协议作为供应商源。密封报价时，编制并发布报价邀请、维护评估结果、创建发布采购需求、基于订单收货 |
| 8 | 采购业务主管 | 采购订单审批（采购金额在 5000 元以下） |
| 9 | 采购主管 | 关联交易的审批，采购订单审批（采购金额在 5000~30000 元） |
| 10 | 非生产性采购部长 | 采购订单审批（采购金额在 30000~100000 元） |
| 11 | 采购中心分管副总 | 采购订单审批（采购金额在 100000~500000 元） |
| 12 | 公司分管采购的副总 | 采购订单审批（采购金额在 500000 元以上） |
| 13 | 招标小组 | 编制发布和修改招标邀请、开标、维护评估结果 |
| 14 | 采购中心综合管理部计划员 | 维护产品目录价格及供应商、创建或更改框架协议、在 R/3 中维护供应商主数据、在 SRM 中同步供应商主数据并维护联系人、维护 SRM 供应商供货清单数据，在 R/3 和 SRM 中锁定旧供应商、删除相应的供应商供货清单数据，在 R/3 维护无采购视图的供应商，在 R/3 中维护物料分类、下载物料分类到 SRM、维护产品目录结构，在 R/3 中维护物料主数据、维护产品目录条目 |

## 2.5.2 业务流程重造

系统设计前，应对采购业务进行总体分析，初步将业务进行模块化划分，并进一步对每一模块的业务逻辑和涉及文件进行分析。

### 2.5.2.1 总体处理逻辑

企业采购管理数据流程，如图 2-2 所示，通过对采购业务的逻辑分析，分析了业务流程的总体模型。在这个模型中，采购部门处于中心地位，负责维护采购的基础参数、处理订单及招投标管理，仓库管理部门收货，最后由财务部门付款。

### 2.5.2.2 采购基础数据处理

采购基础数据处理流程，如图 2-3 所示。

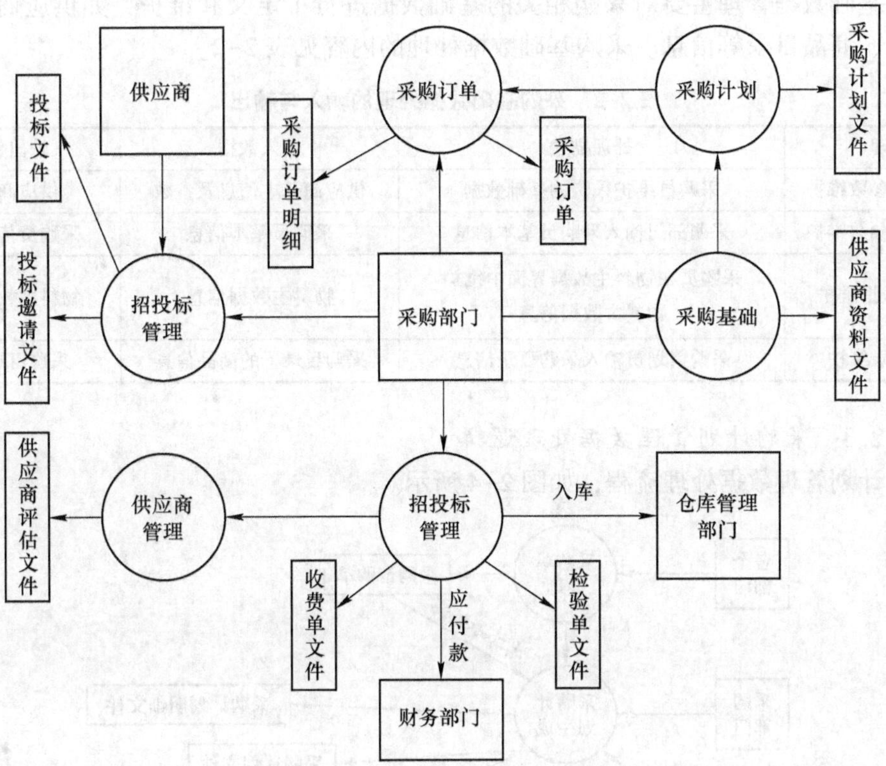


图 2-2 企业采购管理数据流程

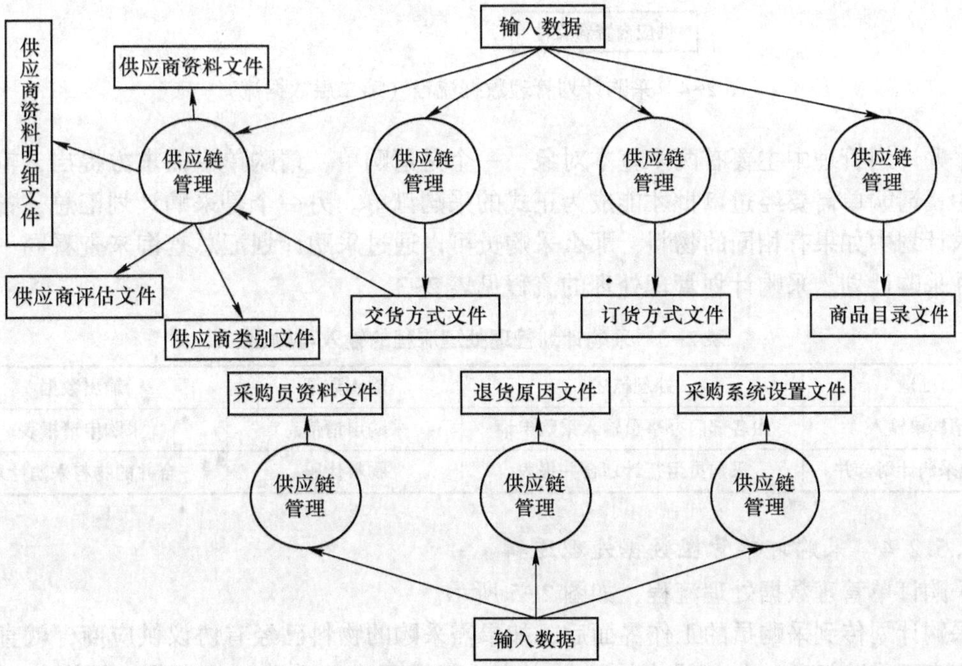


图 2-3 采购基础数据管理数据流程（第二层数据流）

采购基础数据管理主要对采购相关的基础数据进行了定义和维护，如供应商主数据、采购方式、商品目录等信息。采购基础数据处理的内容见表2-2。

**表2-2 采购基础数据处理的输入与输出**

| 处理 | 处理描述 | 输入数据 | 输出数据 |
| --- | --- | --- | --- |
| 采购基础参数维护 | 采购员维护采购的基础数据 | 供应商基本信息及参数 | 供应商报表 |
| 系统基本参数维护 | 采购部门输入采购员基本信息 | 采购员基本信息 | 采购员信息报表 |
| 物料主数据维护 | 采购员在物料主数据界面中维护物料主数据信息 | 物料主数据信息 | 物料主数据报表 |
| 商品目录维护 | 采购策划员输入采购目录信息 | 采购目录下的商品信息 | 采购目录报表 |

### 2.5.2.3 采购计划管理数据处理逻辑

采购计划管理数据处理流程，如图2-4所示。

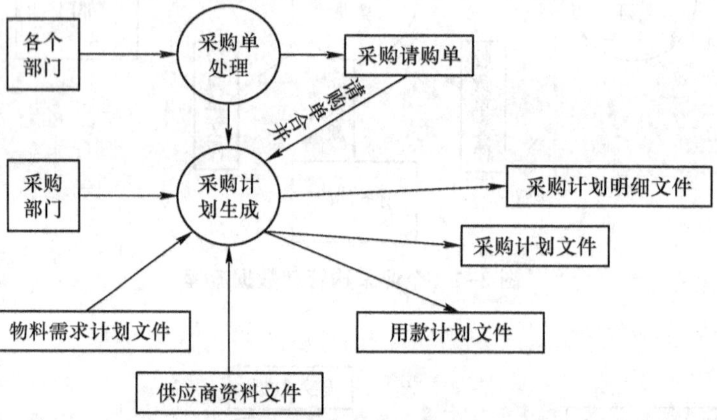


图2-4 采购计划管理数据流程（第二层数据流）

采购计划管理中主要有两个基本对象，一个是请购单，请购单由需求方提出，输入到系统中；请购单需要经过审批才能成为正式的采购订单。另一个是采购计划汇总，各部门的需求计划中如果有相同的物料，那么采购员可以通过采购计划汇总查询来查看同一物料的合并采购计划。采购计划管理处理的流程见表2-3。

**表2-3 采购计划管理处理流程的输入与输出**

| 处理 | 处理描述 | 输入数据 | 输出数据 |
| --- | --- | --- | --- |
| 请购单输入 | 由各部门办事员输入采购申请 | 采购申请信息 | 采购申请报表 |
| 其他采购计划合并 | 采购员运行计划合并报表 | 物料代码 | 合并的物料采购计划 |

### 2.5.2.4 采购订单管理数据处理逻辑

采购订单管理数据处理流程，如图2-5所示。

采购计划传到采购员的工作界面后，如果需采购的物料已经有协议供应商，就直接向该供应商下采购订单；如果没有协议供应商，就需要进行采购招标工作。招标信息通过ERP系统传给供应商，供应商也通过ERP系统将标书传给采购员。采购员得到标书后对

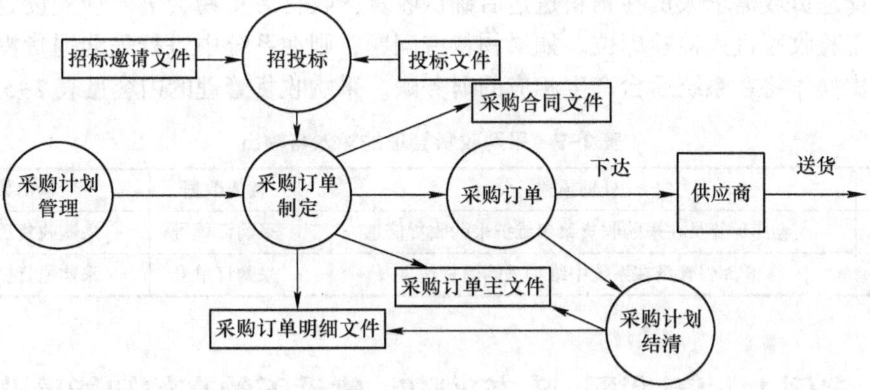


图 2-5　采购订单处理数据流程（第二层数据流）

标书进行处理，确定供应商及制定采购订单。采购订单处理的内容见表 2-4。订单通过公司授权人员审批后传到供应商处。

**表 2-4　采购订单处理的输入与输出**

| 处理 | 处理描述 | 输入数据 | 输出数据 |
|---|---|---|---|
| 招标邀请 | 采购员在系统维护中维护招标邀请 | 招标邀请信息 | 招标邀请报表 |
| 投标输入 | 供应商在系统中维护投标信息 | 招标商品信息<br>输入价格、规格等 | 供应商投标信息报表 |
| 采购订单生成 | 计划员在系统中生成采购订单 | 采购订单数据 | 采购订单报表 |
| 采购订单审批 | 公司管理层根据相应的授权在系统中批准采购计划 | 系统采购订单 | 采购订单标志已批准或未批准 |
| 采购订单下达 | 采购员在系统中发布采购订单 | 已批准订单 | 采购订单报表 |

### 2.5.2.5　采购收货管理数据处理逻辑

采购收货管理流程，如图 2-6 所示。

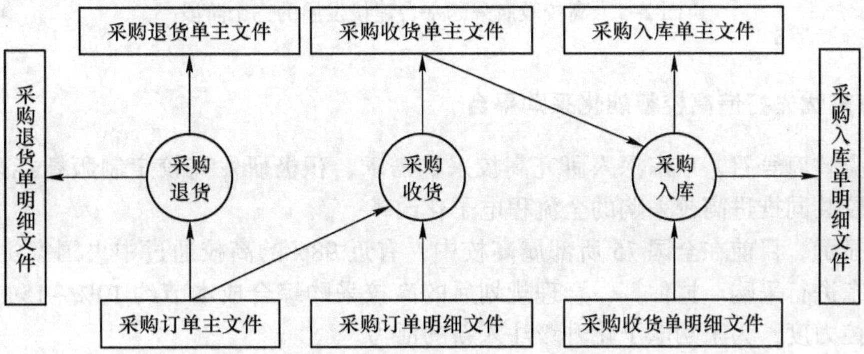


图 2-6　采购收货管理数据流程（第二层数据流）

仓库管理员或需求人员在物料送达后确认收货，收货后货物会进入预先设定好的收货库位，如需验收则进入检验库位。如果物料有问题，则在系统中进行采购退货操作。采购收货和退货操作将在系统后台产生相应的财务账。采购收货管理的内容见表 2–5。

**表 2–5 采购收货管理的输入与输出**

| 处理 | 处理描述 | 输入数据 | 输出数据 |
|---|---|---|---|
| 采购收货 | 仓库保管员在采购收货菜单维护采购收货信息 | 采购订单号 | 采购收货历史数据 |
| 采购退货 | 仓库保管员在系统中维护采购退货信息 | 采购订单号 | 采购退货提示数据 |

## 2.6 案例 1 “互联网+政府采购”建设下的高校智能采购时代

长期以来高校预算和采购计划的准确性难以保证，经费科目较多，需要分科目单独进行报销流程，耗费教学科研人员大量采购和报销时间，拉低了高校采购的整体效率和服务水平，也给学校财务管理造成较大负担，采购流程的复杂冗长，多部门的沟通协调困难，都难以满足现代化高校基础设施建设和高水平教学科研发展。

近年来，国家积极推进高校、科研院所政府采购改革，支持高校在规定范围内自主采购，更好满足高水平大学建设。2018 年 6 月教育部政府采购中心对高校政府采购信息化提出了新要求：加快实施“互联网+政府采购”行动，大力发展电子化采购要求，各高校在重视政府采购工作的基础上，更要重视政府采购信息化建设。

### 2.6.1 高校政府采购平台建设发展的三个阶段

高校政府采购平台建设发展的三个阶段，如图 2–7 所示。

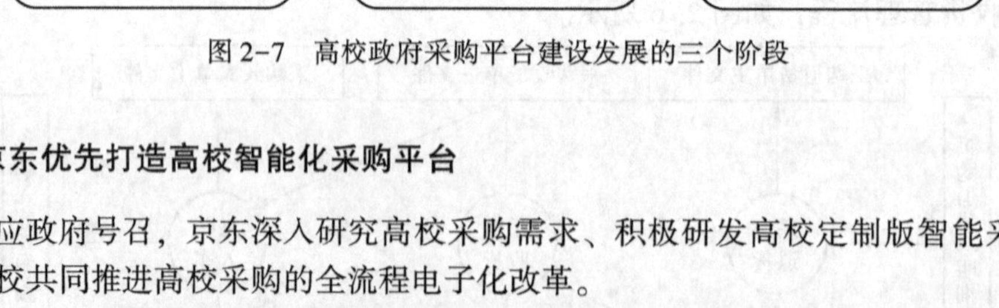


图 2–7 高校政府采购平台建设发展的三个阶段

### 2.6.2 京东优先打造高校智能化采购平台

为响应政府号召，京东深入研究高校采购需求、积极研发高校定制版智能采购平台，与多所高校共同推进高校采购的全流程电子化改革。

数据显示，目前在全国 75 所部属高校中，有近 98%的高校通过中央国家机关采购商城选择京东进行采购。据估算，合理规划后的高校采购综合成本节约 10%~15%，大幅提升高校管控力度，为采购电子化升级注入新的活力。

2018 年 8 月，京东与西安交大合作建设的“京东慧采—西安交通大学专属平台”面向全体教职工开放试用。

2019年8月京东与同济大学高校数字化采购达成深入合作。有效降低传统高校零星采购耗时耗力的问题，极大提升了采购效率。

2020年8月，京东与清华、人大合作，建设架构科学、功能齐全、用户友好、操作便捷、适应性好、可扩展性强、安全性高、技术先进的一体化高校智慧采购服务、交易、监管平台，为高校采购业务提供先进的信息化支撑。

### 2.6.3 京东解决高校数字化采购的三大举措

京东企业业务的高校数字化采购解决方案，将采购计划、商品选购、订单配送、合同验收、售后服务、对账支付、资产入库“七大采购环节”运用AI大数据和智能化采购分析实现了供方与采购需求的精准匹配，加入履约及财务结算功能，实现全流程数字化，极大地节省了审批时长，高效地完成了多供应商的引入和采购全生命周期管理。

（1）建设服务于数字校园的采购信息化平台。依托京东的管理平台和履约服务，整体零散采购的隐性成本降低近30%，在报销流程上耗费的时间由原来的2周缩短至2min，成功将非教学科研任务所投入的精力最小化。真正实现“让数据多跑路，群众少跑腿”的目标。借助智能采购技术，首次在高校采购中实现采购管理系统和财务系统、资产管理系统的无缝对接，将校内预算、采购、报销、管理全流程打通，解决师生的采购和报销问题。

（2）建立公开透明在线直购商城平台。通过商城采购，使采购周期由之前的3周以上压缩至3天内完成，大幅度提升了采购效率的同时使节资率达15%以上。借助现在互联网和电子商务技术，运用云计算和大数据技术建设的在线直购平台将各种采购制度内植到系统中，采购人放心采购，监管机构在旁实时监管，公开透明，接受监督。充分释放采购人的自主权，但又确保在制度、规则的范围内。网上商城可以实现通用货物的采购，包括行政办公、劳保后勤、MRO、科研设备、仪器试剂等，是目前高校采购管理的创新模式。

（3）建立符合高校采购管理的供应商管理体系。高校采购除了政府采购外，对于校内自行采购之前并没有统一的制度和要求。由于各种限制，人力、专业、经费等采购信息参差不齐。因此高校采购系统不仅是采购寻源的工具，更重要的是要实现采购管理的功能，突出高效服务的本质。除了一般的采购审批流程，采购统计分析、采购实时预警、监测，建设优秀供应商库、优质产品库更是采购管理的要求。本系统建立实时预警、提醒机制，利用现代互联网、移动应用，移动端与PC端协同，一体化办公采购管理系统，同时，做好大数据分析，为采购管理、辅助决策提供可视化支持。在“分级放权、加强管理、优化服务”方面制定相关措施，确保“放出活力、管住风险、服出高效”。

**思考题：**

（1）请概括一下京东智能采购平台的优点。

（2）请查阅相关资料，谈谈高校智能采购的未来趋势。

## 2.7 案例2 美的采购中心的数字化变革之路

据美的集团2019年年报和2020年第一季度财报数据显示，2019年营业总收入2794亿元，同比增长6.7%；归母净利润242亿元，同比增长19.7%。同时“凛冬”之中显韧性，第一季度财报显示海外订单同比增长超25%、全网销售规模同比增长11.7%。

2020年由于疫情影响，贸易还徘徊在停摆阶段，不可避免导致进口原材料、零配件存在困难，全球供应链中断风险不断上升。美的采购通过数字化建设，每年为美的集团带来5%左右的降本空间。那么其采购体系是如何形成卓越运营模式的？

### 2.7.1 美的采购中心简介

美的采购中心是美的集团旗下一家以贸易、加工仓储、通关服务为主要业务的企业，旗下包括多家经营实体，客户为美的集团内部各经营单位和部分外部合作伙伴。持续发展优质的大宗原材料供应链服务，以集约化的方式让前台各部的采购业务部门快速获取所需资源，已成为美的采购中心中台建设最重要的抓手和“业务滋养”。

随着美的集团快速发展，采购中心经营业务呈现多地域、多主体、多产品、多模式的协作系统特征，管理复杂度不断加大，原有后台系统如ERP等存在对业务变化响应慢、定制化花费贵、架构陈旧等问题需要升级。

为满足全新战略定位、应对诸多挑战，美的采购中心提出“小到极致大有作为”的口号，建设强有力的采购中台：“小”体现在中台建设保持专业、精简的人员组织；“大”则是协同美的集团千亿级的采购量及对外拓展。

为此，美的采购中心通过与美云智数供应链云团队合作，重构了基于微服务架构的供应链管理云平台（SCM）。作为采购中台建设的载体，SCM支撑采购中心联接内外部、发展核心业务能力，形成以服务为中心的经营体系。

### 2.7.2 美的采购中心的数字化变革

#### 2.7.2.1 计划管理中心

对集团化企业而言，供应链生态圈的建立至关重要。倘若在供应链的各节点上，企业需求信息一开始不真实，信息就会沿着供应链逆流而上并逐级放大。到达最源头的供应商时，其所获得的信息和实际消费市场中的顾客需求往往相去甚远，难免造成“长鞭效应”（管理学上俗称“牛鞭效应”）。基于此，在2015年，美的“T+3”模式应运而生，并持续优化。

计划管理中心提供统一端口服务前台各业务单位的采购计划部门，并提供整个链条上的库存及在途实时数据，使供应链上下游基于同一组数字做协同，实现供需平衡，是应对“牛鞭效应”的有效手段。例如钢材采购周期为45~60天，需求预测、采购周期预留、安全库存控制、库存及在途信息透明，都至关重要。

#### 2.7.2.2 订货中心

大宗原材料由采购中心统一组织采购寻源，并与供应商签订合同，再由采购中心与采购需求单位签约结算，最终由采购中心提供仓储、配送、加工等附加服务。订货中心提供统一端口服务，前台需求单位按订货周期录入订货计划（或通过系统传入），经由订货中心资源平衡后即可锁定所需资源。从寻源到合同、从合同到付款，均由订货中心服务并提供各类过程监控工具。

#### 2.7.2.3 价格管理中心

内外部业务单位使用的钢材多为定制物料，供应商报价则是按基准样板规格报价，且各供应商、物料牌号规格均不同。价格管理中心搭建钢材核价模型及组距转化数据库，沉淀为数据服务工具，可根据客户需求的物料规格，按各供应商价格组距，计算对应物料的实际价格，快速高效且便于追溯，实现更科学的价格核算和建议。

2.7.2.4 仓储中心

大宗原材料的库存管理有别于一般物资，需要建立专业仓库，由前台业务单位分散建设容易造成资源浪费。仓储中心统一管理采购中心各地自建仓库、外租仓、外协供应商仓库及材料供应商 VMI 仓的库存，应用物联网技术，让货物实现线上化监管，并结合加工中心令货物、货主与销售客户之间实现真正联动，严格把控货物进出、货权转移这两大安全关键环节，支撑每年百万吨级别的货物流转。

2.7.2.5 配送中心

配送中心统一管理签约的第三方物流供应商，形成采购中心自有物流体系，统一服务前台各业务单位。例如要货计划转换成配送指令后，经调度派车指令直接到达司机手机移动端，通过移动化技术实现更实时的物资在途管理，可支撑大量采用直送的模式，减少货物的多余移动。

2.7.2.6 加工中心

钢材原材料需要进行开料加工才能继续后续其他工序，各业务单位重复投资设备、车间显然很不经济。加工中心提供云化的钢材开料加工系统给采购中心三地钢材开料工厂及众多外协供应商共同使用，结合仓储、配送中心，以数字化的形式聚合每年百万吨级别的加工服务能力。

借助美云智数供应链云的产品及技术，美的采购中心正迅速推进采购中台建设，并准备在协同计划、大数据应用、仓库无人化管理等方面做进一步突破。通过采购中台的建设及运营，美的采购中心在集团层面产生了巨大的协同效应，在降低大宗原材料整体库存、提升供应效率、采购降本等方面发挥着不可替代的作用。

**思考题：**

(1) 试分析美的是如何构建其采购中心的。

(2) 美的的采购计划管理与传统的管理方法相比有哪些优势？

(3) 请说说美的采购中心的数字化变革有何积极作用。

## 2.8 实践训练 电子商务采购管理

### 2.8.1 训练导图

电子商务采购管理训练导图，如图 2-8 所示。

### 2.8.2 训练目标

(1) 具备制定采购计划的能力。

(2) 具备选择合作供应商的能力。

(3) 具备签订采购合同的能力。

(4) 具备简单电子订货系统的实际操作能力。

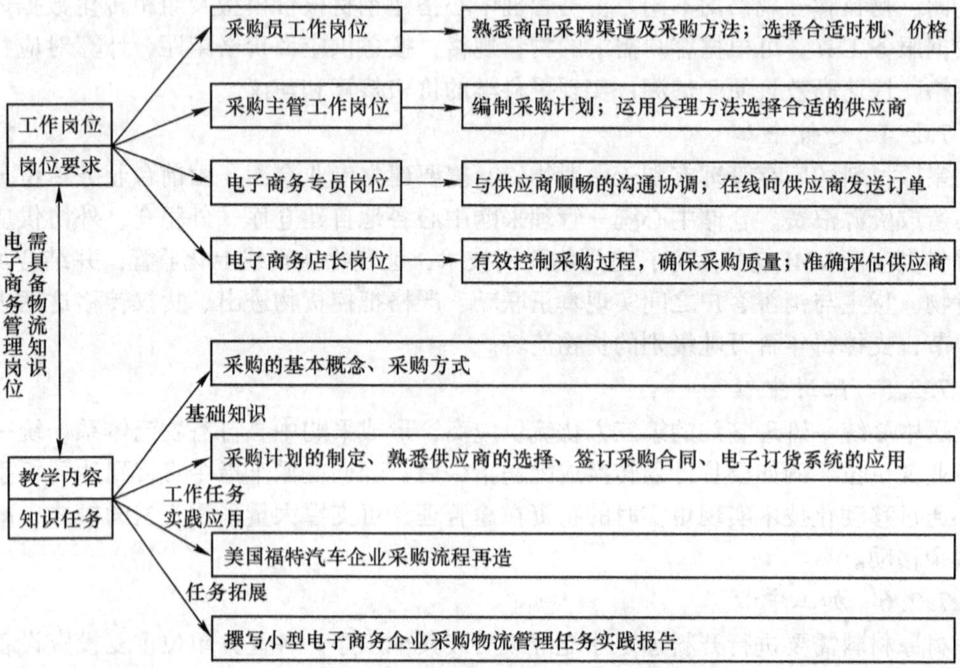


图 2-8　电子商务采购管理训练导图

### 2.8.3　训练重点

（1）采购计划的制定方法。

（2）合作供应商的选择。

### 2.8.4　训练内容

（1）采购计划的制定。

1）了解采购计划的定义；

2）确认采购需求；

3）编制采购计划。

（2）熟悉供应商的选择。

1）企业根据多个方面考虑选择合适的供应商；

2）详细描述企业从哪些方面选择供应商。

（3）签订采购合同。

1）熟悉采购合同条款和限制性规定；

2）两人一组举行合同洽谈，并签署合同。

（4）电子订货的应用。

1）熟悉 EOS 系统的结构和配置；

2）熟悉 EOS 系统的操作流程；

3）EOS 系统软件的操作应用。

### 2.8.5 训练拓展

撰写小型电子商务企业采购物流管理任务实践报告。

#### 2.8.5.1 任务安排

分析该小型电子商务企业采购原材料的特点，以及供应在不同时间段上的变化，根据原材料的特点和各时间段的需求变化设计采购方案，并基于实际情况对客户的需求进行合适合理的调整，撰写任务拓展实践报告。

#### 2.8.5.2 任务要求

为该小型电子商务企业设计一个应对问题的方案，以解决需求波动比较大与采购原材料之间存在的矛盾，实现降低企业经营成本的目标；字数不限。

# 3 电子商务仓储管理

**学习目标：**

(1) 掌握仓储、储存保管的基本概念。

(2) 理解储备和库存的本质区别。

(3) 熟悉出入库管理流程。

## 3.1 仓储的基本概念

### 3.1.1 仓储的定义

“仓”即仓库，为存放、保管、储存物品的建筑物和场地的总称，可以是房屋建筑、洞穴、大型容器或特定的场地等，具有存放和保护物品的功能。“储”即储存、储备，表示收存以备使用，具有收存、保管、交付使用的意思。仓储就是通过仓库对商品与物品的储存与保管，是集中反映工厂物资活动状况的综合场所，是连接生产、供应、销售的中转站，对提高生产效率起到重要的作用。

从物流管理的角度看，可以将仓储定义为：根据市场和客户的要求，为了确保货物没有损耗、变质和丢失，为了调节生产、销售和消费活动以及确保社会生产、生活的连续性，而对原材料等货物进行储存、保管、管理、供给的作业活动。对仓储概念的理解要抓住以下要点：

(1) 满足客户的需求，保证储存货物的质量，确保生产、生活的连续性是仓储的使命之一。

(2) 当物品不能被即时消耗，需要专门的场所存放时，形成了静态仓储。对仓库里的物品进行保管、控制、存取等作业活动，便产生了动态仓储。

(3) 储存的对象必须是实物产品，包括生产资料、生活资料等。

(4) 储存和保管货物要根据货物的性质选择相应的储存方式。不同性质的货物应该选择不同的储存方式。例如，食品、生物药品等对温度有特殊要求的货物需要采用冷藏库储存；液体性的原油或成品油就需要使用油品库储存。

仓储具有静态和动态两种，当产品不能被及时消耗掉，需要专门场所存放时，就产生了静态的仓储；而将物品存入仓库并对存放在仓库里的物品进行保管、控制、提供使用等的管理，则形成了动态的仓储。可以说仓储是对有形物品提供存放场所，并在这期间对存放物品进行保管、控制的过程。

仓储是产品生产、流通过程中因订单前置或市场预测前置而使产品、物品暂时存放。它是集中反映工厂物资活动状况的综合场所，是连接生产、供应、销售的中转站，对生产效率的提高起到重要的作用。同时，围绕着仓储实体活动，报表、单据账目、会计部门核算的准确信息也一一对应，因此，仓储是物流、信息流、单证流的合一。

### 3.1.2 仓储活动的意义

商品的仓储活动是由商品生产和商品消费之间的客观矛盾所决定的。商品在从生产领域向消费领域转移的过程中，一般都要经过商品的仓储阶段，这主要是由于商品生产和商品消费在时间、空间，以及品种和数量等方面的不同步引起的。这些不同步使仓储活动在整个物流系统中具有以下意义：

(1) 仓储活动对国家进行战略性储备具有保障作用。从整个国家的角度来讲，国家要对一些关系国计民生的重要产品（粮棉、油、药、军用物资及战备物资等）进行战略性储备，以保证国民经济可持续发展，防止战争、自然灾害给国民经济带来重大损失。同时，国家进行战略性储备对应对国际政治经济形势的变化，确保国家安全，具有十分重要的战略意义。

(2) 仓储活动是社会再生产过程得以顺利进行的必要条件。通过组织仓储活动，发挥仓储活动连接生产与消费的纽带和桥梁作用，借以克服众多的相互分离又相互联系的生产者之间、生产者与消费者之间在商品生产与消费地理上的分离，消除商品生产与消费时间上的不一致，以及调节商品生产与消费方式上的差异，使社会简单再生产和扩大再生产在拥有一定的商品资源的基础上顺利进行。具体来讲，仓储活动主要从以下几个方面保证社会再生产过程的顺利进行：

1）克服生产与消费地理上的分离。从空间方面来说，商品生产与消费的矛盾主要表现在生产与消费地理上的分离。随着经济发展的全球化，企业生产的产品不再是仅仅满足本地区的需要，许多产品需要销往其他地区，或者在全国范围内销售，甚至销往国外。生产的规模越大、越集中，就越需要寻求更大的市场，将商品运送到更远的地方。另外，生产的社会化，使不同产品的生产在地区间形成分工。为了更加充分地利用不同地区的自然经济条件和资源，一种商品的生产逐渐趋向于在生产该种商品最经济的地区进行。这样，就必须依靠运输把产品运送到其他市场上去。社会化生产的规律决定了生产与消费的矛盾不是逐渐缩小而是逐渐扩大。随着商品生产的发展，不但需要运输的商品品种、数量在增加，而且平均运输的距离也在不断增加。商品仓储活动的重要意义之一就是通过仓储活动平衡运输的负荷。

2）衔接生产与消费时间上的背离。商品的生产和消费之间有一定的时间间隔，在绝大多数情况下，今天生产的商品不可能马上就能卖掉，这就会产生商品的仓储活动。有的商品是季节生产、常年消费；有的商品是常年生产、季节消费。无论何种情况，在产品从生产过程进入到消费过程之间，都存在一定的时间间隔。商品在流通领域中暂时的停滞过程，形成了商品的仓储。同时，商品仓储又是商品流通的必要条件，为保证商品流通得以正常进行，就必须进行商品仓储活动，以衔接生产与消费在时间上的背离。

3）调节生产与消费方式上的差别。生产和消费的矛盾还表现在品种与数量方面。专业化程度越高，工厂生产的产品品种越少。但消费者却要求更广泛的品种和多样化的商品。另外，企业为实现规模效益，生产的品种比较单一，但数量却很大。而在消费方面，消费者需要广泛的品种和较少的数量，因此就要求在流通过程中，不断在品种上加以组合，在数量上加以分散，以满足消费者的需求。

(3) 仓储活动是保存商品使用价值的必要环节。商品储存在仓库中，由于其本身的性质及环境因素的影响，会使商品发生数量或质量的变化，甚至会失去使用价值。因此，在仓储过程中，应以了解商品自然属性为前提，围绕仓储环境因素这个中心，预先采取相应的方法，加强对商品的养护，以防止和减少各种内、外因素对商品质量的不利影响，使其在储存期间不发生或少发生质量变化，从而达到保护商品使用价值的目的。同时注意商品的合理流向，充分发挥其应有的作用，实现时间上的优化配置。

(4) 搞好仓储活动是加快资金周转。降低物流成本，是提高经济效益的有效途径。仓储活动是物资产品在社会再生产过程中必然会出现的一种形态，这对整个社会再生产，对国民经济各部门、各行业的生产经营活动的顺利进行，都有着巨大的作用。然而，在仓储活动中，必须要消耗一定的物化劳动和活劳动，尽管这些合理的费用支出是必要的，但由于它不能创造使用价值，因而，在保证物资使用价值得到有效保护的前提下，费用支出越少越好。因此，搞好仓储活动，可以减少物资在仓储过程中的物资耗损和劳动耗损，可以加速物资的流通和资金的周转，从而节省费用支出，降低物流成本，提高经济效益。

### 3.1.3 仓储活动的性质

仓储活动实质上是一种管理活动。商品的储存、保管是社会再生产过程中不可缺少的中间环节，是产品的生产过程在流通领域的延续。在仓储活动中，为了保证仓储业务的正常进行，必须具备相应的仓储设施（建筑物、容器）和装卸、搬运、堆码的各种设备及操作工具，同时，还需要耗费一定的人力对储存的商品进行养护，防止各种因素对商品质量的影响。这就使得仓储活动与一般的生产活动一样，具备了劳动力、劳动资料和劳动对象。也就是说，仓储活动是具有一定技能的工作人员借助于劳动资料（库房、设备、工具），作用于劳动对象（储存的商品）的活动。

虽然仓储活动具有生产性，但就其在社会分工中所处的地位而言，与产品的生产活动还是有区别的。具体表现为：(1) 由于仓储活动会增加各种仓储费用，必然会使得商品成本增加，给企业经济效益带来不利的影响，因此，加快商品周转，提高仓库利用率，减少作业环节，努力降低储存成本成为仓储管理的主要任务；(2) 产品生产是成批、连续进行的，而仓储活动是服务于生产和销售，根据用户需要进行相关业务活动的，因此，具有不均衡性和不连续性；(3) 不管是工业企业，还是商业企业，仓储都是联系生产和消费的桥梁，具有服务的性质。

此外，仓储活动还具有以下性质。

(1) 仓储活动是社会再生产过程中不可缺少的一环。任何产品的使用价值只有在消费中才能实现，而产品从脱离生产到进入消费环节，一般情况下都要经过运营和储运。所以，商品的储存和运营一样，都是社会再生产过程的中间环节。

(2) 仓储活动具有生产三要素。商品仓储活动同其他物质生产活动一样，具有生产三要素，即：劳动力——仓库作业人员，劳动资料——各种仓库设施，劳动对象——储存保管的物质，三者缺一不可。商品仓储活动就是仓库作业人员借助仓储设施，对商品进行收发保管的过程。

(3) 仓储活动的生产特殊性。商品仓储活动具有生产性质，但与一般物质生产活动相比又有不同的地方。仓储活动消耗的物化劳动和活劳动不改变劳动对象的功能、性质和使用价值，只是保持和延续其使用价值。仓储活动的产品无实物形态却有实际内容，即仓储劳务。所谓劳务，是指劳动消耗，要追加到商品的价值中去，追加效应的多少取决于仓储活动的社会必要劳动。商品经过储存保管使用价值不变，但其价值增加。这是因为商品仓储活动的一切劳动消耗都要增加到商品的价值中去。此外，作为商品仓储活动的产品——仓储实物，其生产过程和消费过程是同时进行的，既不能储存也不能积压。

### 3.1.4 仓储的功能

从整个物流过程看，仓储是保证这个过程正常运转的基础环节之一。仓储的价值主要体现在其具有的基本功能、增值功能，以及社会功能 3 个方面：

（1）基本功能。基本功能指为了满足市场的基本储存需求，仓库所具有的基本的操作或行为，包括储存、保管、拼装、分类等基础作业。其中，储存和保管是仓储最基础的功能。通过基础作业，货物得到了有效的、符合市场和客户需求的仓储处理，例如，拼装可以为进入物流过程中的下一个物流环节做好准备。

（2）增值功能。通过基本功能的实现而获得的利益体现了仓储的基本价值。增值功能则是指通过仓储高质量的作业和服务，使经营方或供需方获取额外的利益，这个过程称为附加增值。这是物流中心与传统仓库的重要区别之一。增值功能的典型表现方式如下：一是提高客户的满意度，客户下达订单后，物流中心能够迅速组织货物，并按要求及时送达，提高了客户对服务的满意度。二是信息的传递，在仓库管理的各项事务中，经营方和供需方都需要及时而准确的仓库信息。例如，仓库利用率、进出货频率、仓库的地理位置、仓库的运输情况、客户需求状况、仓库人员的配置等信息，这些信息为用户或经营方进行正确的商业决策提供了可靠的依据，提高了用户对市场的响应速度，提高了经营效率，降低了经营成本，从而带来了额外的经济效益。

（3）社会功能。仓储的基础作业和增值作业会给整个社会物流过程的运转带来不同的影响，良好的仓储作业与管理会带来好的影响，例如，保证了生产、生活的连续性；反之会带来负面的效应。这些功能称为社会功能，主要从以下 3 个方面理解。

1）时间调整功能。一般情况下，生产与消费之间会产生时间差，通过储存可以克服货物产销在时间上的隔离（如季节生产，全年消费的大米）。

2）价格调整功能。生产和消费之间也会产生价格差，供过于求、供不应求都会对价格产生影响，因此通过仓储可以消除货物在产销量上的不平衡，达到调控价格的效果。

3）衔接商品流通的功能。商品仓储是商品流通的必要条件，为保证商品流通过程连续进行，就必须有仓储活动。通过仓储，可以防范突发事件，保证商品顺利流通。例如，运输被延误，卖主缺货。对供货仓库而言，这项功能是非常重要的，因为原材料供应的延迟将导致产品生产流程的延迟。

### 3.1.5 仓储的作用

仓储处于生产和消费两大活动之间，在物流中起到“蓄水池”和“调节阀”的作用。流通仓库作为物流仓储的服务节点，在流通作业中发挥着重要的作用，它不再只以储存保管为目的，还会开展对物品的分类、包装、配送、配载、拣选、检验、流通加工等活动。

仓储的正作用包括：

(1) 仓储是物流的主要功能要素之一。在物流体系中，运输和仓储被称为两大支柱。运输承担着改变物品空间状态的重任；仓储则承担着改变物品时间状态的重任。

(2) 仓储是整个物流业务活动的必要环节之一。仓储作为物品在生产过程中各间隔时间内的物流停滞，是保证生产正常进行的必要条件，它使上一步生产活动顺利进行到下一步生产活动。

(3) 仓储是保持物资原有使用价值和物资使用合理化的重要手段。生产和消费的供需在时间上的不均衡、不同步造成物资使用价值在数量上减少，质量上降低。只有通过仓储才能减小对物资的损害程度，防止产品一时过剩浪费，使物品在效用最大的时间段发挥作用，充分发挥物品的潜力，实现物品的最大效益。

(4) 仓储是加快资金周转、节约流通费用、降低物流成本、提高经济效益的有效途径。有了仓储的保证，就可以免除加班赶工的费用，免除紧急采购的成本增加。同时，仓储也必然会消耗一定的物化劳动和活劳动，还大量地占用资金，这些都说明仓储节约的潜力是巨大的。通过仓储的合理化，就可以加速物资的流通和资金的周转，从而节省费用支出，降低物流成本，开拓“第三利润源泉”。

仓储是物流系统中一种必要的活动，但也存在冲减物流系统效益、恶化物流系统运行的趋势。甚至有人明确提出，仓储中的库存是企业的“癌症”。因为仓储会使企业付出巨大代价，这些代价主要包括：

(1) 固定费用和可变费用支出。仓储要求企业在仓库建设、仓库管理、仓库工作人员工资、福利等方面支出大量的成本，费用开支增高。

(2) 机会损失。储存物资占用资金及资金利息，如果用于另外项目可能会有更高的收益。

(3) 陈旧损失与跌价损失。随着储存时间的增加，存货时刻都在发生陈旧变质，严重的会完全丧失价值及使用价值。同时，一旦错过有利的销售期，又会因为必须低价贱卖，不可避免地出现跌价损失。

(4) 保险费支出。为了分担风险，很多企业对储存物采取投保缴纳保险费方法。保险费支出在仓储物资总值中占了相当大的比例。在信息经济时代，社会保障体系和安全体系日益完善，这个费用支出的比例还会呈上升的趋势。

上述各项费用支出都是降低企业效益的因素，再加上在企业全部运营中，仓储对流动资金的占用达到40%~70%的高比例，有的企业库存在某段时间甚至占用了全部流动资金，使企业无法正常运转。

由此可见，仓储既有积极的一面也有消极的一面。只有考虑到仓储作用的两面性，尽量使仓储合理化才有利于物流业务活动的顺利开展。

## 3.2 储存保管

物资的储存和运输是整个物流过程中的两个重要环节，被人们称为“物流的支柱”。在商品交换过程中，虽然物资的购、销活动决定了物资的交换关系，但若没有物资的储存和运输，物资的这种交换关系则不能最终实现。

### 3.2.1 储存保管概述

储存保管是指在一定的时期和场所，以适当的方式维持物资及其数量等的储存活动，它包含了库存和储备在内的一种广泛的经济现象。商品储存是在商品生产出来后、到达消费者手中之前所进行的商品储存的过程。储存保管是以改变“物”的时间状态为目的的活动，从克服产需之间的时间差异，获得更好的效用。

在物流学中，储存是以改变物品的时间状态为目的的活动，它的效用体现在消除产需之间的时间差异。在现实工作中，人们常常将库存、储备、储存、仓储几个概念混淆。其实，这几个概念有共同之处，也有区别。

库存指的是仓库中处于暂时停滞状态的物资存量。这种暂时停滞状态可能由任何原因引起，而不一定是某种特殊的停滞。其原因大体有：能动的各种形态的储备，被动的各种形态的仓储，完全的积压。

储备是一种有目的的储存物资的行动，也是这种有目的的行动及其对象总体的称谓。物资储备的目的是保证社会再生产连续不断地、有效地进行。所以，物资储备是一种能动的储存形式；或者说，是有目的的、能动的生产领域和流通领域中物资的暂时停滞，尤其是指在生产与再生产、生产与消费之间的那种暂时停滞。

储存是包含库存和储备在内的一种广泛的经济现象，是一切社会形态都存在的经济现象，一种有目的的储存物资的行动，其目的是保证社会再生产连续不断地、有效地进行。在任何社会形态中，对于不论什么原因形成停滞的物资，也不论是什么种类的物资在没有进入生产加工、消费、运输等活动之前或在这些活动结束之后，总是要存放起来，这就是储存。这种储存不一定是在仓库中，而是在任何位置，也有可能永远进入不了再生产和消费领域。我们把物品在仓库中的储存简称为仓储。

### 3.2.2 储存保管的作用

根据上述储存保管的概念和意义，可以看出储存保管在物流过程中起着极为重要的作用，它不仅创造着物流的时间效益，而且保障物品的使用价值不受到损害。其作用主要表现在以下几个方面：

（1）物品储存是保证社会再生产不断进行的物质条件。从生产领域来看，生产的社会化会使投入到再生产过程中的原材料、燃料等物质产品的数量相应增加，处在生产过程中的储存物品也将会增加。因此，要使生产过程能够顺利进行，就需要在生产过程中储存一定数量的不同形式的储存物品。如果生产过程中没有或不能保障所需要的储存物品，生产过程就难以顺利进行，甚至会出现再生产过程中断。从流通领域来看，流通过程储存物品是保证流通业务活动的条件，也是为生产、消费提供服务的物质基础。所以，一定规模的流通，就必须要求有一定数量的流通储存。也就是说，只有保持一定数量的流通储存，才能保证正常的市场供应，满足消费的各种需求。总之，无论是生产储存，还是流通储存，都是保证社会再生产不断进行的物质条件。

（2）物品储存是调整、协调各部门、各地区平稳发展的必要条件。国民经济各部门和各地区的经济发展总是不平衡的，有些部门、地区发展速度较快，有些部门、地区发展速度较慢。这些相互联系、相互提供物质产品的部门、地区之间的产需衔接关系或比例关系就会相应地发生变化，或供不应求，或供过于求。所以，通过物品的储存，可以调节这种供求关系，起到调节国民经济各部门、各地区经济发展不平衡的作用，起到“蓄水池”作用。

（3）从物流过程来看，储存是可以解决时间背离问题的。它既是物流过程的一个中心环节，是物流系统的一项重要功能，又是物流过程中的一项主要作业活动，并通过其各项作业活动，使物流提供时间效用。正因为如此，才使物流过程得以正常进行，实现物流系统的整体功能。

（4）物品储存是应付发生意外情况的物质基础。在社会经济发展过程中，总会出现一些意外的情况，诸如自然灾害、战争、计划不周，或其他突然事故的发生等。如果没有一定数量的物品储存，就会陷于被动；如果有了一定数量的物品储存，就可以及时应付发生各种意外情况时所需要的各种物品，这样才能保证社会经济正常发展。

（5）储存物品的保管是储存作用发挥的根本保证。由于储存物品受自然条件和时间因素等的影响，使其内在质量发生变化，影响物品的使用价值。因此，需要对物品进行保管，不断提高保管技术，把影响储存物品的各种因素控制在允许的范围内，保障物品的使用价值不受到损害。这就是说，储存的作用只有在保管活动能够保持物品原有使用价值不变的情况下才能发挥。因此，有效地保管物品，才能促进储存作用的充分发挥，否则就失去了储存物品的意义。

### 3.2.3 储存保管的方式

按储存保管的经营主体不同，将储存保管分为自有仓库和租赁仓库。其相对的优缺点见表 3-1。

**表 3-1 自有仓库、租赁仓库优缺点**

| 仓库类型 | 优 点 | 缺 点 |
|---|---|---|
| 自有仓库 | 较强的控制能力；较高的柔性化水平；低成本优势（仓库利用率在 70% 以上）；获得税收优惠；树立企业形象；发挥人力资源优势（特殊人才） | 缺乏柔性化；财务方面的限制（属于长期性（使用年限 20~40 年）、高风险的投资；成本高；雇佣、培训员工；仓库管理设备更新；作业系统设计）；投资回报率低，导致缺乏持续投资 |
| 租赁仓库 | 节省资金投入；缓解存储压力；减少投资风险（技术设备的不断更新和商业运营模式的日新月异）；较低的柔性化水平；避免管理困难；便于企业掌握保管和搬运成本 | 增加了企业的包装成本；增加了企业的控制难度；沟通方面的难题；缺少个性化服务 |

对于企业而言，选择自建仓库还是租赁仓库，其主要的依据在于仓储的总成本最低化，租赁仓库的成本中仅包含可变成本，而自建仓储的成本结构中还存在固定成本，除了将仓储的成本考虑在内，企业选择何种方式的仓库进行决策还需要考虑：周转率、需求的稳定性、市场密度、管理水平等方面。

同时针对不同的保管对象、功能及处理方式等，需要基于不同的侧重点选择不同的方式进行储存保管，见表 3-2。

**表 3-2 其他储存保管方式**

| 项目 | 方式 | 主要内容 |
| --- | --- | --- |
| 储存保管功能 | 普通型物品 | 在储存保管中不需要特殊条件的物品仓储（如一般生产物资、生活用品、普通工具等杂货类物品） |
| | 特殊型物品 | 在储存保管中有特殊要求和需要满足特殊条件的物品仓储（如危险品、粮食、冷冻品等） |
| 保管功能 | 储备型 | 物品较长时间存放的储存保管 |
| | 物流中心型 | 为实现有效物流管理，对物流的过程、数量、方向进行控制的环节，为实现物流的时间效用的储存保管 |
| | 配送型 | 商品在配送交付消费者之前所进行的短期储存保管 |
| | 运输转换型 | 衔接不同运输方式的运输转换的储存保管 |
| 储存物品处理方式 | 存储型 | 以储存物品原样保持不变的方式所进行的储存保管 |
| | 加工型 | 在保管期间根据存货人的要求对储存物品进行一定加工的储存保管 |
| | 消费型 | 保管人在接受储存物品时，同时接受储存物品的所有权，保管人在仓储期间有权对储存物品行使所有权；在仓储期满，保管人将同种类、品种和数量的替代物交还给存货人所进行的储存保管 |
| 储存保管集中程度 | 集中型 | 储存保管以一定大数量集中在一个场所之中 |
| | 分散型 | 储存保管在地点上形成较广区域的分布，每个储存点的储存保管数量相对较低 |
| | 零库存型 | 某一领域不再保有库存，以无库存（或很低库存）作为生产或供应保障的一种方式 |
| 储备在社会再生产中的作用 | 生产储备 | 工矿企业为了保持生产的正常进行而保有的物品准备。这种储备是在生产领域中，已脱离了流通领域但尚未投入生产过程 |
| | 消费储备 | 消费者为了保持消费的需要而保有的物品准备。这种储备是在最终消费领域中，已脱离了流通领域但尚未进入消费过程 |
| | 流通储备 | 社会再生产中为保证再生产的正常而保持在流通领域中的“物”的暂时停滞。这种储备进入流通领域但尚未进入再生产和消费过程 |
| | 国家储备 | 国家有关机构代表国家为全国性的特殊原因所进行的物品准备 |

### 3.2.4 合理化储存保管

合理储存是指以保证商品流通和生产需要为目的的储存，是合理储存量、合理储存结构分布、合理储存时间与合理储存空间的有机统一。

合理储存量是指在新的商品（或生产资料）到来之前，能保证在这个期间商品（或生产资料）正常供应的数量。合理储存必须以保证商品流通正常进行为前提，其影响因素包含社会需求因素、商品再生产周期、交通运输条件、管理水平和设备条件。合理储存结构是指商品的不同品种、规格之间储存量的比例关系。社会对商品需求既需要供应总量的满足，又要有品种、规格的选择，而且要求的结构在不断变化。商品储存结构要以销售或者消耗结构为转移，达到产销（耗）存一致。合理的储存时间受到商品销售时间和物品物理、化学、生物性能的影响。合理的储存空间是指在生产进行过程中，结合市场需要，商品储存在各个环节、各个空间位置上的合理摆布。

储存合理化是用最经济的办法实现储存的功能。但是，储存的不合理又往往表现在对储存功能实现的过分强调，因而过分投入储存力量和其他储存劳动，造成了仓储资源浪费、储存时间增加、结构失衡等问题的储存保管形式，所以，合理储存的实质是在保证储存功能实现的前提尽量少投入。

储存保管合理化的含义是用最经济的办法实现储存保管功能，有6个主要标志。

（1）质量标志。保证被储存物的质量，是完成储存功能的根本要求，只有这样商品的使用价值才能得以最终实现。

（2）数量标志。在保证功能实现前提下有一个合理的数量范围。目前管理科学的方法已能在各种约束条件下，对合理数量范围做出决策。

（3）时间标志。在保证功能实现的前提下，寻求一个合理的储存时间，往往用周转速度指标来反映时间标志，如同转天数、周转次数等。

（4）结构标志。从被储物不同品种、不同规格、不同花色的储存数量比例关系对储存合理性的判断。尤其是相关性很强的各种物资之间的比例关系更能反映储存合理与否。

（5）分布标志。指以不同地区储存的数量与当地需求比来判断对需求的保障程度。

（6）费用标志。仓租费、维护费、保管费、损失费、资金占用利息支出等，都能从实际费用上判断储存合理与否。

### 3.2.5 储存合理化的实施

ABC分析法是储存合理化的基础分析方法，在此基础上可以进一步解决各类的结构关系、储存量、重点管理、技术措施等合理化问题；ABC分析法的应用，在储存管理中比较容易取得以下成效：（1）压缩总库存量。（2）解放被占压的资金。（3）使库存结构合理化。（4）节约了管理力量。

A、B、C三类物品的管理方法如下：

（1）A类物品的管理方法。尽可能缩短订货提前期，对交货期限加强控制，科学设置最低额度、安全库存和订货点报警点，防止缺货发生；与供应商和用户共同研究替代品，尽可能降低单价；制定应急预案，补救措施，每天进行盘点和检查。

（2）B类物品管理方法。采用定量订货方法前置时间较长，每周进行盘点和检查，中量采购。

（3）C类物品管理方法。大量采购，获得价格上的优惠。由于所消耗金额非常小，即使多储备，也不会增加太多金额，简化库存管理，每月循环盘点一遍，对于积压物品和不能发生作用的物料，应该每周向公司决策层通报，及时清理出仓库。

A、B、C三类物品管理方法比较见表3-3。

**表3-3 三类物品管理方法比较**

| 管理类别 | A类 | B类 | C类 |
|---|---|---|---|
| 消耗定额的方法 | 技术计算 | 现场核定 | 经验估算 |
| 检查 | 每天检查 | 每周检查 | 季度、年度检查 |

续表 3-3

| 管理类别 | A类 | B类 | C类 |
|---|---|---|---|
| 统计 | 详细统计 | 一般统计 | 按金额统计 |
| 控制 | 严格控制 | 一般控制 | 按金额总量控制 |
| 安全库存量 | 较低 | 较大 | 较高 |
| 是否允许缺货 | 不允许 | 偶尔允许 | 允许一定范围内 |

ABC 分析法的一般步骤如下：

(1) 收集数据。按分析对象和分析内容，收集有关数据。例如，要分析产品成本，应收集产品成本因素、产品成本构成等方面的数据；要分析针对某一系统的价值工程，应收集系统中各局部功能、各局部成本等数据。

(2) 处理数据。对收集来的数据资料进行整理，按要求计算和汇总。本例以平均库存乘以单价，计算各种物品和平均资金占用额。

(3) ABC 分析表。第一栏是物品名称或者物品序列号；第二栏是物品数量；第三栏是物品单价；第四栏是物品总价；第五栏是物品占总资金百分比；第六栏是该物品资金累计百分比；第七栏是物品数量占总数量累计百分比；第八栏是分类结果。

注：在排序时，要按照该物品总价从高到低排序；当总价相等时，再由物品单价从高到低排序。

[案例] 小张是某大学毕业生，毕业后到武汉某仓储公司担任仓库主管一职，刚进仓库，就有员工反映仓库内原材料不足，当小张看到仓库库存明细表并得知仓库内物品均统一进货时，小张就发现仓库管理中存在的问题了，请运用所学的知识分析该仓库存在的问题。仓库库存明细见表 3-4。

**表 3-4 仓库库存明细**

| 产品序号 | 数量 | 单价/元 |
|---|---|---|
| 1 | 20 | 20 |
| 2 | 20 | 20 |
| 3 | 20 | 10 |
| 4 | 10 | 680 |
| 5 | 20 | 100 |
| 6 | 10 | 20 |
| 7 | 25 | 20 |
| 8 | 15 | 10 |
| 9 | 30 | 5 |
| 10 | 20 | 10 |

(1) 收集数据。案例中小张已经得到该仓库库存明细表，即数据收集的过程已经完成。

（2）数据处理。

1）根据产品序号计算每种产品的总价值：

产品序号 1：20×20=400（元）

产品序号 2：20×20=400（元）

以此类推：产品 3=200 元，产品 4=6800 元，产品 5=2000 元，产品 6=200 元，产品 7=500 元，产品 8=150 元，产品 9=150 元，产品 10=200 元。

2）计算仓库中产品总金额为：

400+400+200+6800+2000+200+500+150+150+200=11000（元）

ABC 分析见表 3-5。

**表 3-5 ABC 分析**

| 产品序号 | 数量 | 单价/元 | 总资金/元 | 资金百分比/% | 累计百分比/% | 累计数量百分比/% | 分类 |
|---|---|---|---|---|---|---|---|
| 4 | 10 | 680 | 6800 | 68 | 68 | 5.5 | A |
| 5 | 20 | 100 | 2000 | 12 | 80 | 13 | A |
| 7 | 25 | 20 | 500 | 5 | 85 | 26.7 | B |
| 1 | 20 | 20 | 400 | 4 | 89 | 37.6 | B |
| 6 | 10 | 20 | 200 | 2 | 91 | 48.5 | C |
| 2 | 20 | 20 | 400 | 2 | 93 | 59.4 | C |
| 3 | 20 | 10 | 200 | 2 | 95 | 64.9 | C |
| 10 | 20 | 10 | 200 | 2 | 97 | 75.8 | C |
| 8 | 15 | 10 | 150 | 1.5 | 98.5 | 83.9 | C |
| 9 | 30 | 5 | 150 | 1.5 | 100 | 100 | C |
| 合计 | 190 | | 11000 | 100 | 100 | 100 | |

### 3.2.6 储存保管作业

仓库是储存保管的载体，是储藏保管物品的总称。一般使用建筑物作为仓库，但也有使用车辆、船舶、集装箱等设备，甚至直接利用地面或水面作为仓库。

仓库储存保管作业过程是从仓库接受储存任务开始，在仓库准备、接收货物、堆存、保管、交付的整个过程中，仓库所要处理的事务，所承办的工作和承担的责任。仓库作业过程既有装卸、搬运、堆垛等劳动作业过程，也有货位安排、理货检验、保管、货物记账、统计报表等管理过程，以及接货交接、交货交接、残损处理等商务作业。储存的基本作业过程可以分为 3 段，即货物入库阶段、货物保管阶段和货物出库阶段，如图 3-1 所示。

（1）入库阶段。根据计划和发运单位、承运单位的发货或到达通知，进行货物的接收及提取，并为入库保管做好一切准备工作。

（2）保管阶段。根据物品本身特性及进出库的计划要求，对入库物资进行保护、管理的工作环节。

（3）出库阶段。根据客户要求进行货物的发送工作。

仓库系统布局是储存保管作业管理的首要硬件条件，其合理与否直接关系着储存保管作业的效率。它包括仓库布局和仓库设备两个方面管理。仓库布局原则见表 3-6。

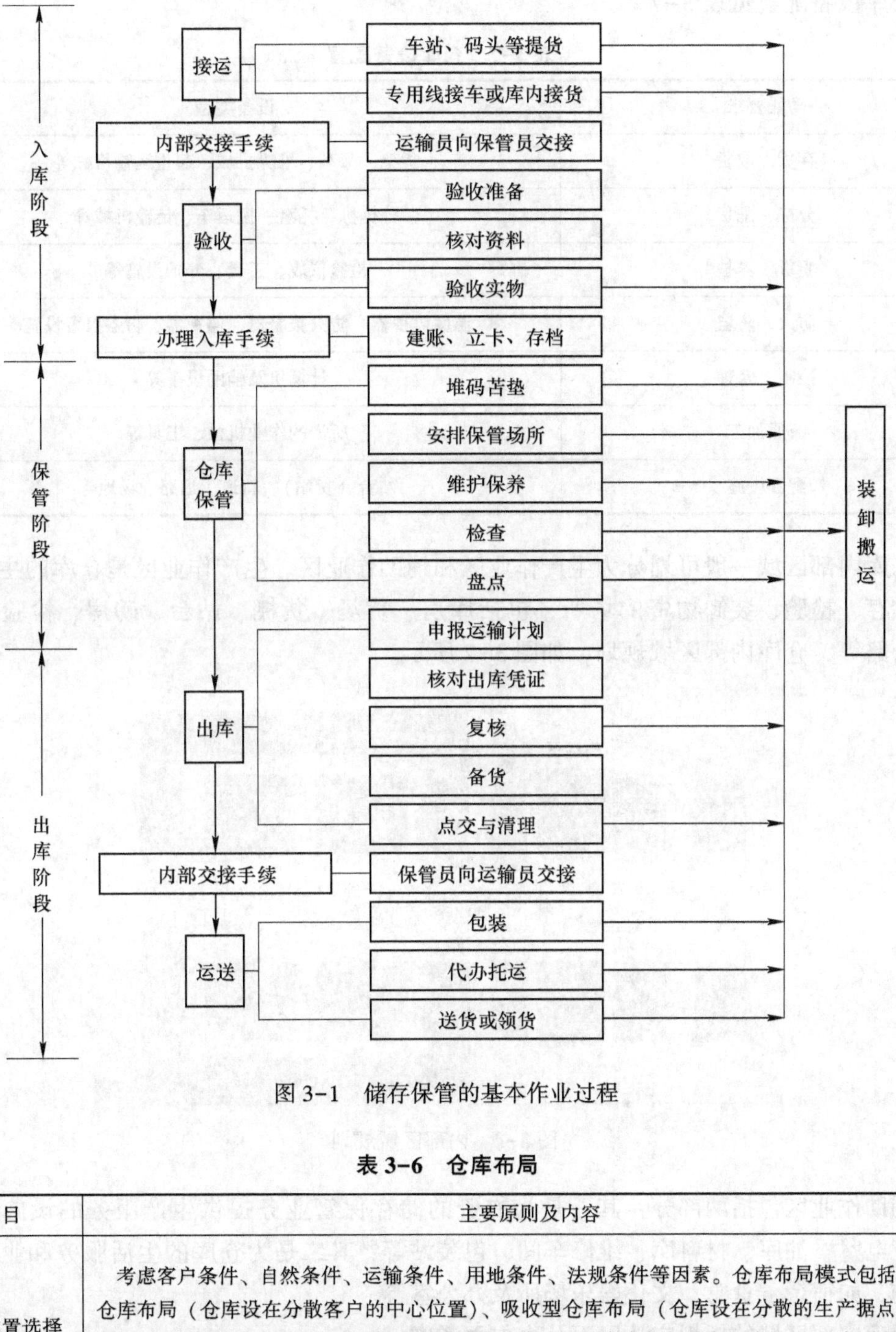


图 3-1 储存保管的基本作业过程

**表 3-6 仓库布局**

| 项目 | 主要原则及内容 |
|---|---|
| 仓库位置选择 | 考虑客户条件、自然条件、运输条件、用地条件、法规条件等因素。仓库布局模式包括辐射型仓库布局（仓库设在分散客户的中心位置）、吸收型仓库布局（仓库设在分散的生产据点的中心位置）、聚集型仓库布局（四周分散的仓库集中向中心用户密集的经济区域服务）、扇形仓库布局（仓库设在客户的一个侧面而不是中心） |
| 仓库内部布局 | 考虑仓库的主要功能、储存任务、保管对象、货位布置及固定与否、机械化程度、通道与货架占用空间、平面或立体布局、分拣作业要求、仓库环境要求等因素 |

仓库设备配置见表3-7。

表3-7 仓库设备配置

| 功能要求 | 设备类型 |
| --- | --- |
| 存货、取货 | 货架、叉车、堆垛机械、起重运输机械等 |
| 分拣、配货 | 分拣机、托盘、搬运车、传输机械等 |
| 验货、养护 | 检验仪表、工具、养护设施等 |
| 防火、防盗 | 温度监视器、防火报警器、监视器、防盗报警设施等 |
| 控制、管理 | 计算机及辅助设备等 |
| 流通加工 | 所需的作业机械、工具等 |
| 配套设施 | 站台（货站）、轨道、道路、场地等 |

仓库内部区域一般可划分为生产作业区和辅助作业区。生产作业区是仓库的主体，是用于储存、检验、装卸物资的场所，包括库房、货场、货棚、站台、磅房、检验室及铁路、公路等，仓库内部区域规划，如图3-2所示。

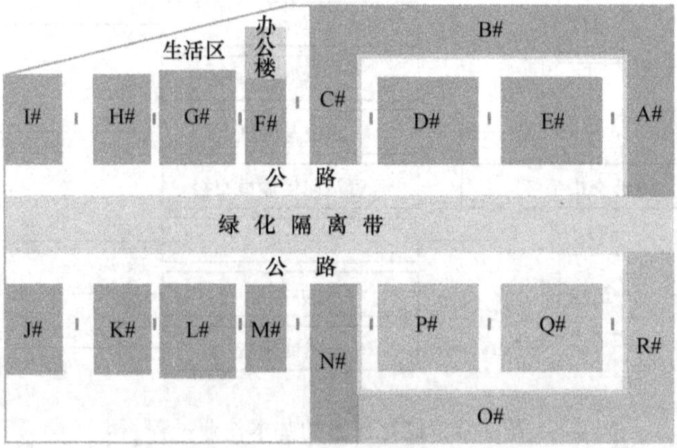


图3-2 内部区域规划

辅助作业区包括两部分：其一是为物资的储存保管业务提供生产服务的设施，如车房、配电室、油库、材料库、维修车间、包装站等；其二是为仓库的生活服务和业务管理的设施，如宿舍、食堂、文化娱乐场所及办公室等。

仓库内部区域的规划应从以下几个方面考虑：

（1）根据储存任务应设置足够的库房和货场。

（2）制定合理的仓容定额。

（3）合理设施专用线和装卸机械。

（4）货位布置方式。

1）垂直或平行的布置方式，如图 3-3 所示。

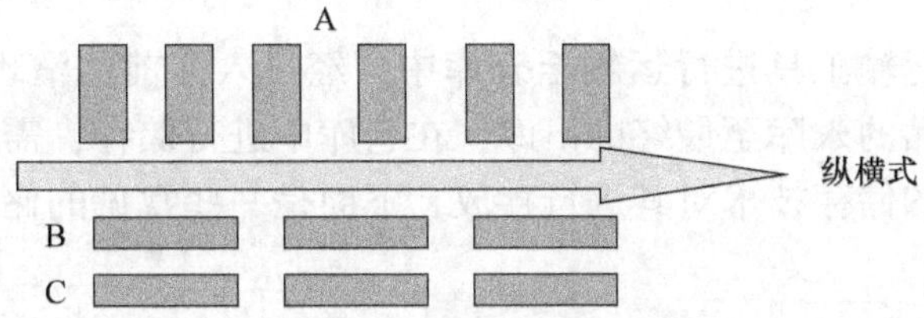


图 3-3 垂直或平行式布局

2）倾斜式布局，如图 3-4 所示。

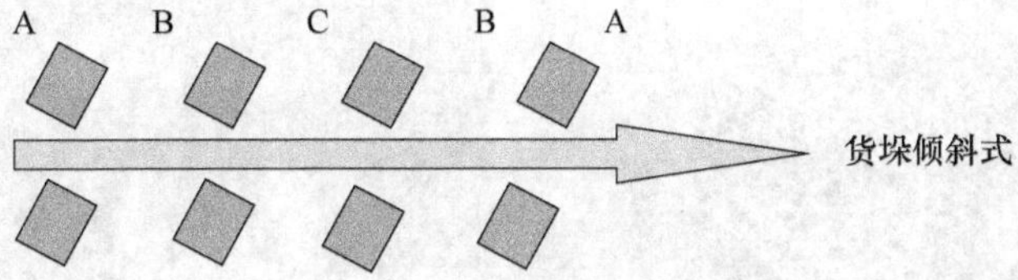


图 3-4 倾斜式布局

统一编号、四号定位：四号定位是将库房、货架、层数、货位号等四者按规律编号，并和账面统一起来的规划方法。在货场上、料棚中，可用货区号、点号、排号、位号定位。用数码和字母的组合混合编号比较好。如：K5AB10d15，表示 5 号库房 AB 货区第 10 号料架第 4 层 15 号货位，编号规则见表 3-8。

**表 3-8 编号规则**

| 顺序号 | 1 | 2 | 3 | 4 | 5 | 6 |
|---|---|---|---|---|---|---|
| 表示内容 | 库棚场别 | 库棚场号 | 货区号 | 货架（垛）号 | 货架（垛）层号 | 货位号 |
| 符号 | KPC | 数字 | 大写字母 | 数字 | 小写字母 | 数字 |

仓库商品的分区分类储存是根据“四一致”的原则（性能一致、养护措施一致、作业手段一致、消防方法一致），把仓库划分为若干保管区域，把储存商品划分为若干类别，以便统一规划储存和保管。

专仓专储是指因为货物或者用途的特殊性，将相关货物单独存放在一个具备适合条件的仓库中进行专项存放。仓库的分区分类与专仓专储的主要区别在于：仓库性质不同、储存货物的种类多少不同、储存货物的数量多少不同、储存商品的性质不同。采用分区分类储存货物的主要作用如下：

（1）可缩短货物拣选及收发作业的时间。

（2）能合理使用仓容，提高利用率。

（3）有利于保管员熟悉货物的性能，提高保管养护的技术水平。

（4）可合理配置和使用机械设施，有效提高机械化、自动化操作程度。

（5）有利于仓储货物的安全，减少损耗。

### 3.2.7 储存保管技术

产品或货物经过运输工具进行运输至仓库中，经过入库前的清理点算，进入仓库中，进行储存保管。从产品的入库至最终的出库，在仓库中进行储存，需要根据产品的属性及储藏的条件运用不同的储存技术对其进行存放，下面是一些常见的储存保管技术以及储存保管的设备。

3.2.7.1 托盘技术

用于集装、堆放、搬运和运输的放置作为单元负荷的货物和制品的水平平台装置，市面上常见的托盘种类如图 3-5 所示。

图 3-5 各类托盘

(a) 塑料托盘；(b) 木托盘；(c) 竹托盘；(d) 多层托盘

托盘是物流过程中承载货物的集装单元化工具之一，是与搬运装卸机械配套使用的重要集装器具。在仓库储存中使用最多，范围最广。

(1) 平托盘。常见的平托盘有单面型塑料托盘和双面型托盘，分别如图 3-6 和图 3-7 所示。

(2) 柱式托盘。柱式托盘，如图 3-8 所示。

(3) 箱式托盘。箱式托盘是在平托盘的基础上发展起来的，多用于散件或散状物料的集装，金属箱式托盘还用于热加工车间集装热料。箱式托盘，如图 3-9 所示。

(4) 轮式托盘。轮式托盘也称物流台车，是在箱式托盘、柱式托盘或网箱托盘的底部装上脚轮而成，既便于机械化搬运，又易于短距离的人力移动。轮式托盘，如图 3-10 所示。

托盘主要有以下几个特点：

图 3-6 单面型塑料托盘

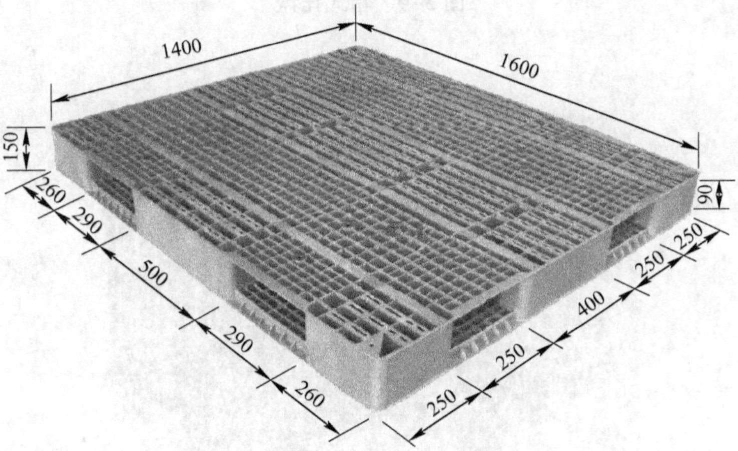


图 3-7 双面型托盘

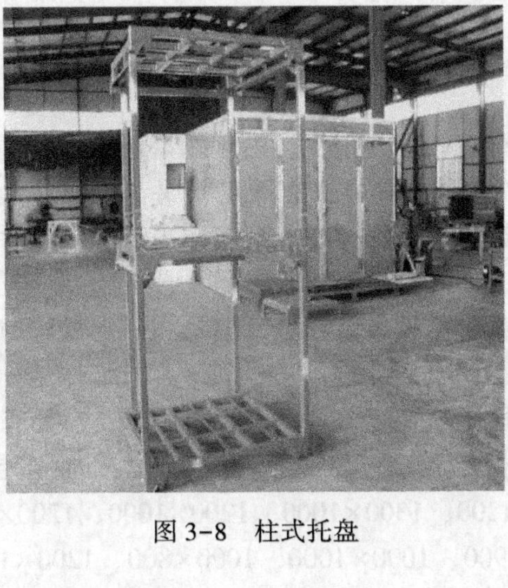

图 3-8 柱式托盘

图 3-9 箱式托盘

图 3-10 轮式托盘

(1) 自重量小。装卸、运输时托盘本身所消耗的劳动较少，无效运输及装卸相比集装箱更少。

(2) 返空容易。返空时占用运力很少。由于托盘造价不高，又很容易互相代用，互以对方托盘抵补，所以无须像集装箱那样必有固定归属者，返空比集装箱容易。

(3) 装盘容易。不需像集装箱那样深入到箱体内部，装盘后可采用捆扎、紧包等技术处理，使用简便。

(4) 装载量有限。装载量虽较集装箱小，但集中一定数量的托盘，比一般包装的组合量大得多。

(5) 保护性差。保护性比集装箱差，露天存放困难，需要有仓库等配套设施。

目前流通中的托盘规格比较多。常见规格（单位：mm）包括：2000×1000、1500×1100、1500×1000、1400×1200、1300×1000、1200×1000、1200×800、1200×1100、1100×1000、1100×1100、1100×900、1000×1000、1000×800、1200×1200、1300×1600、1300×

1100等。其中塑料托盘的规格相对比较集中，主要是1100×1100（1100系列）和1200×1000（1200系列），约占塑料托盘的50%左右。同时还有1140系列：1140×1140；1219系列：1219×1016。

亚洲联运通用平托盘标准的托盘尺寸（单位：mm）为1200×1000和1100×1100两种。迄今为止，已有包括中国大陆、日本、韩国、菲律宾、泰国、马来西亚、中国香港和中国台湾等国家和地区的团体、企业等表明参加该联盟，同意采用这两种规格的托盘作为亚洲的标准托盘；欧洲目前常用的标准托盘规格有4种，分别是1200mm×1000mm、1200mm×800mm、1140mm×1140mm和1219mm×1016mm。

3.2.7.2 货架技术

货架是在仓库中专门用于存放成件物品的保管设备，是仓库现代化和提高效率的重要工具。随着经济飞跃发展，外资企业大量进入我国长江三角洲、珠江三角洲地区，不仅带动了当地经济的发展，也带来了新的管理理念和管理技术。目前企业的仓储库房货架种类越来越趋向于自动化、智能化。其主要特点有以下几点：(1) 可利用增大货架高度来充分扩大仓库的储存能力。(2) 货架上的货物相互不接触、不挤压，减少货损。(3) 货物存取方便，结合计算机管理易实现先进先出。(4) 可采用防潮、防尘、防盗等措施来提高货物储存质量。(5) 有利于实现仓储系统的自动化管理。

（1）货架的分类。同时按照货架不同的结构、承载量和货架的高低可分为不同的类别和不同的适用范围。

1）按货架的结构分：

整体式货架——货架是库房的骨架，屋顶支撑在货架上。

分体式货架——货架独立建在库房内，货架与仓库分开。

2）按货架的承载量分：

轻型货架——每层承重在150kg以下，如超市货架。

中型货架——每层承重在150~500kg，如中型工业货架。

重型货架——每层承重在500kg以上，如重型工业货架。

3）按货架高度分：

低层货架——高度在5m以下，用于普通仓库。

中层货架——高度在5~15m，可用于立体仓库。

高层货架——高度在15m以上，一般用于立体仓库。

（2）货架的种类。

1）托盘式货架。托盘式货架又称为工业货架，一般采用叉车等装卸设备作业，是以托盘单元方式来保管货物的货架，是机械化、自动化货架仓库的主要组成部分。工业货架，如图3-11所示。

2）屏挂式货架。屏挂式货架的特点是适用于多品种或多规格的各种小型零件的储存。屏挂式货架，如图3-12所示。

3）重力式货架。重力式货架是指在货架每层的通道上，都安装有一定坡度的、带有轨道的导轨，入库的单元货物在重力的作用下，由入库端流向出库端。重力式货架，如图3-13所示。

图 3-11 工业货架

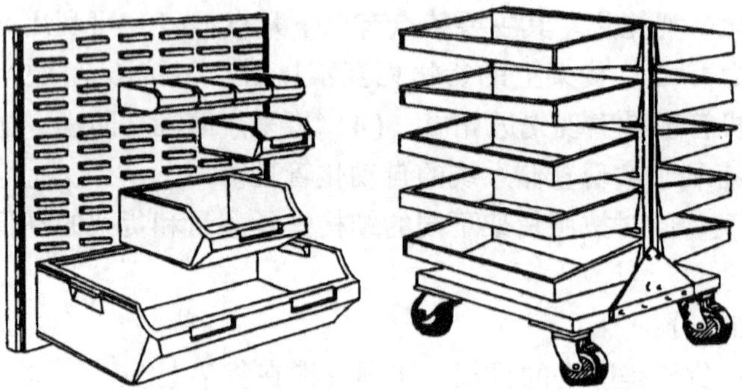

(a) (b)

图 3-12 屏挂式货架

(a) 固定式；(b) 移动式

图 3-13 重力式货架

4）悬臂式货架。悬臂式货架是指货架前端没有立柱，货物被存放在固定于后立柱的悬臂梁上。悬臂式货架，如图 3-14 所示。

图 3-14 悬臂式货架

5）旋转式货架。旋转式货架由多排货架联结而成，每排步进式整体移动，每排可放同一品种不同包装大小的货物，便于计量，在拣选的同时可完成分货的功能；也可在每排的不同货格中存放互相配套的物品，每次拣选一组物品。旋转式货架，如图 3-15 所示。

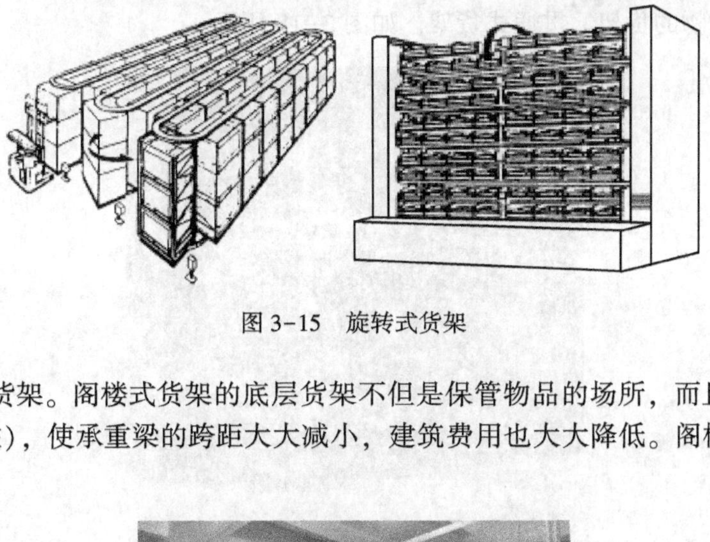

图 3-15 旋转式货架

6）阁楼式货架。阁楼式货架的底层货架不但是保管物品的场所，而且是上层建筑承重梁的支撑（柱），使承重梁的跨距大大减小，建筑费用也大大降低。阁楼式货架，如图 3-16 所示。

图 3-16 阁楼式货架

7）组合式货架。组合式货架可根据货物的大小而调整货架的尺寸。组合式货架，如图 3-17 所示。

图 3-17　组合式货架

8）贯通（驶入）式货架。贯通式货架为可供叉车（或带货叉的无人搬运车）驶入、存取单元托盘货物的货架。贯通式货架，如图 3-18 所示。

图 3-18　贯通式货架

9）移动式货架。移动货架是指在货架的底部安装有运行车轮，可在地面上运行的货架。移动式货架，如图 3-19 所示。

### 3.2.8　自动化立体仓库

自动化仓库又称为自动化立体仓库、高层货架仓库等，一般是指采用高层货架配以货箱或托盘储存货物，用巷道堆垛起重机及其他机械进行作业的仓库。自动化立体仓库是自动化仓库与立体仓库的有机结合，是实现仓储过程自动化的自动仓储系统。

图 3-19 移动式货架

自动化立体仓库是在生产力和科学水平不断提高的情况下出现的崭新的物流技术，其优缺点简介如下：

（1）优点：

1）大大提高了仓库的单位面积利用率；

2）提高了劳动生产率，降低了劳动强度；

3）减少了货物处理和信息处理过程的差错；

4）合理有效地进行库存控制；

5）能较好地满足特殊仓储环境的需要；

6）提高了作业质量，保证货品在整个仓储过程的安全运行；

7）便于实现系统的整体优化。

（2）缺点：

1）结构复杂，配套设备多，需要的基建和设备投资很大；

2）货架安装精度要求高，施工比较困难，而且施工周期长；

3）储存货品的品种受到一定的限制，不同类型的货架仅适合于不同的储存物品，因此，自动化仓库一旦建成，系统的更新改造比较困难。

（3）自动化立体仓库的适用条件。自动化立体仓库适用于货品的出入库作业频率较高且货物流动比较稳定，系统运行需要有较大的资金投入，需要配备一支高素质的专业技术队伍，对货品包装要求严格，仓库的建筑地面应有足够的承载能力等情况。

（4）自动化立体仓库的主要组成。高层货架是自动化仓库主要组成部分，是保管物料的场所。随着单元货物重量和仓库高度的提高，要求货架立柱、横梁的刚度和强度提高；随着仓库自动化程度的提高，要求货架制造和安装精度也相应提高，高层货架的高精度是自动化仓库的主要保证之一。

高层货架有钢货架和钢筋混凝土货架两种，自动化立体仓库中多用钢货架。

高层货架的类型：

1）按建筑形式分为整体式和分离式。整体式自动仓库是由货架顶部支撑建筑屋架，在货架边侧安装墙围，货架与建筑物成一整体。建筑费用低，抗震，尤其适用于15m以上的大型自动化仓库。分离式自动仓库是指货架与建筑无关，呈独立、分离状态。适用于车间仓库、旧库技术改造和中小型自动仓库。

2）按照立体仓库的高度分为低层立体仓库、中层立体仓库和高层立体仓库。低层立体仓库高度在5m以下；中层立体仓库的高度在5～15m；高层立体仓库的高度在15m以上。立体仓库的建筑高度最高的可达40m，常用的立体仓库高度为7～25m。

3）按负载能力分类。轻负载式高层货架高度5～10m，以塑料篮等容器为存取单位，存取重量为50～100kg，一般以重量轻、小的货物为储存对象较适合，如电子零件、精密机器零件、汽车零件、药品及化妆品等。轻负载式高层货架，如图3-20所示。

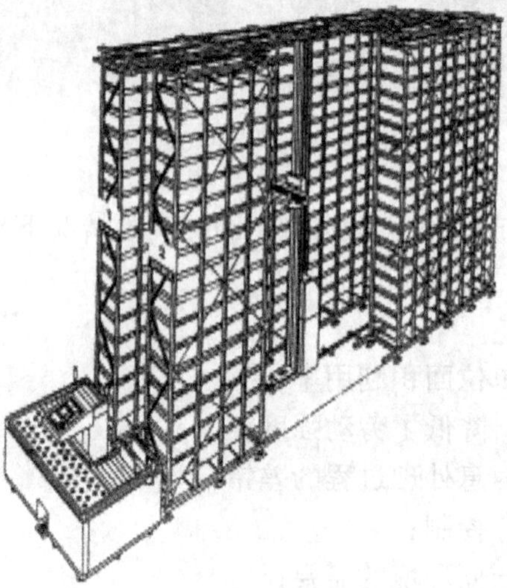

图3-20　轻负载式高层货架

单元负载式高层货架高度可达40m，储位量可达10万余个托盘单元，适用于大型的仓库，普遍的高度为6～15m，储位数在100～1000个托盘单元。随着仓储自动化技术的不断进步，存取时间越来越短，以100个托盘单元存取为例，平均存取时间为70s/托盘。单元负载式高层货架，如图3-21所示。

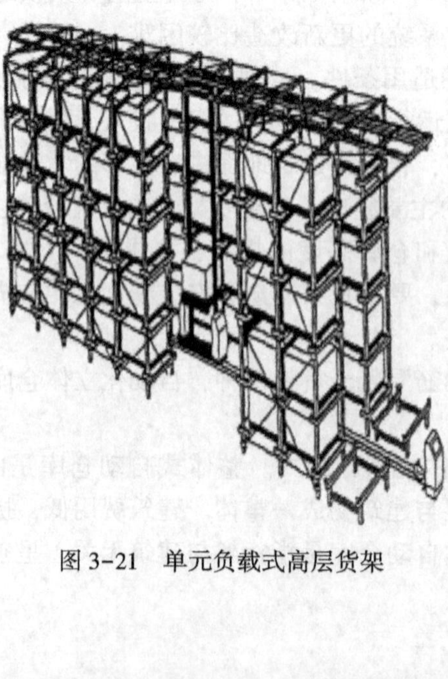

图3-21　单元负载式高层货架

巷道式堆垛机是在高层货架的窄巷道内作业的起重机。巷道式堆垛机由运行机构、起升机构、装有存取货机构的载货台、机架（车身）和电气设备五部分组成。平均存取时间为70s/栈，每小时可达50个栈板。

### 3.2.9 自动分拣机设备

自动分拣机是按照预先设定的计算机指令对物品进行分拣，并将分检出的物品送达指定位置的机械，能连续、大批量地分拣货物，分拣误差率极低、分拣作业基本实现无人化。随着激光扫描、条码及计算机控制技术的发展，自动分拣机在物流中的使用日益普遍。一般由控制装置、分类装置、输送装置、分拣道口组成。自动分拣机，如图3-22所示。

图3-22 自动分拣机

自动分拣系统的适用条件：一次性投资巨大，本身需要建设短则40~50m，长则150~200m的机械传输线，占地面积大（20000$m^2$以上），还要有配套的机电一体化控制系统、计算机网络及通信系统，巨额的先期投入通常需要花10~20年才能收回成本；对商品外包装要求高，只适于分拣底部平坦且具有刚性包装规则的商品。自动分拣系统推行标准化包装，使大部分商品的包装符合国家标准；根据所分拣的大部分商品的统一的包装特性，定制特定的分拣机。

电子商务环境下，自动导引车系统的应用也很普遍，自动导引车是一类轮式移动机器人，沿着地板上的导线或标记块或磁条运动，或者通过视觉导航或激光导航。自动导引车系统以自动导向的无人驾驶搬运小车为主体，由导向系统、自动寄送系统、数据传输系统、管理系统、安全保护装置及周边设备等组成。自动导向车的承载量一般为50~5000kg，最大承载量已达到100t。根据用途的不同，自动导向车有多种类型，有自动导向搬运车、自动导向牵引车、自动导向叉车等。自动导向车，如图3-23所示。

自动导向车的导向系统分为外导式导向系统和自导式导向系统两种。外导式导向系统是在车辆的运行路线上设置导向信息媒体（导线、磁带、色带等），由车上的导向传感器

图 3-23　自动导向车

接收线路媒体的导向信息，信息经实时处理后控制车辆沿正确路线行驶。其中应用最多的是电磁导向和光学导向两种。其中，电磁导向系统沿运行线路地沟中铺设导线，提供5~30kHz的变频电流，形成沿导线扩展的交变电磁场。车辆检测传感器接收信号，并根据信号场的强度来判断车体是否偏离了路线，使车辆沿正确的路线运行。光学导向系统在线路上铺设一种有稳定反光率的色带，导向车上装有发光源和接收反射光的光电传感器。通过对传感器检测到的光信号进行计算，调整小车运动位置，使小车沿正确的导向运行。

自导式导向系统在车辆上预先设定运行线路的坐标信息。在车辆运行时，实时地测出实际的车辆位置坐标，再将二者进行比较后控制车辆的导向运行。自动导向车系统的构成，如图3-24所示。

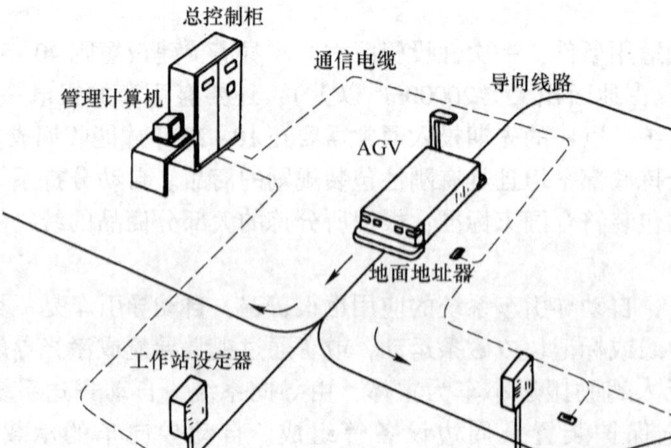


图 3-24　自动导向车系统的构成

### 3.2.10 货物的堆码与计量技术

根据货物的特性、形状、规格、重量及包装质量等情况，同时综合考虑地面的负荷、储存的要求，将货物分别叠堆成各种码垛。堆码操作的要求：牢固、合理、定量、整齐和节省。货物堆码，如图 3-25 所示。

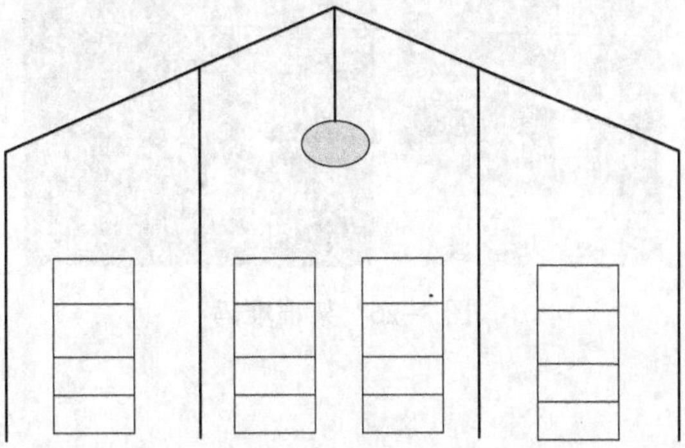

图 3-25 货物堆码的形象

3.2.10.1 堆码的基本原则

A 分类存放

(1) 不同类别的物品分类存放，甚至需要分库存放。

(2) 不同规格、不同批次的物品也要分位、分堆存放。

(3) 残损物品要与原货分开。

(4) 对于需要分拣的物品，在分拣之后，应分位存放，以免混串。

B 选择适当的搬运活性

为了减少作业时间、次数，提高仓库物流速度，应该根据物品作业的要求，合理选择物品的搬运活性。对搬运活性高的入库存放物品，也应注意摆放整齐，以免堵塞通道，浪费仓容。

3.2.10.2 堆码的五距

(1) 顶距。应在 50cm 以上为宜。

(2) 灯距。一般不应少于 50cm。

(3) 墙距。墙距是指货垛与墙的距离。留墙距主要是防止渗水，便于通风散潮。货垛与隔断墙的内墙距离不小于 0.3m，外墙距不小于 0.5m。

(4) 柱距。一般留 10~20cm。

(5) 堆距。一般留 10cm 即可。

3.2.10.3 堆码的种类

(1) 散堆法。适合于露天存放的，没有包装的大宗货物。

(2) 架堆堆码。适合于小件、品种规格复杂且数量较小，包装简易或脆弱，易损害不便堆垛的货物。架堆堆码，如图 3-26 所示。

(3) 垛堆法。优点是能充分利用仓容，做到货垛整齐，方便作业和保管。各种垛堆的方法，如图 3-27 所示。

货物堆码的方式，如图 3-28 和图 3-29 所示。

图 3-26　架堆堆码

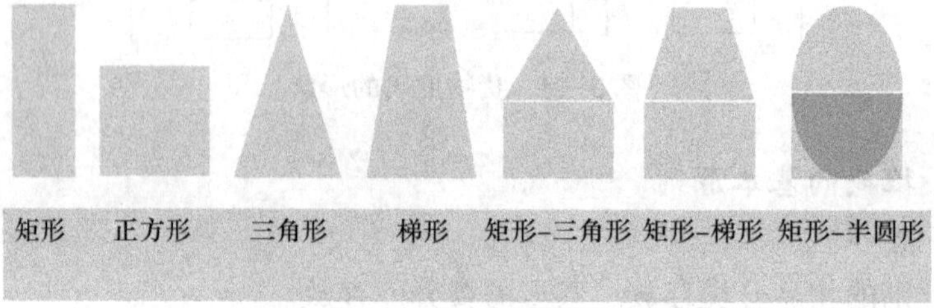


图 3-27　各种垛堆法

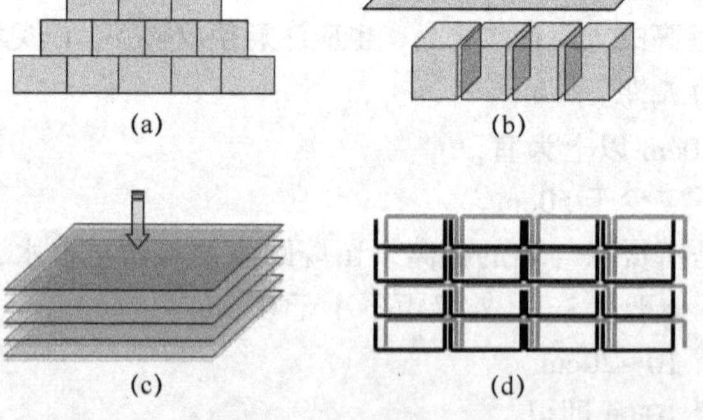


图 3-28　货物堆码方式

（a）压缝式堆码；（b）衬垫式堆码；（c）重叠式堆码；（d）俯仰相间式堆码

（4）垫垛法。垫垛是指在物品码垛前，在预定的货位地面位置，使用衬垫材料进行铺垫。

垫垛的目的在于使地面平整；使堆垛物品与地面隔开，防止地面潮气和积水浸湿物品；通过强度较大的衬垫物使重物的压力分散，避免损害地坪；使地面杂物、尘土与物品隔开；形成垛底通风层，有利于货垛通风排湿；使物品的泄漏物留存在衬垫之内，防止流动扩散，以便于收集和处理。

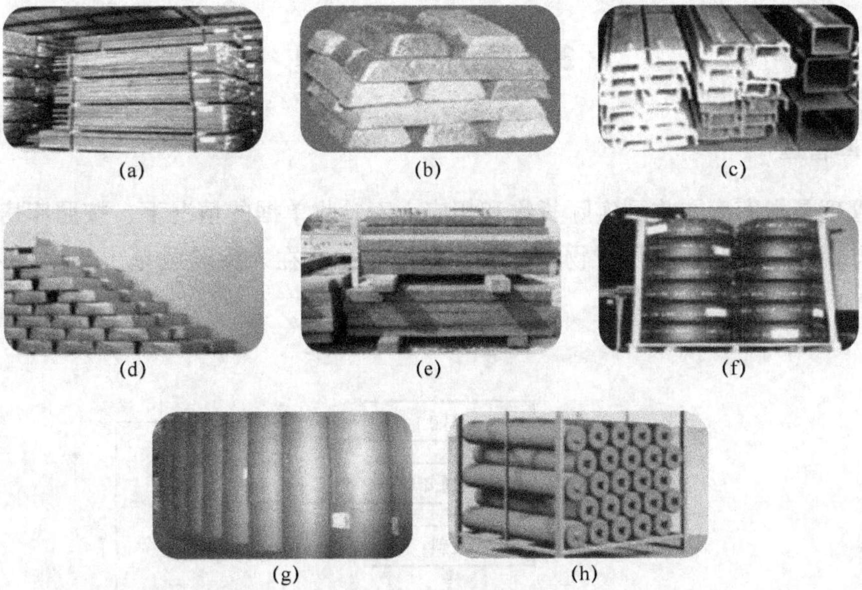

图 3-29 堆垛方法

(a) 重叠式堆码；(b) 交错式堆码；(c) 俯仰相间式堆码；(d) 压缝式堆码；
(e) 衬垫式堆码；(f) 裁桩式堆码；(g) 直立式堆码；(h)“五五化”堆码

垫垛的基本要求是所使用的衬垫物与拟存物品不会发生不良影响，并具有足够的抗压强度。常用材料有塑料布、席子、油毡纸、苫布、芦席、帆布、油布。地面要平整坚实、衬垫物要摆放平整，并保持同一方向；衬垫物间距适当，直接接触物品的衬垫面积与货垛底面积相同，衬垫物不伸出货垛外；要有足够的高度，露天堆场要达到 0.3～0.5m，库房内 0.2m 即可。

（5）苫盖法。苫盖是指采用专用苫盖材料对货垛进行遮盖，如图 3-30 所示。苫盖的基本要求：选择合适的苫盖材料；苫盖牢固；苫盖的接口要有一定深度的互相叠盖，不能迎风叠口或留空隙；苫盖必须拉挺、平整，不得有折叠和凹陷，防止积水；苫盖的底部与垫垛齐平，不腾空或拖地，并牢固地绑扎在垫垛外侧或地面的绳桩上，衬垫材料不露出垛外，以防雨水顺延渗入垛内；雨水丰沛季节应使用旧的苫盖物在垛顶或者风口加层苫盖，确保雨淋不透。

图 3-30 苫盖

# 3.3 出入库管理

## 3.3.1 入库管理

入库管理是指库房在收到实际货物和相应入库验收单据的情况下，按照库房实物管理制度，清点货物，按照要求将货物存放到指定地点，并在入库验收单上签字。入库流程，如图 3-31 所示。

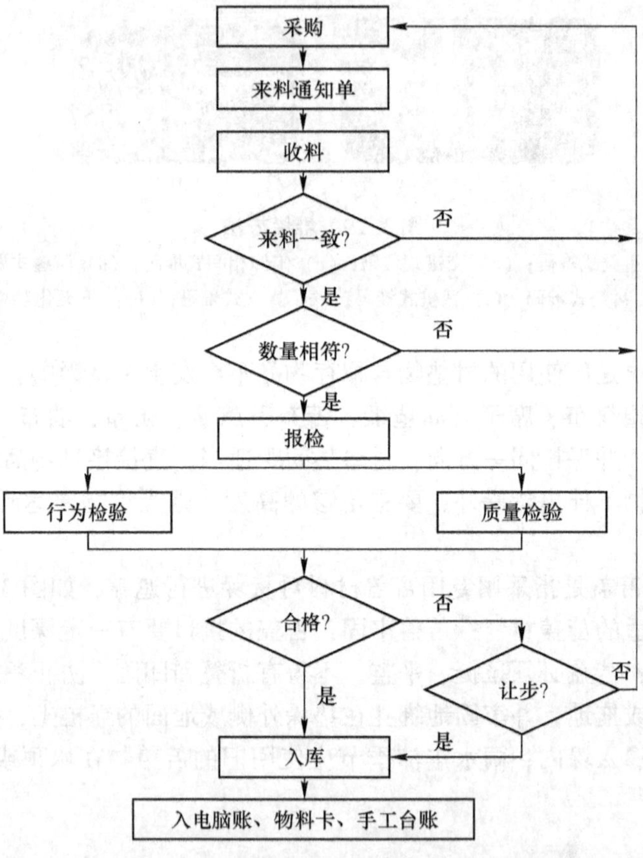


图 3-31 入库流程

入库后，库房管理员随时查询未记账的入库单，根据实货在库房的存放情况，确定货位等明细信息，并检查如批号等的明细信息，正确后，入库记保管账并打印入库单，作为记账的依据。其中，入库单即库房管理员入库记账依据（一般情况下不包括金额信息，有时被进货单的一联代替）。单据样式，如图 3-32 所示。

库房管理员的工作职责是确保单据同入库实物一致，在系统中将入库单入库记账。若有需要调整的在库信息，则使用复核修改入库单功能进行调整。

**上海某物业有限公司**

地址：××路×弄×号楼　　　　入库单

电话：　　　　日期：××年×月×日

| 序号 | 货品名称 | 规格型号 | 单位 | 数量 | 单价 | 金额 | 备注说明 |
|---|---|---|---|---|---|---|---|
| 1 | 马路划线漆 | 白色 | 桶 | 1 | 65.00 | 65.00 | |
| 2 | 电池 | | 支 | 4 | 5.00 | 20.00 | |
| 3 | 铜接头 | 150 平方 | 只 | 3 | 18.00 | 54.00 | |
| 4 | 铜接头 | 95 平方 | | 14 | 10.00 | 140.00 | |
| 5 | 铜丝绳夹头 10 | | 只 | 3 | 2.50 | 7.50 | |
| 6 | 铜接头 | 50 平方 | | 8 | 6.00 | 48.00 | |
| 7 | 手套 | 纱手套 | 包 | 1 | 15.00 | 15.00 | |
| 8 | 马路划线漆 | 黄色 | 桶 | 1 | 65.00 | 65.00 | |
| 9 | 橡胶水 | 2 公斤 | | | 28.00 | 28.00 | |
| 10 | 排水管 | 直径 75 | 支 | 2 | 29.00 | 58.00 | |
| 11 | 束节 | 直径 75 | 个 | 1 | 3.00 | 3.00 | |
| 12 | 门弯 | 直径 75 | 个 | 1 | 6.00 | 6.00 | |
| 13 | 挂锁 | | 把 | 1 | 10.00 | 10.00 | |
| 合计金额： | | | | | | 519.50 | |

图 3-32　单据样式

在人员较少、业务流程实际也不复杂的企业，或库房并不真正利用计算机系统管理的企业，建议在所有业务结束的同时，直接入库记保管账，在该部门的“进货单管理”“移库单管理”“调拨单管理”“销售退货管理”等功能的授权属性下的“功能行为属性”中直接设置为入库记保管账，就能简化库房的操作。若自动记保管账需要在对应的业务功能中设置功能行为属性自动记保管账。

入库管理过程中可能遇到的特殊问题有：

（1）库房不上计算机系统，可以使用简化的业务流程。

（2）在医药行业对批号和货位的管理相当严格，必须使用符合标准的入库单功能。

（3）在管理规范的企业，入库记账的依据必须是原始单据，并要签字；原始单据的设计必须便于库房管理员使用，如打印入库单号等。

（4）处理某些特殊类型库房，如调拨的保管账，职工福利的保管账，为方便冲红票而设计的虚拟保管账等，应使用简化的业务流程。

### 3.3.2 出库管理

库房管理员按照公司的出库原则（先进先出、批次管理、后进先出等），根据库房综合员传来的销售发票、增值税发票清单、移库单、调拨出库单、报损单、进货退出单等拣货出库，并由拣货工将货物送到发货区。

出库管理的流程，如图 3-33 所示。

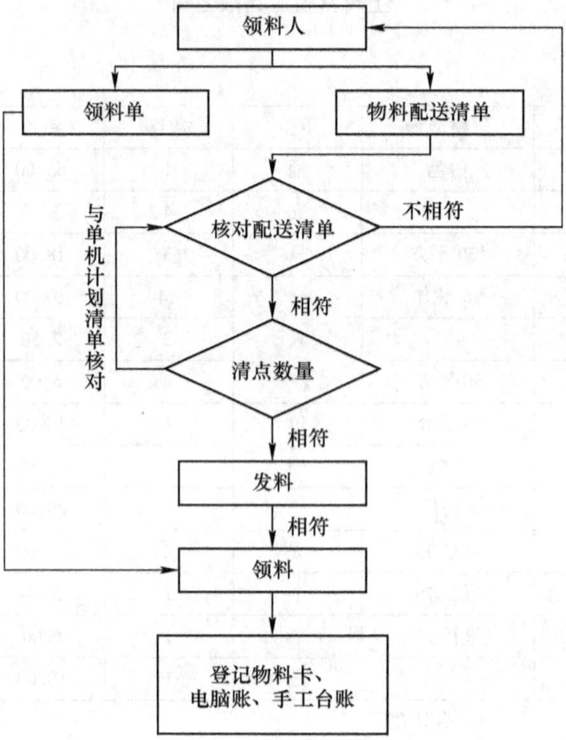


图 3-33 出库流程

库房配货调度在收到相关部门传来的出库单据后，进行库房配货。并打印配货汇总单。各仓房库房管理员自动打印拣货单，根据拣货单拣货并复核出库。交搬运工将货物运送到指定的发货区或装箱区待发货。发货员根据客户提货单或送货单（随货同行联）复核发货。司机和送货员将货物送到客户处后将客户签字的运输联返回公司。其中，配货单指系统依据配货原则进行配货后打印出的单据，一般记录相关单位、货品、数量、批号、批次、状态等信息。配货单在使用拣货单时一般用于发货前的核对，不使用拣货单时可以用于拣货，代替拣货单。拣货单指用于库房保管员拣货的单据，信息项基本与配货单相同，为了便于拣货一般分仓房、相关单位进行分页打印。

出库管理中，设计配货调度员、库房管理员、发货员和送货员 4 个岗位，他们的岗位职责分别为：

（1）配货调度员：负责在系统中进行配货，当系统配出的信息需要调整时使用配货手工调整功能进行相应调整。在需要时对应配货失败的配货单生成欠货单。

（2）库房管理员：打印拣货单，并依据拣货单进行拣货，将货品移至备发区。需要确保实物同拣货单一致。

（3）发货员：将实物同相关单据进行核对，确认无误后发货。

（4）送货员：将货品及相关单据送至客户处，将运输回执由对方签字后带回。

岗位操作规范为：

（1）库房配货。

（2）配货手工调整。

(3) 查询打印配货单。
(4) 拣货单管理。
(5) 拣货完工。
(6) 备货完工。
(7) 发货。
简化的业务流程：
(1) 利用自动配货。在一些出库业务中通过设置可以在相关单据确认时自动配货、自动出库记账。这种情况一般适用于小型企业。
(2) 不要拣货单。不生成拣货单，打印配货单来代替拣货单。这种情况一般适用于只有一个仓房的企业。
(3) 简化运输流程。对于运输业务简单的企业可以不使用运输系统。
(4) 简化装箱流程。企业对散件装箱业务管理要求不高时可以跳过装箱流程。
出库管理过程中，需要注意以下两点：
(1) 为了选择系统的配货策略需要在库房配货的功能行为属性中进行设置，系统目前提供 3 种配货策略：批次优先、批号优先、尽量配一个批号。
(2) 需要在库房配货的功能行为属性中设置拣货单生成方式。

## 3.4　仓储管理系统的应用

随着物流业的日渐成熟，建立健全的企业仓储管理系统、规范企业物流在现代社会中的形象变得日益重要。射频数据通信、条形码技术、扫描技术和数据采集越来越多的应用于仓库堆垛机、自动导引车和传送带等运输设备上，移动式机器人也作为柔性物流工具在柔性生产、仓储和产品发送中日益发挥着重要作用。实现系统柔性化，采用灵活的传输设备和物流线路是实现物流和仓储自动化的趋势。人工智能技术的发展必将推动自动化仓库技术向更高阶段即智能自动化方向发展，在智能自动化物流阶段，生产计划做出后，自动生成物料和人力需求，查看存货单和购货单，规划并完成物流。如果物料不够，就无法满足生产要求，系统会自动推荐修改计划以便生产出等值产品。这都是将人工智能集成到物流系统中的应用。

### 3.4.1　WMS 应用概述

仓储管理系统（Warehouse Management System，WMS）是通过入库作业、出库作业、仓库调拨、库存调拨等功能有效控制并对仓库作业及物流成本实施追踪，以实现仓库的科学化管理。仓储管理的构成要素包括空间、设备、物品、人员。仓储管理控制技术就是针对仓储中心的设备、物品、人员与车辆的动态信息，即时进行掌握和监控，从而达到提升仓储作业与管理的质量、节省人力、降低成本的目的。

在整个仓储管理系统中，进货和出货是很关键的部分，因为它构成了仓储数量上的变化，同时也涉及信息及相应单据的输入与输出。这两个过程的合理控制安排，是后续工作是否能顺利进行的关键。合理、先进的控制技术，不仅可以避免在拣货、补货作业中的盲目性和低效率，而且使得物品存放井然有序，大大提高了仓库空间的有效利用率。

仓储系统中物流与信息流的合一，一般是通过对货物和货位进行编码，然后制作标签并将其粘贴到货物上，使其随货物一起运动而实现的。信息的传递可以是有线方式，也可以是无线方式，由此WMS有两种结构类型的信息系统：

（1）集中式的物流信息系统。该系统的特点是仓储作业所需数据全部储存在中央处理器内，物流信息在采集点通过识读装置一次录入后，通过网络传给主机，完成相应数据的更新和比较工作，再由中央处理器将此信息与物流控制算法进行比较后，通过网络传给控制制动器，然后对物流进行控制。

（2）分布式的物流管理系统。该系统按功能分成若干块，系统运行时各模块所需的信息由货物的标签携带，所需数据自给自足。各模块间的信息部分来自于中央处理器。系统运行时所需的控制算法储存在分布式的数据库中，在识读装置读出标签信息后，由分布式的子系统逐个执行相应的指令，中央处理器协调子系统之间的工作。货物贴上此标签后，从货物进入仓库时开始自动完成相应信息的录入、货物管理及货物控制工作。

中小型物流企业一般存在着流动资金少、仓储管理不规范、管理制度不完善、仓储技术不纯熟、设施设备不齐全等弊端，要在竞争型市场中立足，就必须要改变理念、更新硬件，而仓储管理是物流作业管理的核心，WMS更是重中之重。

仓储管理系统以条码技术和数据库技术为基础，可实现仓库管理中货物的进货、出货、库存控制、点仓等管理功能，并能够通过互联网进行客户订单和查询管理。WMS主要应用在如下几个子系统中：

（1）入库作业管理系统。入库作业管理系统包括预定进货数据处理系统和实际进货作业。预定进货数据处理为进货调度、人力资源组织及设备资源分配提供数据。其基本数据有预定进货日期、进货商品种类、数量、供应商预先通告的进货日期、商品品种及入库数量。

（2）库存控制系统。库存控制系统主要完成库存商品的分类分级、订购数量和订货时间的确定、库存跟踪管理及库存盘点等作业。库存控制系统还可以根据需要设定定期盘点和循环盘点时间，使系统能够在预定的时间自动启动盘点系统、打印各种报表，以使实际盘点作业变得更为便利。

（3）出库作业管理系统。出库作业管理系统以客户为对象，涉及的作业包括从客户处取得订单、进行订单处理、出库订单处理、从出库准备到实际将货物运送至客户手中为止的一系列作业。

仓储管理系统技术由条码技术、无线通信技术、计算机系统和其他附属设备组成。将条码技术和无线通信技术结合在一起使用，能及时获得准确的信息，这是仓储管理系统成功的基础。长期以来，传统仓储企业虽然形成了较强大的仓储能力，但是也长期存在着企业信息化程度低、工作流程不规范、人力资源和时间消耗大、成本高等问题，针对这些问题，仓储物流走上了改革的道路。仓储管理未来有以下发展趋势：

（1）在大型物流网络中，整合仓储管理的集中模式与分散模式。由于在现实应用中既有集中管理的仓库，也有分散管理的仓库，前者如国家储备粮系统，后者如连锁超市的配送中心。分散与集中各有其市场需求，两者缺一不可，因此，未来如何在大型物流网络中将两种模式进行整合，是仓储管理的研究热点。

（2）以射频识别技术（RFID）为代表的新技术正在深刻地影响着仓储管理和仓储管

理系统，甚至孕育着一场中国特色的“物流革新”。如今，RFID 技术已在物流、零售、身份识别、防伪、食品、航空、军事等众多领域应用。在物流环节上可以通过车辆、集装箱、托盘、货架等设备应用射频识别技术，以此来提高物流管理水平。事实上，已经看到很多企业在仓储管理中运用到了射频识别技术。

(3) 准时生产方式（JIT）。随着市场的逐步成熟，仓储管理在流程中的整合作用也将越来越明显，传统仓库亦将向配送中心靠拢。准时生产方式的普遍化将导致配送需求的增长。仓储管理系统的发展要基于需求的发展变化趋势。与此同时，配送需求的专业化和市场细分行业的深入，要求仓储管理系统更加支持准时生产配送的专业化。

(4) 商业智能技术（BI）在仓储管理系统中将越来越多地得到应用。商业智能就是利用数据挖掘技术开发、积累的数据信息，使之变成可以利用的可靠知识。例如，利用库存数据分析市场变化规律，发现市场异常现象，研究仓库优化方案等。信息的作用在于应用，在于支持的决策上。在低水平的应用中，往往是系统采集数据，人工进行决策。经过一定的积累，应该过渡到系统具有决策的能力，人工再根据实际需求决定是否采用，这也标志着系统迈上了一个新的台阶。

### 3.4.2 基于 RFID 技术的仓储管理系统设计

仓储管理作为物流领域重要的组成部分，在物流系统中起着缓冲、调节、平衡的作用。传统仓储管理系统的设计思想只是重视仓储的出入库管理，忽略了仓储仓容管理和出入库的自动化管理。

RFID 技术作为一种先进的数据信息采集技术，可以有效提高数据采集能力和数据安全性。下面基于 RFID 技术提出一种规范编码和集中管理的仓储管理系统设计方案，根据货物类型建立统一的货物 RFID 编码规范，采用“单件货物—整件货物—托盘”三级联动入库方式，建立将仓储货物信息与管理系统匹配融合，实现仓储货物的归一化管理。

#### 3.4.2.1 系统设计

A 系统概述

RFID 在仓储管理中的应用，是指利用 RFID 标签记录货物全部信息（含货物信息和物流信息），其核心思想主要是：通过 RFID 读写器、RFID 标签、仓储管理系统软件等实现仓储出入库自动化管理、仓储仓容盘点、查询、规划。在仓库各货运出入库通道安装 RFID 读写器和天线，用于读取和写入出入口物流信息。货物的出入库管理采用“单件货物—整件货物—托盘”三级联动入库方式，即分别在单件货物、整件货物、托盘上粘贴 RFID 标签，单件货物标签与整件货物标签关联，整件货物标签与托盘标签关联，托盘标签与系统关联的形式。货物按照不同类型、整件货物按照统一规定的编码规则打包，出入库同样按照统一的编码规则装托盘。采用这种形式的仓储管理方式极大地提高了仓储的吞吐量，有效避免了数据冗余，并且节约了人力成本。

B 系统架构

所设计的基于 RFID 技术的仓储管理系统采用层次化的结构设计，主要包括 UI 层、业务逻辑层和数据服务层。UI 层位于仓储管理系统客户端，主要实现用户和系统的人机交互，负责处理用户与系统之间的会话，将用户操作传送给业务逻辑层，并将业务逻辑层返回的消息回传给用户。业务逻辑层位于服务器端，是整个系统的核心，负责接收 UI 层的应用请求和响应，主要包括事件处理、业务查找、搜索等操作。数据库服务层位于服务器端，用来提供数据支持，包括用户信息、库存信息、出入库信息等。基于数据库服务层之上，调用数据库服务层提供的方法，就可以实现数据库的操作。

3.4.2.2　系统功能模块

系统功能模块主要包含 4 个部分，包括用户操作、仓储管理、系统管理、帮助。整体功能模块结构，如图 3-34 所示。

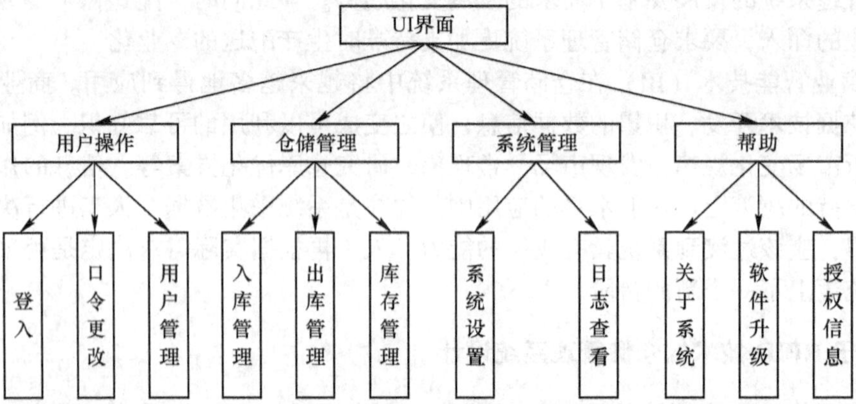


图 3-34　整体功能模块结构

（1）用户操作模块。用户操作菜单栏包括登录、注销和密码修改二级菜单栏（安全栏），管理员用户登录系统后，用户操作界面显示隐含的注销、修改密码菜单栏和用户管理菜单栏，可以根据需要修改登录信息和用户管理信息。

（2）仓储管理模块。库存管理界面包括入库管理、出库管理和库存管理。用户可以根据操作员、货物类型、库存地、日期、产品 TID、货物指标对货物的出、入库信息进行查询。

（3）系统管理模块。系统管理菜单栏包括系统设置、库存地管理、日志查看，实现系统的基本参数信息、网络管理和日志查看功能。

（4）帮助模块。帮助模块界面包括关于系统、软件升级和授权信息。用户可以从该模块了解仓储管理系统的信息，并了解升级情况，及时进行系统更新。

## 3.5　案例 1　京东仓储管理

中国 B2C 电子商务市场正处一个竞争白热化的阶段，各家电商都致力于打造属于自己的核心竞争力。京东作为后起之秀，通过自建仓配一体的物流体系，使其从众多电商中脱颖而出。

京东物流作为国内自营物流的优秀代表，2007 年筹建自营并投入使用；2017 年建成全球首个全流程无物流部门，第一个仓库落户北京；2010 年第一套拥有自主知识产权的仓储管理信息系统（WMS）正式投入使用；2012 年京邦达供应链科技公司成立，同年“青龙系统”上线；2014 年首个“亚洲一号”全流程无人仓，使用全自动物流管理系统；2018 年，京东给了第三方企业京东仓的整套体系，于是云仓出现；2020 年，“亚洲一号”

投用超过30座，成为亚洲电商物流领域规模最大的智能物流仓群。

### 3.5.1 京东目前仓储管理的发展阶段

（1）人工和机械化仓储阶段。物资的入库、仓储管理、出库主要是依靠人工及辅助机械来实现。通过人工操作叉车、升降机、堆垛机等控制设备来进行装卸搬运。

（2）自动化仓储阶段。信息技术的应用已成为仓储技术的重要支柱。集成化仓库技术作为计算集成制造系统中物资存储的中心受到人们的重视，在集成化系统里包括了人、设备和控制系统。

（3）智能化仓储阶段。在自动化仓储的基础上继续研究，实现与其他信息决策系统的集成，朝着智能和模糊控制的方向发展，人工智能推动了仓储技术的发展，即智能化仓储。

### 3.5.2 京东仓储管理策略

#### 3.5.2.1 统筹全面的仓库规划

京东一直采取两级库存部署的方案，即区域物流中心和本地仓。在北京、上海、广州、沈阳、西安、成都、武汉七大城市建造超大型的区域物流中心，这样的大型仓库地处全国性的经济中心，品类齐全；同时，通过大数据分析将畅销品部署在离消费者最近的本地仓，保持最低的库存天数。数据显示，截至2020年9月，京东在全国运营超过800个仓库，总面积约2000万平方米。过去10年，京东仓储物流中心周边100km之内居住的人口占全国人口比例增长了10倍以上。这意味着京东的商品离越来越多的消费者更近，能以更快的速度交付到消费者手中。

三四线城市本地仓的布局是对区域物流中心的有效补充，这极大地提升了三四线城市的物流体验。京东依据大数据分析，通过对城市经济实力、城市居民购买力水平和潜力、本地订单增速、建仓后辐射区域等各项指标进行智能化分析，对本地仓选址方案进行智能规划。目前在山东济宁、浙江台州、湖北荆州、河南洛阳、四川南充、辽宁锦州、河北唐山等三四线城市已陆续开设本地仓。所有开设本地仓的城市，物流时效全部从以前的“次日达”提速至“当日达”，便利高效的物流服务吸引了大批网购新用户。同时在本地仓的基础上，京东物流在2017年始推出了“前店后仓”式的体验中心。体验中心包含体验区、销售区两大功能区；体验区展示京东优质的3C、家居家电等商品；销售区由京东自营及优质的合作商家举办各类销售活动。

#### 3.5.2.2 采用先进的设施设备

京东仓储的主流程与普通仓储没有太大的区别，主要差异在于其应用机器设备、算法规划之后，改变了一些操作细节，提升了运作效率，从而减少了人力的投入。仓库在收到货物之后，借用AS/RS系统（自动存取系统）实现高效的入库，并存放到立体库区。收到订单后，由机器设备拣选出相应货物，并经由传送带运送到生产作业区进行复核打包，实现货到人的拣选，最大化降低人员投入，提高分拣效率，在打包区甚至可能使用打包机器人实现自动打包。将打包好的包裹通过自动化的输送系统从出货分拣区流出，装上货车。同时利用多种设备、策略控制，实现主动补货、背靠背补货、拆零补货等多种补货操作。

其中“亚洲一号”的全流程无人仓使用自动立体式存储、3D 视觉识别、自动包装、人工智能、物联网等各种前沿技术，实现了从入库、存储、包装、分拣全流程、全系统的智能化和无人化。该无人仓特点是机器人大规模、多场景的应用，多种功能特性各异的机器人各司其职，依照系统指令处理订单，同时还会自行避让、优化路径等。据 2018 年数据显示，京东无人仓单日分拣能力达到 20 万单，$40000m^2$ 的仓库内各种机器人多达上千台，智能设备使用密度之高世所罕见。

3.5.2.3 研发物流信息管理系统

京东仓储管理中的物流信息管理系统均为自主开发，有仓库管理系统、仓库控制系统、分拣和配送系统等。该系统可以在促销信息出来前进行重点商品信息提示，以便工作人员将重点商品放置到离传送线最近的位置，订单一来货物就可以快速出仓。自动补货系统能根据货物的出货频率提示货物的调库、补货并将货物送到离传送线最近的位置。利用 RFID 技术的储位探测系统可以定位每一件商品的储位，自动判断这个货物的传送位置，订单下来它会告诉检货员最佳的检货路径。同时系统还能做到用大数据预测某个区域的销售情况，自动下采购订单，采购入库以后与卫星库之间自动进行仓间调拨，从预测、补货到仓间调拨全部实现数据驱动，达到更高水平的智能化。以“出货分拣区”为例，因为采用了自动化的输送系统和代表目前全球最高水平的分拣系统，分拣处理能力达 20000 件/h，分拣准确率高达 99.99%。

**思考题：**

（1）请分析一下京东物流仓储的优势。

（2）请试着通过京东仓储管理的发展历程，探讨一下未来仓储管理的发展趋势。

## 3.6 案例2 农产品冷链储存新时代——以华南农产品交易中心为例

传统农产品销售模式一直存在交易环节长、流通周转次数多和运输成本高等问题，因此，导致消费市场出现“卖难买贵”的现象。2020 年初，我国经济受疫情等大环境因素影响，国内农产品在一定程度上遇到了销售不畅，初加工放缓等难题。为避免损失，只能将农产品进行贮存，但大部分的农产品保质期短，容易腐烂。于是我国农产品行业决定将冷链储存技术与现代物流体系相结合，延长农产品的保质期为农产品生产企业开创新时代。

### 3.6.1 我国农产品冷链物流发展现状

我国农产品冷链物流发展尚处于起步阶段，与发达国家差距巨大。欧、美、加、日等发达国家肉禽冷链流通率已经达到 100%，蔬菜、水果冷链流通率也高达 95%以上。而我国果蔬、肉类、水产品冷链流通率分别达到 5%、15%、23%，冷藏运输率分别达到 15%、30%、40%。

在国内生鲜市场消费者对购买的农产品新鲜程度十分重视，农产品的物流运输变得至关重要。农产品运输要求高，冷链物流为主要方式。但目前，国内农产品运输在物流市场中占比并不大，利用冷链物流体系进行配送的更是少。

中国冷链物流市场预测规模如图3-35所示。

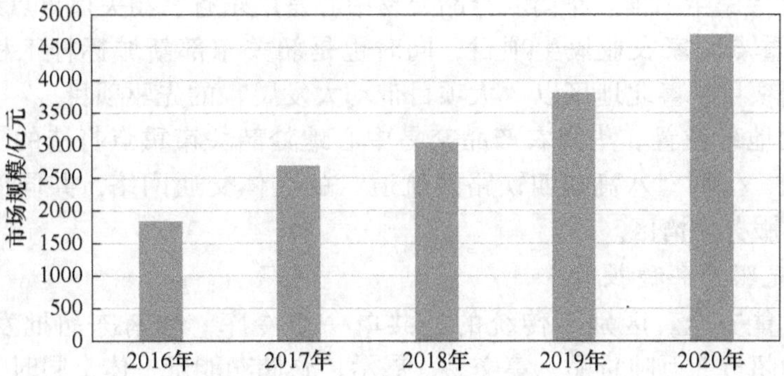


图3-35 中国冷链物流市场预测规模

## 3.6.2 关于冷链技术的需求度

食品冷库是用于食品冷冻和冷藏的建筑物，通过人工制冷的方法，使库内保持一定的低温。低温环节能够延缓微生物的活动，抑制酶的活性，以减弱农产品在储存时的生理化学变化，保持应有品质。在消费升级的环境下，国内冷库需求量不断增加。

如今，农产品行业向多元化发展，不同种类蔬菜的贮藏温度各有差异。例如，生姜的贮藏温度需要控制在13~16℃左右，而蒜薹贮藏温度则需要控制在0℃左右。这就需要冷库的温度能够灵活调节，温区方面需要更多功能化，满足不同农产品的贮藏需求。

既要锁住果蔬的鲜，又要保证贮藏方面的精准，冷链技术不可或缺。依靠先进的冷链技术延长果蔬的保鲜期将减少农产品的损耗，帮助种植户减少损失。随着冷库优势的凸显，预计将受到越来越多商家的青睐。

## 3.6.3 以华南农产品交易中心为例

华南农产品交易中心在冷库建造这块正不断地注入创新，加大技术研发力度，开发出品类更多、品质更高的冷库。目前冷库的冻品批发工作正在高速运转当中，使农产品传输过程更透明更直接，从生产者向消费者一步到位，促进冷库产业的可持续发展。

### 3.6.3.1 环境导向，大势所趋

（1）国家支持民生产业。国家发改委印发《农产品冷链物流发展规划》指出，加快冷链物流技术、规范、标准体系建设，能有效降低农产品产后损失和流通成本，促进农民增收，确保农产品品质和消费安全。

（2）农产品发展需求。随着农产品区域生产布局的细化、生鲜农产品的区域规模化产出，迫切需要加快发展农产品跨地区保鲜运输，加快发展农产品冷链物流也是适应我国生鲜农产品大规模流通的客观需要。

（3）冷链仓储是产业缺口。2019年我国冷链仓储物流规模需求达到了3000亿元，并保持着每年15%的增幅，以生鲜电商为主带领的一众农产品交易行业迅速发展，对冷链仓储、冷链物流需求将进一步扩大。韶关地区冷链冷库行业专业化缺失，冷链仓储物流成为重大的产业缺口。

3.6.3.2 众多平台支持发展

（1）国家支持民生工程。华南农产品交易中心是广东省、韶关市重点建设项目，省市（自治区）三级重点国家农业民生项目，同时也是韶关东部新城标杆工程、韶关“大物流”战略支柱型项目、粤北地区以“大项目带动大发展”的先驱项目。

（2）优越的地理位置。华南农产品交易中心地处韶关市重点打造的“大商贸、大物流”东环商贸圈，坐拥“八高速四铁路两航道”的立体交通网络，共同助力华南冷链批发辐射粤湘赣，服务大湾区。

3.6.3.3 先驱产品稳投资

（1）仓库功能齐全。区别于传统的公共单一型冷库，华南冻品批发市场总面积超 $6000m^2$，可容纳超过 3 万吨货品，集交易、展示、仓储功能于一体，同时，可实现独立温控调节，满足各类经营需求。

（2）细化管理。华南冷库批发市场从冷链系统终端的打造，到冷链仓储环节的细化管理，均以专业的运营团队重资打造。单元器具、专用货架、搬运设备、温度湿度监控系统、信息管理系统均为世界顶尖科技的进口产品。

### 3.6.4 借鉴和启示

借鉴华南农产品交易中心的经验，建成布局合理、标准体系健全、技术设施先进、上下游衔接配套、运行管理规范的农产品冷链储存体系，对促进我国农民增收和保障食品安全，具重要意义。

3.6.4.1 完善法律法规和标准，政府引导扶持

首先法律法规，借鉴发达国家，以《农产品质量安全法》为核心，建立一个完备的冷链物流法律法规体系。其次标准体系，如优鲜农业保鲜体系，涉及原料处理、分选加工、冷藏、包装标识、运输、配送销售诸环节保鲜。信息标准，包括数据采集、交换和信息管理，旨在产品监控和可追溯。

政府宏观扶持和保障，一是基础设施和信息化建设，土地、资金、信贷和税收等优惠政策；二是绿色冷链运输通道，减免高速通行费用，支持跨区域加盟，放宽城市交通管制，在车辆审验和管理等方面提供便利；三是健全检查与监督机制，规范行业秩序，保障农产品冷链物流的健康发展。

3.6.4.2 加强基础建设，落实重点工程

基础设施建设，是发展冷链物流的必要前提。如《农产品冷链物流发展规划》中八大“重点工程”，涉及预冷、冷藏、运输和查验等环节。在农产品产地，建设一批经济适用的预冷设施。在批发市场等重要物流节点，建设一批设施先进、高效环保的冷库。在各大城市周边区域，规划建设一批农产品低温配送和处理中心。鼓励大型冷链物流企业，购置节能型的冷链运输车辆，以及相关温控设备。

在冷链建设重点工程中，按照规范和标准化要求，利用现有企业和市场信息平台，建设农产品全程温控和可追溯系统工程。同时依托现有资源，在产、加、储、运、中转和进出口诸环节，建设监管和查验基础设施，保障农产品质量安全。

3.6.4.3 加快冷链技术研发，推进信息化管理

政府与企业联合，通过引进消化，原始创新和集成创新等，对生产、储藏、加工、运

输和销售各节点，进行技术升级。如农产品预冷、无损检测与商品处理、自动冷库技术、库房管理系统、移动冷却装置、车运自动温控、先进陈列销售等技术。同时依托物联网、云计算、智慧物流等新技术，通过网络平台，实现货物的资源信息共享，全程透明监控。

我国幅员辽阔，应依托农产品优势产区、重要集散地和大中城市等集中消费地，建立区域性农产品冷链物流公共信息平台。开发应用管理软件，如市场供求、客户服务、库储控制、运输和交易管理等，健全信息收集、处理和发布系统。推广条形码、RFID、GNSS、传感器、移动物流和电子标签等技术。数据交换和信息共享，优化配置资源，产品监控及可追溯。为客户和商家服务，提高行业监管水平。

#### 3.6.4.4 构建区域特色冷链物流体系，发展第三方物流

根据《农产品冷链物流发展规划》要求，推进区域特色的农产品冷链物流体系建设。

根据农产品区域布局，建立多元冷链物流模式。从全球发展趋势看，第三方物流是未来市场主体。应重点培育一批实力雄厚、辐射带动强的大型农产品冷链物流企业。如大型生鲜农产品生产企业，在产、销地建设低温保鲜设施。源头低温控制，发展冷链运输和低温销售，产销对接，健全冷链物流体系。鼓励大型零售企业，建设生鲜食品配送中心，逐步发展成给社会提供公共服务的第三方冷链物流中心。

#### 3.6.4.5 培育专业人才，提升公民冷链意识

冷链物流保鲜是一门交叉复合型学科，国家要加强人才培养，建立人才开发战略，包括技术研究人员、管理经管人员、业务设计人员及一线人员的技能培训。协同科研院校、行业协会、物流企业，搭建多层教育培训体系。在高等院校，开设相关专业。鼓励行业协会和企业，开展技术培训及继续教育。同时建立行业人才激励与柔性机制，规范职业资格认证，加快人力资源项目库建设。另外加强宣传，提高社会对生鲜农产品冷链物流的认知度。使广大消费者从田间到餐桌，全程关注质量安全。营造商业氛围，促进品牌营销。唯民众的观念意识，才是推进冷链物流发展的源泉动力。

**思考题：**

（1）结合案例，请说说华南农产品交易中心冷链仓储环节中的不足之处。

（2）查阅相关资料，请说说农产品冷链仓储中面临的消极影响因素。

## 3.7 实践训练 电子商务仓储管理

### 3.7.1 训练导图

电子商务仓储管理训练导图，见图 3-36。

### 3.7.2 训练目标

（1）熟悉商品出库、入库、保管作业的操作流程。

（2）具备商品库存控制和库存订货量计算的能力。

（3）熟悉仓储管理信息系统的流程。

（4）具备仓储管理信息系统的实践操作能力。

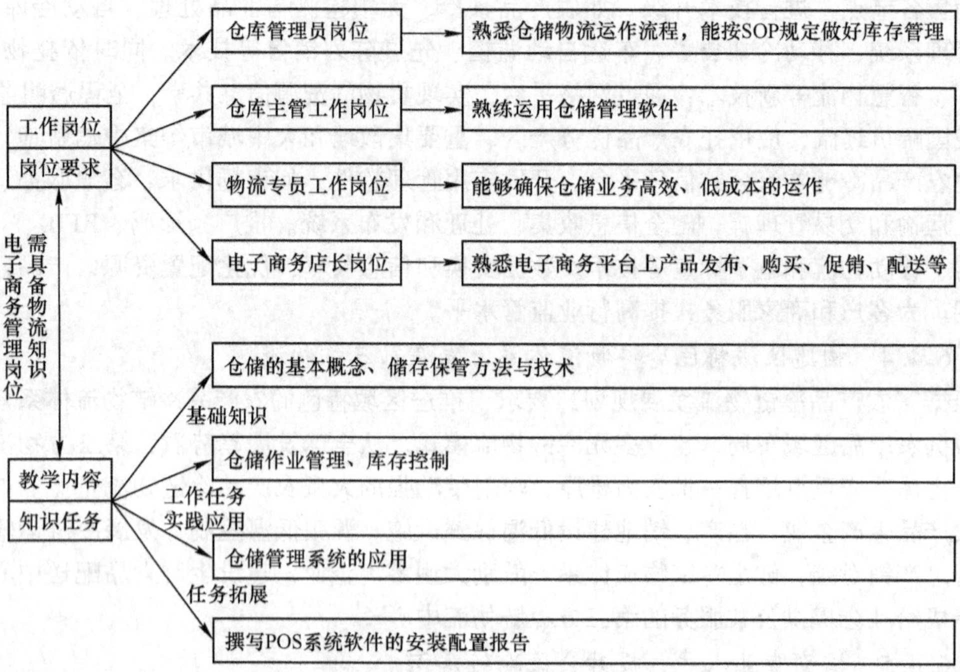


图 3-36 电子商务仓储管理训练导图

### 3.7.3 训练重点

（1）库存控制方法。

（2）储存保管的原则与要求。

### 3.7.4 训练内容

（1）仓储作业管理。

1）熟悉商品入库程序；

2）熟悉商品出库程序；

3）熟悉商品保管程序；

4）填写入库单、出库单。

（2）库存控制。

1）了解库存的作用；

2）熟悉库存的分类；

3）计算每种商品年度销售额；

4）计算所有商品的年度销售额累计；

5）计算商品种类的累计百分比；

6）按照 ABC 分类标准对库存商品进行 ABC 分类，A、B、C 三类商品，A 类重点管理，C 类一般管理。

（3）仓储管理系统。

1）登录 Logis-Warehouse 仓库管理系统；

2）仓库人员管理；

3）仓储设备管理；

4）仓库机构管理；

5）客户管理；

6）合约管理；

7）仓储业务管理。

### 3.7.5 训练拓展

撰写一份库存管理软件的练习报告。

3.7.5.1 任务安排

选择一个自己熟悉的库存管理软件，并在计算机上完成下载、安装、配置和应用，撰写任务拓展实践报告。

3.7.5.2 任务要求

注重软件练习应用过程，过程描述尽量详细，字数在2000字以上。

# 4 电子商务运输与配送管理

**学习目标：**

(1) 掌握运输、配送、公路零担货物运输的基本概念。

(2) 理解配送的作用与目标。

(3) 熟悉公路零担运输流程、配送中心的作业流程。

## 4.1 运输与配送

运输与配送同属物流系统中的线路活动，都是为了实现物品的位置转移的主要功能，但运输以远距离、大批量货物的位置转移为主，配送则主要从事近距离、小批量货物高频率的位置转移，并辅以多种服务功能。它们相辅相成，互为补充，共同创造物品的空间效用。

### 4.1.1 运输

运输是指人或物借助运力在空间上产生的位置移动。所谓运力，是由运输设施、路线、设备、工具和人力组成的，从事运输活动的能力的系统。关于人的运输称客运，货物运输称货运，本书专指货运。我国国家标准（GB/T 18354—2021）《物流术语》中对运输的定义是：用设备和工具，将物品从一地点向另一地点运送的物流活动。其中包括集货、搬运、中转、装入、卸下、分散等一系列操作。

运输不同于搬运，它与搬运的主要区别在于：运输是在大范围内（如城市之间、工厂之间等）进行的以实现物品位移为目的的物流活动，搬运一般是在同一区域范围内（如工厂、仓库、车站等）对物品进行的以水平移动为主要内容的物流作业。

运输的功能主要是实现物品远距离的位置移动，创造物品的“空间效用”，或称“场所效用”。空间效用，是指物品在不同的位置，其使用价值实现的程度是不同的，即效用价值是不同的。通过运输活动，将物品从效用价值低的地方转移到价值高的地方，使物品的使用价值得到更好的实现，即创造物品的最佳效用价值。商品生产的目的是为了消费，一般来说，商品的生产与消费的位置是不一致的，即存在位置背离，只有消除这种背离，商品的使用价值才能实现，这就需要运输。人们在生活中，由于搬家、旅游、送礼等活动，也会出现物品所处位置与消费位置之间的矛盾，也要通过运输来消除这种矛盾。

运输除创造空间效用外，还创造时间效用，具有一定的存储功能。所谓时间效用，是指物品处在不同的时刻，其使用价值实现的程度不同，效用价值是不一样的。通过储存保管，将物品从效用价值低的时刻延迟到价值高的时刻再进入消费，使物品的使用价值得到更好的实现。因为运输货物需要时间，特别是长途运输需要的时间更长，在这个过程中货物实际是储存在运输工具内，为避免物品损坏或丢失，还要为运输工具内的货物储存创造一定的条件，这在客观上创造了物品的时间效用。在中转供货系统中，物品经过运输节点（车站、码头）时，有时需要短时间的停留（一至几天），这时如果将货物卸下入库，然后再装车发运，其费用还不如让其在运输工具中暂时储存更合算。在这种情况下，利用运载工具作为临时仓库进行短时间的储存是合理的。

### 4.1.2 配送

我国国家标准《物流术语》中对配送的定义是：在经济合理区域范围内，根据用户要求，对物品进行拣选、加工、包装、分割、组配等作业，并按时送达指定地点的物流活动。这一定义比较全面地描述了配送的内容和功能。但是，并不是所有的配送都一定需要这些作业，用户的要求不同、配送的客体不同，作业内容也就会有所取舍，如包裹快递配送就不需要加工、分割等作业。另外，配送一般有一个集货过程，即把分散的货物集中起来，以便进行其他的配送作业。

根据《物流术语》对配送的定义，配送的内涵包括以下几个要点：

（1）以用户需求为出发点。配送必须根据用户的要求进行配货和送货，用户的要求包括配送品种、配送数量、送达时间、送达地点、物品安全、经济性、环保、方便等多个方面。即使是一个经济组织内部的配送（如大型企业集团、连锁公司等），配送中心也应把被配送的部门或下属单位当成用户，并根据他们的要求进行配送。“以用户需求为出发点”，这是配送的基本观念，但用户的需求必须是合理的，过分强调“按用户要求”是不妥当的，这是因为用户受自身某些因素的局限，有些要求实际会损害自我或双方的利益。

（2）“配”与“送”的有机结合。以“送”为主的配送属于运输范畴，其功能主要是输送，是创造空间效用，“配”是为“送”服务的，是为了更好地送。这是配送与一般送货的主要区别。一般送货只是将用户自己取货改变为货主主动送货，强调服务方式的改变，其功能并没有发生变化；配送既要实现送货服务，更强调在送货时能满足用户的多方面需求，使用户感到更加经济和方便，甚至能做到与用户的生产或销售“无缝连接”，把配送变成用户内部生产经营的一部分。

（3）在经济合理的范围内进行。所谓经济合理，是指既要满足用户的需要，又要有利于实现配送的经济效益。一般配送物品的批量小、批次多，所以远距离物品配送规模经济性较差，运力浪费严重。因此，配送不宜在大范围内实施，通常仅局限在一个城市或地区内进行。

（4）处于末端的线路活动。在一个物流系统中，线路活动不可缺少，有时可能有多个线路活动相互衔接成一个物流链，但如果有配送活动存在，则配送是处于末端的线路活动。

### 4.1.3 运输与配送的关系

运输与配送之间有以下关系：

（1）运输和配送都是线路活动。物流活动根据物品是否产生位置移动可分为两大类，即线路活动和节点活动，产生位置移动的物流活动称为线路活动，否则为节点活动。节点活动是在一个组织内部的场所中进行，不以创造空间效用为目的，主要是创造时间效用或性质效用，如在工厂内、仓库内、物流中心或配送中心内进行的装卸、搬运、包装、存储、流通加工等，都是节点活动。

运输活动必须通过运输工具在运输路线上移动才能实现物品的位置移动，它是一种线路活动。配送以送为主，属运输范畴，也是线路活动。

（2）运输与配送的差别。运输和配送虽然都是线路活动，但它们也有区别。运输与配送的区别主要表现在以下几个方面：

1）活动范围不同：运输是在大范围内进行的，如国家之间、地区之间、城市之间等；配送一般仅局限在一个地区或一个城市之内。

2）功能上存在差异：运输是实现以大批量、远距离的物品位置转移为主，运输途中客观上存在着一定的存储功能；配送以实现小批量、多品种物品的近距离位置转移为主，但同时要满足用户的多种要求，如多个品种、准时到货、多个到货地点、小份量包装、直接到生产线、包装物回收等。为了满足用户的上述要求，有时需要增加加工、分割、包装、存储等功能，因此，配送具有多功能性。

3）运输方式和运输工具不同：运输可采用各种运输工具，只需根据货物特点、时间要求、到货地点及经济合理性进行选择即可。配送则由于功能的多样化，运输批量小、频率高，只适于采用装载量不大的短途运输工具，主要是汽车。

（3）运输与配送的互补关系。运输和配送虽同属于线路活动，但由于功能上的差异使它们并不能互相替代，而是形成了相互依存、互为补充的关系。物流系统创造物品空间效用的功能是要使生产企业制造出来的产品最后到达消费者手中或进入消费，否则产品生产者的目的就无法达到。从运输、配送的概念及它们的区别可以看出，仅有运输或仅有配送是不可能达到上述要求的。因为根据运输的规模原理和距离原理（运输规模原理和距离原理稍后讨论），大批量、远距离的运输才是合理的，但它不能满足分散消费的要求；配送虽具有小批量、多批次的特点，但不适合远距离输送。因此必须由两者互相配合，取长补短，方能达到理想的目标。一般来说，在运输和配送同时存在的物流系统中，运输处在配送的前面，先通过运输实现物品长距离的位置转移，然后交由配送来完成短距离的输送。

### 4.1.4 运输原理

运输原理是指在一次运输或配送活动中降低成本、提高经济效益的途径和方法，是指导运输管理和营运的最基本的原理。在运输活动中，运输的三条基本原理包括规模原理、距离原理和速度原理。

#### 4.1.4.1 规模原理

规模原理是指随着一次装运量的增大，使每单位质量的运输成本下降。这是因为，转移一票货物的有关固定费用按整票货物的质量分摊时，一票货物越重，分摊到单位质量上的成本就越低。货物转移的固定费用包括接受运输订单的行政管理费、定位运输工具装卸的时间、开票及设备费用等。铁路运输和水路运输的运输工具装载量大，其规模经济相对于运输量小的汽车、飞机等运输工具要好；整车运输由于利用了整个车辆的运输能力，固定费用也低，因而单位质量货物的运输成本也会低于零担运输。单位质量货物的运输成本与运输工具一次装载量之间的关系，如图 4-1 所示。

既然单位质量货物的运输成本与运载工具的一次装载量有关，那么在运载工具容积一定的情况下，货物密度也会影响运输成本，密度低的货物可能无法达到运载工具的额定载重量，单位质量货物的运输成本就高。单位质量货物运输成本与货物密度的关系，如图4-2所示。对于低密度货物运输成本高的问题，其解决办法是通过包装来增加货物密度。

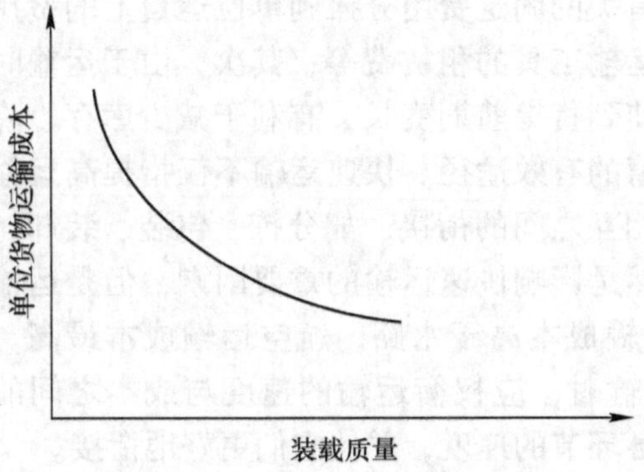


图4-1 载重量与运输成本的关系

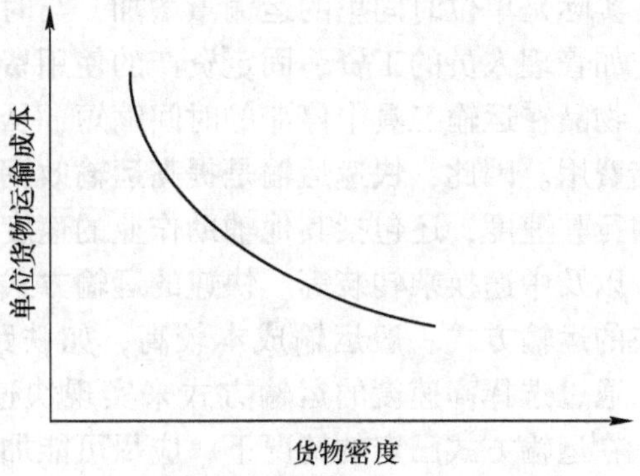


图4-2 密度与运输成本的关系

运输、配送均可在满足用户要求的前提下，通过选择装载量大的运输工具及对密度低的货物通过包装提高密度，达到降低运输成本的目的。

4.1.4.2 距离原理

距离原理是指随着一次运输距离的增加，运输费用的增加会变得越来越缓慢，或者说单位运输距离的费用减少，运输成本与一次运输的距离有关，如图4-3所示。从图4-3中可以看出两点：(1) 在运输距离为零时，运输成本并不为零，这是因为存在一个与货物提取与交付有关的固定费用。(2) 运输成本的增长随运输距离的增长而降低，即递减原理，这是因货物提取与交付有关的固定费用，随着运输距离的增加，分摊到单位运输距离上的运输成本降低。

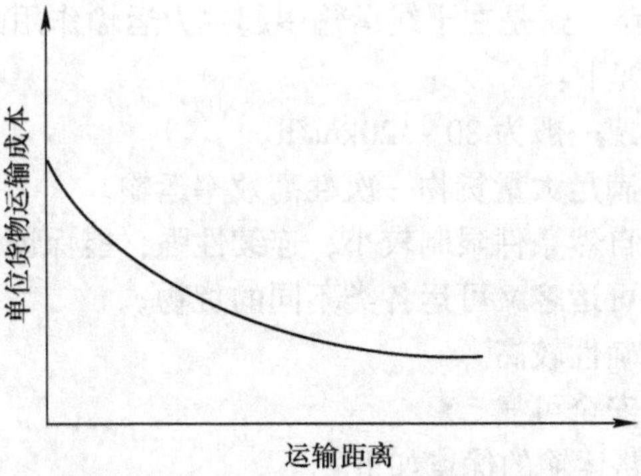


图4-3 距离和运输成本的关系

根据距离经济原理，长途运输的单位运距成本低，短途运输的单位运距成本高。配送属于短途运输，而且受多批次、少批量需求的限制，运量不可能大，运输工具的装载率也较低，因此单位运距的成本肯定高于一般运输。配送可以通过优化配货和运输路线，尽可能降低本身的运输成本，更重要的是，配送可以通过降低库存、缩短提前期，以及为用户提供更多的服务来降低整个物流系统的成本和提高社会效益。

#### 4.1.4.3 速度原理

速度原理是指完成特定的运输所需的时间越短，其效用价值越高。首先，运输时间缩短，实际是单位时间里的运输量增加，与时间有关的固定费用分摊到单位运量上的费用减少，如管理人员的工资、固定资产的使用费、运输工具的租赁费等；其次，由于运输时间短，物品在运输工具中停滞的时间缩短，从而使到货提前期变长，有利于减少库存、降低存储费用。因此，快速运输是提高运输效用价值的有效途径。快速运输不仅指提高运输工具的行驶速度，还包括其他辅助作业的速度及相互之间的衔接，如分拣、包装、装卸、搬运，以及中途换乘转装等。快速的运输方式当然是影响快速运输的重要因素，但是运输速度快的运输方式一般运输成本较高，如铁路运输成本高于水路，航空运输成本最高。因此，通过选择高速度的运输方式来实现快速运输时，应权衡运输的速度与成本之间的关系，在运输方式已定的情况下，应尽可能加快各环节的速度，并使它们更好地衔接。

## 4.2 电子商务环境下的运输管理

物流系统的各种功能中，运输、存储、流通加工是主体功能，装卸、搬运、包装和信息处理则是从属功能，而主体功能中的运输功能的主导地位更加凸显，是所有功能的核心。因此，运输对发展经济，提高国民生活水平有着十分重大的影响，现代的生产和消费就是靠运输事业来发展和实现的。按照运输过程中采用的运输方式，运输可分为铁路运输、公路运输、水路运输、航空运输、管道运输和多式联运六种。

### 4.2.1 铁路运输

我国国家标准《物流术语》对铁路运输的定义是：使用铁路设施、设备运输货物的一种运输方式。铁路运输主要承担长距离、大数量的货运，在没有水运条件的地区，几乎所有大批量货物都是依靠铁路，这是在干线运输中起主力运输作用的运输形式。

铁路运输的一般优点如下：

(1) 运行速度快，时速一般为80~120km/h。

(2) 运输能力大，可满足大量货物一次性高效率运输。

(3) 铁路运输过程受自然条件限制较小，连续性强，能保证全年运行。

(4) 通用性能好，既可运客又可运各类不同的货物。

(5) 运输到发时间准确性较高。

(6) 运行比较平稳，安全可靠。

从经济指标上看，铁路运输的优点如下：

(1) 成本较低。铁路货运成本结构的显著特点是："与运量无关"的成本费用（指路线、通信设备、大型建筑物、技术建筑物的运用、维护费用，以及管理人员的工资等）占铁路货运成本的50%左右，始发和终到作业费用约占运输成本的18%左右。所以运距短时成本高，只有运距较长时成本才能大幅度下降。

(2) 能耗较低。当然，铁路运输也存在投资太高、建设周期长等缺点。一条干线要建设5~10年，而且占地太多，随着人口的增长，将给社会增加更多的负担。因此，综合考虑，铁路适于在内陆地区运输中、长距离、大运量、时间性强、可靠性要求高的一般货物和特种货物；从投资效果看，在运输量比较大的地区之间建设铁路比较合理。

### 4.2.2 公路运输

我国国家标准《物流术语》对公路运输的定义是：使用公路设施、设备运输货物的一种运输方式。公路运输主要适合用来运输制造产品。制造产品的特点就是价值比较高，包括纺织及皮革制品、橡胶与塑料制品、仿金属制品、通信产品及照相器材等。

公路运输主要以卡车为运输工具，包括专用运输车辆，如集装箱、散装、冷藏、危险品等运输车辆。公路运输是连接铁路、水路和航空运输起始端和末端不可缺少的条件，是沟通城乡、工农、生产与消费的桥梁和纽带。没有公路运输的衔接，铁路、水路和航空运输就不能正常进行。

公路运输的优点如下：

(1) 时空上的灵活性。从空间上说，公路运输可以实现“门到门”的运输，充分方便了货物的使用者。从时间上说，公路运输可以实现即时运输，即根据货物使用者的要求，以合适的批量随时启运。

(2) 运输条件的灵活性。公路运输的服务范围不仅在等级公路上，还可以延伸到等级外的公路，甚至许多乡村便道的辐射范围。普通货物的装卸对场地、设备没有专门的要求，客运站点设置灵活，有的只设置一个停靠点即可。

(3) 服务的灵活性。服务的灵活性具体表现为能够根据货物使用者或旅客的具体要求提供有针对性的服务，最大限度地满足不同性质的货物运输要求和不同层次旅客的需求。

公路运输的缺点如下：

(1) 运输能力小，每辆普通载重汽车每次只能运输 5t 货物。

(2) 运输能耗很高。

(3) 运输成本高。

(4) 劳动生产率低。由于汽车体积小，无法运输大件物资，不适宜运输大宗和长距离货物，公路建设占地多，随着人口的增长，占地多的矛盾将表现得更为突出。因此，公路运输比较适宜在内陆地区运输短途旅客和货物，可以与铁路、水路联运，满足铁路、港口集疏旅客和物资的要求。公路运输可以深入山区及偏僻的农村，也可以在远离铁路的区域从事干线运输。

### 4.2.3 水路运输

我国国家标准《物流术语》对水路运输的定义是：使用船舶（或其他水运工具），在江、河、湖、海等水域运输货物的一种运输方式。

水路运输的优点如下：

(1) 运输能力大。在 5 种运输方式中，水路运输能力最大。在长江干线，一支拖驳或顶推船队的运载能力已超过万吨，国外最大的顶推驳船队的运载能力达 3 万~4 万吨，世界上最大的油船已超过 50 万吨。

(2) 在运输条件良好的航道，通过能力几乎不受限制。

(3) 水路运输通用性能高。既可运客，也可运货，可以运输各种货物，尤其是大件货物。

从经济技术指标上看，水路运输还有如下优点：

(1) 水运建设投资节省。水路运输只需利用江河湖海等自然水利资源，除必须投资购建船舶、建设港口之外，沿海航道几乎不需投资。

(2) 运输成本低。水运的基本成本结构是高的可变成本和低的固定成本。由于海运平均运距较长，所以海运货运成本大大低于其他运输成本。

(3) 劳动生产率高。在确保货运大宗运输和远距离的前提下可实现。

(4) 平均运距长。远洋运输在我国对外经济贸易方面占独特、重要地位。我国有超过90%的外贸货物采用远洋运输，它是发展国际贸易的强大支柱，战时又可增强国防能力，这是其他任何运输方式无法代替的。

水路运输的缺点如下：

(1) 受自然条件影响较大。内河航道和某些港口受季节影响较大，冬季结冰，枯水期水位变低，难以保证全年通航。

(2) 运输速度慢。相对其他运输方式，水运的速度较慢，若在途中的货物多，会增加货主的流动资金占有量。

总之，水路运输综合优势较为突出，适宜运距长、运量大、时间性不太强的各种大宗物资运输。

### 4.2.4 航空运输

我国国家标准《物流术语》对航空运输的定义是：使用飞机或其他飞行器运送货物的一种运输方式。航空运输的单位成本很高，因此，主要适合运载两类货物：一类是价值高、运费承担能力较强的货物，如贵重设备的零部件、高档商品等；另一类是紧急需要的物资，如救灾抢险物资等。

航空运输由于其突出的高速直达性，使之在交通系统中具有特殊的地位，并且拥有很大的发展潜力。目前，在世界范围内，航空运输都处于高速增长阶段。

航空运输的优点如下：

(1) 高速、直达。高速直达性是航空运输最突出的特点。由于在空中较少受到自然地理条件的限制，因而航空线一般取两点间最短距离。这样，航空运输就能够实现两点间的高速、直达运输，尤其在远程直达上更体现其优势。

(2) 安全。随着人类科学技术的进步，在不断对飞机进行技术革新的同时，维修技术也得到了提高，这些都加强了航空运输的安全性。尽管飞行事故会造成机毁人亡（事故严重性最大），但按单位货运周转量或单位飞行时间损失率来衡量，航空运输的安全性是很高的。

(3) 经济。从经济方面来讲，航空运输的成本及运价均高于铁路、水运，是一种价格较高的运输方式，因此一般不如其他运输方式普及，尤其是在不发达国家，但如果考虑时间的价值，航空运输又有其独特的经济价值。因此，随着经济的发展，人均收入的提高及时间价值的提高，航空运输在运输中的比例呈上升之势。

(4) 包装要求低。货物空运的包装要求通常比其他运输方式要低。在空运中，用一张塑料薄膜裹住托盘货物并不少见。空中航行的平稳性和自动着陆系统减少了货损的比率，因此可以降低包装要求。

航空运输的缺点：航空运输存在着飞机造价高、能耗大、运输能力小、成本很高、技术复杂的缺点。

因此，航空运输适宜长途旅客运输和体积小、价值高的物资鲜活产品及邮件等货物运输。

针对航空运输的优缺点，航空运输适用如下主要作业：

（1）承担国际运输任务，这是航空运输的主要收入来源。目前，国际间的一些货物联系基本上依赖于航空运输，它对于对外开放、促进国际间技术、经济合作与文化交流具有重要作用。

（2）航空运输适于高附加值、低重量、小体积的物品运输。目前，机场临近地区的工业区域为高级电子工业、精密机械工业、高级化学产品工业等附加价值很高的产业的黄金发展地带。而且，机场发挥着流通中心的功能，为这些企业创造了优良的投资环境。

（3）航空货运没有特定的商品，它与其他运输方式的最大区别就在于大多数航空货运是在紧急的情况下，而不是在日常的基础上处理的。当证明高成本是可行的情况时，厂商们通常会利用定期的或不定期的航空服务来运输货物。高价值或极易腐烂的产品最有可能成为正常空运的产品；当一种产品的营销期极为有限时，例如圣诞节产品、高级时装或鲜鱼之类的产品，航空运输也是物流作业唯一实际的运输方法；像零部件或消费类的日常物流产品也可能成为航空货运的候选对象。

（4）航空运输是鲜活易腐等特种货物以及价值较高或紧急物资的运输方式。

（5）航空运输是邮政运输的手段。

（6）航空运输是实现多式联运的一种重要运输方式。

### 4.2.5 管道运输

我国国家标准《物流术语》对管道运输的定义是：由大型钢管、泵站和加压设备等组成的运输系统完成物料输送工作的一种运输方式。其运输形式是靠物体在管道内顺着压力方向循序移动实现的，和其他运输方式的重要区别在于，管道设备是静止不动的。

目前全球的管道运输承担很大比例的能源物资运输，包括原油、成品油、天然气、油田伴生气、煤浆等。其完成的运量常常大大高于人们的想象（如在美国接近于汽车运输的运量），一般人很少注意到它的地位和作用。近年来，管道运输也被进一步研究用于解决散状物料、成件货物、集装物料的运输，并向容器式管道运输系统发展。

管道运输的优点如下：

（1）运量大。一条输油管线可以源源不断地完成运输任务。根据其管径的大小不同，其每年的运输量可达数百万吨到几千万吨，甚至超过亿吨。

（2）占地少。运输管道通常埋于地下，其占用的土地很少。运输系统的建设实践证明，运输管道埋藏于地下的部分占管道总长的95%以上，因而对土地的永久性占用很少，仅为公路的3%，铁路的10%左右。在交通运输规范系统中，优先考虑管道运输方案，对于节约土地资源的意义重大。

（3）管道运输建设周期短、费用低，运营费用低。管道运输系统的建设周期与相同量的铁路建设周期相比，一般来说要短1/3以上。

（4）管道运输安全可靠、连续性强。由于石油天然气易燃、易爆、易挥发、易泄漏，采用管道运输方式，既安全又可以大大减少挥发损耗和对空气、水和土壤的污染，也就是说，管道运输能较好地满足运输工程的绿色环保要求。此外，由于管道基本埋藏于地下，其运输过程受恶劣多变的气候条件影响小，可以确保运输系统长期稳定地运行。

（5）管道运输耗能少、成本低、效益好。发达国家采用管道运输石油，每吨公里的能耗不足铁路的1/7，在大量运输时的运输成本与水运接近。因此在无水运条件下，采用管道运输是一种最为节能的运输方式。

管道运输是一种连续工程，运输系统不存在空载行程，因而系统的运输效率高。理论分析和实践证明，管道口径越大，运输距离越远，运输量越大，运输成本就越低，以运输石油为例，管道运输、水路运输、铁路运输的运输成本之比为1∶1∶1。

管道运输的缺点如下：

（1）专用性强，只能运输石油、天然气及固体料浆（如煤炭等）。

（2）管道起运量与最高运输量间的幅度小。因此在油田开发初期，采用管道运输困难时，还要以公路、铁路、水路运输作为过渡。

### 4.2.6 多式联运

我国国家标准《物流术语》对多式联运的定义是：一次委托，使用两种或者两种以上运输方式，或不同的运输企业将一批货物运送到目的地的运输。目前国际上采用的多式联运有公路运输、陆海联运、陆空（海空）联运。

多式联运具有以下特点：

（1）运输全程中至少使用两种运输方式，而且是不同方式的连续运输。

（2）多式联运的货物主要是集装箱货物，具有集装箱运输的特点。

（3）多式联运是一票到底，实行单一费率的运输。发货人只要订立一份合同，一次付费，一次保险，通过一张单证即可完成全程运输。

（4）多式联运是不同方式的综合组织，全程运输均是由多式联运经营人组织完成的。无论涉及几种运输方式，分为几个运输区段，多式联运经营人要对全程负责。

（5）货物全程运输是通过多式联运经营人与各种运输方式、各区段的实际承运人订立分运或分包合同来完成的，各区段承运人对自己承担区段的货物运输负责。

（6）在起运地接管货物，在最终目的地交付货物及全程运输中各区段的衔接工作，由多式联运经营人的分支机构（代表）或委托的代理人完成。这些代理人及承担各项业务的第三者对自己承担的业务负责。

（7）多式联运经营人可以在全世界运输网中选择适当的运输路线、运输方式和各区段的实际承运人，以降低运输成本，提高运达速度，实现合理运输。

同传统货运方式相比，多式联运具有以下优点：

（1）提高了装卸效率，加速了船舶的周转。

（2）有利于提高运输质量，减少货损货差。

（3）节省各项费用，降低运货成本。

（4）简化货运手续，便利货物运输。

（5）把传统单一运输串联成连贯的成组运输。

### 4.2.7 电子商务环境下的运输网络设计

合理的运输网络结构设计可以使电子商务的配送活动更快、成本更低，有利于电商企业的发展。在电子商务环境下，有效的整合运输网络和配送网络，能增强电商运输的竞争力。电子商务环境下物流网络的具体运作流程，如图 4-4 所示。

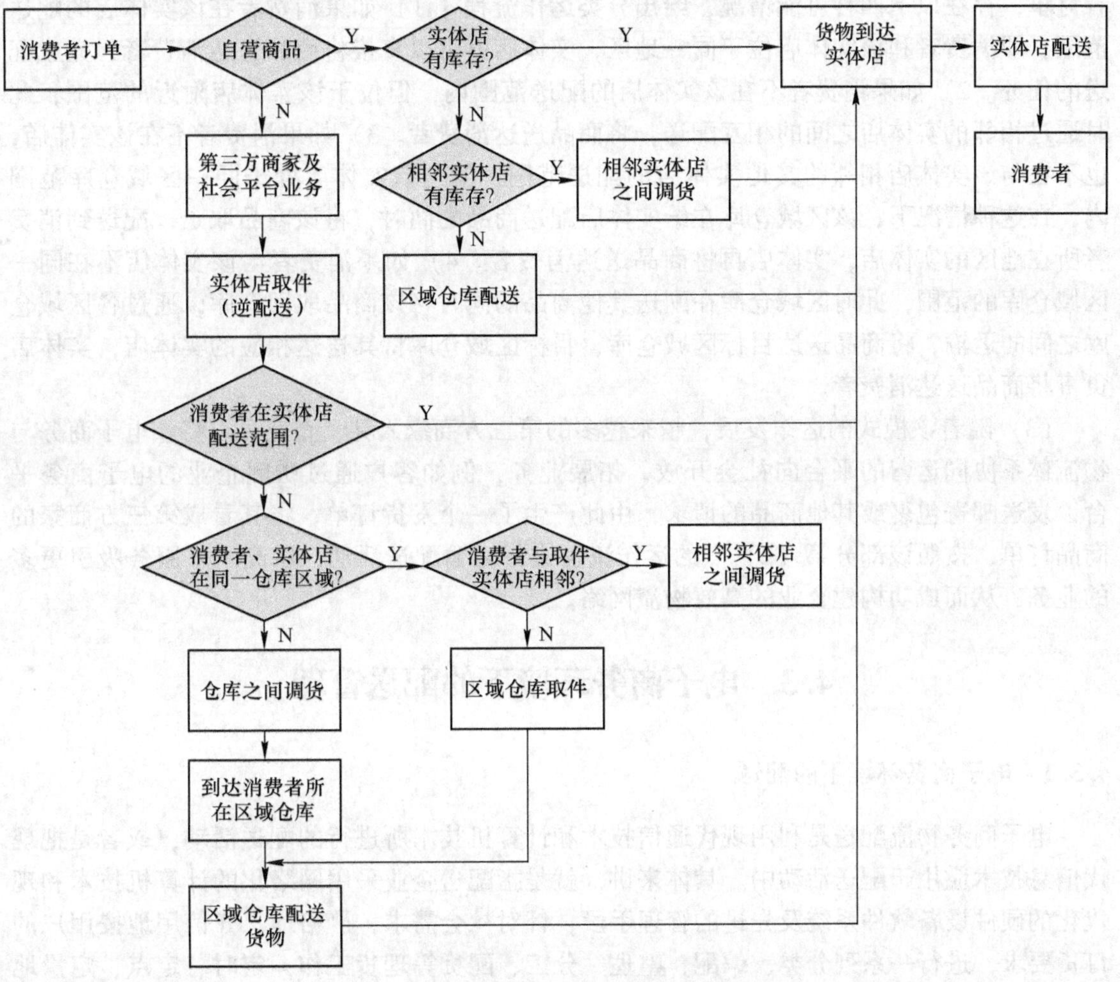


图 4-4 电子商务环境下物流网络的运作流程

电子商务平台催生商流的产生，商流推动物流，结合图 4-4，电子商务环境下物流网络的具体运作流程如下：

（1）每个区域仓库定期的向其所覆盖范围的实体店配送企业的自营商品，满足实体店的销售及网上订单的需求，因此，对于企业自营商品的订单，不需要通过区域仓库发货，可以直接从实体店出货。如果消费者所在地区的实体店缺货，可以通过与其相邻的其他实体店进行临时调货，在相邻实体店都缺货的情形下，此时就需要从区域仓库紧急调货。这样的配送流程不仅大大降低了企业的运输成本，而且降低了企业运输的复杂性，使企业更专注于其他的业务。

（2）当消费者通过电子商务平台所购买的商品是由第三方商家提供的时候，与第三方商家处于同一地区的实体店在配送其他商品的同时，将该订单商品从第三方商家取回到实体店中。在该流程中，将商品的配送和取件（逆配送）的流程糅合在了一起，减少了不必要的运输过程，而且与传统的第三方商家将商品交由第三方物流配送的方式相比，第三方商家支付的费用更低，甚至不需要费用，将会吸引更多第三方商家的加入。通过分析消费者订单，存在以下四种可能情况，给出分类运作流程：1）如果消费者在该实体店的配送范围，即消费者和该实体店位于同一地区，实体店就可以直接将商品送达消费者，完成配送的任务。2）如果消费者不在该实体店的配送范围内，但位于该实体店附近的范围，此时通过相邻的实体店之间的相互配送，将商品送达消费者。3）如果消费者不在该实体店，也不在与该实体店相邻的其他实体店的配送范围，但与该实体店处于同一区域仓库范围内，在这种情况下，该区域仓库在给实体店配送商品的同时，将该商品取走，配送到消费者所在地区的实体店，实体店再将商品送达消费者。4）如果消费者与该实体店不在同一区域仓库的范围，此时区域仓库在配送其他商品的同时将该商品取回仓库，通过各区域仓库之间的运输，将商品送达目标区域仓库，目标区域仓库将其送达相应的实体店，实体店负责将商品送达消费者。

（3）随着该模式的运作发展，越来越多的第三方商家入驻，企业可以将该电子商务与物流体系协同运营的平台向社会开放，拓展业务，例如客户通过访问企业的电子商务平台，发送邮寄包裹或其他商品的请求，由此产生了一个发货订单，将其看成第三方商家的商品订单，按照该部分第（2）点的运作流程进行运输配送活动，以高水平服务吸引更多的业务，从而成功构建企业的高效物流网络。

## 4.3 电子商务环境下的配送管理

### 4.3.1 电子商务环境下的配送

电子商务物流配送是利用现代通信技术和计算机技术所进行的配送活动，或者是把现代信息技术应用于配送活动中。具体来讲，就是指配送企业采用网络化的计算机技术和现代化的硬件设备软件系统及先进的管理手段，针对社会需求，严格地、守信用地按用户的订货要求，进行一系列分类、编配、整理、分工、配货等理货工作，定时、定点、定量地交给没有范围限度的各类用户，满足其对商品的需求。

与传统配送相比较，电子商务配送体现出如下几方面的特点：

（1）虚拟性。指在信息网络构筑的虚拟空间中进行的配送活动（配送的虚拟性于网络所具有的虚拟性），它通过对配送活动的现实虚拟，生成各种虚拟的环境，作用于人的视觉、听觉等，人们不仅可以看到配送活动的图像，而且可进行配送的操作演示产生身临其境的感觉。虚拟现实（Virtual Reality，VR）系统的应用有4个作用：一是企业可建立配送中心的订货虚拟系统，以科学合理地确定订购品种和规模；二是企业可建立库存信息系统，虚拟地反映库存品种和规模，以科学合理地确定库存的品种和规模规划库存的利用效率；三是可建立虚拟配货装配系统，以科学合理地进行装卸和设备分配，选择合理的运输工具；四是可建立虚拟的送货系统，以科学合理地确定运输线路、时间等。

此外，电子商务的虚拟性可使企业有效地对配送活动进行实时监控，保证配送环节的合理衔接，提高配送效率。

（2）高效性。虚拟性的特点，可使企业根据现实状况建立一套完整有效的自动信息系统，将一些程序化的活动通过自动信息传递系统来实现，企业可根据用户的需求情况，通过自动信息传递系统，调整库存数量和结构，调节订货数量和结构，进而调整配送作业活动，而对于一些非程序的活动，可通过自动信息传递系统，进行提示或预报，进行调节配送，提高信息的传输效率和配送的事项。虚拟性的特点也可使企业建立一套有效的计算机辅助决策系统，将一些程序化的活动通过计算机辅助决策系统来完成，提高决策效率。此外，电子商务也可迅速有效地完成信息的交流、单证的传输及配送过程中的支付事项。

（3）低成本性。电子商务不仅使配送双方节约了成本，而且也降低了整个社会的配送成本。

1）电子商务配送节约了配送双方的库存成本。在电子商务配送情况下，配送双方可以有效地利用电子商务技术及交易等优势，减少了配送双方的库存规模，同时，对于整个社会来说，降低了库存水平，库存管理的成本和费用相对下降。

2）电子商务配送降低了配送双方的行销成本。提供配送的一方可实现促销成本及送货成本的降低，需要配送服务的一方可实现信息采集成本等的降低，节约自建配送系统的投资及相应的管理费用。

3）电子商务配送可使配送双方通过网上结算，进行单证传输，实现了配送双方的结算成本及单证传输成本的降低。

4）电子商务配送降低了租金成本。首先，它可使企业合理地确定配送场地的面积和地点，提高配送场所的利用率，降低配送场所的使用成本；其次，它可使企业相应地减小办公场地的面积，因为在电子技术、电子工具高度发达的今天，企业可以充分地利用网络管理的方法与技术，对配送活动进行管理，需求的面积远远小于传统配送管理的面积。

（4）个性化。个性化特点是电子商务配送根据用户的不同需求，提供一对一的配送服务，更好地满足不同用户的配送需求。个性化服务在配送中的应用、推广和发展开创了配送服务的新时代，它不仅使普通的大宗的配送业务得到发展，而且能够适应用户需求多样化的发展趋势和潮流。

个性化服务的实现主要是通过共同筛选技术和神经网络匹配技术来进行的。共同筛选技术可以把用户需求配送习惯、喜好的配送方式等与其他用户需求配送习惯、喜好的配送方式等加以比较，以确立用户下一次对配送的具体要求。神经网络匹配技术通过模仿人的大脑程序，识别复杂数据中的隐含模式，使提供配送服务者能够迅速地与其每位用户通信和交流，从而满足用户的特殊配送要求。

### 4.3.2 电子商务环境下的配送路径优化

电子商务环境下物流配送路径优化需要考虑的因素具体如下：

（1）运输网络。运输网络主要由配送中心、客户和运输的路线三方面组成，运输的路线将配送中心和客户连接起来，构成一张平面图，对运输网络的了解是对路径优化的基本条件。

（2）配送中心。配送中心作为配送的始发点，其数量和选址都对配送路径优化有着至关重要的影响。

(3) 客户。客户作为配送路径中的一个节点，其位置分布、收货时间、所需货物的量都是路径优化中要考虑的问题。

(4) 货物。由于载货车辆的载重量或容积有限，路径优化中要考虑到货物的载重量或容积。

(5) 目标函数。VRP 问题的目标主要有以下几种：1）最小化总运输成本；2）最小化配送车辆总配送里程；3）最小化配送车辆数；4）最大化客户服务水平；5）其他目标，如最小化配送车辆空载里程、最小化违约时间等。

(6) 约束条件。VRP 问题的约束主要有以下几种：1）车辆能力约束，如载重量和容积有限；2）配送历程约束，每种配送车辆都有自己的最大配送距离约束；3）任务时间窗约束，客户要求货物的时间一定。

(7) 优化算法。VRP 问题一直是物流和算法研究领域的热点问题，它对提高配送系统效率和节约物流成本有重要的理论和实际意义，目前对于 VRP 问题的求解方法非常多，一般可以分为两大类：精确算法和启发式算法。

(8) 经济车速。经济车速指的是汽车行驶中以最节省的方式消耗燃料的速度。车辆在行驶时，耗油量随着车速的变化而变化，根据汽车燃油的特性，当车辆低速行驶时，耗油量随着车速的增加而减少，当车速过了某个临界值时，耗油量又会随着车速的增加而增加，这个临界值就是经济车速。

(9) 交通条件。在城市配送中，影响车辆车速的一个主要因素就是交通条件，换言之就是拥堵。目前人们生活的城市，拥堵已经司空见惯，不同程度的拥堵每天都在发生，而每天早晚高峰道路交通量大，导致车辆行驶缓慢。

(10) 道路条件。道路条件是指由道路状况决定的，并影响汽车运行的因素。车辆在运行过程中的行驶速度不仅要受交通条件的影响，还要受道路条件的影响。道路条件对车速的影响主要来自于以下几个方面：车道干扰情况、车道宽度、车道数、车流密度、路口数及施工路段等。此外，路面的质量也对车辆配送有一定的影响。因此，在进行电子商务物流路径优化时一定要先熟悉各备选路径的道路条件。

(11) 天气状况。天气状况对车速的影响主要来自于以下两个方面：1）对驾驶员心理上的影响。天气的阴晴，气候的冷暖都对驾驶员心情有着一定的影响，晴空万里常常给人带来不错的心情，阴天可能会使驾驶员的心情灰暗沮丧，特别是目前低温和酷暑天气普遍存在，特别容易使驾驶员疲劳，心情不佳，动作迟缓，反应迟钝，从而影响车速，甚至会导致事故；2）对交通状况的影响。相比于心理变化对车速的影响，恶劣天气对车速的影响要明显得多。众所周知，暴雨、暴雪，冰雹都会对车辆行驶的速度有着不同程度的影响。

(12) 配送的时效性。电子商务企业之间竞争的加剧让消费者对电子商务配送提出了更高的要求，消费者已经不仅仅要求电子商务企业在恰当的地点将正确数量的产品完好地送达，更要求企业在配送上所费的时间尽量缩短。根据某电子商务企业的某次“消费者最不能容忍的失误有哪些”的调查，90%的网友选择“最不能容忍公司拖延送货时间”，仅次于100%的顾客选择的“丢失和损坏包裹是最不能容忍的”这一项。由此可见，配送时效性在消费者心中的地位。鉴于此，当前很多 B2C 电子商务企业提出了“次日达”和“今日达”的服务，以此来确保配送的时效性。

(13) 客户配送点的随机性。在传统配送模式中，客户收货地址往往一定，商品的需求量往往也一定。因此在配送的过程中，每天配送的路径不会有太大的变化。而在电子商务配送模式中，配送企业面对的客户是最终消费者，而这些最终消费者分散在城市各处，只有这些客户下达订单后，才能最终确定好配送点的最终位置，因此电子商务每天所面临的客户配送点在城市中呈随机分布，这也给电子商务企业配送的时效性带来了一定的困难。

电子商务环境下配送路径优化问题的目标一般有以下几种：

(1) 配送总成本最低。成本是企业最为关注的焦点问题。因此它也是配送路径优化问题中最常见的优化目标。在以往的路径优化问题中，总认为配送总路程和配送总成本成正比，将二者通常等同于一个目标。但由于现实生活中拥堵问题的普遍存在，导致了目前城市配送中最短路径并不一定是最优路径，也就是说，配送总路程最短的路径也许并不是配送总成本最低的路径。

(2) 配送的总等待时间最少。电子商务配送与其他行业的配送相比，客户对配送时间的要求极为苛刻。配送的快捷性已经成为电子商务企业间竞争取胜的有力武器。因此，将配送的总等待时间量化为成本有一定的现实意义。

(3) 物流运输所用车辆最少。车辆的使用会产生一定的费用，而且在没有必要的情况增加车辆的使用数量，会导致运输成本的大幅上升。由于增加车辆所需的费用，一般比增加车辆运行距离的成本要高，因此要求使用最少的运输车辆也是比较常见的优化目标。

(4) 客户满意度最大。在电子商务行业，配送的个性化十足，提升客户的满意度能够有效地吸引更多的客户，因此将客户满意度作为优化目标是未来 VRP 问题的发展方向之一。

除此之外，电子商务环境下的配送路径优化问题还必须考虑配送对环境的影响，实现企业节能减排的目标。因此，配送路径优化的目标除了以上 4 个方面外，还要考虑配送过程中的排放量最低。目前正处于低碳经济的宏观大背景下，政府和社会要求企业为社会经济发展做出贡献的同时也要为环境保护出一份力，进行可持续发展。因此电子商务企业在进行配送路径优化时，不仅要考虑车辆运输的成本，还要考虑配送过程中碳排放量产生的成本，力求在保证完成任务的前提下将碳的排放量降到最低。当然，随着行业的不同和社会的发展，还会产生各种各样的目标，但由于“二律背反”现象的存在，即选择其中的一种优化目标必然会导致另一种或几种优化目标的倒退，所以在确定优化目标时，可以根据现实中各自的情况，选取一种或是多种目标进行优化。

## 4.4 电子商务环境下的配送中心管理

### 4.4.1 配送中心

**定义 4-1** 配送中心是从供应者手中接收多种大量的货物，进行倒装、分类、保管、流通加工和信息处理等作业，然后按用户的订货要求备齐货物，以令人满意的服务水平进行配送的设施。

**定义 4–2** 配送中心是从事服务配备（集货、加工、分货、拣选、配货），和组织对用户的送货，以高水平实现销售或供应的现代化流通设施。

无论基于哪种定义，都可以看出配送中心实际上是典型的流通型仓库，而不同的仓库在实行不同的功能时拥有不同的特定功能。它是物流领域的社会分工、专业分工进一步细化之后产生的，应具备以下的条件：

（1）主要为特定的客户服务。

（2）配送功能健全完备，设施设备齐全。

（3）完善的信息网络。

（4）辐射范围小。

（5）多品种，小批量。

（6）以配送为主，储存为辅。

（7）高水平的企业管理和人才队伍。

其作用表现在：使供货适应市场需求变化，真正满足客户需要；经济高效的组织储运；提供优质的保管、包装、加工、配送、信息服务；促进地区经济的快速增长；对于连锁店的经营活动是必要的。一方面，配送中心集成了物流和商流活动，使商物合一；另一方面，配送中心集成了物流活动的所有功能，可以看作物流活动的缩影。具体包括以下功能：

（1）备货功能。备货是配送的准备工作或基础工作，备货工作包括筹集货源、订货或购货、集货、进货及有关的质量检查、结算、交接等。配送的优势之一，就是可以集中用户的需求进行一定规模的备货。备货是决定配送成败的初期工作，如果备货成本太高，会大大降低配送的效益。

（2）储存功能。配送储备是按一定时期的配送经营要求，形成的对配送的资源保证。这种类型的储备数量较大，储备结构也较完善，视货源及到货情况，可以有计划地确定周转储备及保险储备结构及数量。配送的储备保证有时在配送中心附近单独设库解决。另一种储存形态是暂存，是具体执行日配送时，按分拣配货要求，在理货场地所做的少量储存准备。由于总体储存效益取决于储存总量，所以，这部分暂存数量只会对工作方便与否造成影响，而不会影响储存的总效益，因而在数量上控制并不严格。还有一种形式的暂存，即是分拣、配货之后，形成的发送货载的暂存，这个暂存主要是调节配货与送货的节奏，暂存时间不长。

（3）分拣和配货功能。分拣和配货是配送不同于其他物流形式的具有特色的功能要素，也是配送成败的一项重要支持性工作。分拣及配货是完善送货、支持送货准备性工作，是不同配送企业在送货时进行竞争和提高自身经济效益的必然延伸，所以，也可以说是送货向高级形式发展的必然要求。有了分拣及配货就会大大提高送货服务水平，所以，分拣和配货是决定整个配送系统水平的关键要素。

（4）配装。在单个用户配送数量不能达到车辆的有效载运负荷时，就存在如何集中不同用户的配送货物，进行搭配装载以充分利用运能、运力的问题，这就需要配装。和一般送货的不同之处在于，通过配装送货可以大大提高送货水平及降低送货成本，所以，配装也是配送系统中有现代特点的功能要素，也是现代配送不同于以往送货的重要区别之处。

(5) 配送运输功能。配送运输属于运输中的末端运输、支线运输，它和一般运输形态主要区别在于：配送运输是较短距离、较小规模、额度较高的运输形式，一般使用汽车做运输工具。与干线运输的另一个区别是：配送运输的路线选择问题是一般干线运输所没有的，干线运输的干线是唯一的运输线，而配送运输由于配送用户多，一般城市交通路线又较复杂，所以如何组合成最佳路线，如何使配装和路线有效搭配等，是体现配送运输特点，也是难度较大的工作。

(6) 配送加工。在配送中，配送加工这一功能要素不具有普遍性，但是往往是有重要作用的功能要素。主要原因是通过配送加工，可以大大提高用户的满意程度。配送加工是流通加工的一种，但配送加工有它不同于一般流通加工的特点，即配送加工一般只取决于用户要求，其加工的目的较为单一。

(7) 送达服务。配好的货运输到用户处还不算配送工作的完结，这是因为送货和用户接货往往还会出现不协调，使配送前功尽弃。因此，要圆满地实现运到货物的移交，有效地、方便地处理相关手续并完成结算，还应讲究卸货地点、卸货方式等。送达服务也是配送的特色。

### 4.4.2 配送中心的作业流程

配送中心作业流程由其功能定位决定。常见的配送中心有储存型配送中心、流通型配送中心和流通加工型配送中心。储存型配送中心作业流程，如图 4-5 所示。

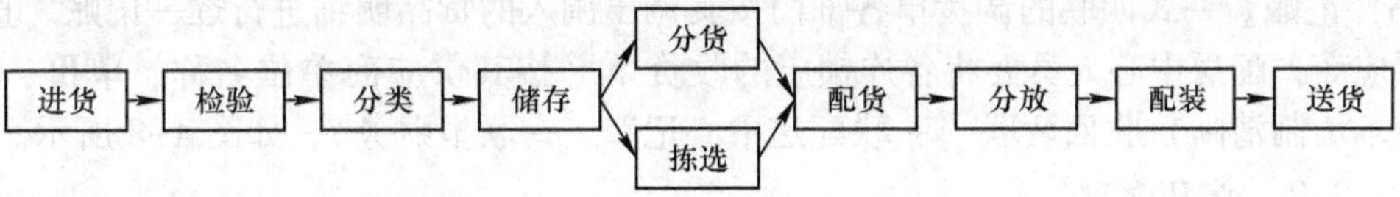


图 4-5 储存型配送中心作业流程

流通型配送中心作业流程，如图 4-6 所示。

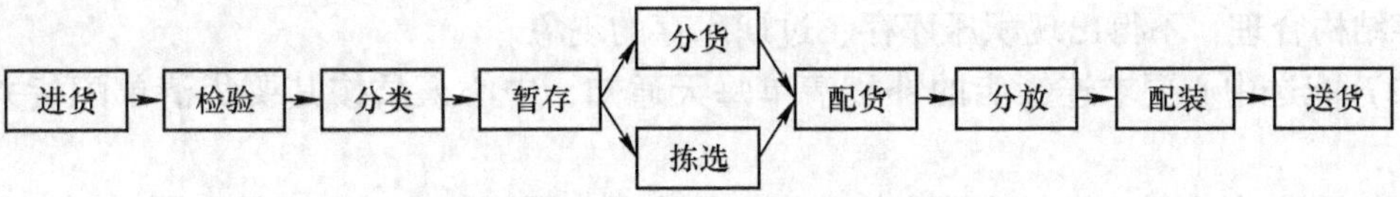


图 4-6 流通型配送中心作业流程

流通加工型配送中心作业流程，如图 4-7 所示。

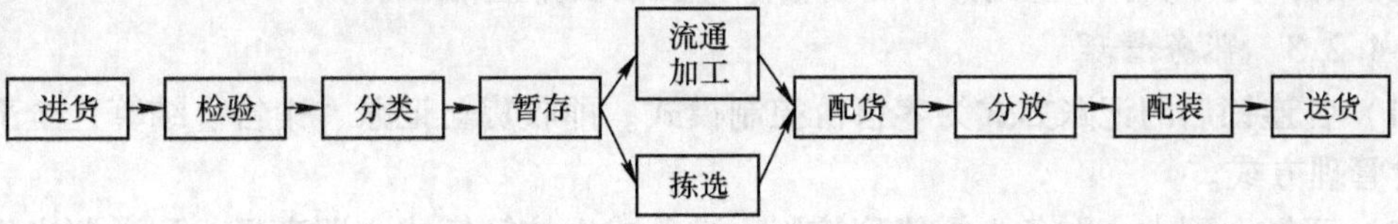


图 4-7 流通加工型配送中心作业流程

4.4.2.1 配送货品

调拨货品→存储→分类配货→配袋→送货→清查→交接签字清单返回记账。可参看图4-6，了解配送的流程。

（1）调拨货品。根据连锁店的补货需求、传真形式的要货单以及新品种的需求量，从本商场内部进行调拨商品。各商场接到要货单，即刻分派各领班进行配货（如遇货品不足的情况，领班立即通知本部门的经理进货）。配好货品后，通知配送中心并移库至“中心”仓库清点、交接人签字。

（2）配货与接收。配送中心发出订单后，供应商根据订货要求组织送货。送货人员持配送中心订单的送货联将购进的商品送交配送中心，配送中心对送货的供应商及送到的商品进行确认验货。配送中心根据订单，与商品运营部、收货部对商品的数量、品种、质量等进行验收，对与合同规定不符的商品作拒收退货处理。属文化用品、学生用品、小百货、食品、电话卡等直供商品的配货，由供应商到配送中心签订合同，由供应商发货至各连锁店，或直接送货至“中心”清点入库，交接签字，单据必须齐全完整。

（3）存储。配送中心将需配送的货品移至“中心”仓库进行清查、分类、保管、交接后在本库内发生货品丢失、缺少，由配送中心分管人员进行赔偿。

（4）配袋、送货。数量较大的品种，如矿泉水、香肠等每个连锁店根据其每天销量的规律，一次配货送达5~7天的充足数量，以保证商品的正常销售。

（5）清查货品、交接签字。货品配送至连锁店，由其班长收货，收货程序按配货表单、货号、品名、规格、单价、数量等项目逐一审核、清点、收货，并在一式四联的调拨单（连锁店、中心、商场、财务各一联）上确认签字方可。

（6）记账。一式四联的调拨单各部门按其调出调入的货品明细进行逐一记账。直接送货的供应商，配送中心人员要将各连锁店的收货单（按其供应商单位名称、单价、数量、金额要求填制清晰）收回两联（一联配送中心记账、一联报财务），如图4-8所示。

4.4.2.2 信息管理

（1）中心人员要准确熟练的掌握各连锁店的畅销品种及库存数量，做到配送及时、送货及时，不得断档、脱销。对滞销品种及时调整、退回。同时，中心人员要明确掌握食品类的保质期、经销方式，以及给供应商的退货期限，与商场经理及时沟通，保证各连锁店的库存结构合理，不得出现积压库存、过期库存的现象。

（2）配送中心要求连锁店的补货清单每天通知，中心人员按其要货清单配货并及时送达。

（3）中心人员要经常与连锁店的工作人员沟通，了解信息及时反馈，同时要记录反馈信息，对信息处理结果要进行及时跟踪检查。

（4）针对时间性、季节性突发配送要制定合适方案。例如，针对校园的配送，学生寒暑假返校后，及时了解学生用品的需求信息并提前安排上柜展示。

4.4.2.3 账务管理

（1）各连锁店的记账方式为零售价控制模式。即收货、记账、销售、结算，全部采用零售价管理方式。

（2）商场、配送、财务为零售价控制，进价成本核算模式，即商场、配送调出后，记录商品零售价的同时记录进价。财务部门要抽出专人负责分管连锁店的账目及成本核算。

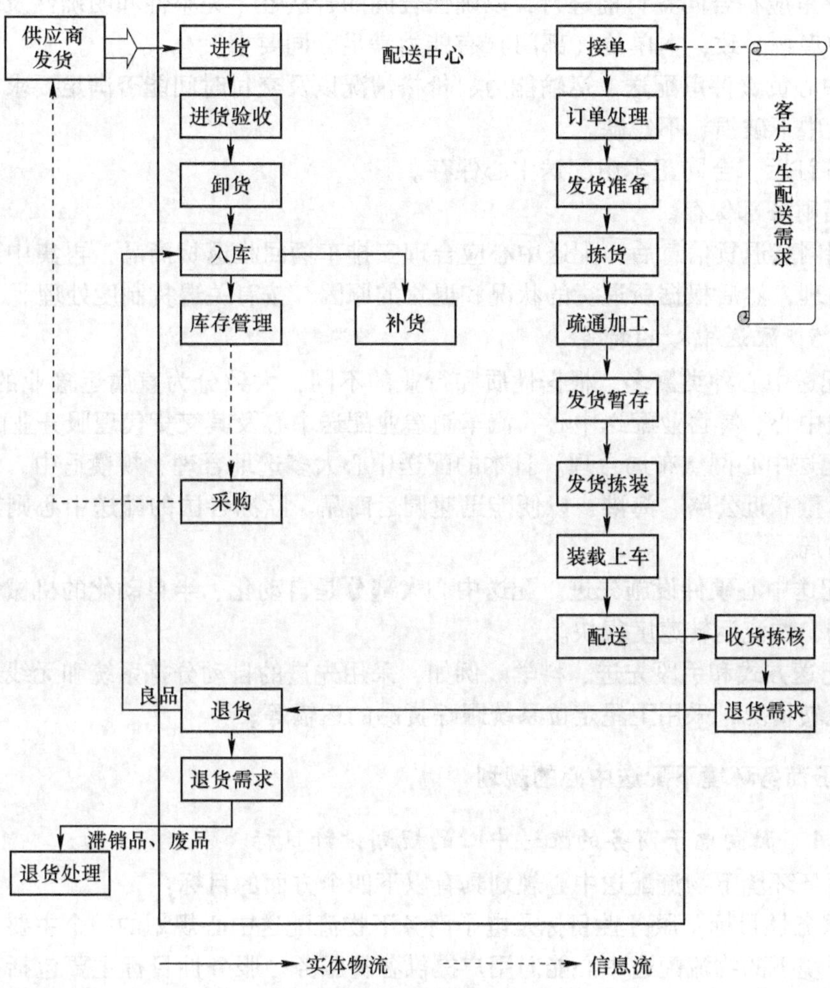


图 4-8 配送中心业务流程

（3）配送中心要根据零售汇总的信息做表分析，使之随时可查询各连锁店的销售数据。销售信息数据统计表要按周报、月报、季报、年报分别统计。

（4）负责按时核对进、销、存表单。

（5）月末要跟踪盘点，审核盘点表，以存记销的方式做出盘点结果上报领导，并及时反馈到连锁店。

（6）配送中心经理要按租赁合同中的规定，定期到财务部门将销售款项收回（以支票形式上交财务并做好回收款记录）。

#### 4.4.2.4 采购合同的管理

采购合同管理的工作过程为：制定该部门采购计划→收集供方信息→明确我方对供方的要求→（洽谈）起草合同或审核由供方提供的合同→供方评价→签订合同→履行合同保管合同。

（1）连锁店专供商品时，配送中心需要制定部门采购计划，采购计划经领导批准后才可以实施采购。

(2) 评审应在合同签订前进行，以确保合同的合法性、完整性和明确性及合同双方对合同内容的理解一致，本单位（部门）有能力满足合同要求。

(3) 中心负责评审配送、运输能力、价格情况以及交付时间能否满足要求，并确保货物在运输途中不破损、不短缺。

(4) 签订后，合同正本由配送中心保存。

(5) 留财务部保存。

当接到网点退货信息后，配送中心应合理安排车辆回收退货商品，再集中到配送中心进行清点整理，然后根据所退货的状况和退货的原因，按有关退货制度处理。

4.4.2.5 配送中心的特点

(1) 配送中心种类繁多。根据性质和行业的不同，大致分为直属运输业的配送中心、批发业配送中心、零售业配送中心、汽车制造业配送中心及其交货代理服务业配送中心。

(2) 配送中心网点布局合理。日本的配送中心大多选址合理、规模适中，多在商业中心附近，尽量靠近公路、海港，以便能迅速调运商品。欧洲各国的配送中心则在欧盟的统一协调下布局。

(3) 配送中心硬件设施先进。配送中心大部分是自动化、半自动化的机械设施，采用计算机控制，物流运转速度很快。

(4) 配送方式和手段先进、科学。例如，采用先进的自动分拣系统和无线通信设备跟踪货品的流转情况，采用卫星定位系统跟踪货品的运输等。

### 4.4.3 电子商务环境下配送中心的规划

4.4.3.1 面向电子商务的配送中心的规划设计目标

电子商务环境下物流配送中心规划具有以下四个方面的目标：

(1) 服务性目标。服务性目标是电子商务下物流配送中心规划的一个主要目标，是指电子商务环境下的物流配送中心能向用户提供各种服务。服务性目标主要包括：能向用户提供多种信息服务；能向企业的不同部门、不同层次和不同环节提供各种信息服务；具有信息的及时反馈功能。

(2) 快捷性目标。配送中心要能够依据用户的要求，把货物保质保量、准时地送到用户所指定的地点。这就要求企业在配送系统中设立快捷反应系统，以实现快捷目标。快捷性目标主要包括：快捷灵活的配货系统、发货系统和运输系统；自动化的库存管理系统、分拣系统和理货系统；快捷灵活的订货系统和收货系统；方便、灵活、及时的信息服务系统。

(3) 低成本目标。低成本目标主要包括：有效地利用配送面积和空间科学合理地选择运输工具和线路；保持合理的库存规模和结构。

(4) 安全性目标。Internet 的开放性同时也带来安全性问题。电子商务配送的一个重要的前提是必须保证电子商务配送系统的安全性，保证用户的商业机密不受到侵犯。安全性目标主要包括：操作系统的安全性目标；防火墙系统的安全性目标；操作人员以及内部人员的安全性目标；程序及数据库系统的安全性目标。

4.4.3.2 配送中心规划设计的步骤

配送中心的规划设计是一项复杂的工作，大体上可以按照以下的步骤进行：

（1）前期准备。前期准备工作是为配送中心规划提供必要的基础资料，工作方法以调研为主，包括网上调研、图书资料调研与现场调研。调研的主要内容包括：收集配送中心建设的内部条件、外部条件及潜在客户的信息；分析配送中心经营商品的品种、货源、流量及流向；调查物流服务的供需情况，物流行业的发展状况等。

（2）确定目标及准则。确认配送中心建设的目标是配送中心规划的第一步，主要是依据前期准备工作的资料，定配送中心建设的近期、中期、远期目标。配送中心建设的原则一般是根据物流学原理及项目的实际情况确定的。

（3）功能设计。功能设计是将配送中心作为一个整体的物流系统来考虑，依据确定的目标，规划设计配送中心为完成业务应该具备的物流功能。配送中心作为一种专业化的物流组织，不仅需要具备一般的物流功能，还应该具备适合不同需要的特色功能。例如，为适应电子商务的发展，配送中心应该具备延伸服务的功能。

（4）选址规划。配送中心拥有众多建筑物、构筑物及固定机械设备，一旦建成很难搬迁。如果选址不当，将会付出长远代价，所以对于配送中心的选址规划需要给予高度重视。选址规划主要包括：分析约束条件，确定评价标准，选择选址方法，得出选址结果。

（5）作业流程规划设计。作业流程规划设计是配送中心规划的重要步骤，决定了配送中心作业的详细要求，如设施配备、场所分区等，对后续的建设具有重要的影响。不同类型的配送中心，其作业流程也有很大的不同，在实际规划中，应该根据配送中心的功能结合商品特性与客户需求进行必要的调整。

（6）信息系统规划。信息化、网络化、自动化、社会化是配送中心的发展趋势。信息系统规划是配送中心规划的重要组成部分。配送中心的信息系统规划既要考虑满足配送中心内部作业的要求，有助于提高物流作业的效率；也要考虑同配送中心外部的信息系统相连，方便配送中心及时获取和处理各种经营信息。信息系统规划一般包括两部分：配送中心管理信息系统分析与设计；配送中心的网络平台。

（7）设施设备的选型。配送中心的设施设备是保证配送中心正常运作的必要条件，设施设备的选型涉及建筑模式、空间布局、设备安置等多方面，需要运用系统分析的方法求得整体优化，最大限度地减少物料搬运、简化作业流程，创造良好、舒适的工作环境。在传统物流企业的改造中，设施设备规划要注意企业原有设施设备的充分利用和改造等工作，这样可以尽可能地减少投资。配送中心的设施设备规划包括以下几方面的工作：原有设施设备分析；配送中心的功能分区；设施的内部布局；公用设施及设备规划。

## 4.5 案例1 即时配送：电商领域的新基建

近年来，随着中国城市化进程的加快和新兴生活方式的崛起，以及移动互联网技术的普及，人们逐渐愿意为“省时、省事、省力”支付溢价，消费升级驱动物流升级，即时配送行业应运而生。据中国物流与采购联合会数据，即时配送行业已经成为物流行业增速最快的细分领域，预计未来五年即时配送行业仍将保持30%以上增速，2020年市场规模将突破2000亿元。

即时配送行业的发展大概经历了3个阶段，分别是探索期（2009~2013年），表现为外卖配送平台陆续上线，即时配送开始在摸索中改进技术、挖掘市场；爆发期（2014~

2015 年），表现为即时配送除送外卖之外的其他功能纷纷被挖掘，大量非外卖即时配送平台纷纷上线，加入即时配送市场；整合期（2016~2020 年），表现为电商巨头给即时配送平台注入大量资金，平台间也开始快速整合，即时配送市场龙头初步显现。2020 年，受新冠肺炎疫情影响，人们减少了出行，即时配送市场需求激增，服务领域和使用频次明显增加。即时配送从餐饮、外卖扩大到医药、生鲜等新零售领域。当前即时配送的用户规模早已经超过 4 亿人，成为人们日常生活不可或缺的组成部分。

### 4.5.1 即时配送创造新的寄递服务需求

即时配送是在限定的时间内快速完成的配送活动，是线上线下融合发展的新兴配送模式。通常服务半径在 3~5km，服务时限在 30min 至 1h。这种配送模式以差异化服务迅速填补了市场空白，创造了新的寄递服务需求，由此涌现了“闪送”“点我达”“达达”“蜂鸟配送”等一批即时配送企业。

与此同时，即时配送市场呈现出高速增长的态势，据《2019 中国即时配送行业发展报告》公布的数据显示，2019 年我国即时配送订单量达到 182.8 亿件，同比增长 36.9%，预计 2020 年将超过 250 亿件。即时配送网络加速延伸，从北京、上海、广州等一二线城市延伸到三四线城市，且低线市场成为增长的主要驱动力，今年二季度京东到家新增覆盖的县区市多达 200 余个，整体覆盖约 1000 个县区市。配送的领域加速拓展，从最初的外卖配送逐步向商超配送、生鲜配送、医药配送等多个领域渗透，现已成为业态创新、模式创新、技术创新和产品创新的高地和资本青睐的热地。

### 4.5.2 即时配送分流了同城快递业务

随着城市服务功能的增强、社交电商的兴起和线上线下一体化发展，消费本地化趋势日益明显，也衍生了更多同城寄递服务需求。这种需求在 2015 年之前，通过快递服务就能够实现基本满足，所以在此期间同城快递业务增长很快，一直保持 50%以上的增速。且在同城、异地、国际及港澳台三类快递业务中，同城快递增速一直高于异地和国际及港澳台快递增速，在快递业务量中占比一度超过 25%，成为我国快递业增长的亮点。

2019 年中国即时配送订单及增长情况如图 4-9 所示。

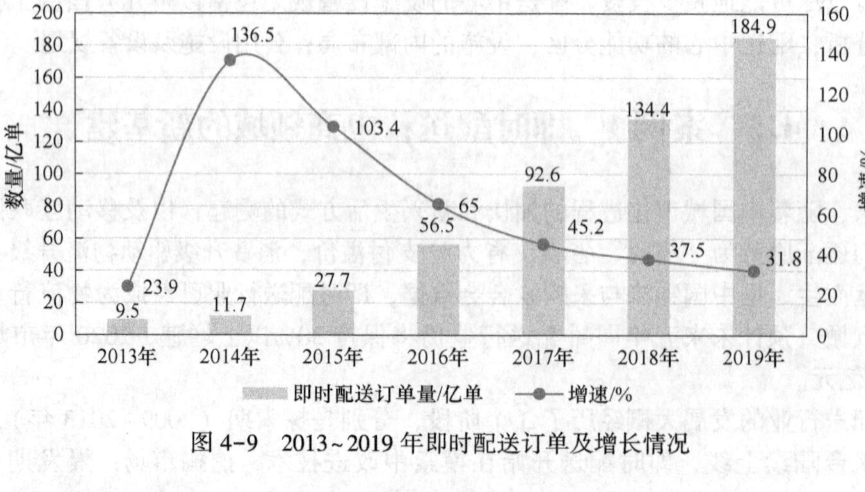


图 4-9 2013~2019 年即时配送订单及增长情况

即时配送市场的高成长性和广阔前景吸引了国内外社会资本的关注和追捧。主要电商平台加速在即时配送领域布局，京东旗下的达达集团，腾讯投资的美团专送，菜鸟网络控股的“蜂鸟配送”“点我达”等，健全新零售生态体系，提升用户消费体验。外部资本也在加速涌入，美团和达达集团相继登陆资本市场，菜鸟完成对“点我达”的全资收购，“滴滴”正式上线跑腿服务，“哈啰出行”、百度也在跨界入局。社会资本的进入不仅带来了即时配送企业发展所需的资金，也为企业发展带来了新理念、新技术和新资源，为企业加速发展注入了新动力。以达达集团为例，2016年4月，达达与京东旗下O2O平台京东到家合并，业务拓展至本地即时零售，业务实现结构性升级。如今达达集团旗下有达达快送和京东到家两大核心业务平台。二者保持独立开放的运营模式，同时协同相融、互促共赢，形成“零售+物流”的合力效果。

2015年以后，随着消费升级和新零售的发展，“懒人经济”和“快节奏经济”发展，人们生活节奏加快，消费者时间观念增强，年轻消费者更加偏向配送的时效性和便捷性，对同城寄递服务提出了更高的要求。基于此，一种新的配送模式——即时配送应运而生，它以更高的服务时效和标准化服务体验迅速占领了这个市场空间，并随着服务能力的增强，开始向同城快递领域渗透，蚕食同城快递市场。

2016年起，同城快递增速明显放缓，增长速度滞后于行业整体增速，甚至在2019年出现负增长。而即时配送却从2015年起增速超过同城快递增速，并且延续至今仍保持着高于同城快递的增速。2020年，受疫情影响，同城寄递需求激增，同城快递增速明显提升，1~8月同城快递业务量完成77.4亿件，同比增长12.3%，增速比上年同期高13.4个百分点，但仍低于即时配送订单量增速。2017年即时配送订单量达到93.2亿件，略高于同城快递业务量92.7亿件的规模。2018年起两者差距拉大，2019年两者差距超过70亿件，如图4-10所示。

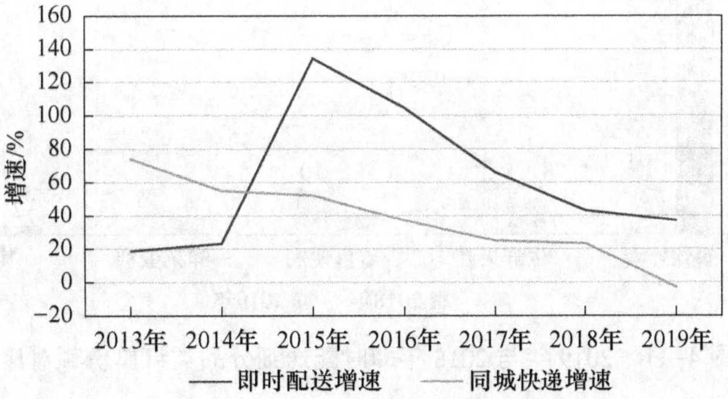


图4-10 2013~2019年同城快递业务量与即时配送订单量增速对比

### 4.5.3 快递与即时配送相互渗透

快递企业陆续上市后，按照“打通上下游、拓展产业链、画大同心圆、构建生态圈”的发展思路，依托快递网络创新服务产品，即时配送成为企业业务拓展的重要领域。

顺丰早在2016年就推出同城“即刻送”产品，2019年发布“顺丰同城”品牌，2020年上线“丰食”小程序平台并发起“百城计划”，加速向二、三、四线城市下沉和布局。

据顺丰2020年上半年财报显示，该项业务实现不含税收入12.7亿元，同比增长61.1%。此前，苏宁、韵达、圆通、中通等快递企业也尝试涉足即时配送领域，且多采用直营模式，在原有快递网络基础上叠加同城网，以自有快递员为主体，发展主动性较强。

据《2019中国即时配送行业发展报告》显示，即时配送市场细分中，餐饮外卖订单所占比重最大，占比超过70%，但是占比下降较快；其次为生鲜果蔬和商超配送，占比约为10%，但增长速度很快，有望成为即时配送市场新的增长极。因此，传统外卖为主的即时配送企业也加快向商超配送领域的渗透，饿了么上线“帮我买”和“帮我送”业务，美团外卖进入服饰电商订单配送领域。此外，即时配送企业也成为快递旺季期间的参与者，“6·18”和“双11”等快递业务旺季期间，很多快递企业在末端配送环节与即时配送企业合作，以缓解旺季业务量激增带来的配送压力。

### 4.5.4　即时配送市场格局演变

按照运作模式、服务对象等不同，大致可以将即时配送市场主体划分为3类。

第一类是以餐饮外卖为主的传统平台型企业，如美团和蜂鸟配送等。这种平台上商家众多，而且很多都是中小型商家，产品质量把控难度较大，对平台企业的管理能力提出了很高的要求。平台用户数量较多，订单量较大，美团日均订单超过3000万件。随着用户和需求增加，这些平台企业也开始拓展生鲜、医药、商超配送等新业务，但大部分都是中小客户，很难形成品牌效应。这类平台企业成长性较好，但是发展主动性不足，如图4-11所示。

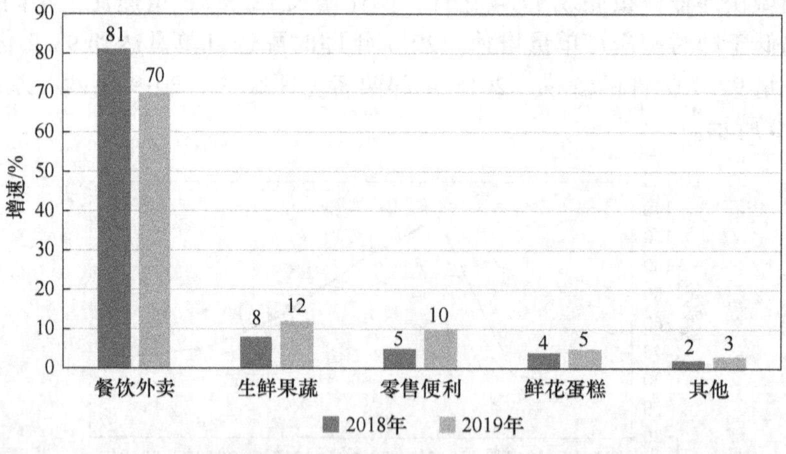


图4-11　2019年与2018年即时配送细分品类订单份额对比

第二类是以服务商务活动为主的众包平台，如闪送、顺丰和部分快递企业。商务活动产生的即时配送需求增速是相对稳定的，它的增速远不及日常生活所产生的即时配送需求增速。且这种平台企业之间技术水平和服务能力差别不大，在需求增速稳定的情况下，原有主体和新进入者需要寻找新的发展空间，用户资源特别是流量对企业发展尤为重要。

第三类是以电商平台为主的落地配平台。疫情期间，本地生活需求激增，阿里盒马鲜生和京东7FRESH已经全国布局，大量连锁超市从线下转向线上。即时配送业务主要由其投资的点我达和达达快送承担，保障用户消费体验。传统电商配送模式升级后，京东和阿里等电商平台开始在全国布设前置仓，通过门店发货形式替代产地发货，缩短服务链条。

第三类即时配送企业产品来源有保障，来自投资方的技术和资源外溢效应能够保证其发展与投资方同步，因此这种即时配送企业很容易成长为行业的“独角兽”企业。

### 4.5.5 探索即时配送市场发展趋势

随着我国全面建成小康社会，人民对美好生活的向往将衍生更多的寄递服务需求，即时配送市场场景将更加丰富，新的需求不断释放，行业增长动力依然强劲，未来仍将处于高速增长阶段。

据连锁经营协会调查，我国连锁百强约 1/3 企业的到家业务已在全部门店铺开，约一半企业在部分门店运营；超市类百强企业有近六成开展社区拼团业务，社区拼团业务占超市销售比约为 2‰；有约三成企业导入短视频、网上直播等作为新渠道；商超等线上渗透率相对较低，具有较大的提升空间，即时配送市场的发展空间广阔。

市场高速增长，但是竞争的准入门槛在不断提升，很多企业采取“烧钱”补贴来做大规模，中小企业融资难度增加导致出现难以为继的情况，市场将出现高速发展和加速整合并存的现象，市场集中度将加速提升。现在很多即时配送企业都处于亏损状态，且短期内很难盈利，如据《达达招股说明书》显示，达达 2017~2019 年 3 年时间净亏损接近 50 亿元。

专业化发展是即时配送领域特别是中小配送企业未来发展的重要方向，服务规范化和标准化将明显提升，例如“叮当快药”专注医药配送，2020 年“叮当快药” App 月活用户量同比增长 190.9%。即时配送领域竞争的关键和核心还是流量，因此导流能力成为市场竞争的高点，大型网络平台渗透将影响市场竞争格局演变。同时，业态界限将更加模糊，即时配送平台与快递网络的对接将更加紧密。即时配送依托快递可以实现从同城向异地、从国内向国际延伸；快递通过即时配送可以提高末端配送的能力，两者互为补充，共同发展。

**思考题：**

（1）即时配送市场主体是如何划分的？

（2）相较传统快递，请总结一下即时配送的优点。

（3）即时配送是线上线下融合发展的新兴配送模式，请谈谈发展线上线下融合发展的新兴配送模式的社会意义。

## 4.6 案例2 农产品冷链“最先一公里”

农业是国民经济发展的基础和前提。改革开放以来，随着我国经济的高速发展，人们生活水平不断上升，农产品的消费需求和流通模式也不断变化，呈现出多层次、多样化、多元化的趋势和特点，并形成了以批发市场为核心，大型超市、生鲜电商、生鲜超市、便利店等多种零售业态并存的流通体系。

### 4.6.1 农产品冷链物流发展现状

受国家政策对于农产品流通行业的扶持、物流技术的高速发展，以及生鲜电商的居民接受度提高等多重因素影响，近年来中国农产品物流总额呈现逐年递增趋势。根据中国物流与采购联合会数据显示，2018 年我国农产品物流总额达到 3.9 万亿元，同比增长 3.5%，占全国物流总额 283.1 万亿元的 1.38%。同时，随着人民生活水平的不断提高、科学技术水平的不断进步，农产品冷链的需求也在持续增长。

现阶段，我国农产品冷链物流的运作模式大体可分为以农副产品批发市场为主导的冷链物流模式、以大型连锁超市为主导的冷链物流模式、以农业产业化龙头企业为主导的冷链物流模式。其中，以农副产品批发市场为主导的冷链物流模式占比较大，而以大型连锁超市为主导则在农业产业化不断发展，以及国家对农超对接等政策支持带动下快速发展。

农产品本身具有鲜活性、多样性，而其生产又具有很强的季节性、区域性和分散性，决定了其“产全国卖全国”的市场特点。由于对新鲜程度的要求，在采摘、运输、存储过程中必须有适应的措施，才能保证新鲜，不易腐烂。根据中国物流与采购联合会冷链物流专业委员会相关数据显示，2018 年我国水果、蔬菜、肉类、水产品流通腐损率分别达到 11%左右、20%以上、8%和 10%。而在发达国家，果蔬损失率一般控制在 5%以下，其中，美国由于农产品全产业链以冷链物流为支撑，果蔬从田间到餐桌过程中的损耗率仅有 1%~2%。可见，易腐农产品冷链应用率的差距，决定了农产品最终效益的差异。

当前农产品产地冷链物流网络不完善，产地规模化、专业化的第三方冷链物流企业数量少，在“县-镇-村”缺乏不同层级的冷链集散中心、分拨中心和冷链运力，造成农产品损耗大且走出去困难重重。

### 4.6.2 农产品冷链“最先一公里”

近年来，随着农业结构调整和居民消费水平的提高，全社会对生鲜农产品的安全和品质提出了更高的要求，农产品冷链物流开始备受关注，并在冷藏运输、冷库建设、新技术应用等方面取得明显进展。同时，受国家“一带一路”和互联网的带动，农村电商、生鲜电商得以快速发展，全国很多偏远产地的优质农产品开始“走出去”，“最先一公里”的作用不断被放大。

农产品冷链“最先一公里”是指农产品从产地采摘后一直到移交物流运输之前，为了保持农产品质量、延长保质期，进行的预冷、分级、加工、包装、仓储等一系列活动。其中，农产品的品质（标准化）、处理工艺（预冷、分级、深加工）、货物包装及冷藏仓储，是农产品冷链的“早期质量”环节，是“最先一公里”的重要组成部分。

### 4.6.3 面临的主要问题

对于目前我国农产品冷链“最先一公里”方面存在的主要问题有以下几个方面：

（1）基础设施薄弱。预冷设施缺乏，专业的预冷设备使用较少，仅有极少数农业龙头企业购置真空或风冷预冷设施，大部分生产者采用土建冷库配套多个冷风机快速打冷的方式代替实现预冷功能，效果与专业预冷设施差距明显。

（2）产地冷链设施设备存在季节性闲置。农产品具有固定的生长周期，受季节性的影响，冷库、分级、包装等设施设备也会随农产品成熟上市出现高频使用，在农产品未采摘时出现闲置的情况。

（3）冷链物流成本高。据统计，2019 年我国农产品冷链物流成本仍然较高，从生产者角度来看，冷藏、加工、包装、运输、损耗等环节冷链物流成本约占到农产品总成本的

10%~30%；从冷链物流企业角度来看，路桥费、燃油费、人工费等逐年走高，三者加起来占到冷链企业总收入的80%以上。

（4）标准化程度低，品牌意识薄弱。中国的农产品在产地几乎不做包装，只通过栅栏车、棉被车运到消费地的批发市场。由此可见，亟待加快农产品的挑选、分级及包装的标准化建设。一些农产品有品牌与没有品牌的产品价格相差不大，没有体现出品牌的效应和价值，农民的积极性不高。

（5）基层冷链物流人才缺乏。基层冷链人才短缺，包括制冷设备维护、冷链运营管理等，缺乏相关专业培训。农民对生鲜保鲜知识匮乏，对采摘预冷、分级、加工、包装及仓储等冷链意识薄弱，又缺少专业的冷链团队指导，致使生鲜产品在“最先一公里”就已经断链。

（6）地方政府对冷链产业认识理解不足。地方政府和人员对农产品关注度低，专业性不足，无法提供足够的支撑。不同部门之间协同性差，存在不同政府机构政策相互矛盾的情况，不利于行业的发展。比如在一些县市，自然资源局对农业配套冷链设施的认识、理解不足，多数情况下要求拆除，制约了行业的发展。

### 4.6.4 各方努力与探索

面对亟待突破的难点和问题，国家也在不断出台相关政策，支持农产品冷链“最先一公里”发展，见表4-1。

**表4-1 支持农产品冷链“最先一公里”发展的相关国家政策**

| 时 间 | 政 策 | 内 容 |
|---|---|---|
| 2018年01月02日 | 《中共中央国务院关于实施乡村振兴战略的意见》 | 加强农产品产后分级、包装、营销，建设现代化农产品冷链仓储物流体系加快推进农村流通现代化 |
| 2018年03月23日 | 《关于深化战略合作推进农村流通现代化的通知》 | 支持供销合作社开展物流标准化。冷链信息化体系和食用农产品、食品等追溯体系建设 |
| 2018年05月31日 | 《中共中央国务院关于打赢脱贫攻坚战三年行动的指导意见》 | 加强特色优势农产品生产基地冷链设施建设 |
| 2018年09月26日 | 《乡村振兴战略规划（2018-2022年）》 | 加快建立农产品质量分级及产地准出制度 |
| 2018年11月05日 | 《关于做好2018年电子商务进农村综合示范有关工作的通知》 | 支持农村产品上行体系建设和县乡村三级电子商务物流配送体系建设的资金使用比例原则上不低于50% |
| 2018年12月30日 | 《关于深入开展消费扶贫助力打赢脱贫攻坚战的指导意见》 | 鼓励贫困地区因地制宜新建或改建一批产地仓，气调库、冷藏冷冻保鲜库等设施，推动产地仓升级 |
| 2019年01月03日 | 《中共中央国务院关于坚持农业农村优先发展做好“三农”工作的若干意见》 | 支持产地建设农产品贮藏保鲜、分级包装等设施 |
| 2019年01月23日 | 《多渠道拓宽贫困地区农产品营销渠道实施方案》 | 补齐“最先一公里”冷链物流短板。延长农产品货架期，提高错峰销售能力 |
| 2019年05月15日 | 《关于推动农商互联完善农产品供应链的通知》 | 发展农产品冷链物流，各地中央财政资金支持农产品产后商品化处理设施和冷链物流的比例不得低于70% |

由此看到，农产品冷链政策环境的利好，市场需求的不断增长，也带动了相关制冷技术和设备应用的发展。

在农产品冷链“最先一公里”中，预冷是首要环节，对果蔬贮藏、加工、流通等过程中的品质、价值具有重要意义，几乎所有的农产品都能通过预冷延长保质期。松下冷机系统（大连）有限公司针对国内农产品冷链预冷环节的短板推出了快速预冷技术解决方案，采用压差预冷、真空预冷和冰水预冷等不同方式，满足不同种类农产品的预冷需要。

同时，移动制冷设备在农产品冷链“最先一公里”领域的应用进一步普及。以中集冷链发展有限公司为例，其市场定位主打田间地头“最先一公里”冷链设备，推出了移动式预冷箱、移动式速冻箱、移动式双温箱等产品，并通过直销、经营性租赁及融资租赁等多种营销模式，在政府事业单位、电商、物流运输、餐饮行业和综合商贸等项目中获得成功应用。

与此同时，越来越多的企业基于自身发展需要开始涉足农产品“最先一公里”，依托自身资源优势展开探索，具体分为以下几类：

（1）零售商超（以永辉超市、家家悦、物美等为代表）。作为农产品流通的重要渠道，零售商超早在十余年前就开始涉足农产品冷链物流。2008 年，商务部、农业部开展“农超对接”推动工作，目的是减少流通环节、降低农产品流通成本，建立从产地到零售终端的鲜活农产品冷链系统，实现农产品质量从农田到餐桌的全过程控制。

例如，家家悦是首批试点企业，建立了农产品“基地→生鲜物流→冷链运输→超市”的全程冷链体系，全程系统温度监控，全程采用标准化配送，并建立了农产品的可追溯体系，对农产品全程温湿度、来源去向可追溯，保证商品的品质安全、到店新鲜。

不仅如此，家家悦还将农产品冷链物流标准化工作贯穿到整个供应链体系中，已建成 6 处生鲜配送中心、1 处生鲜 PC 加工中心及 1 处中央厨房，实现农残检测标准化、加工标准化，同时配备服务器、PC 终端、RF 终端、RF 扫描设备，实现无纸化作业、标准化作业。并对生鲜农产品的配送载具实行标准化，除了从国际 SPAR 引进了笼车、托盘外，还自行设计了水果周转筐、蔬菜周转筐、肉禽周转筐等针对不同品类的标准化配送载具，从生产基地，到配送中心收货、储存、出货，全部采用标准化的载具，损耗降低 23%。在运输环节，从车型和不同车型装运托盘、笼车的规格、数量，到保温货柜的保温层厚度，冷藏、冷冻制冷温度等全部标准化。

（2）电商企业（以京东、拼多多等为代表）。京东早在 2016 年 1 月就成立了生鲜事业部。在“最先一公里”方面，京东在农产品原产地建立协同仓，大幅缩短中间环节，实现产地直发，48h 送达，保障了余姚杨梅、东莞荔枝、仁寿枇杷、潜江龙虾、阳澄湖大闸蟹等特色生鲜商品的快速配送。

作为农产品上行的最大平台之一，拼多多的“拼农货”模式采用创新的“农货智能处理系统”和“山村直连小区”模式，成功为中国分散的农产品整合出一条直达 5.36 亿用户的快速通道。经由这条通道，吐鲁番哈密瓜 48h 就能从田间直达消费者手中，价格比批发市场还便宜；一度滞销的河南中牟大蒜，打包卖到了北京，价格只有超市的 1/4。

与传统商超和电商企业不同，拼多多采取的是通过打造田间头到餐桌的“超短链”发展模式。同时在物流环节采用“农货智能处理系统+轻仓储”的模式，利用自身善于归集海量需求的能力，联合物流生态合作伙伴，探索农产品上行专用电子面单，对海量农产品与普通包裹进行区分，继续推动更多农产品物流干线的成立，推动产业链的进一步融合，不断提升效率。

(3) 物流企业（以菜鸟、顺丰等为代表）。农村物流网络布局是近年来物流企业的重点布局领域之一。资料显示，阿里在2014年提出了“千县万村”计划，并打造了“村淘+菜鸟”的农村物流体系等。2019年起，菜鸟网络乡村事业部（以下简称“菜鸟乡村”）启动了以“快递共配+农货上行”为主要内容的农村快递物流智慧共配项目（以下简称“共配项目”），通过向县域快递企业提供技术、管理、商业解决方案推动农村快递共配降本提效，探索网点商业化、农货上行。同年12月31日，首个共配项目在四川落地。据悉，首批试点县（市）将与菜鸟乡村事业部通过政策、资源和技术、商业的整合，鼓励县域快递企业开展资本合作，实现全县域农村物流快递共配效能升级，同时，双方将联手打造“物流+特色农业”创新模式，加大电商直播、基地直采等合作，加速生鲜农产品进城。

相比之下，顺丰深耕农产品冷链“最先一公里”的意图则更为明确，并打造了“智鲜+预处理+场景化包装”一体化模式。2020年4月21日，顺丰线上召开“乘丰而起，果香天下”鲜果综合物流解决方案年度发布会，发布了《顺丰生鲜水果寄递解决方案》与《2020生鲜包装解决方案》。其中提到，预处理中心的搭建投产始于2017年，其目的是将保鲜冷链技术从运输环节延伸至农产品原产地。

据了解，2017年10月顺丰首个原产地预处理中心在苏州阳澄湖落成，该中心为客户提供集订单处理、大闸蟹仓储、预冷、分选、包装和运输于一体的一站式服务。顺丰旗下的顺启和（深圳）科技有限公司负责提供预处理中心项目评选、场地规划、设备定制、保鲜技术、绿色包装、系统开发等服务，推动项目快速落地。截至2019年12月，顺丰已在全国12个原产地落地16处预处理中心，涵盖鲜花、水产、樱桃、荔枝、脐橙、苹果、柚子、苹果等品类。

### 4.6.5 市场空间和发展机遇

随着越来越多产业链龙头企业的参与，农产品冷链“最先一公里”对于促进农业产业化发展的意义和作用逐步显现：

(1) 农产品的流通渠道和结构正在发生改变，未来的生鲜农产品流通不经过批发商、批发市场和连锁超市，所以“最先一公里”会被赋予更多的功能空间，是未来智慧农业的重要一步。

(2) 政策和资金将向农产品“最先一公里”倾斜，将会有大型产地市场、农产品加工中心和配套冷链基础设施的建立，产地农业将更加集约化、科技化。

(3) 一批专注于提供“最先一公里”服务链的企业将会诞生，并能够迅速成长做大，这将又是一个新的蓝海。

(4) 标准化将得到逐步加强。信息标准化、编码标准化、单元器具标准化、分级技术标准化、包装标准化等将逐渐落地并成为重要推手。

(5) 各种新技术、新手段将应用于“最先一公里”的运营中，如移动冷库、预冷技术、新型保鲜减震包装技术等。

**思考题：**

（1）请谈谈农产品冷链“最先一公里”的优势。

（2）结合本章所学知识，偏远地区是否有必要开展农产品冷链“最先一公里”，请给出理由。

## 4.7 实践训练 电子商务运输与配送管理

### 4.7.1 训练导图

电子商务运输与配送管理训练导图，如图 4-12 所示。

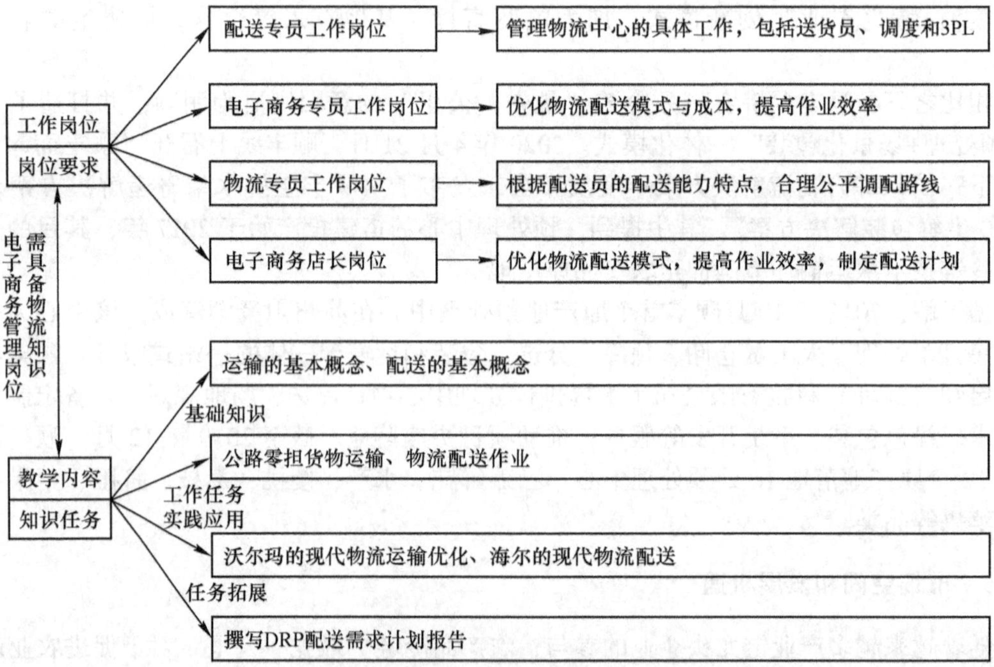


图 4-12 电子商务运输与配送管理训练导图

### 4.7.2 训练目标

（1）具备填写运输货物托运单和运输货物配载的能力。

（2）熟悉配送作业流程。

（3）具备探寻物流运输优化措施的能力。

（4）具备现代物流配送系统的分析能力。

### 4.7.3 训练重点

（1）物流配送管理优化。

（2）电子商务物流配送模式。

### 4.7.4 训练内容

（1）公路零担货物运输。

1）签署货物运输合同；

2）填写托运单；

3）运输货物配载；

4）组织货物装车；

5）优化运输线路；

6）交付运输货物。

（2）物流配送作业。

1）备货作业；

2）储存；

3）拣货及分拣；

4）流通加工；

5）配装及送达。

（3）沃尔玛的现代物流运输优化。通过了解沃尔玛背景和沃尔玛优化物流运输成本的措施，分析沃尔玛优化物流运输成本的措施的关键点，掌握物流运输的优化过程。

（4）海尔现代物流配送。通过了解海尔公司的物流配送方式，分析海尔公司“一流三网”同步模式，熟悉电子商务运输与配送管理的操作。

### 4.7.5 训练拓展

（1）任务安排。假设某全国分销配送中心有3个地区分销中心，分别位于杭州、北京和广州。根据已知情况，请绘制全国分销中心的DRP表，撰写任务拓展实践报告。

（2）任务要求。DRP计算要正确，DRP表要完整，字数在3000字以上，格式规范。

# 5 电子商务物流的智能化

**学习目标：**

（1）掌握智慧物流基本概念及特点。

（2）了解物联网、人工智能、区块链、云计算等在电子商务物流中的应用。

（3）了解智慧物流的发展趋势。

## 5.1 智慧物流

### 5.1.1 智慧物流的概念

2009年，中国物流技术协会信息中心及华夏物联网提出我国智慧物流的概念，他们将智慧物流定义为“将物联网、传感网与现有的互联网整合起来，通过精细、动态、科学的管理，实现物流的自动化、可视化、可控化、智能化、网络化”。

随着社会经济的发展，物流领域的专家学者不断提出智慧物流的新内涵：智慧物流是将物联网、云计算、大数据以及“互联网+”等新兴信息技术有机、系统、科学地应用于一般物流的仓储、运输、包装、装卸、搬运、流通加工、配送及信息服务等各个环节，从而达到提高物流效率降低物流成本的新业态。

随着人工智能时代的到来，智慧物流逐渐成为物流领域研究的热点。一方面，物联网、大数据、云计算、人工智能等技术得到广泛应用，传统物流中存在的问题可以通过技术的手段得以解决。另一方面，随着人们生活水平的提高，消费对物流的服务质量和时效性要求也越来越高。智慧物流强调信息流与物资流快速、高效、通畅地运转，体现了现代经济运作的特点。

### 5.1.2 智慧物流的特点

智慧物流是通过协同共享创新模式和人工智能先进技术，以物流互联网和物流大数据为依托，包括思维系统、执行系统和信息传导系统三大核心系统。其中，思维系统是智慧物流最核心的部分，它通过云计算和数学手段对大数据进行分析和优化形成决策，进而促进数据流程化；执行系统通过物流无人机、机器人等自动化的工具与设备对思维系统产生的决策采取实际操作；信息传导系统也称作智慧物流的网络通信系统，它通过物联网技术和互联网技术把思维系统和执行系统连接在一起。

智慧物流与传统物流相比具有智能化、柔性化、一体化和社会化的特点：

（1）智能化。智能化是智慧物流最典型的特征，随着人工智能技术自动化技术的成熟，各种智能化手段贯穿于物流活动全过程。

（2）柔性化。柔性化是以顾客为中心，不断以客户为中心增加物流服务的内容，不断强调服务的重要性和个性。

（3）一体化。一体化是以智慧物流管理为核心，将物流活动各个环节集合成一体化系统，为顾客提供低成本高满意度的服务。

（4）社会化。社会化是指随着设施、技术的国际化、全球化及物流服务的全面化，为促进区域经济发展和世界资源优化配置，物流活动的范围将扩大至全球范围。

### 5.1.3 智慧物流的发展现状

目前，智慧物流的概念已被我国运输、仓储、生产制造及销售企业广泛认识，并已嵌入到软硬件系统中并在各个领域有了相关的应用：

（1）产品的智能可追溯系统。目前，在医药领域、农业领域及生产制造领域，产品的智能可追溯体系都发挥着巨大作用。比如，食品、药品的可追溯系统为保障食品安全、药品安全提供了坚实的物流保障。粤港合作的供港蔬菜智能追溯系统，通过安全的 RFID 标签，可对供港蔬菜溯源，实现了供港蔬菜种植、用药、采摘、检验、运输、加工及出口申报等环节的全过程监管，可快速、准确地确认供港蔬菜的来源和合法性，加快了查验速度和通关效率，提高了查验的准确性。

（2）物流过程的可视化智能管理网络系统。基于 GPS 卫星导航定位技术、RFID 技术、传感技术等，在物流过程中实时实现车辆定位、运输物品监控，并在线调度与配送可视化与管理系统。目前，全网络化与智能化的可视化管理网络系统还未实现，但初级的应用比较普遍。比如物流公司或企业建立的 GPS 智能物流管理系统，能对物流运输过程进行实时监控，公司建立的食品冷链车辆定位与食品温度实时监控系统等，可初步实现物流作业的透明化、可视化管理。

（3）智能化的企业物流配送中心。基于传感技术、RFID 技术等，建立全自动化的物流配送中心，以及物流作业的智能控制、自动化操作网络，实现物流与制造联动，和商流、物流、信息流、资金流的全面协同。比如，自动化物流中心机器人码垛与装卸，无人搬运车进行物料搬运，自动化的输送分拣的实现等。这样，物流中心信息与制造业 ERP 系统之间达到无缝对接，整个物流作业系统与生产制造可实现自动化、智能化。

（4）智慧物流向智慧供应链延伸。智慧供应链是结合物联网技术和现代供应链管理的理论、方法和技术，在企业中和企业间构建的，实现供应链的智能化、网络化和自动化的技术与管理综合集成系统。目前，中国许多实业仍然停留在“大而全”“小而全”的商业运作模式上，社会化程度不高，所以形成了物流需求不足，以及增值物流服务不足的局面。供应链管理是物流发展的必然趋势，是所有实业经济发展的必然趋势。供应链管理加速了现代生产发展方式，因此智慧物流应向智慧供应链延伸。

智慧物流依靠物联网等技术实现快速发展，在为顾客提供高效的服务和更好的消费体验同时，也为企业创造了发展机遇与空间。然而随着电子商务的发展，以及人们消费方式的转变，智慧物流在发展中也存在着一些显性的或潜在的问题：

（1）物流信息标准体系不健全。我国智慧物流在实施过程中缺乏信息的基础标准，不同信息系统的接口成为制约信息化发展的瓶颈，导致物流标准化体系建设不完善，物流信息化业务标准与技术标准的制定和修改跟不上物流信息化发展的需要。整个电子化的物流网络之间难以做到兼容，数据难以交换，信息难以共享，使得商品从生产、流通到消费等各个环节难以形成完整通畅的供应链，将严重影响物流行业的管理与电子商务的运作。

（2）智慧物流指标体系构建有待完善。《2017 中国智慧物流大数据发展报告》中首次提出智慧物流“大数据发展评价指标体系和发展指数”，该指标体系中仅包含 3 个一级指标和 6 个二级指标，其中一级指标包括数据化发展指数、智能协同发展指数和数据基础设施指数。这些现有指标较为单一，不能实现对智慧物流发展现状的全面测度。

（3）物流技术应用水平不足。电子标签、手持终端、语音拣选设备、输送系统、箱式立库、分拣系统、自动打包、货到拣选、拣选机器人等智能硬件虽然发展迅猛，但仍存在一些问题。例如，仓内技术中的可穿戴设备技术，最后一公里中的 3D 打印技术，干线技术中的无人卡车，以及数据底盘的物联网、人工智能等尚处于研发测试或小规模应用阶段，未实现全面推广。

（4）物流领域复合型人才缺乏。由于企业在流程设计、智能化物流软硬件设计研发等方面人才比较紧缺，希望能有更多软硬件技术结合的复合型人才加入，以满足物流企业对设备越来越高的要求。目前，一方面高校物流管理专业毕业人数在不断增加，但毕业生质量仍有待提高；另一方面，物流专业课程设置与企业实际运作存在脱节的现象。

## 5.2 物流智能技术

### 5.2.1 物联网

物联网是一个基于互联网和传统电信网的信息载体，是一个能够让所有被独立寻址的普通物理对象实现互联互通的网络，具有普遍对象设备化、自治终端互联化和普适服务智能化等重要特征。

2005 年 11 月 7 日，在信息社会世界峰会（WSIS）上，国际电信联盟（ITU）发布了（ITU 互联网报告 2005：物联网）并首次提出“物联网”的概念。2009 年，欧盟执委会发表题为 *Internet of Things-Anactionplan for Europe* 的物联网行动方案，描绘了物联网技术应用的前景，并提出要加强对物联网的管理、完善隐私和个人数据保护、提高物联网的可信度、推广标准化、建立开放式的创新环境、推广物联网应用的行动建议。我国也高度重视物联网的研究和发展。2009 年 8 月 7 日，时任国务院总理温家宝在无锡视察时发表重要讲话，提出“感知中国”的战略构想，表示中国要抓住机遇，大力发展物联网技术。2009 年 11 月 3 日，温家宝向首都科技界发表题为《让科技引领中国可持续发展》[1] 的讲话，再次强调科学选择新兴战略性产业非常重要，并指示要着力突破传感网、物联网关键技术。2010 年 1 月 19 日，时任全国人大常委会委员长吴邦国参观无锡物联网产业研究院，表示要培育发展物联网等新兴产业，确保我国在新一轮国际经济竞争中立于不败之地。我国领导人一系列的重要讲话、报告和相关政策措施表明：大力发展物联网产业将成为今后一项具有国家战略意义的重要决策。

目前我国发展物联网所需的自动控制、信息传感、RFID 射频识别等技术和产业都已经基本成熟，电信运营商和系统设备商也达到较高的水平，物联网技术在电子商务各环节

[1] 温家宝．让科技引领中国可持续发展——在北京人民大会堂向首都科技界发表的讲话［R］. 2009. 11. 03.

中的应用，不仅能给电子商务带来新的经济增长点，而且能彻底解决电子商务中的一系列问题，明显提升电子商务的核心竞争力。但是必须清晰地认识到，物联网技术应用还处于比较初级的阶段，一些相关技术还不成熟。这要求既要着眼长远，完善物联网相关技术和标准；又要立足当前，脚踏实地地推动物联网在电子商务各环节中的应用。只有这样，才能利用好物联网这项新技术，为电子商务的发展产生巨大的推动力。

### 5.2.2 人工智能

人工智能是计算机科学中一门新兴的交叉学科，是研究模拟和扩展人类智能的理论方法和技术。狭义地说，人工智能就是对人的思维过程的模拟。广义地说，人工智能就是让机器能够胜任一些复杂的人类才能够完成的工作，包括知觉、学习、推理、交流以及在复杂环境中的行为。

在电子商务环境中，人工智能赋能电商物流，在物流作业过程中实现了大量运筹与决策的智能化，以及在生产流程工艺中对运输、存储、配送、包装、装卸等环节的一体化和系统的自动化，成为推进物流设备和技术升级、生产环节和工艺流程革新、传统物流岗位供需结构变化、物流传统形态更新的重要引擎。

#### 5.2.2.1 人工智能在运输中的应用

在运输领域，智能机器人的投递分拣、智能快递柜的广泛使用都大大提高了物流系统的效率，并且随着无人驾驶等技术的成熟，未来的运输将更加快捷。通过实时监控交通道路的通行程度，人工智能可以帮助物流车辆调整运输路径，缩短物流配送的时间并逐步提高配送的时间精度。而无人监控的智能投递系统也将大大减少包装物的使用，人工智能在选择合适的包装物的时候，可以更合理地考虑包装成本，实现更加安全、更加环保的低成本包装。此外，传统物流需要调度员和司机、上下游环节以及合作伙伴进行实时沟通。而AI技术的进步，使得这项工作可以由数以千万计的云端机器人执行，通过设定的语音或者真人模拟语音和司机、上下游环节沟通以完成管理调度工作。

#### 5.2.2.2 人工智能在仓储中的应用

目前，国内大多数物流仓储设备的智能化水平提升主要是通过智能机器人、智能搜索规划、动态识别以及计算机视觉等技术对物流设备进行更新换代。在仓储管理环节，人工智能可以使物流运作更为有效，例如，通过分析和挖掘大量的历史数据，掌握其中的规律，建立相关模型预测未来的库存水平，进而动态调整库存水平，保持物流仓储中物品的有效储量。这样可以在不增加企业的生产成本的同时，使得消费者可以获得高质量的服务。

#### 5.2.2.3 人工智能在配送中心中的应用

人工智能还可应用于配送中心的选址。人工智能决策体系能够通过对现实环境中各类约束的优化和学习（如客户、供应商和产地的地理位置、运输成本、劳动力成本、修建成本等），结合大数据分析，决策出最优的解决方案。配送中心的选址问题中，随时间变化的变量太多，因此决策的复杂度非常高。与传统的人工选址相比，人工智能技术能够根据现实的条件和约束，对供应商分布、各区税收政策、资源获取的便捷与经济、劳动力成本及获取难易度等因素进行模拟计算和优化，从而使选址更为精准，不仅降低了配送中心选址的复杂度，而且还大幅降低了物流企业的建设和运营成本。

目前，电商物流的特征应至少包含信息化、网络化、自动化，无一例外，都跟人工智能密切相关。可以说，没有人工智能参与的电商物流是完全没有发动引擎的。

### 5.2.3 区块链

区块链本质上是一个可共享的、可信的、每个人都可以检查的公开账本，但是没有任何一个用户能够控制它，区块链系统的所有参与者一起来更新账本，且只能按照严格的规则和公开的协议来对其进行修订。

根据定义，可归纳出区块链的如下 5 个特性：

(1) 去中心化管理。区块链系统没有中心化的硬件设备或管理机构，任意节点之间的权利和义务都是均等的，且任一节点的损坏或者退出均不会影响整个系统的运作；在区块链网络中，任何人都是区块链网络运作的参与者，每个节点都可以查阅复制完整的数据库数据，节点间有一套共识机制，所有节点通过竞争机制来共同维护区块链网络。

(2) 去信任依赖。区块链是由众多节点所组成的端到端的平行网络，没有设备和管理中心，节点之间的数据交换不需要互相信任，只需要按照既定规则正常进行，运用数字签名技术进行验证，节点之间不会也不能欺骗其他节点，即各个节点之间无须互相信任，数据内容和系统的运作规则公开透明。

(3) 数据可靠。区块链中每个节点都能获得一份完整数据库的拷贝；若参与系统中的节点越多，节点的计算能力越强，则系统中的数据可靠性越高；区块链的每一笔交易都通过运用密码学的技术手段与相邻的两个区块进行串联，因此可以追测所有的交易记录，同时个别节点对数据库的修改不会影响其他节点的数据库。

(4) 系统开源。整个系统必须是开源的，以保证系统运作规则的公开透明。

(5) 节点隐私保护。由于节点和节点之间无须互相信任，因此节点和节点之间无须公开身份，每个参与者都是匿名的，这使得各个节点的隐私在一定程度上能够受到保护。

区块链技术的去中心化特征，使区块链技术应用到电子商务物流与供应链领域。

#### 5.2.3.1 区块链技术在跨境电商物流信息处理上的应用

跨境电商物流相对于一般的国内物流来说所涉及的参与方比较多，一次交易中至少涉及货物供应商、外贸公司、商业银行、外汇管理局、商检局、国税局、海关、货运代理公司、货物运输公司等众多主体节点，由于跨境电商物流具有规定的流程，而且各主体都用各自相互独立的数据中心，所以需要围绕每个节点依次进行信息处理。反复的信息沟通和信息处理会浪费大量的资源、产生较高的信息传递和处理成本。如果将区块链技术应用到跨境电商物流的信息处理领域，将该过程中产生的所有信息上传到区块链公开的数据库中，各节点之间就可以实现点对点的自由信息传输，而且信息一变更，变更信息也会实时上传到公开数据库中，将会有效避免重复的信息传递和信息处理，信息处理成本也会大大降低。

例如，一批冷冻货物从南美洲运输到东亚，期间需要经过 50 多个组织超过 300 次的信息交流，其中文本传输成本占到总成本的 20%，如果从南美洲运输到西亚，距离更长，流程更加烦锁，信息处理成本也会更大。如果将区块链技术应用到货物的运输过程中，将链条上的所有相关主体之间的交易信息全部上传并记录到公开透明的账本上，各成员实时共享，使交易实现“点对点”，跨境电商物流的信息处理和信息传递成本会大大降低。

#### 5.2.3.2 区块链技术在危化品物流上的应用

根据资料显示，我国的危化品物流市场增长迅速，特别是近几年几起重大的危化品事故的发生，危化品物流的安全问题越来越受到社会的普遍关注。我国具有完整的工业基础，危化品物流市场在我国规模巨大。我国自然资源分布不均，石油、天然气资源主要集中在西部，而使用石油、天然气等化工产品的企业大都集中在东部沿海地区。现阶段，我国产销分布不均的化工原料达5000余种，95%以上需要异地长途运输，“产销分离”现象决定了危化品物流行业的“紧俏”。由于一些运输和仓储设备不符合国家标准，以及运输与仓储全流程难以监控，造成了对危化品物流的监管以事后监管为主，如何强化危化品物流的流程安全，有效规避风险的问题亟待解决。

区块链技术的出现，为解决上述问题提供了一种可行方案。比如可以运用区块链技术，将危化品物流全流程产生的信息都写入区块链数据库中，并对其实时更新、查询和监督，如对危化品的状态、位置等实时监控，就可以实现有效的危化品物流的事前监督和事中监督。同时由于区块链技术的不可改性，任何组织和个人都不能违规修改信息，因此保证了所有信息的正确性。此外，还由于区块链技术的可追测性，所有信息都可以被追本溯源，有助于安全事故的追责。

综上，我国的电子商务物流行业已经具有应用区块链技术的基础条件，而区块链技术作为一种天然契合平台应用的底层技术，在电子商务物流中也具有广阔的应用前景。

### 5.2.4 云计算

云计算的概念早在20世纪60年代就被提出，但直到互联网广泛应用之后，它才快速发展，并成为与互联网紧密相连的新兴事物。本书将云计算定义为：利用互联网对世界范围内的计算机及服务器资源进行配置，为用户提供满足自身需要的服务应用的超级计算模式。

云计算具有透明性、虚拟化、高可靠性、高可用性、通用性、可扩展性特点，并可按需要的服务收费，在物流领域中，云计算作为实现现代物流行业降本增效的主流技术，正支撑着传统物流向智慧物流逐步升级。

首先，云计算巨大的分布规模赋予了因特网的超级计算能力，能够最大限度地整合物流企业的计算资源和数据资源，提高物流产业的整体信息化程度和便捷性，这促使企业纷纷研究、开发这一技术，为云计算在智慧物流中的应用奠定了基础。

其次，2009~2016年，云计算、物联网和大数据技术发展迅速，云计算技术逐渐渗透到智慧物流系统之中。更多物流企业开始进行智慧物流模式和应用的探索，基于云计算的智慧物流由此起步。物流公司开始使用条形码、射频识别（RFID）、全球定位系统/地理信息系统（GPS/GIS）、电子数据交换（EDI）等技术进行交互与处理。以天津为例，2014年建立以智能生态区、网商体验式仓储物流、云计算后台服务为一体的城市物联网综合体；物流企业依托云等先进的信息化技术逐渐转型升级，由同质化竞争向差异化竞争转型，由注重单一的快递公共服务向注重客户体验服务转型，物流成本有效降低，配送效率大幅提升。

最后，从2016年至今，云计算技术在智慧物流中的应用已经逐渐深入，其适应性大大增强，一些实力较强的企业已建立起了相对完善的智慧物流体系，如京东的青龙系统、阿里巴巴的菜鸟网络等。基于云计算技术的智慧物流将基础数据传送到透明、共享的云计算平台，可以实现企业供货方、采购方、政府工商部、物流企业运输部门等的信息交换和共享；在经营决策上，将云计算处理技术应用于供应链管理、运输路线规划、仓库储位优作，双方化和市场预测等，可以实现物流运营的降本增效，以京东为例，根据以往的营运数据，利用云计算技术进行深度数据挖掘、进行市场需求预测，可以在消费需求周围提前布局，从而优化供应链；在仓储管理上，现有的云计算系统已经可以深入挖掘“20 万×20 万/日”的订单数据，构建基于时间序列的数据立方体，萃取稳定可信的商品关联度，实现仓库商品布局最优化；在运输路线规划上，利用云计算技术对消费者数据进行分析，结合实时路由优化，可以得到车辆配送的最佳路线，完成跨城运输与同城配送；而无人车辆配送将会成为云计算技术的下一个突破口，推动智慧物流升级。

## 5.3 电子商务物流信息技术

物流信息技术是现代信息技术在物流各个作业环节中的综合应用，是现代物流区别于传统物流的根本标志，也是物流技术中发展最快的领域，尤其是计算机网络技术的广泛应用使物流信息技术达到了较高的应用水平。

### 5.3.1 物流信息技术构成

从构成要素上看，物流信息技术作为现代信息技术的重要组成部分，本质上都属于信息技术范畴，只是因为信息技术应用于物流领域而使其在表现形式和具体内容上存在一些特性，但其基本要素仍然同现代信息技术一样，可以分为 4 个层次：

（1）物流信息基础技术。即有关元件、器件的制造技术，它是整个信息技术的基础，例如微电子技术、光子技术、光电子技术、分子电子技术等。

（2）物流信息系统技术。即有关物流信息的获取、传输、处理、控制的设备和系统的技术，它是建立在信息基础技术之上的，是整个信息技术的核心。其内容主要包括物流信息获取技术、物流信息传输技术、物流信息处理技术及物流信息控制技术。

（3）物流信息应用技术。即基于管理信息系统技术、优化技术和计算机集成制造系统技术而设计出的各种物流自动化设备和物流信息管理系统，例如自动化分拣与传输设备、自动导引车、集装箱自动装卸设备、仓储管理系统、运输管理系统、配送优化系统、全球定位系统、地理信息系统等。

（4）物流信息安全技术。即确保物流信息安全的技术，主要包括密码技术、防火墙技术、病毒防治技术、身份鉴别技术、访问控制技术、备份与恢复技术和数据库安全技术等。

### 5.3.2 物流信息技术在国内应用现状

在国内，各种物流信息应用技术已经广泛应用于物流活动的各个环节，对企业的物流活动产生了深远的影响。

#### 5.3.2.1 物流自动化设备技术的应用

物流自动化设备技术的集成和应用的热门环节是配送中心，其特点是每天要拣选的物品品种多、批次多、数量大。因此在国内超市、医药、邮包等行业的配送中心部分地引进了物流自动化拣选设备。一种是拣选设备的自动化应用，如北京市医药总公司配送中心，其拣选货架（盘）上配有可视的分拣提示设备，这种分拣货架与物流管理信息系统相连，动态地提示被拣选的物品和数量，指导着工作人员的拣选操作，提高了货物拣选的准确性和速度。另一种是一种物品拣选后的自动分拣设备。用条码或电子标签附在被识别的物体上（一般为组包后的运输单元），由传送带送入分拣口，然后由装有识读设备的分拣机分拣物品，使物品进入各自的组货通道，完成物品的自动分拣。分拣设备在国内大型配送中心有所使用。但这类设备及相应的配套软件大多是由国外进口；也有进口国外机械设备，国内配置软件。立体仓库和与之配合的巷道堆垛机在国内发展迅速，在机械制造、汽车、纺织、铁路、卷烟等行业都有应用。例如昆船集团生产的巷道堆垛机在红河卷烟厂等多家企业应用了多年。

5.3.2.2 物流设备跟踪和控制技术的应用

目前，物流设备跟踪主要是指对物流的运输载体及物流活动中涉及到的物品所在地进行跟踪。物流设备跟踪的手段有多种，可以用传统的通信手段如电话等进行被动跟踪，或用 RFID 手段进行阶段性的跟踪，但目前国内用得最多的还是利用 GPS 技术跟踪。GPS 技术跟踪利用 GPS 物流监控管理系统，它主要跟踪货运车辆与货物的运输情况，使货主及车主随时了解车辆与货物的位置与状态，保证整个物流过程的有效监控与快速运转。物流 GPS 监控管理系统的构成主要包括运输工具上的 GPS 定位设备、跟踪服务平台（含地理信息系统和相应的软件）、信息通信机制和其他设备（如货物上的电子标签或条码、报警装置等）。

5.3.2.3 物流动态信息采集技术的应用

企业竞争的全球化发展、产品生命周期的缩短和用户交货期的缩短等都对物流服务的可得性与可控性提出了更高的要求，实时物流理念也由此产生。如何保证对物流过程的完全掌控，物流动态信息采集应用技术是必需的要素。动态的货物或移动载体本身具有很多有用的信息，例如货物的名称、数量、重量、质量、出产地或者移动载体（如车辆、轮船等）的名称、牌号、位置、状态等一系列信息。这些信息可能在物流中反复使用，因此，正确、快速地读取动态货物或载体的信息并加以利用可以明显提高物流的效率。目前流行的物流动态信息采集技术应用中，应用范围较广的有一维和二维条码技术、磁条（卡）、语音识别、便携式数据终端、射频识别（RFID）等技术。

## 5.4 电子商务物流信息管理系统

物流信息（Logistics Information）是反映物流各种活动内容的知识、资料、图像、数据、文件的总称。由人员、设备和程序组成的，为物流管理者执行计划、实施、控制等职能提供信息的交互系统即为物流信息系统，它与物流作业系统一样都是物流系统的子系统。

### 5.4.1 物流信息的分类

通常，物流信息可以按以下几种方式分类：

(1) 按功能分类。按信息产生和作用所涉及的不同功能领域分类，物流信息包括仓储信息、运输信息、加工信息、包装信息、装卸信息等。对于某个功能领域还可以进行进一步细化，例如，仓储信息分为入库信息、出库信息、库存信息、搬运信息等。

(2) 按环节分类。根据信息产生和作用的环节，物流信息可分为输入物流活动的信息和物流活动产生的信息。

(3) 按作用层次分类。根据信息作用的层次，物流信息可分为基础信息、作业信息、协调控制信息和决策支持信息。基础信息是物流活动的基础，是最初的信息源，如物品基本信息、货位基本信息等。作业信息是物流作业过程中发生的信息，信息的波动性大，具有动态性，如库存信息、到货信息等。协调控制信息主要是指物流活动的调度信息和计划信息。决策支持信息是指与物流计划、决策、战略有关或有影响的宏观信息，如科技、产品、法律等方面的信息。

(4) 按加工程度的不同分类。按加工程度的不同，物流信息可以分为原始信息和加工信息。原始信息是指未加工的信息，是信息工作的基础，也是最有权威性的凭证性信息。加工信息是对原始信息进行各种方式和各个层次处理后的信息，这种信息是原始信息的提炼、简化和综合，利用各种分析工作在海量数据中发现潜在的、有用的信息和知识。

### 5.4.2 物流信息管理

物流信息管理是对物流信息进行采集、处理、分析、应用、存储和传播的过程，也是将物流信息从分散到集中、从无序到有序的过程。具有以下几个方面的要求：

(1) 可得性。保证大量分散、动态的物流信息在需要的时候容易获得，并且以数字化的适当形式加以表现。

(2) 及时性。随着社会化大生产的发展和面向客户的市场策略变化，社会对物流服务的及时性要求也更加强烈。物流服务的快速、及时要求物流信息必须及时提供、快速反馈。及时的信息可以减少不确定性，增加决策的客观性和准确性。

(3) 准确性。物流信息中不准确的信息带来的决策风险有时比没有信息支撑的决策更大。

(4) 集成性。物流信息的基本特点就是信息量大，每个环节都需要信息输入，并产生新的信息进入下一环节。所涉及的信息需要集成，并使其产生互动，实现资源共享、减少重复操作、减少差错，从而使得信息更加准确和全面。

(5) 适应性。适应性包含两个方面的内容：一是指适应不同的使用环境、对象和方法；二是指能够描述突发或非正常情况的事件，如运输途中的事故、货损、出库货物的异常变更、退货、临时订单补充等。

(6) 易用性。信息的表示要明确、容易理解和方便应用，针对不同的需求和应用要有不同的表示方式。

### 5.4.3 物流信息系统产生背景

随着物流供应链管理的不断发展，各种物流信息的复杂化，各企业迫切要求物流信息化，而计算机网络技术的发展又为物流信息化提供了技术上的支持。因此，物流信息系统就在企业中扎下了根，并且为企业带来了更高的效率。企业是基于以下背景才大力开发物流信息系统的：

(1) 市场竞争加剧。在当今世界中，基本上都是买方市场，由消费者来选择购买哪个企业生产的产品，消费者基本上有完全的决策自由。而市场上生产同一产品的企业多如牛毛，企业要想在竞争中胜出，就必须不断地推陈出新，以较低的成本迅速满足消费者时刻变化的消费需求，而这都需要快速反应的物流系统。要快速反应，信息反馈必须及时，这必然要求企业建立自己的物流信息系统。

(2) 供应链管理的发展。现代企业间的竞争在很大程度上表现为供应链之间的竞争，而在整个供应链中，环节较多，信息相对来说就比较复杂，企业之间沟通起来就困难得多。各环节要想自由沟通，达到信息共享，建立供应链物流信息系统势在必行。

(3) 社会信息化。电子计算机技术的迅速发展，网络的广泛延伸，使整个社会进入了信息时代。在这个网络时代，只有融入信息社会，企业才可能有较大的发展。更何况，信息技术的发展已经为信息系统的开发打下了坚实的基础。企业作为社会的组成部分，物流作为一种社会服务行业，必然要建立属于物流业自己的信息系统。

### 5.4.4 物流信息系统分类

通常，物流信息系统可以按以下几种方式分类：

(1) 按物流信息系统的功能分为事务处理信息系统、办公自动化系统、管理信息系统、决策支持系统、高层支持系统、企业间信息系统；

(2) 按管理决策的层次分为物流作业管理系统、物流协调控制系统、物流决策支持系统；

(3) 按系统的应用对象分为面向制造企业的物流管理信息系统，面向零售商、中间商、供应商的物流管理信息系统，面向物流企业的物流管理信息系统（3PLMIS），面向第三方物流企业的物流信息系统；

(4) 按系统采用的技术分为单机系统，内部网络系统，与合作伙伴、客户互联的系统。

### 5.4.5 物流信息系统的内容

物流信息系统根据不同企业的需要可以有不同层次、不同程度的应用和不同子系统的划分。例如，有的企业由于规模小、业务少，可能使用的仅仅是单机系统或单功能系统，而另一些企业就可能使用功能强大的多功能系统。一般来说，一个完整、典型的物流信息系统可由作业信息处理系统、控制信息处理系统、决策支持系统 3 个子系统组成。

#### 5.4.5.1 作业信息处理系统

作业信息处理系统一般有电子订货系统（Electronic Ordering System，EOS）、销售时点系统（Point of Sale，POS）、智能运输系统（Intelligent Transportation System，ITS）等类型。电子自动订货系统是指企业利用通信网络或互联网和终端设备以在线连接方式进行订货作业和订单信息交换的系统。电子订货系统按应用范围可分为企业内的 EOS（如连锁经营企业各连锁分店与总部之间建立的 EOS）、零售商与批发商之间 EOS 及零售商及批发商与生产商之间的 EOS 等。及时准确地处理订单是 EOS 的重要职能。其中的订单处理子系统为企业与客户之间接收、传递、处理订单服务。订单处理子系统是面向整个订货周期的系统，即企业从发出订单到收到货物的期间。在这一期间内，要相继完成4项重要活动：订单传递、订单处理、订货准备、订货运输。其中实物流动由前向后，信息流动由后向前。订货周期中的任何一个环节缩短了时间，都可以为其他环节争取时间或者缩短订货周期，从而提高了客户服务水平。因为从客户的角度来看，评价企业对客户需求的反应灵敏程度，是通过分析企业的订货周期的长短和稳定性来实现的。销售时点系统（POS）是指通过自动读取设备在销售商品时直接读取商品销售信息如商品名、单价、销售数量、销售时间、顾客信息等，并通过通信网络和计算机系统传送至有关部门进行商品库存的数量分析、指定货位和调整库存以提高经营效率的系统。智能运输系统（ITS）是典型的发货和配送系统，它将信息技术贯穿于发货和配送的全过程，能够快捷准确地将货物运达目的地。

#### 5.4.5.2 控制信息处理系统

控制信息处理系统主要包括库存管理系统和配送管理系统。库存管理系统负责利用收集到的物流信息，制定出最优库存方式、库存量、库存品种及安全防范措施等。配送系统则将商品按配送方向、配送要求分类，制定科学、合理、经济的运输工具调配计划和配送路线计划等。

#### 5.4.5.3 决策支持系统

物流决策支持系统是为管理层提供的信息系统资源，是给决策过程提供所需要的信息、数据支持、方案选择支持。一般应用于非常规、非结构化问题的决策。但是决策支持系统只是一套计算机化的工具，可以帮助管理者更好地决策，但不能代替管理者决策。

### 5.4.6 物流信息系统规划与开发过程

建立物流信息系统，不是单项数据处理的简单组合，必须要有系统规划。因为它涉及传统管理思想的转变、管理基础工作的整顿，以及现代化物流管理方法的应用等许多方面，是一项范围广、协调性强、人机紧密结合的系统工程。物流信息系统规划是系统开发最重要的阶段，一旦有了好的系统规划，就可以按照数据处理系统的分析和设计持续进行工作，直到系统的实现，信息系统的总体规划基本上分为4个基本步骤：

（1）定义管理目标。确立各级管理的统一目标，局部目标要服从总体目标。

（2）定义管理功能。确定管理过程中的主要活动和决策。

（3）定义数据分类。在定义管理功能的基础上，把数据按支持一个或多个管理功能分类。

（4）定义信息结构。确定信息系统各个部分及其相互数据之间的关系，导出各个独立性较强的模块，确定模块实现的优先关系，即划分子系统。

有了系统规划以后，还要进行非常复杂的开发过程。主要包括以下内容：

（1）系统分析。主要对现行系统和管理方法以及信息流程等有关情况进行现场调查，给出有关的调研图表，提出信息系统设计的目标及达到此目标的可能性。

（2）系统逻辑设计。在系统调研的基础上，从整体上构造出物流信息系统的逻辑模型，对各种模型进行选优，确定出最终的方案。

（3）系统的物理设计。以逻辑模型为框架，利用各种编程方法，实现逻辑模型中的各个功能块，如确定并实现系统的输入、输出、存储及处理方法。此阶段的重要工作是程序设计。

（4）系统实施。将系统的各个功能模块进行单独调试和联合调试，对其进行修改和完善，最后得到符合要求的物流信息系统软件。

（5）系统维护与评价。在信息系统试运行一段时间以后，根据现场要求与变化，对系统做一些必要的修改，进一步完善系统，最后和用户一起对系统的功能、效益做出评价。

### 5.4.7 物流信息系统主要功能

物流信息系统是物流系统的神经中枢，它作为整个物流系统的指挥和控制系统，可以分为多种子系统或者多种基本功能。通常，可以将其基本功能归纳为以下几个方面：

（1）数据的收集和输入。物流数据的收集首先是将数据通过收集子系统从系统内部或者外部收集到预处理系统中，并整理成为系统要求的格式和形式，然后再通过输入子系统输入到物流信息系统中。这一过程是其他功能发挥作用的前提和基础，如果一开始收集和输入的信息不完全或不正确，在接下来的过程中得到的结果就可能与实际情况完全相左，这将会导致严重的后果。因此，在衡量一个信息系统的性能时，应注意所收集数据的完善性、准确性，以及校验能力、预防和抗破坏能力等。

（2）信息的存储。物流数据经过收集和输入阶段后，在得到处理之前，必须在系统中存储下来。即使在处理之后，若信息还有利用价值，也要将其保存下来，以供以后使用。物流信息系统的存储功能就是要保证已得到的物流信息能够不丢失、不走样、不外泄，整理得当、随时可用。无论哪一种物流信息系统，在涉及信息的存储问题时，都要考虑到存储量、信息格式、存储方式、使用方式、存储时间、安全保密等问题。如果这些问题没有得到妥善的解决，信息系统是不可能投入使用的。

（3）信息的传输。物流信息在物流系统中，一定要准确、及时地传输到各个职能环节，否则信息就会失去其使用价值。这就需要物流信息系统具有克服空间障碍的功能。物流信息系统在实际运行前，必须要充分考虑所要传递的信息种类、数量、频率、可靠性要求等因素。只有这些因素符合物流系统的实际需要时，物流信息系统才是有实际使用价值的。

（4）信息的处理。物流信息系统的最根本目的就是要将输入的数据加工处理成物流系统所需要的物流信息。数据和信息是有所不同的，数据是得到信息的基础，但数据往往不能直接利用；而信息是数据经加工后得到的，它可以直接利用。只有得到了具有实际使用价值的物流信息，物流信息系统的功能才能发挥作用。

（5）信息的输出。信息的输出是物流信息系统的最后一项功能，也只有在实现了这个功能后，物流信息系统的任务才算完成。信息的输出必须采用便于人或计算机理解的形式，在输出形式上力求易读易懂，直观醒目。

这5项功能是物流信息系统的基本功能，缺一不可。而且，只有5个过程都没有出错，最后得到的物流信息才具有实际使用价值，否则会造成严重的后果。

### 5.4.8 物流信息系统发展趋势

企业物流信息系统的发展趋势是智能化和标准化。

5.4.8.1 智能化

智能化是自动化、信息化的一种高层次应用。物流作业过程涉及大量的运筹和决策，如物流网络的设计与优化、运输（搬运）路径的选择、每次运输的装载量选择、多种货物的拼装优化、运输工具的排程和调度、库存水平的确定、补货策略的选择、有限资源的调配、配送策略的选择等问题都需要进行优化处理，都需要管理者借助优化的、智能的工具和大量的现代物流知识来解决。同时，近年来，专家系统、人工智能、仿真学、运筹学、智能商务、数据挖掘和机器人等相关技术在国际上已经取得比较成熟的研究成果，并在实际物流作业中得到了较好的应用。因此，物流的智能化已经成为物流发展的一个新趋势。

5.4.8.2 标准化

标准化技术也是现代物流技术的一个显著特征和发展趋势，同时也是现代物流技术实现的根本保证。货物的运输配送、存储保管、装卸搬运、分类包装、流通加工等各个环节中信息技术的应用，都要求必须有一套科学的作业标准。例如，物流设施、设备及商品包装的标准化等，只有实现了物流系统各个环节的标准化，才能真正实现物流技术的信息化、自动化、网络化、智能化等。特别是在经济全球化和贸易全球化的新世纪中，如果在国际间没有形成物流作业的标准化，就无法实现高效的全球化物流运作，这将阻碍经济全球化的发展进程。

物流企业的运营随着企业规模和业务跨地域发展，必然要走向全球化发展的道路。在全球化趋势下，物流目标是为国际贸易和跨国经营提供服务，选择最佳的方式与路径，以最低的费用和最小的风险，保质、保量、准时地将货物从某国的供方运到另一国的需方，使各国物流系统相互“接轨”，它代表物流发展的更高阶段。面对着信息全球化的浪潮，信息化已成为加快实现工业化和现代化的必然选择。中国提出要走新型工业化道路，其实质就是以信息化带动工业化、以工业化促进信息化，达到互动并进，实现跨越式发展。

## 5.5 案例1 物联网的升级之路——菜鸟“物流天眼”

在对物流时效性和便捷性要求不断提升的今天，“当日达”“小时达”背后，需要信息化手段、智慧化技术支撑物流设施不断升级和管理服务进一步完善。让我们通过对菜鸟物流天眼系统应用和技术方案的分析，一起了解物流行业的物联网（IOT）升级之路。

### 5.5.1 菜鸟的“物流天眼”

2018年9月26日，阿里巴巴旗下的菜鸟网络在上海青浦召开发布会，宣布联合德邦、中通、圆通、申通、百世、韵达等六家快递公司共同加入“物流天眼”计划，正式上线其视频云监控系统。

菜鸟“物流天眼”是一套基于现有摄像头采集信息的视频云监控系统，通过将全国各类物流场站内的百万个摄像头上加载算法、提升其感知能力，从简单的监控回溯设施升级为IOT智能感知设备，实现对物流场站的智能管理。

物流信息化的重点在于在数字化、网络化的体系重构整个物流系统链路的每一个场景和协同动作。菜鸟“物流天眼”作为“智能视频云监控”，正是通过这样的整合实现效率提升。

## 5.5.2 存量监控摄像头IOT利用困难多

快递公司通过分散在全国各地的分拨中心、网点支撑在全国网络范围内的揽收以及派送。数据显示，各快递公司分拨中心总数已经超1000个，网点总数更是超过18万个。在分拨中心和网点两类操作场地内所涉及的监控摄像头总数已经超过了100万个。这些监控摄像头虽然数量庞大，但基本都是基于安防需求部署，并未进行组网、联网、应用，只能事后做问题补全及现场问题回溯，并未真正有效利用。

一方面，各快递公司希望通过升级系统，有效管理起分散在全国各地的操作场地，将物流信息及全要素连接成网，形成物联网化的信息系统，提升问题发现和解决的时效性。另一方面又担心利用这些监控摄像头视频数据，除负担网络部署成本和运营期带宽成本外，还需要配置专门人员对视频内容筛查、监控和判断，才能发现操作场地内部的问题和缺陷，又添加人力成本。

正是基于这种矛盾，阿里菜鸟构建“物流天眼”在物流行业有迫切的应用需求，空间巨大。

## 5.5.3 三大技术助力IOT升级

菜鸟“物流天眼”系统的技术实施方案是以监控摄像头作为核心IOT设备，附加算法后升级为特殊类型的图像感知设备，实时感知物流场地内部的操作场景。再将这些操作场景进行拆解，通过具有自我学习能力的云计算算法系统，对海量图像数据进行标注，通过反复训练识别结果，确保识别结果可取代此前人的肉眼判断依据，达到快速和准确地发现场地内异常情况的效果。

（1）技术一：基于场景拆解的图像识别技术。菜鸟“物流天眼”基于传统监控摄像头的升级，首先将物流场站的日常运作场景进行拆分分析，设定不同场景的图像识别和判断规则。如分拨中心的出入仓操作、拆打包操作等场景，根据本场站特定场景积累的正常和各分类异常图像数据，结合类似场景云端数据和预设规则，训练和建立图像判别系统，通过智能算法、AI的方式给出相关判断，同时不断迭代学习和修订规则。

在首套已运行的菜鸟与德邦共建的“物流天眼”系统中，已实现智能识别货车到达和卸载情况、智能推荐空余停车月台，以及判断场站内货物堆积、人员搬运异常等原先需由人工辨识并调度的部分内容。据测算，“物流天眼”系统提升54%的时效和准确率，每年节约近290万元外场人力成本。提升内场和场站涉及货物堆积、饱和度等管理方面约15%的转运效率，每年直接节约500万元的内场和场站人力成本。

（2）技术二：视频流和切片技术的数据分担。在菜鸟“物流天眼”的操作场景里，每一个场景都搭配有一个低成本边缘计算设备，作为场景端“大脑”，连接监控摄像头及获取摄像头所拍摄的视频流数据，并将视频流数据转换为视频切片数据，上传到云端。

由于视频流数据主要在本地，通过切片数据上传结合云端规则，避免了大量视频占用外网带宽产生的运营成本。

（3）技术三：层层汇集实现多层级统筹。“物流天眼”的数据展现与表达会从场景、网点及站点、区域中心等层级一层层向上聚合，直到物流公司全国总部视角，并最终呈现在业务系统的应用中，给出在全局以及单个操作场地内部的异常预警信号，实现多层级调度统筹。

在“双十一”期间，可预见到“物流天眼”会实时准确发送出一些异常监控的前期预警信号，乃至结合预测判断的提前预警，确保“双十一”期间异常发现的及时率大幅提升，便于及时调整和总体布局，体现了本地场站信息结合相关云端数据预判的价值和作用。

### 5.5.4 展望 IOT 技术升级方向与潜力

与京东新建的以 AGV 搬运机器人为亮点，全自动化的无人枢纽仓方案相比，“物流天眼”是从传统物流运营到物流 IOT 的信息化改造升级，可以说是 IOT 底层技术在物流业一次集中应用体现，具备成本低、覆盖面宽的优势，同时仍有较大的提升空间，随着系统不断应用和行业用户反馈，相信将会从数据采集、算法引擎和机器学习、识别率，再到数据处理逻辑、数据展现和业务能力等方面都会有更多实用化的升级，以及更多包括 AGV 搬运车、无人仓等硬件的嫁接，以实现更高水平的智能化。

在菜鸟“物流天眼”发布前，阿里云也已将类似的技术应用在各地的中小型工厂生产作业中，依靠传统的安防型摄像头抓取数据，用 AI 图像识别比对数规则给出决策，让整个生产作业环节数据化，并以大规模网络协同的效用改变中小型制造业的生产关系。

而在物流信息化领域，苏宁易购也提出自己面向物流及售后领域的实时数据监控、多维度数据分析和大数据服务的可视化平台，同样着眼拥抱大数据，着重解决物流监控和数据分析的相关问题。

相信在不远的将来，整合 AI、大数据、云计算的 IOT 技术在物流和相关行业的场景化应用必将为我们带来更大的惊喜，服务于人们更加多样和便捷的生活。

**思考题：**

(1) 结合案例，请谈谈菜鸟“物流天眼”的优点。

(2) 请谈谈 IOT 在物流业的应用会导致怎样的网络协同效应。

## 5.6 案例 2 韩后华南仓的仓储物流信息化之路

化妆品行业具有产品品种多、流通快、市场竞争激烈等特点。随着消费升级以及新零售等市场变化的影响，化妆品需求日益个性化、多样化，销售渠道也发生了很大改变，无论消费者还是电商平台都对物流提出了更高的要求。

国产护肤品牌韩后在强有力的立体化营销模式下进入快速增长期，包括数万家终端形象网点、上百家销售代理公司、数千家屈臣氏门店，以及京东、聚美、唯品会等电商平台在内的各渠道销售增长迅猛。在前端销售一路高歌猛进的同时，韩后发现后端供应链与物流逐渐乏力，难以支撑业务快速发展。为了给消费者提供更加优质的服务，韩后开始发力仓储系统建设，以全面提升物流效率。最终，韩后与物流信息化供应商通天晓软件携手，实现了仓储体系的信息化与管理自动化升级。

### 5.6.1 韩后华南仓简介

在业务的迅猛增长下，为了进一步提升物流时效，提高消费者满意度，韩后设立了华南、华东、华北、华中、西南五大仓储物流中心，对全国市场进行全面覆盖。其中，华南仓为韩后自营，其他仓库则与优质的第三方物流服务商合作。

华南仓作为韩后的中心仓，位于广州花都区，整个仓库占地面积约1万平方米，负责约400个SKU的存储、拣选、出货等作业。

华南仓承担线下、线上两大物流作业任务。其中，线下主要满足其他区域仓，线下代理商、门店等的物流发货需求，业务类型基本为整箱出货，作业难度较小，对信息化的依赖和要求相对较低。线上业务则主要包括三个部分："B2C"服务于淘宝、拼多多、蘑菇街等渠道；"B2B直供平台"服务于京东、聚美、唯品会等渠道；"线上分销"服务于各大分销商。

### 5.6.2 信息化成迫切需要

近几年，随着电商的快速发展，一方面，韩后线上业务增势明显，不仅数量不断大幅上升，订单类型也愈发多样化；另一方面，平台电商对商品有效期的要求越来越高，如销售产品的有效期不能超过1/3等；此外，逆向物流的快速上架等也对信息化产生了迫切需求。在这些变化之下，韩后原有的ERP系统很难满足愈发复杂的需求，问题随之而来：

(1) 难以支持高峰期订单快速处理。电商的显著特点是会带来订单量的大幅度波动，忙时每天订单量甚至达到数十万单，是闲时的上百倍。一旦单量猛增，新招的临时工很难做到熟练作业，容易出现误操作，而当订单处理出现差错时，也无法追溯处理。

(2) ERP系统无法对产品有效期、产品批号等进行管理，而依靠人工肉眼查验产品有效期不仅效率低下，差错率也非常高。

(3) 库存管理不准确。以前，库存完全依靠人工盘点，不仅不能够及时补货，也难以实现货品有效期的精准管理，最终造成产品积压及过期等问题，每年由此造成的损失达到数十万元。此外，还会造成发货延迟，影响消费者体验等。

(4) 销售规模扩大的同时，逆向货品处理需求也不断增加，这也是目前行业面临的痛点之一。通常收货是大批量到货，可以进行规模化处理；而退货则非常零散，并且同一个货品有多个有效期，需要对这些货品进行拆包并记录货品名称、数量、限用日期等，以便进行二次上架或者报废等处理。这些对于人工查验而言无疑是巨大的挑战，迫切需要信息化系统的支撑。

因此，韩后急需改善现有物流运作管理能力，而仓储管理系统WMS则是关键和基础。韩后华南仓对信息化的诉求主要体现在三个方面：一是精准掌握产品库龄，包括入库时间、产品批号、限用日期等信息；二是实现产品信息可追溯；三是通过专业的信息系统让管理更加先进高效。在WMS选型过程中，韩后通过比对供应商的产品功能、实施服务水平、自动化系统对接能力等指标，最终确定了通天晓软件为合作伙伴。

### 5.6.3 主要仓储作业类型及流程

(1) 收货入库。货品从工厂生产完之后直接入华南仓，同一批货、同一个SKU可能会有不同的生产日期和批次，因此收货时需要对SKU进行区分，之后通过通天晓WMS系统将货品与货位进行绑定，对货品进行上架存储。同时系统会准确记录每个货位的货品信息，如货品种类、数量、批号、有效期等。

(2) 拣选及补货。

1) B2C订单，该类型订单一般实行"先进先出"的拣货策略，每天作业量约8000

单。消费者在店铺下订单后，ERP 系统首先会抓取订单信息并推送给 WMS 系统。其中，爆款货品订单会被分配到仓库“整存区”进行集中拣货处理，例如，100 个客人均下单某货品，则该货品则被统一拣出并打包发货。

零散订单作业则相对复杂。WMS 系统会对订单进行分析，通常每 20 个订单作为一个波次，系统自动生成该波次订单的最短拣货路径。拣货人员依此路径到相应货位拣选，之后进入验货、打包、称重、快递交运等作业环节。

2）B2B（平台）订单，如京东、聚美优品、唯品会等平台订单，具有订单量大，效期要求严格等特点。该类型订单进入 WMS 系统后，系统会根据入库时记录的货品信息，计算分析出符合要求的货品。如果有满足全部订单的货品，那么系统会自动生成包括货品货位信息等在内的出库单，拣货人员按单拣选出货；如果不能满足订单需要，那么系统会生成补货指令，提示作业人员进行补货等操作。

3）线上分销，该部分订单量占比相对较小，作业模式也更加简单，基本与 C 端作业模式相类似。例如，分销商下订单后，系统根据“先进先出”原则，自动分配拣货任务。拣货员根据系统指令到货位拣选相应数量的货品并打包发货。

### 5.6.4 项目亮点

（1）亮点一：B 端作业效率大大提升。化妆品作为典型的快速消费品，其重要特点便是对有效期的管理，特别是京东、唯品会等电商平台对货品有效期有着严格的管控，需要有效期不超过 1/3。系统上线前，需要作业人员人为查看并反馈有效期信息，往往一批订单需要多个工人耗时一天完成；系统上线后，这一工作缩短至 1min 之内完成，同时系统还能够准确提示货品所在货位，帮助作业人员快速高效地作业。

（2）亮点二：系统组套，最大化利用产品效期。韩后具有多种多样的业务形式，常常需要将不同的 SKU 进行组套销售。也就是说，一个套装往往包含多个单品，而每个单品具有不同的有效期，整个套装的有效期则按照单品最短有效期计算。借助 WMS 系统，在自动分配货品效期时，会将效期相近的货品尽可能分配在一起，同时每个单品通常不超过 3 个有效期，从而最大化利用库存。

（3）亮点三：多渠道一盘货，有效降低库存。传统仓库通常每个渠道对应有各自的库存，即同一个 SKU 每个渠道都销售，而每个渠道为了充分考虑安全库存，下单量都会高于实际需求量。通天晓 WMS 则帮助韩后实现了 SKU 在账务上区分货主，而实物存储不区分。这样一来，实现了众多渠道的一盘货管理，即同一个 SKU 库存各个渠道都可以销售，使安全库存大大降低，总库存量也随之下降。

（4）亮点四：随机存储，大幅提高容积率。传统仓库通常采用“一位一品”的存储方式，即 SKU 与货位进行绑定，在实际操作过程中，还需要在此货位周围为该 SKU 预留一定的位置；如果货位需要存放别的 SKU，需要先解绑，操作不够灵活。而韩后华南仓通过通天晓 WMS 系统可以实现随机存储，不再需要为 SKU 预留货位，从而大幅度提高了仓库的容积率。

**思考题：**

（1）韩后是如何升级信息化仓储的，从中能得到什么启示？

（2）谈谈韩后华南仓仓储信息化建设的未来发展及改进方向。

# 5.7 实践训练 电子商务物流信息管理

## 5.7.1 训练导图

电子商务物流信息管理训练导图，如图 5-1 所示。

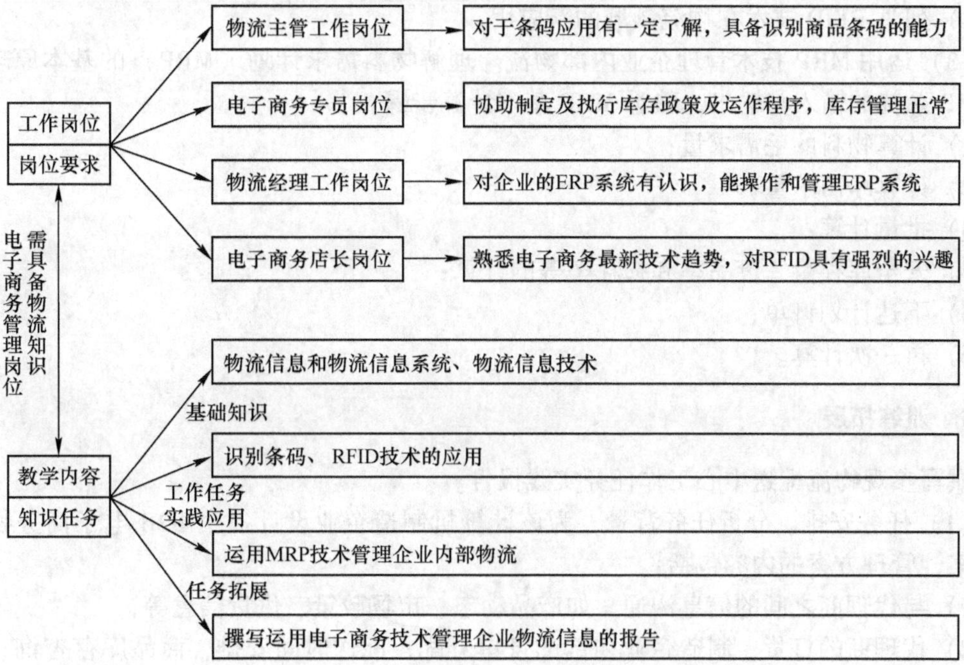


图 5-1 电子商务物流信息管理训练导图

## 5.7.2 训练目标

（1）具备商品条码与物流条码的识别能力。

（2）熟悉 RFID 技术的原理和应用。

（3）具备 MRP 逻辑原理的应用能力。

（4）具备应用 MRP 计算物料需求的能力。

## 5.7.3 训练重点

（1）条码的应用。

（2）RFID 的应用。

## 5.7.4 训练内容

（1）了解识别条码。

1）了解条码的分类；

2）识别 EAN · UCC-13 条码；

3）识别 UCC · EAN-128 条码；

4）识别 EAN · UCC-14 条码。

（2）熟悉 RFID 技术的应用。

1）理解 RFID 技术的原理；

2）了解 RFID 技术的分类；

3）熟悉 RFID 技术的应用；

4）列举 RFID 技术在物流领域的新应用。

（3）运用 MRP 技术管理企业内部物流。理解物料需求计划（MRP）的基本原理，了解 MRP 系统的输入与输出，熟悉 MRP 基本计算步骤：

1）计算物料的毛需求量；

2）计算净需求量；

3）批量计算；

4）安全库存量、废品率和损耗率等的计算；

5）下达计划订单；

6）再一次计算。

### 5.7.5 训练拓展

撰写参观物流配送中心工作任务实践报告。

（1）任务安排。分析任务背景，为该计算机制造企业设计一个 B2B 电子商务物流管理方案，管理方案的内容包括：

1）与代理商之间的信息沟通，如产品动态、市场政策、供货信息等；

2）代理商的订货、制造企业内部的订单分配、配送时间安排，商品库存查询、在途情况追踪等；

3）代理商的信用状况和资金状况查询等。

（2）任务要求。为其设计一个实施方案，因为代理商要从传统的物流管理模式转变到电子商务物流管理模式需要一个过程；并撰写任务拓展实践报告，报告的字数在 1000 字以上。

# 6 电子商务与第三方物流

**学习目标：**

（1）掌握第三方、第四方物流的基本概念及发展概况。

（2）理解第三方物流管理原材料库存完整模型。

（3）熟悉第三方物流模拟软件的应用。

## 6.1 第三方物流的基本概念

自20世纪以来，物流的概念在不断地拓展，人们对现代物流的重要性认识越来越深刻，对物流管理也越来越重视。20世纪80年代特别是80年代中期至今，随着全球化竞争的加剧，信息技术的飞速发展，许多生产企业回归主业，将精力集中于产品开发、生产、销售等具有竞争优势的核心专长业务。理论界和企业已不再浅层次地探讨物流管理的重要性问题，而开始探讨物流管理的模式问题，即究竟是自营物流业务，还是将物流业务外包给专门从事物流管理的企业去做。于是，第三方物流得以诞生，并且逐渐成为物流理论和实践的宠儿。

### 6.1.1 第三方物流的定义及特征

第三方物流（Third-Party Logistics，3PL）源自于管理学中的外包服务（out-sourcing），意指企业动态地配置自身和其他企业的功能和服务，利用外部的资源为企业内部的生产经营服务，将外包服务引入物流管理领域，就产生了第三方物流的概念。第三方物流是指生产经营企业为集中精力搞好主业，把原来属于自己处理的物流活动，以合同方式委托给专业物流服务企业，同时通过信息系统与物流企业保持密切联系，以达到对物流全程管理控制的一种物流运作与管理方式。第三方物流具有以下特征。

（1）关系合同化。第三方物流具有关系合同化的特征，主要表现在两个方面。第一，第三方物流是通过契约形式来规范物流经营者与物流消费者之间关系的。物流经营者根据契约规定的要求，提供多功能直至全方位一体化物流服务，并以契约的形式来管理所提供的物流服务活动及其过程。第二，第三方物流发展物流联盟也是通过契约的形式来明确各物流联盟参加者之间的相互关系。

（2）服务个性化。不同的物流消费者存在不同的物流服务要求，第三方物流需要根据不同物流消费者在企业形象、业务流程、产品特征、顾客需求特征、竞争需要等方面的不同要求，提供针对性强的个性化物流服务和增值服务。并且，从事第三方物流的物流经营者也因为市场竞争、物流资源、物流能力的影响需要形成核心业务，不断强化所提供物流服务的个性化和特色化，以增强物流市场竞争能力。

（3）功能专业化。第三方物流所提供的物流服务是专业的。从物流设计、物流操作过程、物流技术工具、物流设施到物流管理必须体现专门化和专业水平，这既是物流消费者的需要，也是第三方物流自身发展的基本要求。

（4）管理系统化。第三方物流应具有系统的物流功能，是第三方物流产生和发展的基本要求，第三方物流需要建立现代管理系统才能满足运行和发展的基本要求。

（5）信息网络化。信息技术是第三方物流发展的基础。在物流服务过程中，信息技术发展实现了信息实时共享，促进了物流管理的科学化，极大地提高了物流效率和物流效益。

### 6.1.2 第三方物流的分类

狭义的第三方物流则是指能够提供现代化的、系统的物流服务的第三方物流活动；广义的第三方物流为资产基础供应商和非资产基础供应商结合的产物。第三方物流因其所具有的专业化、规模化等优势在分担企业风险、降低经营成本、提高企业竞争力、加快物流产业的形成和再造等方面所发挥的巨大作用，已成为21世纪物流发展的主流。

根据是否拥有资产可将第三方物流分为两类：资产基础供应商和非资产基础供应商。对于资产基础供应商而言，他们有自己的运输工具和仓库，通常会实实在在地进行物流操作，实现掌握物流资产的运作。而非资产基础供应商则是管理公司，不拥有或租赁资产，他们提供人力资源和先进的物流管理系统，专门管理客户的物流功能。资产基础供应商可针对各种客户向他们购买的各种不同服务，采取各种灵活性较强的作业。而非资产基础供应商由于受其设施的地域限制，以及在技术上的各种原因，作业的灵活性稍逊一筹。从价格上看，由于资产基础供应商自己经营物流作业，如果资产运作效率很高，那么其价格比非资产基础供应商要低一些。

## 6.2 第三方物流的发展概况

### 6.2.1 第三方物流的概念

第三方物流是指生产经营企业为集中精力搞好主业，把原来属于自己处理的物流活动，以合同方式委托给专业物流服务企业，同时通过信息系统与物流企业保持密切联系，以达到对物流管理控制的一种物流运作与管理方式。因此第三方物流又称为合同制物流。

国家标准《物流术语》对第三方物流所下的定义是：由供方与需方以外的物流企业提供物流服务的业务模式。根据定义，第三方物流主要由以下两个要件构成。第一，主体要件，即在主体上是指“第三方”，表明第三方物流是独立的第三方企业，而不是依附于供方或需方等任何一方的非独立性经济组织。第二，行为要件，即在行为上是指“物流”，表明第三方物流从事的是现代物流活动，而不是传统意义上的运输、仓储等。

### 6.2.2 自建物流与第三方物流的区别

自建物流是指由物资需求者自己解决所需物资的物流问题，以实现物资的空间位移。传统上的一些较大规模的商业部门都备有自己的运输工具和储存商品的仓库，以解决从供应站到商场的物流问题。随着市场竞争的加剧，以及对效率的追求，使得在组织之间的社会劳动分工日趋细化。企业为了提高自己的核心竞争能力，降低成本，增加企业发展的柔性，越来越愿意将自己不熟悉的业务分包给其他社会组织承担。正因为如此，一些条件较好的，原来从事与物流相关的运输企业、仓储企业、货代企业开始拓展自己的传统业务，进入物流系统，逐步成长为能够提供部分或全部物流服务的企业，这种服务称为“第三方物流”。自建物流也有仓储、运输、包装、装卸等物流环节，但从物业企业与其服务对象的关系上看，其核心还是运输。

第三方物流是一个有着国家标准化概念的物流方式，而自建物流的概念是相对的，没有绝对的标准化。凡是没有参与委托方的供应链管理的物流企业，都属于自建物流组织。简单地说，自建物流是由需求方自主运营的物流，第三方物流是由供方和需方以外的第三方以合同的形式，给供方或者需方提供物流服务。

第三方物流的特征是渗透供应链管理，自建物流的基础表现是零担与专线。

专线，是在两个城市之间的物流活动，也就是城际物流的概念。城际之间可以当天往返的短途运输，一般不设专线。专线物流一般以省际专线为单位，向中、远程发展，同一地区的对应城市，一般合并为一个大的地区级城际专线概念，有些货量不够集中的专线，则会在周边物流集中和发达城市设置共享专线。专线要盈利，就要实现往返整车拉货，有效降低运输成本。所以，专线物流商至少有两个城市点的站场接应，这样才能在接收货物后，将货物配送到终端客户手中。专线的车型也在向大型货车发展，以期一次往返成本能拉更多的货。经营专线需要实力。以省际为目标开通的专线，其运输网络能力最起码要覆盖这个省的所有地级市，在大城市要覆盖到区；在地级市或县、区为节点设置站场，都需要投入或建立联盟。专线组织严密，车辆和驾驶员都是可控的，其安全度及实际赔付信用度还是很高的。

零担，常规定义是指一张运单（一批）托运的货物重量或容积不够装一车。事实上，零担的概念发展到今天，还需要从另一个角度去看，即委托方的发货，在相当多的情况下，其货量超过了若干个整车的货量，但这些货量是面向多条城际专线的。委托方对于零担物流供应商来说，可以是整车货量，但对于专线物流供应商来说，却是零散货量。因此，零担物流商做的是化整为零的工作。在自建物流里，零担不需要像专线那样做站场投入，一张办公桌、一部电话就可以开展业务。但它是最活跃、最复杂的业态，其带来的信息流、商贸流、车流、人流更不容小觑。

无论是第二方还是第三方物流，其现代化的标志一定是信息化。对于发展自建物流，并不缺乏现代化的信息技术，只是缺乏正视，以致这个实际的主力军群体被边缘化。因此，要实现自建物流集聚平台的信息化，首先要突破本地、外地物流的地区观念，寻找一个正视的角度，这样，自建物流平台的现代化推进自然事半功倍。自建物流现代化突破的关键不是信息化技术问题，也不是向第三方物流转型问题，而是需要在观念上的平等对待。如果说，第三方物流的核心物流能力在于储能+供应链管理，那么，自建物流的核心物流能力就在于它的公共运力。就发展来说，没有一个规范的、现代化的运力作为第三方物流的配套，即使第三方物流发展起来，也将是“瘸腿”的。

在麦当劳的物流中，质量永远是权重最大、被考虑最多的因素。麦当劳重视品质的精神，在每一家餐厅开业之前便可见一斑。餐厅选址完成之后，首要工作是在当地建立生产、供应、运输等一系列的网络系统，以确保餐厅得到高品质的原料供应。无论何种产品，只要进入麦当劳的采购和物流链，必须经过一系列严格的质量检查。麦当劳对土豆、面包和鸡块都有特殊的严格要求。比如，在面包生产过程中，麦当劳要求供应商在每个环节加强管理。装面粉的桶必须有盖子，而且要有颜色，不能是白色的，以免意外破损时碎屑混入面粉，而不易分辨；各工序间运输一律使用不锈钢筐，以防杂物碎片进入食品中。谈到麦当劳的物流，不能不说到夏晖公司，这家几乎是麦当劳"御用3PL"（该公司的客户还有必胜客、星巴克等）的物流公司，他们与麦当劳的合作，至今在很多人眼中还是一个谜。麦当劳没有把物流业务分包给不同的供应商，夏晖也从未移情别恋，这种独特的合作关系，不仅建立在忠诚的基础上，麦当劳之所以选择夏晖，在于后者为其提供了优质的服务。而麦当劳对物流服务的要求是比较严格的。在食品供应中，除了基本的食品运输之外，麦当劳要求物流服务商提供其他服务，比如信息处理、存货控制、贴标签、生产和质量控制等诸多方面，这些"额外"的服务虽然成本比较高，但它使麦当劳在竞争中获得了优势。另外，麦当劳要求夏晖提供一条龙式的物流服务，包括生产和质量控制在内。因此，夏晖设在台湾的面包厂全部采用了统一的自动化生产线，制造区与熟食区加以区隔，厂区装设空调与天花板，以隔离落尘，易于清洁，应用严格的食品与作业安全标准。所有设备由美国SASIB专业设计，生产能力每小时2万多个面包。在专门设立的加工中心，物流服务商为麦当劳提供所需的切丝、切片生菜及混合蔬菜，拥有生产区域全程温度自动控制、连续式杀菌及水温自动控制功能的生产线，生产能力为每小时1500kg。此外，夏晖还负责为麦当劳上游的蔬果供应商提供咨询服务。麦当劳利用夏晖设立的物流中心，为其各个餐厅完成订货、储存、运输及分发等一系列工作，使得整个麦当劳系统得以正常运作，通过它的协调与联接，使每一个供应商与每一家餐厅达到畅通与和谐，为麦当劳餐厅的食品供应提供最佳的保证。目前，夏晖在北京、上海、广州都设立了食品分发中心，同时在沈阳、武汉、成都、厦门建立了卫星分发中心和配送站，与设在香港和台湾的分发中心一起，斥巨资建立起全国性的服务网络。案例包含了供应物流、生产物流跟销售物流三方面，而对供应物流和销售物流来说，夏晖公司的特别之处在于，它不仅扮演了第三方物流公司的角色，而且还承担着供应商的责任。一方面可以说是麦当劳采用了委托第三方物流代理的方式完成其制造、库存、配送及管理；另一方面，麦当劳完全采用了供应商代理的形式，由供应商掌握其库存，采购也是由夏晖公司来完成，这样，二者之间的关系也就完全成为了伙伴型，不管夏晖是作为第三方物流公司也好，作为供应商也好，无疑都在整个物流运作过程中起到了不可忽视的作用。麦当劳遵从了企业物流合理化近距离的原则，夏晖采用了准时供应方式，夏晖还采用了供应链采购，麦当劳与夏晖的这种合作关系既属于长期目标型，又属于渗透型。随着第三方物流的兴起，并能提供日趋完善的物流服务，使得自建物流也逐渐失去了原有的一些优势。

### 6.2.3 我国第三方物流发展现状

20世纪90年代中期，第三方物流的概念开始传到我国，它是运输、仓储等基础服务行业的一个重要发展。近几年，随着市场经济体制的完善和企业改革的深入，企业自我约束机制增强，外购物流服务的需求日益增大。

从第三方物流企业的形式结构看，大体有4个途径，第一是传统仓储、运输企业经过改造转型而来的，占据较大市场份额。第二是新创办的国有或国有控股的新型物流企业，它们是现代企业改革的产物，管理机制比较完善，发展比较快。第三是外资和港资物流企业，它们一方面为原有客户——跨国公司进入中国市场提供延伸服务，另一方面用它们的经营理念、经营模式和优质服务吸引中国企业，逐渐向中国物流市场渗透。第四是民营物流企业，由于机制灵活、管理成本低等特点，它们发展迅速，是我国物流行业中最具朝气的第三方物流企业。

从提供的服务范围和功能来看，我国的第三方物流企业仍以运输、仓储等基本物流业务为主，加工、配送、定制服务等增值服务功能还处在发展完善阶段。像宝供、中海这样功能完善的第三方物流企业目前为数不多，规模也不是很大。中远集团、中外运集团、中国储运总公司这样大型的运输、仓储企业虽已向第三方物流企业转化，但它们的传统运输、仓储业务仍占主要部分，第三方物流的功能还不完善。中国仓储协会的调查也说明生产企业和商业企业的外包物流主要集中在市内配送、单纯仓储和干线运输。其中生产企业的外包物流分为单纯仓储、干线运输、市内配送、包装；商业企业的外包物流分为单纯仓储、干线运输、市内配送、包装。可见生产企业和商业企业外包物流主要以“分包”为主，即将不同功能的业务分别委托给不同的企业，这从物流供给的角度看，第三方物流企业为用户提供一揽子服务的比重不大。

目前，我国第三方物流的服务对象主要集中在企业，其中包括外资企业、民营企业和少数改制后的国有企业。中外第三方物流服务企业加速扩张，涌现出许多物流企业；物流服务功能显著改善，出现了像中远集团、中外运集团等既有规模又有效益的物流企业。但从整体上看，企业规模不大，服务水平不高，第三方物流还只停留在某一个层面或某一个环节上，没有实现从原材料供给到商品销售整个供应链的全程服务，也没有形成真正意义上的网络服务。

### 6.2.4 我国第三方物流发展的制约因素

中小工业企业在国家“放小”“扶小”的政策指导下，进行改制和新机制规范运作的改变。国家对中小工业企业的信贷金融政策，以及引导中小企业调整、改革和发展的主要措施，市场竞争、社会的发展变化都将成为影响中小企业的外部环境因素。但是，中小工业企业长期采用“大而全”“小而全”生产模式和经营观念，物流活动及其组织管理呈现分割和封闭状况，必定对第三方物流发展产生内在的重要影响。目前，我国第三方物流发展的制约因素主要表现为以下几个方面。

（1）观念的影响。中小工业企业一般实行单一的生产管理，企业经营范围封闭，缺乏进入市场和社会的一体化模式，习惯于传统的企业储运方式，重生产、轻储运，难以形成现代物流管理思想，对第三方物流存在认识上观念上的障碍，这是影响第三方物流发展的根本因素。

（2）结构的影响。中小企业量大面广，总规模不小，但组织和产业结构不合理，造成低水平重复建设、重复投入，在相当多行业产品供大于求、结构性过剩，普遍存在产业关联度较低，缺乏社会化、专业化分工协作，这是影响第三方物流发展的重要因素。

（3）技术的因素。虽然信息产业给中小企业注入了大量高新技术，但资源与技术构成不合理，普遍存在设施设备老化，物流技术水平低，难以适应现代化专业物流发展的需要，这是影响第三方物流发展的主要因素。

(4) 管理的因素。大多数中小工业企业在较大程度上缺乏较为科学的内部管理制度，缺乏管理组织能力；在生产管理上处于混乱状态，在组织经营上处于无序状态。产前没有市场调研，没有严格的成本核算；产中没有生产控制，没有营销策略；产后没有售后服务。这是制约第三方物流发展的基础因素。

(5) 人才的因素。中小企业普遍存在员工素质低，知识构成不合理，人才匮乏，缺乏创新能力的情况，是制约第三方物流发展的核心因素。

### 6.2.5 我国第三方物流的发展特征

第三方物流作为企业作业管理的协作者、物流服务的整合者以及物流外包的契约人，日趋成为现代物流主流服务模式。一个国家的第三方物流发展水平代表着本国物流的发展进程。在全国经济快速发展的新形势下，大力发展以第三方物流为特征的现代物流服务既是推动我国经济质量升级的一条重要渠道，也是我国传统运输物流企业转型的必然要求。自20世纪90年代中期，第三方物流伴随现代物流理念传入我国以来，已经有了长足发展，并呈现出较为明显的特征。主要的特征有以下几点：

(1) 总体规模偏小、发展潜力巨大。第三方物流在我国处于起步阶段。企业物流和公众物流服务仍然是社会物流的主要形式，严格意义上的第三方物流有效需求不足的局面短时期难以明显改观。同时，第三方物流在中国已经有了近20年的探讨过程和发展过程，在全球经济一体化影响下，我国正在成为第三方物流发展最迅速的国家之一。

(2) 需求的不平衡性较强。物流需求不足、需求层次低。不同企业间的物流理念以及物流需求层次差异性很大，先进的与传统的物流模式并存。一方面，我国日趋成为全球制造业的中心，进入我国的先进制造业和分销业产生高端的物流需求，第三方物流需求主要集中在外资领域。这些企业物流理念先进、物流外包水平高、供应链管理要求严格且自主性较强，对第三方物流服务需求迫切、要求高。另一方面，我国物流社会化、专业化程度依然较低。国内企业与外资企业物流形式、形态存在明显的差异。物流需求不足是第三方物流企业当前面临的主要问题。在某种程度上已严重制约了第三方物流企业的快速发展。

由于我国企业总体的管理水平与发达国家相比还比较低，现代管理意识还不够。而且企业在发展的过程中受到体制等诸多社会因素的限制，对采用高水平的物流服务还不能马上接受。目前我国工商企业对第三方物流服务的需求层次比较低，主要仍集中在对基本常规项目的需求上。首先生产企业外包的服务类型仍然是以干线运输为主，其次是市内配送和储存保管。商业企业需求的服务首先是市内配送，再次才是储存保管和干线运输。企业对增值性高、综合的物流服务如库存管理、物流系统设计、物流总代理等的需求还很少。这种先进与落后物流形态并存的现象造成了我国物流需求的多元化和社会物流结构的不均衡性。

(3) 网络化缺乏先进技术支持。技术是第三方物流的基础。现代信息技术实现了数据处理的实时化和传递的高速化，提高了仓库管理、装卸运输、采购订货、配送发运、订单处理等物流作业的自动化水平，使进货、储存、流通加工、包装、运输实现一体化。EDI技术、卫星全球定位系统、计算机辅助运输线路设计和车辆配载等现代科技手段在物流领域中的应用，极大地提升了物流的运作效率。但是，我国国内电子商务企业的物流配送体系，还没有真正达到整个物流配送过程的电子化，大多数还是仅仅依赖已有的商业销售网点，不注重提高物流配送的服务水平。在配送运输的网络规划方面，重复建设和不合理规划的现象较多。同时，新技术和新设施因为投资巨大，而且要求与客户之间建立接口，致使不少企业对之望而却步，这种情况影响了物流企业综合竞争实力的提高。

(4) 物流企业服务功能不健全。不同企业存在不同的物流服务需求，第三方物流必须根据不同企业的企业形象、业务流程、产品特征、顾客需求等方面要求，提供针对性强的个性化服务，同时在发展过程中不断强化自身所提供物流服务的个性化和特色化。第三方物流所提供的是专业的物流服务。从物流设计、物流操作过程、物流技术工具、物流设施到物流管理，必须体现专业水平。但是，我国目前的第三方物流公司多是传统运输、仓储和物资购销企业的转型，所提供的服务也往往局限于过去的业务领域，能提供全方位物流服务的企业不多。大多数物流企业只能提供单项或分段的物流服务，物流功能主要停留在储存、运输和城市配送上，相关的包装、加工、配货等增值服务不多，不能形成完整的物流供应链。

### 6.2.6 我国第三方物流的发展思路

国内市场的国际化，使众多的外资物流供应商进入到国内物流市场，这给我国第三方物流业带来了严峻的挑战。当务之急是采取切实有效的措施，加快我国第三方物流的发展，缩小与发达国家的差距。

#### 6.2.6.1 优化资源配置，增强第三方物流的主动性

企业是发展第三方物流的主体。传统的物流服务企业要按照第三方物流的服务理念、运作模式，提供专业化、个性化的服务，提升自身的物流服务水平。主动与国外著名的物流企业进行合作，引入现代化的管理理念和市场化的服务理念，实现资源的优化配置和规模经营。物流业务通常是多种多样的，量小而且交易频繁，物流企业必须具备迅速有效、成本低廉且能正确处理这些交易的能力，以“快速反应”的能力来取得市场的竞争优势。新世纪的物流企业要改变过去“利润来自客户”的传统观念，以创造价值的新理念实现企业和客户的双赢。

#### 6.2.6.2 树立服务品牌

A 加强物流服务管理创新

面对国外物流企业纷纷抢滩中国市场，我国第三方物流企业必须迅速进行服务管理创新，以期在激烈的市场竞争中生存和发展。现代物流不仅仅是实物流，更是信息流、资源流、人流和商流的协调运作。任何一个环节出问题，都会大大降低物流活动的效率，进而影响企业的经济效益。因此，第三方物流企业必须认清形势，充分发挥企业自身优势。以顾客为核心，超越传统功能性物流服务的辖区，为其量身制定适合其自身发展的服务管理方案，提供个性化、差异化、专业化的物流服务。同时，还要注重售后服务，开展服务稳定性的调查，检查以往的顾客服务的工作实绩，更重要的是，要发现服务工作中的不足。这是新一轮售前服务的开始，目的是通过改进服务，巩固已有的顾客关系，发掘潜在的新顾客，扩大市场占有率。

B 强化增值服务，发展战略联盟关系

根据物流业的发展趋势看，那些既拥有大量物流设施、健全网络，又具有强大全程物

流设计能力的混合型公司发展空间最大，只有这些企业能把信息技术和实施能力融为一体，提供“一站到位”的整体物流解决方案。因此，我国物流企业在提供基本物流服务的同时，要根据市场需求不断细分市场，拓展业务范围，以客户增效为己任，发展增值物流服务，广泛开展加工、配送、货代等业务；甚至还提供包括物流策略和流程解决方案、搭建信息平台等服务，用专业化服务满足个性化需求，提高服务质量，以服务求效益。公司要通过提供全方位服务的方式，与大客户加强业务联系，增强相互依赖性，发展战略伙伴关系。

C 树立一体化物流服务理念

一体化物流服务不是简单地各个功能服务报价的汇总，而是从整个系统的角度出发，形成一个完整的“价值链”。通过对从原料、半成品和成品的生产、供应、销售直到最终消费者的整个过程中物流与资金流、信息流的协调，以降低顾客物流总成本为目标制定解决方案，并根据优化的方案进行整体服务报价，以此来满足顾客的需要。第三方物流企业应把顾客的需求作为一个整体，为顾客设计物流系统，选择和评价运输商、仓储商及其他物流服务提供商，为其提供多种物流管理和决策服务，不断创造新的盈利机会。

6.2.6.3 有效整合资源，保证供应链畅通

第三方物流处于供应链的中间位置，一端连着供应商，另一端连着销售商，第三方物流企业对供应链上的每一个节点，进行合理、有效的整合是保证供应链畅通的关键因素：

（1）销售商整合。第三方物流企业往往同时为多个销售商提供物流服务，在服务过程中，通过对销售商的物流业务进行整合，选择互补的销售商，使运输工具的配备和调动与之相适应，提高物流作业能力的利用程度。充分利用企业的人力资源、设施能力、信息系统能力，实现规模经济，有效降低成本。

（2）供应商整合。第三方物流是在对供应商进行整合的基础上为客户提供一站式一体化的综合物流服务的。通过同供应商共同开发市场或展开业务层面的协作，提高第三方物流企业的服务水平，创立品牌，实现整合效益。

（3）第三方物流企业间的整合。企业间的整合属于横向整合，目的是为了实现物流的规模化和网络化。利用第三方物流企业之间的地域互补性，通过联盟拓展物流服务网络，通过兼并达到规模效应。

6.2.6.4 重视物流服务团队建设，加强物流人才培养

物流服务水平的高低在很大程度上取决于人力资源的素质，取决于企业团队的综合能力和竞争意识。物流企业服务内容项目繁多、工作复杂，要保持物流供应链的畅通，就必须有一支由各种专业人才组成的团队，使企业提供的各项服务都能够以专门技术和管理技能人才为依托。国外物流业的发展表明，物流和配送方面的从业人员应当具有一定的物流知识水平和实践经验，物流配送教育和培训非常发达，形成了比较合理的物流人才的教育和培训系统。我国的物流人才相对短缺，因此，应该广泛开展物流培训与教育。第一，培养专业化、高素质的物流经营管理技术人才。职业教育是培养物流和配送人才最重要和最经济的方式，我国可以按照国际通行方法，建立完善的物流教育和培训体制，广泛为经济管理各专业的学生开设物流课程，形成较合理的物流人才教育培训系统。第二，物流系统的运作需要电子商务经营者的支持与理解，通过向电子商务经营者提供培训服务，培养他们与物流中心经营管理者的认同感，提高电子商务经营者的物流管理水平，及时将物流中心经营管理者的要求传达给电子商务经营者，方便确立物流作业标准。

## 6.3 第四方物流

近年来，在现代物流的基础上，衍生出了一种新型社会化物流形式——第四方物流。在这种模式下，专业物流公司依靠复杂的信息技术与客户的制造、分销、数据在线连接，对客户的供应链业务从事专业化管理。第四方物流不仅对特定物流活动进行控制和管理，而且对整个物流过程提出策划方案，并通过电子商务将这个过程集成起来。这种新业态的出现可以有效地实现对企业供应链的全方位管理，使物流企业与客户之间的战略伙伴关系得以有效建立和稳固。

### 6.3.1 第四方物流的基本概念

著名的管理咨询公司埃森哲公司于1998年首先提出第四方物流的概念，他们认为："第四方物流供应商是一个供应链的集成商，它对公司内部和具有互补性的服务供应商所拥有的不同资源、能力和技术进行整合和管理，提供一整套供应链解决方案。"它的主要作用是：对制造企业或分销企业的供应链进行监控，在客户和物流信息供应商之间充当唯一"联系人"的角色。同时，从这个定义还可以看出，第四方物流是有领导力量的物流提供商，它通过提高整个供应链的影响力，提供综合的供应链解决方案，为其顾客带来更大的价值。显然，第四方物流是在解决企业物流的基础上，整合社会资源，解决物流信息充分共享、社会物流资源充分利用的问题。

第四方物流是一个供应链的集成商，一般情况下，政府为促进地区物流产业发展领头搭建第四方物流平台、提供共享以及发布信息服务，是供需双方及第三方物流的领导力量。它通过拥有的信息技术、整合能力以及其他资源提供一套完整的供应链解决方案，以此获取一定的利润。它是帮助企业实现降低成本和有效整合资源，依靠优秀的第三方物流供应商、技术供应商、管理咨询以及其他增值服务商，为客户提供独特和广泛的供应链解决方案。

第四方物流负责第三方物流之外的功能整合，因为全球性供应链管理，单靠第三方物流来组织、整合，不可能做到包罗万象，除了要保持速度及有效运作，它必须围绕本身性质和重整来经营，采用合作而不是直接控制的方法，来获得能力。为此，需将单个组织以外的知识与资源纳入第四方物流。

### 6.3.2 第四方物流的主要特点

与第三方物流注重实际操作相比，第四方物流更多地关注整个供应链的物流活动，这种差别主要体现在以下几个方面，并形成第四方物流独有的特点：

(1) 4PL供应链解决方案。第四方物流有能力提供一整套完善的供应链解决方案，是集成管理咨询和第三方物流服务的集成商。第四方物流和第三方物流不同，不是简单地为企业客户的物流活动提供管理服务，而是通过对企业客户所处供应链的整个系统或行业物流的整个系统进行详细分析后提出具有指导意义的解决方案。第四方物流服务供应商本身并不能单独地完成这个方案，而是要通过物流公司、技术公司等多类公司的协助才能将实施方案。

第三方物流服务供应商能够为企业客户提供相对于企业的全局最优，却不能提供相对于行业或供应链的全局最优。因此第四方物流服务供应商就需要先对现有资源和物流运作流程进行整合和再造，从而达到解决方案预期的目标。第四方物流服务供应商整个管理过程涉及4个层次，即再造、变革、实施和执行。

（2）产生影响增加价值。第四方物流通过对供应链产生影响的能力来增加价值，在向客户提供持续更新和优化的技术方案的同时，满足客户的特殊需求。第四方物流服务供应商可以通过物流运作的流程再造，使整个物流系统的流程更合理、效率更高，从而将产生的利益在供应链的各个环节之间进行平衡，使每个环节的企业客户都可以受益。如果第四方物流服务供应商只是提出一个解决方案，但是没有能力来控制这些物流运作环节，那么第四方物流服务供应商所能创造价值的潜力也无法被挖掘出来。因此，第四方物流服务供应商对整个供应链所具有的影响能力直接决定了其经营的好坏，也就是说，第四方物流除了具有强有力的人才、资金和技术以外，还应该具有与一系列服务供应商建立合作关系的能力。

（3）具备多种管理能力。第四方物流企业具备制定供应链策略、进行业务流程再造、具备技术集成和人力资源管理的能力，如在集成供应链和外包能力方面处于领先地位，并能够管理多个不同的供应商等。

### 6.3.3 第三方物流与第四方物流的区别

第三方物流与第四方物流的区别就在于，第三方物流是指生产经营企业为集中精力搞好主业，把原来属于自己处理的物流活动，以合同方式委托给专业物流服务企业，同时通过信息系统与物流企业保持密切联系，以达到对物流全程管理的控制的一种物流运作与管理方式。第四方物流被定义为“一个供应链集成商，调集和管理组织自己的以及具有互补性的服务提供商的资源、能力和技术，以提供一个综合的供应链解决方案”。它提供可以通过整个供应链的影响力，提供综合的供应链解决方案，也为其客户带来更大的价值，并能在解决企业物流的基础上，整合社会资源，使物流信息充分共享、社会物流资源充分利用。

第四方物流与第三方物流相比，其服务的内容更多，覆盖的地区更广，对从事货运物流服务的公司要求更高，要求它们必须开拓新的服务领域，提供更多的增值服务。第四方物流最大的优越性在于它能保证产品“更快、更好、更低成本”地送到需求者手中。在当今经济形式下，货主/托运人越来越追求供应链的全球一体化以适应跨国经营的需要，跨国公司由于要集中精力在其核心业务上，因而必须更多地依赖于物流外包。基于这个道理，它们不只是在操作层面上借助外力，而且在战略层面上也需要借助外界的力量，昼夜都能得到“更快、更好、更低成本”的物流服务。据专家分析，第四方物流要比第三方物流利润更加丰厚，因为他们拥有专业化的咨询服务。尽管这一块服务目前规模尚小，但在整个竞争激烈的中国物流市场上将是一个快速增长的部分。

### 6.3.4 第四方物流的运作模式

结合自身的特点，第四方物流有协同运作模式、方案集成商模式及行业创新者模式3种运作模式，它们之间虽然略有差别，但都体现出第四方物流的特点。

6.3.4.1 协同运作模式

该运作模式下，第四方物流只与第三方物流有内部合作关系，即第四方物流服务供应商不直接与企业客户接触，而是通过第三方物流服务供应商将其提出的供应链解决方案、再造的物流运作流程等进行实施。这就意味着，第四方物流与第三方物流共同开发市场，在开发的过程中第四方物流向第三方物流提供技术支持、供应链管理决策、市场准入能力以及项目管理能力等，它们之间的合作关系可以采用合同方式绑定或采用战略联盟方式形成。

6.3.4.2 方案集成商模式

该运作模式下，第四方物流作为企业客户与第三方物流的纽带，将企业客户与第三方物流连接起来，这样企业客户就不需要与众多第三方物流服务供应商进行接触，而是直接通过第四方物流服务供应商来实现复杂的物流运作的管理。在这种模式下，第四方物流作为方案集成商除了提出供应链管理的可行性解决方案外，还要对第三方物流资源进行整合，统一规划，为企业客户服务。

6.3.4.3 行业创新者模式

行业创新者模式与方案集成商模式有相似之处：都是作为第三方物流和客户沟通的桥梁，将物流运作的两个端点连接起来。两者的不同之处在于：行业创新者模式的客户是同一行业的多个企业，而方案集成商模式只针对一个企业客户进行物流管理。在这种模式下，第四方物流提供行业整体物流的解决方案，这样可以使第四方物流运作的规模更大限度地得到扩大，使整个行业在物流运作上获得收益。

第四方物流无论采取哪一种模式，都突破了单纯发展第三方物流的局限性，能真正的低成本运作，实现最大范围的资源整合。因为第三方物流缺乏跨越整个供应链运作以及真正整合供应链流程所需的战略专业技术，第四方物流则可以不受约束地将每一个领域的最佳物流提供商组合起来，为客户提供最佳物流服务，进而形成最优物流方案或供应链管理方案。而第三方物流要么独自，要么通过与自己有密切关系的转包商来为客户提供服务，它不太可能提供技术、仓储与运输服务的最佳结合。

## 6.4 电子商务企业的第三方物流管理策略

随着社会经济的发展和基础设施的不断完善，物流业在现代经济体系中的地位将大幅度提高，企业供应链将实现短路化，第三方物流将成为电子商务环境下物流企业的主要形式，采购将更方便，价格将更低，将成为现金流、信息流与物流的汇聚中心。库存集中化得到实现，运输被划分为一次运输与二次运输，更方便的“多式联运服务”被广泛提供，环形信息供应模式成为物流作业的主要依据。

### 6.4.1 国内目前电子商务形态的第三方物流

国内目前电子商务形态的第三方物流分为委托代理和隐名代理两种形式。

6.4.1.1 委托代理

委托代理理论从不同于传统微观经济学的角度来分析企业内部、企业之间的委托代理关系，第三方物流企业接受客户委托，根据客户提出要求处理相关货物。其实这种业态的经营模式实质是一个委托的法律关系，从物流学意义上属于初级业态。其表现形式是以处理委托人事务为目的，根据委托事项支付一定费用，受托人（物流企业）根据实际成本加上利润收受费用并提供相应服务。目前中国物流刚刚起步，因此大多数物流企业都是基于这层委托关系而成立的。

6.4.1.2 隐名代理

另外一种模式是物流企业根据客户要求，以物流企业名义向外寻求供应商、代理商、分销商，同时又向客户提供相应的仓储、运输、包装等服务，为客户设计物流计划。该模式往往是从事第三方物流服务的企业通过与固定客户建立稳定的契约关系，以物流企业名义与生产建立广泛的商品关系，是第三方物流和终端客户建立长时间联盟合作。这种经营模式是第三方物流的高级经营业态。

### 6.4.2 第三方物流的使用和管理

目前业内对第三方物流的使用和管理集中在对供应链中的物流进行计划和管理，第三方物流是由物流劳务的供应方、需求方之外的第三方去完成物流服务的专业化运作方式。具有如下主要特征：第三方物流是建立在现代电子信息技术基础上的；第三方物流是合同导向的一系列服务；第三方物流提供个性化服务；企业之间是联盟关系。

明确这些特征之后，电子商务网站可以根据自己的能力实现下面的与自身相关的管理的整合。

6.4.2.1 合同管理

无论第三方物流承接的是何种项目，必须做好物流合同的管理工作。一般可以根据合同生命周期的不同阶段来进行管理。即建立合同、合同修改与中止、合同执行及跟踪。第三方物流与电子商务中心签订的服务合同中应包括如下内容：购买物流服务方和销售物流服务方的公司名称、物流服务内容、物流服务时间（合同起止时间）、设计物品数量、服务收费、付款方式及时间、服务要求（质量要求、验收方法等）、服务方法（工具、交货方式）、违约经济责任及处理方法等。

6.4.2.2 能力管理

对于电子商务网站来说，最为关心的就是第三方物流的配送能力，它包括第三方物流的运输、装卸和设备能力，电子商务网站对第三方物流的选择在很大程度上是基于第三方物流配送能力的。通过标杆管理，整合、共享公司各种资源，形成高效、标准化的作业模式，使有效的管理模式在各部门、各连锁公司内部推广、扩大，全面激发人员潜能，以提升企业的综合竞争力。

6.4.2.3 信息管理

物流供应链的运动离不开信息的传递与反馈，第三方物流必须实施良好的信息管理。主要包括企业信息系统建设及日常信息的接收、存储、处理、发送，物流信息的采集与获取、物流信息处理、物流信息存取、物流管理信息系统的开发、物流管理信息系统的功能及运作等，以及对物流企业内部网络建设、物流信息管理系统的网络开发环境。

6.4.2.4 运力管理

使用第三方物流的电子商务网站对按时送货的保障为：对第三方物流中心的运力计划

和管理，保证安排送货的运力和时间。运力管理的主要发展方向是：

（1）第三方物流的内部运输规划。对第三方物流运输管理的关键是对各种货物进行运输需求整合及运输路线优化。在不影响运输质量前提下进行拼车混装，达到整合的目的，实现规模经济。

（2）在供应链中将第三方物流作为一个整体应用。供应链在使用第三方物流时不考虑其内部运输规划问题，仅根据企业外部和内部供应链的运作情况及生产作业安排选用第三方物流。第三方物流企业向电子商务网站提供的是一种集成运输模式。这种集成运输模式采用多式联运，实现对顾客的门到门的服务，作业活动复杂，影响运输成本及运输质量的因素众多，因此管理主要集中在车辆规划问题上。

#### 6.4.2.5 车辆路径问题

车辆路径问题（Vehicle Routing Problem，VRP）是指运输车辆从一个或多个设施到多个地理上分散的客户点，优化设计一套货物流动的运输路线，同时要满足一系列的线性规划法。

### 6.4.3 实例分析——联想：采用第三方物流的电子商务运营商佼佼者

尽管采用第三方物流可以通过专业分工来提升物流配送效率，进而有效地降低电子商务企业在物流管理方面的风险，控制物流成本，但是其中带来的对物流商的管理和质量控制的难题，一直困扰着各大电子商务运营商。京东、苏宁和国美等大型电子商务运营商均在近期表示要投入大量经费进行物流建设；联想的成功，向市场提供了另外一种开展电子商务的物流选择。联想电子商务运营部门创新地将供应链管理通过外包的形式，与第三方物流商紧密合作，将自己不擅长的物流工作交付给专业机构，而自身则专注于电子商务中的营销和客户运营形式，有效地补充了自身物流能力的不足，为联想电子商务的突出表现提供了基础。联想的供应链管理与联想电子商务自身资源和能力有一定的相关性，但是联想在其供应链管理中的创新和努力，使其成为采用第三方物流的电子商务运营商中的佼佼者。联想在物流方面的特点主要有以下3点：

（1）充分利用联想原有的物流体系。由于联想及主要合作分销伙伴神州数码现有的供应链体系已经非常成熟，因此充分利用现有的资源开展电子商务是其最优的选择。同时，由于神州数码自身的定位是整合IT服务提供商，并不是单纯的分销商，因此联想电子商务的业务模式与神州数码的业务并不冲突。对于大多数传统企业来讲，现有的物流渠道体系已经成熟，如何高效地利用现有体系为自己的电子商务服务，可以帮助其快速降低，甚至迈过电子商务的物流门槛。

（2）物流方备货模式。通过物流服务提供商根据每月预测向联想的工厂提交订单，由物流服务商备货，降低联想的资金压力，并且最大限度地利用物流商对于供应链的经验和知识，保证供应链体系的柔性化。同时，联想还致力于将整个供应链流程电子化，使客户端的信息快速反馈到供应链后端。物流方备货是一种对于电子商务运营商来说非常有优势的模式，但是这种模式要求电子商务运营商在供应链中具有相当强势的地位，并不是每个运营商都有这种能力。但是，联想在供应链管理的过程中，充分利用前端数据，并且通过电子商务的手段将前端数据快速传递给生产商，保证了供应链的高效率，也值得其他传统企业学习。

（3）仓储和配送的细节优化。联想在保证客户体验和提升物流效率的平衡两大方面进行了大量的工作，包括要求对在售产品的主要型号都有一定备货以及配送速度方面的要求等。最终联想电子商务在达到了平均订单送达时间36个小时以内，每单物流成本皆远小于整体业绩。

联想电子商务的供应链管理与联想电子商务自身的资源和能力有一定的相关性，但是联想在其供应链管理中的创新和努力，使其成为采用第三方物流的电子商务运营商中的佼佼者。其他电子商务网站，应借鉴联想的管理创新，综合上述第三方物流的主流方式、管理内容，结合网站与第三方物流的合作关系特点，整合利用企业资源，成功有效地利用第三方物流实现网站的运营管理。

## 6.5 B2B电子商务企业合作物流企业的选择

B2B，也写成BTB，是Business-to-Business的缩写，是指企业与企业之间通过专用网络或Internet，进行数据信息的交换、传递，开展交易活动的商业模式。它将企业内部网，通过B2B网站与客户紧密结合起来，通过网络的快速反应，为客户提供更好的服务，从而促进企业的业务发展。

在面向B2B电子商务企业第三方物流服务模式中，3PL企业的服务能力直接影响到该模式是否能长期有效开展。B2B企业应该从客户需求角度出发，尽可能去除企业自身的主观偏好，通过客观衡量和有效分析，选择正确适合的3PL企业。根据对客户需求的把握，在挑选3PL合作伙伴时，主要依据以下几个标准：

（1）企业信誉及资质。通过认证机构对3PL企业注册地、注册资金、法人及申请人等信息进行审核，查看3PL企业是否有营业执照以及批号。从行业内或从3PL企业现有客户处了解该物流商的信誉，根据历史交易信誉进行评价，考察其物流服务质量，检查其是否具有承担网络配送责任的资质潜力。

（2）优良的物流服务能力。3PL企业具有一定的规模，业务网络覆盖范围广，能根据自身的相对优势和服务能力将有限的服务资源与市场服务需求进行匹配，在物流活动各环节提供相应的物流服务。能提供优良的物流服务和完善的售后服务，包括取货速度、发货速度、派货效率、理赔反馈等。3PL企业利用有限的资源服务于有限的客户群，对市场变化保持敏锐的反应，对客户的需求进行深度开发。紧紧把握自己的核心业务、核心地区、核心流程、核心环节、核心技术，注重捕捉客户需求变化信息，对现有客户物流服务需求进行深度挖掘。

（3）各种物流资源的整合能力。B2B企业要求第三方物流企业具有极强的综合服务能力。然而即使像中国邮政这样拥有庞大物流配送网络和配送人员的公司，也不具备这种综合服务能力。因此仅依靠一家企业实现电子商务的综合性物流服务是不现实的，只有多方合作，实现服务优势整合才能有效解决电子商务的物流瓶颈问题。

3PL企业必须具有整合各种物流资源的能力，通过与若干具备专业特色与互补特征的物流组织以契约结盟方式或合作分包的方式提高自身对专业市场的整体协调性和优势互补能力。通过B2B企业或自身系统将众多提供单项第三方物流服务（如单纯的仓储服务、配送服务等）或小型物流企业所能提供的物流服务按照B2B交易中的不同物流环节加以集成，按照客户的不同物流需求生成最优客户物流解决方案。对外承接来自 B2B 客户的物流业务，根据要求分包物流服务项目。例如有些运输是多式联运，涉及不止一家 3PL 企业，通常由一个有实力的 3PL 企业来协调。

（4）全面的物流服务功能。3PL 企业具有特定行业、特定区域的全面物流服务功能，如图 6-1 所示。

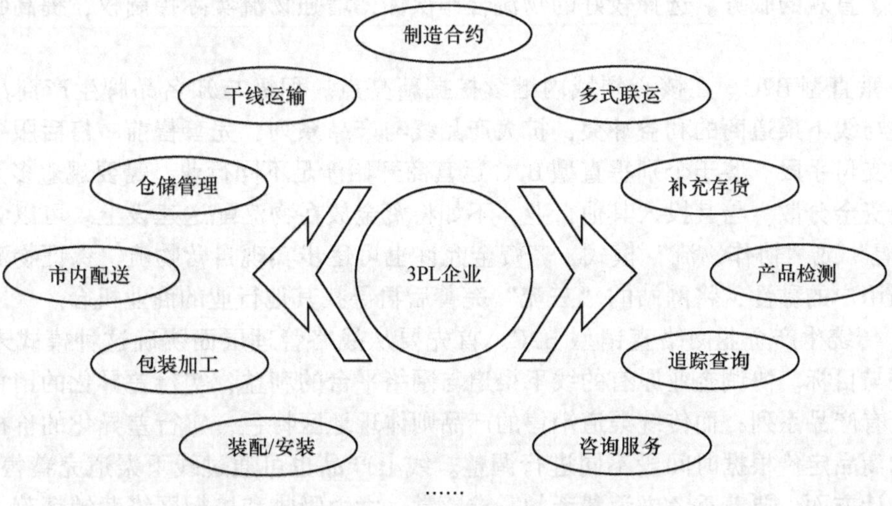


图 6-1　3PL 企业的服务功能

（5）完善的物流信息系统。3PL 企业建立有完善的物流信息系统，能够满足物流信息发布和客户信息查询的需要。另外，3PL 企业还应当有合理的、甚至极具竞争力的服务费用报价，具有高素质的物流从业人员。

通过以上标准，选择出合适的 3PL 企业同其建立良好的合作关系。一般而言，3PL 企业的能力越强，管理理念、客户服务策略越详细深入，则 B2B 企业越愿意同其建立合作。因此，在这种意义上，选择资产规模较大、信息化程度和管理水平较高、敢于承担风险并具有创业精神的 3PL 企业，对于有效降低“道德风险”，充分发挥物流企业的激励效能也将具有重要的作用。

## 6.6 B2C 电子商务企业如何选择合作物流企业

### 6.6.1 B2C 电子商务的分类

B2C 电子商务是按电子商务交易主体划分的一种电子商务模式，即表示企业对消费者的电子商务，具体是指通过信息网络以及电子数据信息的方式实现企业或商家机构与消费者之间的各种商务活动、交易活动、金融活动和综合服务活动，是消费者利用 Internet 直接参与经济活动的形式。

B2C 是企业对消费者直接开展商业活动的一种电子商务模式。这种形式的电子商务一般以直接面向客户开展零售业务为主，主要借助互联网开展在线销售活动，故又称为电子零售（电子销售）或网络销售。

B2C电子商务可分为：

（1）综合型B2C。发挥自身的品牌影响力，积极寻找新的利润点，培养核心业务。如亚马逊中国，可在现有品牌信用的基础上，借助母公司亚马逊国际化的背景，探索国际品牌代购业务或者采购国际品牌产品销售等新业务。网站建设要在商品陈列展示、信息系统智能化等方面进一步细化。对于新老客户的关系管理，需要精细客户体验的内容，提供更加人性化、直观的服务。选择较好的物流合作伙伴，增强物流实际控制权，提高物流配送服务质量。

（2）垂直型B2C。在核心领域内继续挖掘新亮点。积极与知名品牌生产商沟通与合作，化解与线下渠道商的利益冲突，扩大产品线与产品系列，完善售前、售后服务，提供多样化的支付手段。鉴于个别垂直型B2C运营商开始涉足不同行业，需要规避多元化的风险，避免资金分散。与其投入其他行业，不如将资金放在物流配送建设上。可以尝试探索"物流联盟"或"协作物流"模式，若资金允许也可逐步实现自营物流，保证物流配送质量，增强用户的黏性，将网站的"三流"完善后再寻找其他行业的商业机会。

（3）传统生产企业网络直销型B2C。首先要从战略管理层面明确这种模式未来的定位、发展与目标。协调企业原有的线下渠道与网络平台的利益，实行差异化的销售，如网上销售所有产品系列；而传统渠道销售的产品则体现地区特色，实行差异化的价格，线下与线上的商品定价根据时间段不同进行调整。线上产品也可通过线下渠道完善售后服务。在产品设计方面，要着重考虑消费者的需求感觉。大力吸收和挖掘网络营销精英，培养电子商务运作团队，建立和完善电子商务平台。

（4）第三方交易平台型B2C网站。B2C受到的制约因素较多，但中小企业在人力、物力、财力有限的情况下，B2C不失为一种拓宽网上销售渠道的好方法。首先中小企业要选择具有较高知名度、点击率和流量的第三方平台；其次要聘请懂得网络营销、熟悉网络应用、了解实体店运作的网店管理人员；最后是要以长远发展的眼光看待网络渠道，增加产品的类别，充分利用实体店的资源、既有的仓储系统、供应链体系以及物流配送体系发展网店。

（5）传统零售商网络销售型B2C。传统零售商自建网站销售，将丰富的零售经验与电子商务有机结合。有效地整合传统零售业务的供应链及物流体系，通过业务外包解决经营电子商务网站所需的技术问题。

（6）纯网商。纯网商指只通过网上销售产品的商家。纯网商的销售模式主要有自产自销和购销两种。纯网商是没有线下实体店的。

### 6.6.2 B2C电子商务企业物流存在的主要问题

我国B2C电子商务活动中，通过网站实现商流活动后，主要的问题在于没有一个有效的社会物流配送系统对实物的转移提供低成本的、适时的、适量的转移服务。B2C电子商务企业物流存在的主要问题有：

（1）物流发展落后于电商发展。近年来，随着电商产业的迅速崛起，对物流产业的需求不断增长，推动了物流平台的发展壮大；但从整体上来看，物流的发展是滞后于电商发展的。我国产业研究院数据研究表明，2016年全国电商交易额为25万亿元，快递业务达300亿件，增长比例为51.4%；2017年全国电商交易额为29.16万亿元，快递业务达401

亿件，增长比例为28%；2018 年全国电商交易额高达 37.05 万亿元，快递业务达 490 亿件，增长比例为22%。可知 2016~2018 年快递业务量的增长比例呈下滑趋势，因此，从这一角度上看，物流的发展是滞后于电商发展的。

（2）物流企业鱼龙混杂。据中物联数据报告显示，2005~2018 年 14 年中，物流企业共存在 6254 家，目前被评为 5A 级物流企业仅有不到 300 家，占比不足 5%。可见，我国物流企业数量规模虽大，但是能够符合全方位发展的物流企业数量却不容乐观，其原因很可能是物流市场产业集中程度低，造成了物流行业中物流企业的质量也良莠不齐。

（3）物流配送存在区域限制。虽然近年来我国不断加大对物流产业的投资建设，物流基础设施不断完善，但是仍存在物流规划与布局不合理的现象，物流仓储大多建在东部沿海地区，造成“东部物流热”现象，造成物流资源的浪费；并且物流基地并未规模性进入我国西部偏远地区，尤其是新疆、西藏地区，造成物流配送区域性不平衡。

（4）尚未形成健全的电商物流法律机制。我国电子商务仍处于由传统的电商物流模式向现代电商物流模式过渡的阶段，这使得电商物流法律体系还不够完善，目前我国没有明确对电商物流进行规范管理的法律文书，这会给物流企业在经营中带来一定的困扰。

（5）物流包装造成一定的环境压力。在当今 B2C 商务模式下，大部分物流的包装材料都造成了一定程度的资源浪费，而且也给环境造成了一定的压力。目前市场上频繁使用的防震泡沫、透明胶带及非降解型塑料袋等在内的包装物，无法实现有效的回收再利用，在一定程度上不仅造成了资源的浪费也易造成环境污染。

### 6.6.3 B2C 电子商务企业合作物流企业的选择

近年来，B2C 电子商务企业通常选择的物流合作企业有顺丰快递、联邦快递、申通快递、圆通快递、韵达、EMS 和极兔速递等快递公司，这些快递物流是商流的一部分，也是连接 B2C 电商、个人、行业从业者的纽带；他们与电商、新零售是共生关系，且已渗透人们的日常生活。选择快递公司时，可以参考以下几点：

（1）价格。这些年来，随着我国互联网行业的迅猛发展，快递行业也进入了爆发期。通常国外的快递公司服务好，但价格较高；国内的快递企业规模较小、价格较低、经营较灵活，B2C 电子商务企业可以从这些公司中选择符合需求的公司来合作。

（2）产品的尺寸。商品大且重的，可以选择铁路货运，或者承接大件货物的物流公司；商品小且较轻的，可以选择快递公司。

（3）产品的类型。根据商品的类型选择，有特殊要求的商品，比如生鲜、鲜花或精密仪器设备，可以选择冷链物流或专业的精密仪器物流公司；普通商品可以选择符合要求的快递公司。

（4）诚信。快递属于服务行业，他们的诚信影响电子商务企业的服务质量，因此，快递公司的诚信非常重要，B2C 电子商务企业可以先从行业内了解该快递公司的信誉、服务。快递重在短时间高效率，如果快件被耽搁，业务受影响或快件被损坏、丢失、送错等问题出现就涉及赔偿的问题，如果不选择一家信誉好的公司合作，很容易在送快件过程中出现纰漏，致使公司和业务双重受损。

（5）人员素质。在考虑了快递公司的各种硬件设施之后，要了解快递公司快递员的素质，因为快件是需要快递员直接经手的，如果快递员的个人素质不高，或者道德有问题，那很可能导致贵重物品的丢失、钱财的丢失等问题，这会直接影响到电子商务企业的信誉。

(6) 服务。快递提供的服务讲究时效性，因为涉及公司的业务，所以很多快件要求在非常短的时间里送到客户方，这就对快递公司的服务提出了要求。建议 B2C 电子商务企业在选择一家快递公司长期合作之前，要多对比几家快递公司的服务，根据需要进行选择。

## 6.7 C2C 交易卖家如何选择快递服务提供商

### 6.7.1 C2C 电子商务概述

C2C（Customer/Consumer to Customer/Consumer）是电子商务的专业用语，是个人与个人之间的电子商务。C2C 的意思就是消费者之间或个人与个人之间的电子商务。比如一个消费者有一台电脑，通过网络进行交易，把它出售给另外一个消费者，此种交易类型就称为 C2C 电子商务。

从理论上来说，C2C 模式是最能够体现互联网的精神和优势的，数量巨大、地域不同、时间不一的买方和同样规模的卖方通过一个平台找到合适的对家进行交易，在传统领域要实现这样大的工程几乎是不可想象的。同传统的二手市场相比，它不再受到时间和空间限制，节约了大量的市场沟通成本，其价值是显而易见的。

从实际操作来说，C2C 具有两方面的可操作性。

首先，C2C 能够为用户带来真正的实惠。C2C 电子商务不同于传统的消费交易方式。过去，卖方往往具有决定商品价格的绝对权力，而消费者的议价空间非常有限；拍卖网站的出现，则使得消费者也有决定产品价格的权力，并且可以通过消费者相互之间的竞价结果，让价格更有弹性。因此，通过这种网上竞拍，消费者在掌握了议价的主动权后，其获得的实惠自然不用说。

其次，C2C 能够吸引用户。打折永远是吸引消费者的制胜良方。由于拍卖网站上经常有商品打折，对于注重实惠的中国消费者来说，这种网站无疑能引起消费者的关注。对于有明确目标的消费者（用户），他们会受利益的驱动而频繁光顾 C2C；而那些没有明确目标的消费者（用户），他们会为了享受购物过程中的乐趣而流连于 C2C。如今 C2C 网站上已经存在不少这样的用户。他们并没有什么明确的消费目标，他们花大量时间在 C2C 网站上游荡只是为了看看有什么新奇的商品，有什么商品特别便宜，对于他们而言，这是一种很特别的休闲方式。因此，从吸引"注意力"的能力来说，C2C 的确是一种能吸引"眼球"的商务模式。

### 6.7.2 我国 C2C 模式发展存在的问题

C2C 模式虽然具有很大的发展潜力，但是在它仍然面临许多问题，并且，如果这些问题不能得到妥善的解决，将可能影响和制约 C2C 电子商务的发展。

(1) 法律制度完善。如今，网上交易尤其是移动支付在短短的几年之内发展相当迅速，但是相关电子商务领域的法律无法及时跟进，如通过物流渠道对客户信息进行买卖等。

（2）交易信誉难保证风险控制低。互联网的出现将电子商务的发展不受地域性的限制，而互联网上的虚拟性交易在 C2C 电子商务模式上的应用风险比其他的模式都要大，风险很难控制，C2C 电子商务的模式是个人和个人之间的交易，因此风险性更大。C2C 电子商务网站的运营商就要发挥一定的作用，加大交易体现中信誉的体现的建立，确保交易低风险下顺利进行。

（3）准入门槛低。卖家准入门槛低是 C2C 模式存在的一个根本性问题，C2C 几乎所有的问题都来源于此。注册认证一家网络店铺，只需要具备注册的要素即可完成认证。店主出售什么货物，货物的质量如何及货物来源于何处，网站并没有严格的审核机制，只能寄希望于店主的自律。

（4）技术实力有待提高。由于互联网的特点，基于互联网开展业务的公司必须具备很强的技术实力。对于 C2C 电子交易平台提供商来说，技术更是至关重要。只有拥有先进的技术，才能保证网络服务的不间断、保证用户资料的完整和准确，才能为用户提供更为安全和理想的交易环境。

### 6.7.3 C2C 交易卖家如何选择快递服务提供商

C2C 电子商务的快递物流在服务提供者、服务的用户、配送的商品以及对服务的要求等方面与普通快递以及 B2C 快递有着诸多的不同，在 C2C 交易卖家选择快递服务提供商时，可从以下几方面考虑。

（1）C2C 电子商务快递服务的用户。C2C，即消费者对消费者，在 C2C 用户中，除了交易占 15%左右的虚拟产品（比如话费充值、游戏点卡、酒店预订等），其他的交易便需要快递服务。因为在 C2C 实物交易中，商品由卖家经快递企业发出，经过一系列快递作业到达买家手中，而且在实际情况下，快递企业的选取很大程度上都是由买卖双方共同选择，所以卖方和买方都是快递服务的用户。

目前，C2C 平台上的活跃店铺数有上百万个，大部分人通过在 C2C 平台上从事销售工作的方式解决了就业问题。这些卖家虽然分布在全国各地，但分布数量呈现以下特点：大多在全国经济发达，贸易繁荣地区聚集；在货源地及其附近地区聚集；在国内商品信息丰富地区聚集。进驻 C2C 平台的商铺中，销售劳动密集型产品和技术密集型产品的店铺多倾向于布局在东部经济发达省份；销售地域特色显著的店铺倾向布局于中西部地区，如内蒙古、吉林、黑龙江、浙江、安徽、福建、广西、海南、四川、云南、贵州、西藏、甘肃、青海、宁夏、新疆。同时，下沉市场也逐渐成为网络消费的重要市场。截至 2020 年，三线及以下市场网购用户占该地区网民比例达 24.1%，较 2018 年底提升了 3.9 个百分点。三线及以下城市网络消费增速是一、二线城市的 1.14 倍，对网络消费同比增大的贡献率达 62%。C2C 卖家在选择快递服务商时，也要考虑到这点。从 C2C 买家职业属性看，公司职员占最大比例，为 32.27%，而中学（初中、高中）学生比例不超过 16%，与前述用户年龄分布相符。在读大学生也是 C2C 用户的活跃人群，占 15.63%的比例，位列公司职员之后排第二。此外，值得注意的是，自由职业 C2C 用户也占据了 15.52%，显著高于我国互联网用户中自由职业者 9.90%的比例。自由职业用户在 C2C 平台上有更高的比例，表明有相当比例的用户以 C2C 电子商务贸易（即卖家）为自己的职业选择，同时，这些卖家也是 C2C 电子商务平台上的忠实买家。

（2）C2C 电子商务的快递服务。在我国电子商务市场，物流配送有三种模式：一是建立自己的配送中心，一些从事电子商务的企业在在线客户密集的地方建立自己的库存中心和配送中心，这种模式在 B2B 和 B2C 电子商务中更为常见；二是委托专业的第三方物流公司进行配送；三是根据客户的要求，用户自由选择物流公司。由于 C2C 电子商务用户，无论买家还是卖家，大部分都是个人，大多数 C2C 卖家高频次地向极其分散的目的地销售商品，所以他们不可能自己建立配送团队，或者与中国邮政或者快递公司签订长期的合同。一般地，C2C 电子商务配送商品主要由卖家和买家共同来选择，主要有 3 种方式：平邮、EMS 和快递。

C2C 电子商务快递服务选择可以参考以下因素：

（1）快递时间和可靠性。C2C 用户必须在下了订单，向第三方支付平台付款后，经过快递公司的配送才能收到商品。对于急切需要所购商品的消费者来说，这段时间是很难忍受的，以至于很多人因为不能忍受这种时间的间隔而放弃网上购物，但这也是电子商务中不可避免的问题。所以，各方面都希望缩短配送时间。因此，快递的递送速度是很重要的，体现在几方面：首先，快递上门揽件的速度；其次，快件中转的速度；最后，快件到达目的地城市后送到用户手中的速度。如果快件能在快递商承诺的时间内到达，用户会感到满意。而快递如果能提前到达，用户更能感到优质的服务。同样，快递的正确送达也至关重要，主要能在用户地址不是很详细的情况等其他特殊情况下，快递商能将快件准确无误地送到客户手中。另外，当出现一些突发状况，比如用户明天就要离开快件目的地城市，而快件要后天或者更晚才能到达该城市，并且快件正在配送途中。应对这些状况，对快递商来说也非常重要。

（2）快递费用。根据 CNNIC 调查报告，81.2%的买家选择 C2C 购物的原因是“平台促销力度大”，C2C 的买家中大部分是 18~30 周岁的年轻人，他们追求商品品质，但又没有足够的经济支撑，因此力度大的“促销”活动则能满足这一需求。不过，有时候消费者在浏览 C2C 网站时，会发现有一些商品的最终费用比传统商店的价格还要高，原因主要是在线商品的最终费用除了商品价格之外，还要加上一个额外的快递费。所以，如果快递费过高，C2C 电子商务市场份额将会大幅缩水。随着经济全球化的电子商务的发展，不管线上还是线下，消费者对商品的选择都会越来越多。另外，C2C 电子商务可以自己建立配送中心或者通过与专业快递公司签署长期合同来减少配送成本。显然，C2C 模式如果不能降低快递费用，其进一步发展将会受到很大限制。

在快递费用方面，有 3 个因素很重要：首先是运费与计价方式的合理性；其次，运费与计价方式的弹性，比如快件超过首重后，费用增加多少，这是用户所关注的；最后，明确的价目表可以形成一个标准，让用户在快递费用上不会担心支付过多，减少网上交易的忧虑。

（3）快递后续服务质量。相关统计显示，快递的投诉率极高。很多是因为用户对快递公司分公司或总部抱怨或者投诉以后，仍然得不到满意的答复和处理结果，于是他们就向相关部门投诉。在快递的后续服务中，对于客户抱怨的处理态度是十分重要的。由于操作失误或者某些快递从业人员素质低下导致快件遗失或损毁，这些事件的发生频率也反映了快递服务质量。同时，对以上事故的发生，快递公司采取的态度，比如是否赔偿、赔偿金额以及索赔程序是否便利，也体现了快递服务的质量。

(4) 快递网点覆盖面。由于C2C电子商务用户的分布十分广泛，且极不均匀，所以快递商的广泛布点是很有必要的。如果一个快递商不能覆盖某一区域，那么它会失去那一区域的客户，包括买家和卖家。很多C2C卖家就会选择其他覆盖更广的快递商，并形成长期合作关系。

(5) 服务多样性与便利性。C2C交易的一系列特殊性使快递商提供多样并且便利的服务使用户提高效率尤为重要，主要体现在以下方面：由于C2C商家发货需要联系快递，拣选商品并进行包装，如果发货量增加，就会增加卖家发货时间，甚至降低发货的准确率，很多卖家希望快递企业提供一些优质的增值服务，比如包装服务，同时在上门取件的程序上更加便利。快递员送件往往量大分布广，因此不可能送件的时候在某一地方逗留很长时间，有时直接将快件让他人而非本人签收，甚至没有验货，导致快件发生问题无法追究责任。快递员能否做到验货签收，或者让收件人指定他人验货签收，体现着快递服务的规范性。

现在快递公司都提供对货件的跟踪查询服务，不过快递公司上传信息的及时性有很大差异，并且有些特殊情况也不能反映在查询结果中。综上所述，只有满足时间快、可靠性高、费用低廉、后续服务质量高、网点覆盖面广、服务多样便利的快递服务商才是C2C交易卖家的最佳选择。

## 6.8 案例1 第三方冷链物流的难题

伴随着食品、餐饮这两个行业的兴起，冷链物流本应该是一派繁荣之景。但实际上，第三方冷链物流一批倒下去一批又兴起，更难谈建立冷链物流的“商业帝国”。许多物流企业欲转战冷链市场之后，分羹不得反尝“折翼之痛”，即使起步较早，也很难生存至今。冷链物流的发展非常依赖于科技的进步以及制冷技术的发展，总体来说，行业进入门槛较高。许多企业由于自身软、硬件条件不足，无法完成自身所需的全部冷链物流活动。因此，企业通常会把冷链物流环节外包给专业的第三方冷链物流，促使市场上产生了对第三方冷链物流服务的需求。

### 6.8.1 第三方冷链物流简介

第三方冷链物流（Third-Party Cold Chain Logistics，3PCCL），指冷冻冷藏生产经营企业为集中精力搞好主业和节约成本，把原来属于自己处理的冷链物流活动，以合同方式委托给专业冷链物流服务企业，同时通过信息系统与冷链物流企业保持密切联系，以达到对冷链物流全程管理控制的一种冷链物流运作与管理方式。国内主要的四种第三方冷链物流模式见表6-1。

表6-1 国内主要的四种第三方冷链物流模式

| 第三方冷链物流模式 | 企业特点 | 服务水平和网络覆盖 |
| --- | --- | --- |
| 顺丰冷运模式 | 快递企业开拓冷链市场 | 通过整合顺丰线上、线下资源，提供包括干线运输、仓储、配送、销售、供应链金融为一体的一站式解决方案 |

续表 6-1

| 第三方冷链物流模式 | 企业特点 | 服务水平和网络覆盖 |
| --- | --- | --- |
| 京东商城模式 | 电商企业开拓冷链市场 | 依托京东平台，进行垂直布局 |
| 河南鲜易供应商模式 | 传统肉制品制造商和生鲜供应链服务商联合开拓冷链市场 | 为零售、餐饮、终端消费者提供运输、仓储服务，定位于生鲜电商供应链解决方案运营商 |
| 九曳供应商模式 | 独立第三方冷链物流 | 提供加工、包装、冷链宅配等“一站式”服务能力，覆盖主要一、二线城市 |

### 6.8.2 第三方冷链物流面临的难题

现在我国冷冻冷藏行业发展迅速，第三方冷链物流也随之发展起来。现在我国的第三方冷链物流不规范导致在发展中存在很多问题。

(1) 标准化是个大“盲区”。标准化问题是物流行业常提常新的话题，而对于冷链物流，面临最大的标准化问题莫过于冷链断裂。行业很难保证品质的原因主要在于冷链的断裂。一方面，比如奶制品、熟肉制品生产出来之后，要先进行打冷，中心温度保持在 10°以下。按照原则性要求，产品从工厂到超市，甚至到消费者家中都应该保持在这个温度内。但是，现实状况是很多产品生产出来之后，打冷时间就不够，也就是产品在工厂就不符合温度要求，这一块监管薄弱。另一方面，由于集中送至第三方仓库，很多企业为节省成本常常选择自有车辆进行运输，自有车辆运输并不符合标准，到达第三方冷库时，温度已经上升到十多度，最终送达超市收货部，极有可能滞留在收货部，这种环境很多都是露天的，根本没有温度管理。这样就会出现一个问题，第三方物流只能管理一段，这一段之前与之后，第三方物流是管理不到的。

目前，我国对于冷链物流没有严格的服务标准要求，虽然一部分冷链企业自发组织编写了一些标准，但是由于缺失监管，在激烈的市场竞争下，很多企业为了节约成本，很难真正执行下去。

(2) 成本过高影响设备更新。第三方冷链物流所面临的不仅仅是标准化缺失的问题，设备成本过高也是阻碍冷链物流快速发展的重要因素。

冷链行业是个需要消耗大量资金的行业，从冷库到车辆，甚至是小小的一扇门都需要高成本的投入。冷链物流现在有许多先进的设备，但是真正使用的企业很少，因为设备不能产生价值。设备是否要更新是一个市场问题，使用者更新任何一种设备，都会综合考虑价格、使用情况及后期的一些维护费用。以叉车为例，林德叉车是受到业内好评的品牌，拥有定位准确、容易操作的优势，唯一的缺点就是价格太高，一台林德的叉车大概能抵三台合力牌的叉车，而对于多数物流企业，回报率短期内并不能弥合设备更新换代的差价。

冷链物流是个高成本行业，必须要将成本做下来，否则很难生存，这也是多数第三方冷链物流只是“蜻蜓点水”般地在这个行业短暂停留便“胎死腹中”的主要原因。

(3) 让冷库具有“物流属性”。首先，冷链物流的问题不只这些，作为冷链物流的一个重要节点，冷库设计具备着冷冻和物流的双重属性，但是多数情况下，冷库只是起到一个低温储藏仓库的作用，而其物流属性往往被掩盖起来。

其实，更灵活的储存方式是从生产开始，增强流程效率，缩减库房面积，在不同地方建立分仓。这样，一方面库房的利用率提高了，占地面积相应减少，另一方面运输半径也会变小，便于将货物转移到距离终端更近的地方暂时存储。

冷库的物流功能包括很多，改变产品的包装形态也会将冷库的物流功能利用起来。比如汽车物流会根据供应商的送货量随时调整生产，其实这个就是仓库的物流作用，利用冷库的物流功能，分散建立冷库，改变产品在冷库的包装形态，可以最大程度地节约资源，从而提高效益。

### 6.8.3 冷链物流行业的发展建议

针对第三方冷链物流行业的难题，我国专家提出以下几点建议：

(1) 创新包装材料、发展冷媒等冷链物流新技术，降低冷链物流成本。首先，物流行业协会可以联合有实力的冷链物流企业，制定相应的行业标准。比如引导和鼓励企业研发和使用价格低、重量轻、抗压耐摔的循环冷链保温箱，满足装载运输和循环回收的轻简需求。其次，政府要鼓励制冷剂生产企业改进技术，研发新产品，例如，使用超低温蓄冷剂，代替干冰配送，降低成本的同时，延长保冷时间。最后，企业层面要创新供应链模式，可以采用源头直采等方式，缩短供应链时间，提升冷链物流中转效率，降低成本。

(2) 加快冷链基础设施建设，完善冷链物流体系，减少“断链”发生。由于冷链物流所输送的货物对温度要求严格，需要信息技术进行跟踪和管控，冷链物流全过程如果不能实现透明化，会严重降低其效率。针对物流信息系统不健全的问题，政府可以和企业进行合作，共同投资搭建冷链物流信息系统平台，通过应用卫星导航定位、射频识别以及公路货运管理系统等先进信技术，将仓储、运输、配送等各物流环节以及各个冷链物流企业紧密对接起来，完善冷链物流体系，减少冷链物流“断链”的发生。

(3) 推行差异化服务和多元化发展战略，提升企业竞争力。行业内第三方冷链企业要根据自身特点开展差异化服务和多元化发展战略。例如，顺丰冷运模式属于快递企业开拓冷链市场，在满足“顺丰优选”的自身电商平台需求之外，盈余的冷链力量可以外包，扩大收入，同时要进行冷链的多元化切入，可以从医药冷链和生鲜冷链两方面着手。河南鲜易供应商模式属于生鲜电商开拓冷链市场，和京东商城电商企业开拓冷链市场模式较为相近，目前自建的冷链物流在冷链配送方面优势越来越明显，未来在满足企业自身业务的基础上，可以从自营走向平台化，增加自身收益的同时，拓宽产业链，实现产业多元化发展。九曳供应商模式为独立第三方冷链物流，目前覆盖面主要为一、二线城市，要进一步拓展网络覆盖面，同时加大快检分选设备、无人车等先进设备的投入和使用，进一步提升企业冷链物流现有冷链物流系统的综合服务能力，进一步增强其作为专业第三方冷链企业的竞争力。

**思考题：**

(1) 对比自营的冷链物流，请谈谈冷链物流外包的好处。

(2) 结合本章所学内容和该案例，请分析冷链物流外包的意义。

(3) 查阅相关资料，第三方冷链物流的难题该如何解决？

## 6.9 案例2 唯品会“丢掉”品骏物流，与顺丰达成合作

2019年11月25日，电商平台唯品会宣布：即日起，平台将终止旗下自营快递品骏的快递业务，并委托顺丰提供配送服务。同时，唯品会还将保留物流仓库等核心资产。

但就在2019年8月，品骏快递对外宣布，截至2019年二季度，公司已实现连续22个季度盈利，营业收入同比增长31%，社会化业务收入同比增长149%，线上快递业务单量同比增长840%。与此同时，品骏快递今年上半年所有业务单元、省公司无一亏损，2019年上半年盈利已超过2018年全年水平。

### 6.9.1 品骏快递实现连续盈利为何还要终止其业务

唯品会与阿里、京东及苏宁一样，自建物流的背后也需要付出营销费用、技术和内容费等管理费用，但对其而言，日趋增高的履约费用让其承重。履约费用即指从用户下单到完成订单所需要的全部成本，以物流成本为主，这也从侧面验证唯品会自建物流的高成本压力。

### 6.9.2 唯品会甩掉自营物流的包袱

品骏快递成立于2013年，2017年获得快递经营许可，采用全直营，不加盟管理模式。在2017年唯品会的战略规划里，电商、金融、物流曾被称作是“三驾马车”。

品骏快递成立后，唯品会对其投入巨大。目前，品骏快递已在华南、华北、西南、华中、华东、东北地区设立六大物流仓储中心，总面积超过290万平方米。截至2018年12月，品骏快递全国设有31个省公司，直营站点超4500个，快递员超30000人，配送范围达到县、乡、镇、村一级，日配送能力可达500万单。

然而，对于唯品会来说，品骏快递还带来了物流重资产的“包袱”，履约费用已经成为其总运营支出的一大笔花费。财报显示，近两年来履约费用率（履约费用/总营收）基本在9%左右。而对比同样是自建物流体系的京东，在京东公布的2019年Q2财报中，履约费用率为6%。

为了控制履约成本，唯品会早就对品骏快递做了减法。从2019年年初起，唯品会开始实施快递外包计划，以社会化物流取代部分品骏快递承担唯品会快递业务。这一策略让唯品会尝到了甜头，物流外包有效降低了物流费用的影响，唯品会第三季度经营费用率为17.3%，相较于去年同期19.4%优化2.1%。其中，履约费用率为8.1%，同比减少1.8%。

### 6.9.3 顺丰：获得新增量

单量告急是顺丰这几年以来的常态，与排名第一的中通相差已经不是一星半点。为了缓解直营带来的成本压力，顺丰在同城配送领域在今年就已经成立了独立的品牌。但这是远水解不了近渴，同城配送还需几年的市场发展才能形成足够的规模。

为了解决当下紧缺的电商件，顺丰决定打价格战，在顺丰公布的2019年财报中，顺丰的每件单价有下降趋势。唯品会在现在的顺丰严重绝对是一笔足够规模的优质资产。按照唯品会每月5000万级的单量看，相当于短期内给顺丰增加1/9的业务量。顺丰不可能

拒绝这样的好事。

况且唯品会此次与顺丰的合作中只是转手了一线的配送业务，对于品骏布局在全国六大区物流仓储中心，唯品会依然持有。相当于增加业务的同时，成本的增加幅度更小。

回归到物流本身，京东物流和品骏两个事例都能说明一个问题，烧钱自建物流既能成为自身的竞争优势，同时也会成为前行的负担，十年前不看好京东自建物流的人比比皆是，五年前对京东物流体验较好的赞赏也很多，但最终京东和唯品会一样，都将物流独立了出来。在物流行业高度成熟的当下，只有单纯的物流企业才有能力和机会在市场上比拼，专业的事还是要由专业的人来干。

### 6.9.4 电商件业务赔钱赚吆喝，顺丰为何还要再度“入坑”

顺丰在2019年全面开拓电商物流市场，主要有两个原因：一方面，随着通达系等竞争对手服务的升级，顺丰在品质快递市场的高位不再，需要学会开拓电商件市场；另一方面，目前社会消费转移到线上，电商物流市场是下一轮数字物流竞争的主战场，规模业务中心必然会在数据上，因此进入电商市场，也能让顺丰得到相应的数据。

如果从收益率考虑，顺丰不做电商是合理的，但整个物流市场都在数字化，电商件并非都是低端需求，电商快递服务也在升级，在这一市场上顺丰不能缺位，即使牺牲一定的利润，也是值得的。

随着快递业集中度进一步上升，顺丰必须在电商件业务上占据一席之地。顺丰现在用低价策略来培养电商件市场，虽会牺牲一定的利润，但也能防止沦为电商物流市场的“局外人”。

**思考题：**

（1）结合唯品会从物流外包中得到的好处，请分析工商企业物流外包的意义。

（2）如何看待唯品会“割爱”式的物流发展之路？

## 6.10 实践训练 电子商务与第三方物流管理

### 6.10.1 训练导图

电子商务与第三方物流管理训练导图，如图6-2所示。

### 6.10.2 训练目标

（1）熟悉原材料JIT采购、订货、库存管理方法。

（2）具备选择第三方物流服务提供商的能力。

（3）具备第三方物流信息管理软件的应用能力。

（4）具备第三方物流企业经营管理的能力。

### 6.10.3 训练重点

（1）选择第三方物流服务提供商。

（2）采取合理措施降低物流成本。

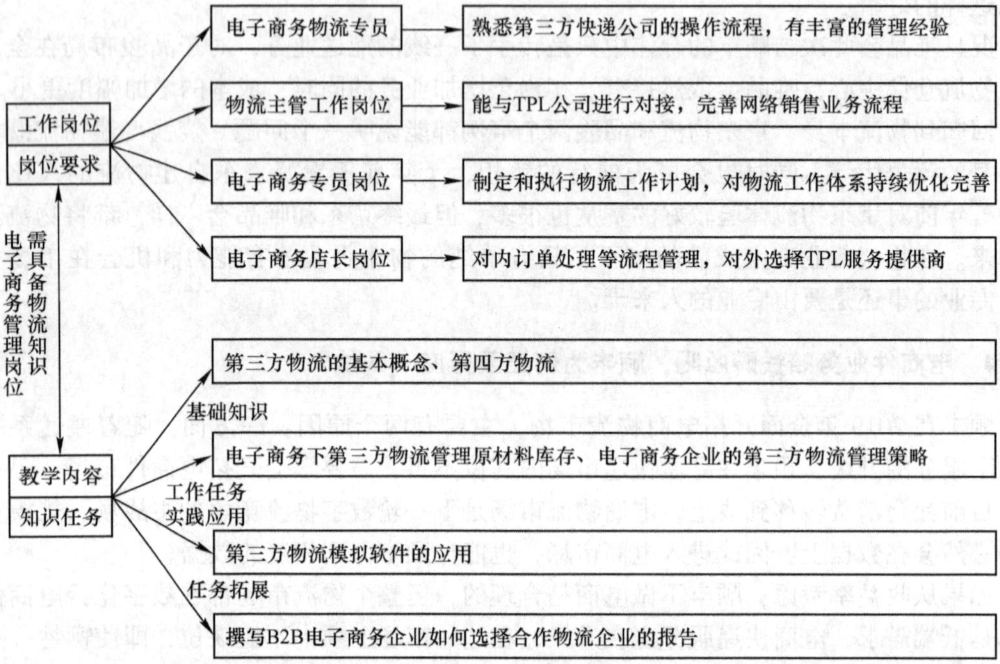


图 6-2　电子商务与第三方物流管理训练导图

### 6.10.4　训练内容

（1）电子商务下第三方物流管理原材料库存。

1）分析制造商的原材料 JIT 采购；

2）分析 JIT 库存管理；

3）总结 JIT 物流管理的优势。

（2）电子商务企业的第三方物流管理策略。

1）选择第三方物流服务提供商；

2）考核第三方物流服务质量；

3）设计物流业务量分配原则；

4）完善降低物流成本的措施。

（3）第三方物流模拟软件的应用。通过对第三方物流教学模拟软件的操作，熟悉第三方物流操作流程，掌握物流信息化管理方法。

1）注册物流公司；

2）购买物流公司运作资源；

3）公路运输报价（管理中心角色）；

4）广告发布管理（管理中心角色）；

5）接收公路运输订单（管理中心角色）；

6）订单分拣（调度中心角色）；

7）制定汽车运输的配送方案（调度中心角色）；

8）运输车辆管理（运输中心角色）；

9）运输业务管理（运输中心角色）；

10）出库管理（仓储中心角色）；

11）入库操作（仓储中心角色）；

12）结算管理（管理中心角色）。

### 6.10.5 训练拓展

撰写 B2B 电子商务企业如何选择合作物流企业的报告。

（1）任务安排。自己选择一家 B2B 型电子商务企业，为其制定选择第三方物流服务提供商的策略，然后根据了解的实际情况，撰写任务拓展实践报告。

（2）任务要求。确定将企业的哪些物流服务进行外包；确定选择第三方物流服务提供商的方式、标准、原则、流程。并撰写任务拓展实践报告，字数在 1000 字以上。

# 7 电子商务与供应链管理

**学习目标：**

(1) 掌握供应链管理、供应链集成管理基本概念。

(2) 理解 QR、ECR 供应链管理方法。

(3) 熟悉供应链管理绩效评估。

## 7.1 供应链管理基本概念

### 7.1.1 供应链管理的定义及特点

应链是围绕核心企业，通过对商流、信息流、物流、资金流的控制，从采购原材料开始，到制成供中间产品以及最终产品，最后由销售网络把产品送到消费者手中的、将供应商、制造商、分销商、零售商，直到最终用户连成一个整体的功能网链结构。

供应链管理（Supply Chain Management，SCM）指在满足一定的客户服务水平的前提下，为了使整个供应链系统成本达到最低而把供应商、制造商、仓库、配送中心和渠道商等有效地组织在一起来进行的产品制造、转运、分销及销售的管理方法。供应链管理就是协调企业内外资源来共同满足消费者需求，当我们把供应链上各环节的企业看作为一个虚拟企业联盟，而把任意一个企业看作为这个虚拟企业联盟中的一个部门时，联盟的内部管理就是供应链管理。只不过联盟的组成是动态的，根据市场需要随时在发生变化。有效的供应链管理可以帮助实现 4 项目标：缩短现金周转时间，降低企业面临的风险，实现盈利增长，提供可预测收入。

供应链管理具有以下特点：

(1) 顾客权力。不断增加的顾客权力对供应链的设计和管理有重要的影响。因为顾客需要和期望相对迅速，所以供应链应该快速和敏捷，而不是缓慢和僵化。

(2) 长期定位。运作良好的供应链从整体上提高单个公司和供应链的长期绩效。对长期绩效的强调表明供应链应该与供应商，顾客、中介和服务性企业等不同的参与者采取长期而不是短期合作。更重要的是，长期定位看重关系型交换，而短期交换倾向于交易型交换。

(3) 杠杆技术。杠杆技术是对供应链产生影响的变化的中心，计算能力和互联网这两个主要因素促成了大部分的变化。

(4) 跨组织沟通的增强。因为供应链依靠大量的实时信息，因此信息能够在组织间无缝地传递是非常必要的。

(5) 库存控制。供应链管理的另一个特征包括库存控制范畴下的各种活动。在供应链中库存控制的一个方面是从间断模式转变为连续流。

(6) 组织间协作。因为供应链管理的一个主要目标是从整体上优化供应链的绩效，而不是优化单个企业的绩效，因此供应链参与者之间的协作非常重要。

### 7.1.2 供应链管理的主要目标

供应链管理的目标是在满足客户需要的前提下，对整个供应链（从供货商、制造商、分销商到消费者）的各个环节进行综合管理。例如，从采购、物料管理、生产、配送、营销到消费者的整个供应链的货物流、信息流和资金流，把物流与库存成本降到最低。

供应链管理就是指对整个供应链系统进行计划、协调、操作、控制和优化的各种活动和过程，其目标是将顾客所需的正确的产品（Right Product）能够在正确的时间（Right Time）、按照正确的数量（Right Quantity）、正确的质量（Right Quality）和正确的状态（Right Status）送到正确的地点（Right Place），并使总成本最低。

### 7.1.3 供应链管理的技术方法

供应链管理理论的产生远远落后于具体的技术与方法。供应链管理最早多是以一些具体的方法出现的。

(1) 快速反应。快速反应（Quick Response，QR）是指物流企业面对多品种、小批量的买方市场，不是储备了“产品”，而是准备了各种“要素”，在用户提出要求时，能以最快速度抽取“要素”，及时“组装”，提供所需服务或产品。QR 是美国纺织服装业发展起来的一种供应链管理方法。

(2) 有效客户反应。有效客户反应（Efficient Consumer Response，ECR）是 1992 年从美国的食品杂货业发展起来的一种供应链管理策略，也是一个由生产厂家、批发商和零售商等供应链成员组成的，各方相互协调和合作，更好、更快并以更低的成本满足消费者需要为目的的供应链管理解决方案。有效客户反应是以满足顾客要求和最大限度地降低物流过程费用为原则，能及时做出准确反应，使提供的物品供应或服务流程最佳化的一种供应链管理战略。

### 7.1.4 供应链管理的演变和伙伴选择

对于供应链至今尚无一个公认的定义。在供应链管理的发展过程中，许多专家和学者提出大量的定义，反映了不同的时代背景，是在不同发展阶段上的产物，可以把这些定义大致划分为 3 个阶段：

(1) 早期的观点认为供应链是制造企业中的一个内部过程。

(2) 后来供应链的概念强调了与其他企业的联系。

(3) 最近供应链的概念更加注重围绕核心企业的网链关系，如核心企业与供应商、供应商的供应商乃至与一切前向的关系，与用户、用户的用户及一切后向的关系。

供应链管理过程中，选择适合的上下游合作伙伴，能提高供应链运作的效率，选择考虑的因素包括：

(1) 根据合作伙伴在供应链中的增值作用及其竞争实力，把合作伙伴分为两个层次：重要合作伙伴和次要合作伙伴。重要合作伙伴是少而精的、与企业关系密切的合作伙伴；次要合作伙伴是相对多的、与企业关系不很密切的合作伙伴。供应链合作关系的变化主要影响重要合作伙伴，而对次要合作伙伴的影响较小。

（2）供应链合作伙伴选择考虑的主要因素。在选择供应商时，一般需要考虑的因素包括产品价格、质量、可靠性、售后服务、地理位置、财务状况、技术能力等，其中供应商的交货提前期、产品质量、交货可靠度和产品价格是选择供应商的最关键因素。

1）交货提前期。交货提前期是指企业从发出订单到收到订货之间的时间。对于需求方来说，交货提前期越短越好。供应商缩短交货提前期既可以减少需求方的库存水平，又能提高企业对其需求方的反应速度，从而可以提高供应链的客户满意度。

2）产品质量。产品质量是指供应商的产品满足企业需求的程度，在这里是指合格产品占总产品的比重，该指标值越大越好。

3）交货可靠性。交货可靠性是指供应商及时满足企业订单的程度，用及时交货的订单数占总订单数的比例或及时交货的产品数占订货总产品数的比例来表示，该指标值越大越好。交货可靠度和交货提前期是影响供应链敏捷度的两个重要因素。

4）产品价格。产品价格是指企业采购的每一单位产品的价格。在现代供应链管理中，产品价格不再是选择供应商时考虑的首要因素，但仍是选择供应商的重要因素。

5）合作伙伴综合评价、选择的步骤。

步骤1：分析市场竞争环境（需求、必要性）；
步骤2：确立合作伙伴选择目标；
步骤3：制定合作伙伴评价标准；
步骤4：成立评价小组；
步骤5：合作伙伴参与；
步骤6：评价合作伙伴；
步骤7：实施供应链合作关系。

### 7.1.5 供应链管理的核心

供应链管理的核心关键是：

（1）以顾客为中心，以市场需求的拉动为原动力。

（2）强调企业应专注于核心业务，建立核心竞争力，在供应链上明确定位，将非核心业务外包。

（3）各企业紧密合作，共担风险，共享利益。

（4）对工作流程、实物流程、信息流程和资金流程进行设计、执行、修正和不断改进。

（5）利用信息系统优化供应链的运作。

（6）缩短产品完成时间，使生产尽量贴近实时需求。

（7）减少采购、库存、运输等环节的成本。

## 7.2 供应链集成管理

### 7.2.1 供应链集成管理概述

要成功地实施供应链管理，使之真正成为有竞争力的武器，就要抛弃传统的管理思想，把企业内部及节点企业之间的各种业务看作一个整体功能过程，形成集成化供应链管理体系。通过信息、制造和现代管理技术，将企业生产经营过程中有关的人、技术、经营管理三要素有机地集成并优化运行。通过对生产经营过程的物料流、管理过程的信息流和决策过程的决策流进行有效地控制和协调，将企业内部的供应链与企业外部的供应链有机地集成起来进行管理，达到全局动态最优目标，以适应在新的竞争环境下市场对生产和管理过程提出的高质量、高柔性和低成本的要求。

### 7.2.2　集成化供应链管理理论模型

集成化供应链管理的核心是由顾客化需求→集成化计划→业务流程重组→面向对象过程控制组成第一个控制回路（作业回路）；由顾客化策略→信息共享→调整适应性→创造性团队组成第二个回路（策略回路）；在作业回路的每个作业形成各自相应的作业性能评价与提高回路（性能评价回路）。供应链管理正是围绕这 3 个回路展开，形成相互协调的一个整体。根据集成化思想，构建集成化供应链管理理论模型，如图 7-1 所示。

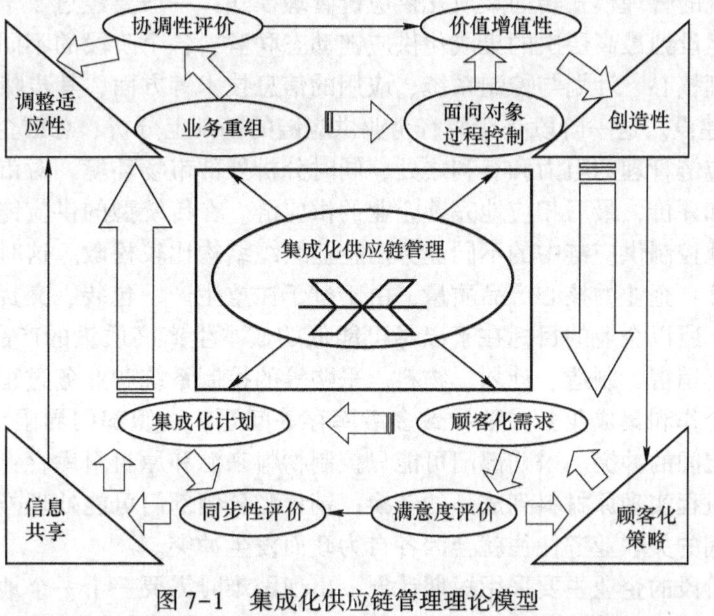


图 7-1　集成化供应链管理理论模型

调整适应性是指业务重组回路中主要涉及供需合作关系、战略伙伴关系、供应链（重建）精细化策略等问题；面向对象的过程控制是指创造性团队回路中主要涉及面向对象的集成化生产计划与控制策略、基于价值增值的多级库存控制理论、资源约束理论在供应链中的应用、质量保证体系、群体决策理论等；顾客化需求是指顾客化策略回路中主要涉及的内容包括满意策略与用户满意评价理论、面向顾客化的产品决策理论研究、供应链的柔性敏捷化策略等；信息共享是指同步化计划回路中主要涉及的内容包括 JIT 供销一体化策略、供应链的信息组织与集成、并行化经营策略。

### 7.2.3　集成化供应链管理的实现

企业要实施集成化供应链管理，就必须面对和解决许多有关供应链的问题，主要包括：供应链的高成本（大约占净销售值的5%~20%）、库存水平过高（库存水平经常保持在3~5个月）、部门之间的冲突、目标重构、产品寿命周期变短、外部竞争加剧、经济发展的不确定性增加、价格和汇率的影响、用户多样化需求等。要解决这些问题，真正实现集成化供应链管理，企业要进行以下几个方面的转变：

（1）企业要从供应链的整体出发，考虑企业内部的结构优化问题。

（2）企业要转变思维模式，从纵向一维空间思维向纵横一体的多维空间思维方式转变。

（3）企业要放弃“小而全，大而全”的封闭的经营思想，向与供应链中的相关企业建立战略伙伴关系为纽带的优势互补、合作关系转变。

（4）企业要建立分布的、透明的信息集成系统，保持信息沟通渠道的畅通和透明度。

（5）所有的人和部门都应对共同任务有共同的认识和了解，去除部门障碍，实行协调工作和并行化经营。

（6）风险分担与利益共享。

企业从传统的管理模式转向集成化供应链管理模式，一般要经过5个阶段，包括从最低层次的基础建设到最高层次的集成化供应链动态联盟，各个阶段的不同之处主要体现在组织结构、管理核心、计划与控制系统、应用的信息技术等方面，其步骤如下：

（1）基础建设。这一阶段是在原有企业供应链的基础上分析、总结企业现状，分析企业内部影响供应链管理的阻力和有利之处，同时分析外部市场环境，对市场的特征和不确定性做出分析和评价，最后相应地完善企业的供应链。在传统型的供应链中，企业职能部门分散、独立地控制供应链中的不同业务。企业组织结构比较松散。这时的供应链管理主要具有以下特征：企业的核心产品质量，由于过于注重生产、包装、交货等的质量，可能导致成本过高，所以企业的目标在于以尽可能低的成本生产高质量的产品，以解决成本-效益问题。关于销售、制造、计划、物料、采购等的控制系统和业务过程相互独立、不相匹配，因部门合作和集成业务失败导致多级库存等问题。组织部门界限分明，单独操作，往往导致相互之间的冲突。采购部门可能只控制物料来源和原材料库存；制造和生产部门通过各种工艺过程实现原材料到成品的转换；销售和分销部门可能处理外部的供应链和库存，而部门之间的关联业务往往就会因各自为政而发生冲突。

处于这一阶段的企业主要采用短期计划，出现困难时需要一个一个地解决。虽然企业强调办公自动化，但这样一种环境往往导致整个供应链的效率低下，同时也增加了企业对供应和需求变化影响的敏感度。

（2）职能集成。职能集成阶段集中处理企业内部的物流，企业围绕核心职能对物流实施集成化管理，对组织实行业务流程重构，实现职能部门的优化集成。通常可以建立交叉职能小组，参与计划和执行项目，以提高职能部门之间的合作，克服这一阶段可能存在的不能很好满足用户订单需求的问题。职能集成强调满足用户的需求。事实上，用户需求在今天已经成为驱动企业生产的主要动力，成本则在其次，但这样往往导致第二阶段的生产、运输、库存等成本的增加。此时供应链管理主要有以下特征：

1）将分销和运输等职能集成到物流管理中来，制造和采购职能集成到生产职能中来；

2）强调降低成本而不注重操作水平的提高；

3）积极为用户提供各种服务，满足用户需求；

4）职能部门结构严谨，均有库存做缓冲；

5）具有较完善的内部协定，如采购折扣、库存投资水平、批量等；

6）主要以订单完成情况及其准确性作为评价指标。

在集成化供应链管理的第二阶段，一般采用 MRP 系统进行计划和控制。对于分销网，需求得不到准确地预测和控制，分销的基础设施也与制造没有有效的连接。由于用户的需求得不到确切的理解，从而导致计划不准确和业务的失误，所以在第二阶段要采用有效的预测技术和工具对用户的需求做出较为准确的预测、计划和控制。但是，以上采用的各项技术之间、各项业务流程之间、技术与业务流程之间都缺乏集成，库存和浪费等问题仍可能困扰企业。

（3）内部供应链集成。这一阶段要实现企业直接控制的领域的集成，要实现企业内部供应链与外部供应链中供应商和用户管理部分的集成，形成内部集成化供应链。集成的输出是集成化的计划和控制系统。为了支持企业内部集成化供应链管理，主要采用供应链计划（Supply Chain Planning，SCP）和 ERP 系统来实施集成化计划和控制。这两种信息技术都是基于客户/服务器（Client/Server）体系在企业内部集成中的应用。有效的 SCP 集成了企业所有的主要计划和决策业务，包括需求预测、库存计划、资源配置、设备管理、优化路径、基于能力约束的生产计划和作业计划、物料和能力计划、采购计划等。ERP 系统集成了企业业务流程中主要的执行职能，包括订单管理、财务管理、库存管理、生产制造管理、采购等职能。SCP 和 ERP 通过基于事件的集成技术联结在一起。

本阶段企业管理的核心是内部集成化供应链管理的效率问题，主要考虑在优化资源、能力的基础上，以最低的成本和最快的速度生产最好的产品，快速满足用户的需求，以提高企业的反应能力和效率。这对于生产多品种或提供多种服务的企业来说意义更大。提高企业的运作柔性也变得越来越重要。在第二阶段需构建新的交叉职能业务流程，逐步取代传统的职能模块，以用户需求和高质量的预测信息驱动整个企业供应链的运作。因满足用户需求而导致的高服务成本是此阶段管理的主要问题。这一阶段可以采用 DRP 系统、MRPⅡ系统管理物料，运用 JIT 等技术支持物料计划的执行。JIT 的应用可以使企业缩短市场反应时间、降低库存水平和减少浪费。

在这个阶段，企业可以考虑同步化的需求管理，将用户的需求与制造计划和供应商的物料流同步化，减少不增值的业务。同时企业可以通过广泛的信息网络（而不是大量的库存）来获得巨大的利润。此阶段的供应链管理具有以下特征：

1）强调战术问题而非战略问题；

2）制定中期计划，实施集成化的计划和控制体系；

3）强调效率而非有效性，即保证要做的事情尽可能好、尽可能快地完成；

4）从采购到分销的完整系统具有可见性；

5）信息技术的应用。广泛运用 EDI 和 IT 技术支持与供应商及用户的联系，获得快速的反应能力。EDI 是集成化供应链管理的重要工具，特别是在进行国际贸易合作需要大量关于运输的文件时，利用 EDI 可以使企业快速获得信息和更好地为用户提供优质服务；

6）与用户建立良好的关系，而不是“管理”用户。

（4）外部供应链集成。实现集成化供应链管理的关键在于第四阶段，将企业内部供应链与外部的供应商和用户集成起来，形成一个集成化供应网链。而与主要供应商和用户建立良好的合作伙伴关系，即所谓的供应链合作关系，是集成化供应链管理的关键之关键。

在此阶段企业要特别注重战略伙伴关系管理。管理的焦点要以面向供应商和用户取代面向产品，增加与主要供应商和用户的联系，增进相互之间的了解（产品、工艺、组织、企业文化等），相互之间保持一定的一致性，实现信息共享等，企业通过为用户提供与竞争者不同的产品/服务或增值的信息而获利。供应商管理库存（Vendor Management Inventory，VMI）和共同计划预测与库存补充（Collaborative Planning Forecasting and Replenishment，CPFR）的应用就是企业转向改善、建立良好的合作伙伴关系的典型例子。通过建立良好的合作伙伴关系，企业可以很好地与用户、供应商和服务提供商实现集成和合作，共同在预测、产品设计、生产、运输计划和竞争策略等方面设计和控制整个供应链的运作。对于主要用户，企业一般建立以用户为核心的小组，这样的小组具有不同职能领域的功能，从而更好地为主要用户提供有针对性的服务。

对处于这个阶段的企业来说，其生产系统必须具备更高的柔性，以提高对用户需求的反应能力和速度。企业必须能根据不同用户的需求，既能按订单生产（Make-To-Order），按订单组装、包装（Assemble or Package-To-Oder），又能按备货方式生产（Make-To-Stock），这样一种根据用户的不同需求对资源进行不同的优化配置的策略称为动态用户约束点策略。延迟技术（Postponement）可以很好地实现以上策略。延迟技术强调企业产品生产加工到一定阶段后，等待收到用户订单以后再根据用户的不同要求完成产品的最后加工、组装，这样企业供应链的生产就具有了很高的柔性。

为了实现与外部供应链的集成，企业必须采用适当的信息技术为企业内部的信息系统提供与外部供应链节点企业的很好的接口，以达到信息共享和信息交互，实现相互操作的一致性。

本阶段企业采用销售点驱动的同步化、集成化的计划和控制系统。它集成了用户订购数据和合作开发计划、基于约束的动态供应计划、生产计划等功能，以保证整个供应链中的成员同步化地进行供应链管理。

（5）集成化供应链动态联盟（供应链管理的发展趋势）。在完成以上各个阶段的集成以后，已经构成了一个网链化的企业结构，称之为供应链共同体，它的战略核心及发展目标是占据市场的领导地位。随着市场竞争的加剧，供应链共同体必将成为一个动态的网链结构，以适应市场变化、柔性、速度、革新、知识等需要，不能适应供应链需求的企业将从供应链联盟中被淘汰。供应链从而成为一个能快速重构的动态组织结构，即集成化供应链动态联盟。企业通过 Internet 商务软件等技术集成在一起以满足用户的需求，一旦用户的需求消失，它也将随之解体。而当另一需求出现时，这样的一个组织结构又由新的企业动态地重新组成。在这样的一个环境中求生存，企业如何成为一个能及时、快速满足用户需求的供应商，是企业生存、发展的关键。

集成化供应链动态联盟是基于一定的市场需求、根据共同的目标组成的，通过实时信息的共享来实现集成。其主要应用的信息技术是 Internet/Intranet 的集成，同步化的、扩展的供应链计划和控制系统是主要的工具，基于 Internet 的电子商务取代传统的商务手段。这是供应链管理发展的必然趋势。

# 7.3　供应链管理绩效评估

## 7.3.1　供应链管理绩效评估的基本概念

关于供应链绩效的概念，目前虽然还没有统一的界定，但大多数人认为，供应链的绩效是指在所有供应链成员企业资源的支持、信息协调和共享下，通过物流管理、生产操作、市场营销、顾客服务、信息开发等活动增加和创造的价值总和：

（1）静态性和动态性相结合。供应链绩效既可以是一个静态的评估结果，也可以是产生该结果的活动及其过程。两者既可以单独地评价，也可以一起作为考核指标，充分体现了应用灵活的特点。

（2）可组合性和可分解性。供应链的绩效是供应链成员通过各种活动增加和创造的价值总和，该价值由顾客价值和供应链价值两部分组成，而且每一部分又可进一步分解成不同的价值组合。在实际应用中，使用者可以根据评估目的和具体需要自由地选取各种组合，充分体现了简洁、方便的特点。

（3）完整性。供应链绩效的定义在强调信息重要性的基础上，完整地阐述了供应链增加和创造价值的条件和方式，形成了一个系统的整体。

（4）顾客价值评价。

1）柔性，柔性是指对环境变化的适应能力。企业或者供应链之所以要具有一定的柔性，原因就在于环境的不确定性。但是在顾客眼里并没有所谓的“不确定性”，他们唯一关心的就是供应链能够把正确的产品或者服务在正确的时间以正确的数量送到自己手中。这就为评价供应链的柔性提供了依据，即供应链应具有产品柔性、时间柔性和数量柔性3种柔性。产品柔性反映了供应链零售业在一定时间内引进新产品的能力，可以用新产品数量与产品总量之比来表示。时间柔性反映了供应链对顾客需求的响应速度，具体到零售业，时间柔性包含两个方面：售前和售后服务的响应速度简称响应速度，售中改变交货时间的能力简称交货柔性。数量柔性主要是顾客需求的不确定性引起的，它反映了供应链对顾客需求数量变化的适应能力。

2）可靠性，该指标反映了供应链及节点企业履行合同的能力。可靠性的高低会影响顾客对供应链的信赖程度。可靠性越高，信赖度越强，越容易培养顾客的忠诚度；反之，则容易导致顾客的不满意。从消费者的角度看，如果是自己购买，则要求每次都能买到自己需要的产品；如果是送货上门，则希望按时收到供应商的送货。但无论是哪种情况，消费者在产品的使用过程中，都希望没有令人不满意之处。这样，就可以采用失去销售百分比、准时交货率和顾客抱怨率来描述供应链的可靠性。失去销售百分比反映了供应链无法满足既定需求的情况；准时交货率反映了供应链在规定的时间内准时交货的情况，可用准时交货次数与总交货次数的百分比来表示；顾客抱怨率反映了供应链提供的产品或者服务不符合顾客要求的程度，可用顾客抱怨次数与总交易次数的百分比来表示。

3）价格，价格是影响顾客满意的重要因素之一，价格和顾客满意度之间存在着无法割裂的依赖关系。针对零售业的特点，可以选择同比平均价格优势和平均单品促销频率两个指标来评价价格对顾客满意度的影响。同比平均价格优势反映了目标供应链与其他供应链各单品综合平均价格的比较；平均单品促销频率反映了企业营销政策的导向，可以采用一定时间段内每种单品的平均促销数量来衡量平均单品促销频率。

4）质量，质量包括产品质量和服务质量，一直被视为影响顾客满意的重要因素。大量的实证分析验证了质量与顾客满意度之间的关系。其中绝大部分是探讨中间顾客对质量的满意程度，对最终用户或者消费者的研究大多采用问卷调查的方法，通过对顾客主观判断结果的分析来研究其满意程度。这样做不仅成本高、时间长，而且效果也不是十分理想。因此，应该采用那些容易度量、数据采集方便的客观指标来评价顾客对质量的满意度，具体包括报修退货比率和顾客抱怨解决时间。报修退货比率可采用一段时间内累计报修退货数量占产品总销售数量的比例表示；顾客抱怨解决时间是指从顾客发出抱怨时刻起到抱怨得到满意解决时刻止的一段时间，顾客抱怨解决时间段越短，说明顾客的满意程度越高。

（5）供应链价值评价。

1）供应链投入的评价，供应链整体要保持正常的运行，首先必须投入足够的有效资源。为了使供应链创造出高于平均水平的绩效，所投入的资源还必须具有价值性、稀缺性和不可模仿性。由于供应链运行过程中投入的资源在数量、种类和性质等方面存在巨大的差异，一般采用会计指标即供应链总成本来衡量资源的投入大小。所谓供应链总成本，是指为了保证供应链正常运作而支付的各种成本、费用的总和。尽管供应链总成本并不能完全体现各种资源的所有特性，但其有效性得到了广泛的认可。供应链总成本由人力成本、资产成本、信息成本和物流成本组成。

2）供应链产出输出的评价，所谓产出，是指供应链运用投入的各种资源，经过生产、加工、存储、包装、运输等一系列操作后获得的成果。产出是供应链效益的集中体现，也是供应链得以健康发展的前提条件，为供应链的持续改进指明了方向。产出绩效评价指标可以分为两类：效益型指标和非效益型指标。

3）供应链财务评价，企业绩效的财务评价很早就得到了广泛的重视，并一度在企业绩效评价中占有重要地位。尽管如此，由于供应链和企业在很多方面存在较大的差异，因此并不能简单地将企业绩效的财务评价体系应用到供应链绩效评价中，还需要根据供应链自身的特点，按照一定的原则选择恰当的指标组成供应链绩效的财务评价体系。供应链的财务评价指标可以从供应链自身和股东两个角度进行评价。

从供应链的角度看，财务指标应能反映供应链的财务收益状况、资产运营状况和发展能力状况。从股东的角度看，财务指标应能反映供应链净资产的盈利状况，因而可以选择净资产收益率和资本保值增值率作为其评价指标。

（6）供应链管理绩效评价体系的特点。在供应链管理环境下，供应链激励机制有着与传统的企业激励机制不同的特点，主要表现在以下几个方面：

1）供应链激励的主体与客体的变化；

2）供应链激励的目标的变化；

3）供应链激励的绩效评价指标的变化。

（7）供应链绩效评价应遵循的原则。随着供应链管理理论的不断发展和供应链实践的不断深入，客观上要求建立与其相适应的供应链绩效评价方法，并确定相应的绩效评价指标，以科学客观地反映供应链的运营情况。

1）能够反映客户、企业和供应链自身的需求；

2）容易理解；

3）适用性强；

4）使用简便，而且使用成本低；

5）能够做出前后一致的解释；

6）能够综合反映所评价对象的真实价值；

7）可以作为一个标准的、通用的衡量尺度。

### 7.3.2 供应链管理绩效评价指标体系

由于供应链是指从最初供应商开始直至最终用户的整条供应链，一般来说，供应链管理绩效可以从以下几方面进行评价：

(1) 订单阶段的绩效评价指标：订单生成方法、订单到货周期、订单流程路径。

(2) 生产水平绩效评价及其指标。

1）产品和服务覆盖范围。研究表明，产品覆盖范围越大的公司比覆盖小的公司推出新产品的速度要慢一些。

2）生产能力利用率。所有经营计划都应该在生产能力许可的前提下进行。

3）计划安排绩效。生产活动的计划安排决定了企业资源在整个运作系统中的流动方式，会对采购周期、生产周期和每次定购数量产生影响。

(3) 交付环节的绩效评价。

1）分销配送绩效的一个重要指标是准时配送，这是客户服务水平的一个度量指标。

2）配送分销活动依赖于信息交流的质量。

3）配送总费用。

(4) 客户服务及满意度评价。

1）灵活性。灵活性指产品和服务符合客户个性化需求的程度。随着灵活制造系统、成组技术和计算机集成制造技术等开展，满足客户个性化的特殊要求已经成为可能。另外，信息技术和通信系统可以提供在线信息，更进一步促进控制系统的快速响应。把灵活性作为评价指标，会使公司达到迅速满足客户个性化要求的目标。

2）客户询问时间。客户询问时间是指一家公司向客户提供其所需信息所花费的时间。在某些情况下，客户会询问或者要求告知订单状况或库存和配送等方面的信息。这些信息能帮助客户安排他们的活动，帮助公司留住客户，因此提供在线信息是客户服务的重要部分。

3）交接后的客户服务评价。供应链的功能并不是把产品交给客户就结束了，交接后的活动对客户服务是很重要的。

(5) 供应链财务和物流成本。

1）资产和投资回报；

2）总库存成本；

3）在处理转运库存时，运输方式的不同会明显影响库存投资和服务的绩效。

(6) 供应链合作伙伴及相关评价指标。

(7) 反映整个供应链业务流程的绩效评价指标。

1）产销率指标

第一，供应链节点企业的产销率指标 *RJPS*。该指标反映供应链节点企业在一定时间内的经营状况，其表达式为：

$$RJPS = SJ/PJ$$

式中，*SJ* 表示一定时间内节点企业已销售产品的数量；*PJ* 为一定时间内节点企业已生产产品的数量。

第二，供应链核心企业的产销率指标 *RHPS*。该指标反映供应链核心企业在一定时间内的经营状况，其表达式为：

$$RHPS = SH/PH$$

式中，*SH* 为一定时间内核心企业已销售产品的数量；*PH* 为一定时间内核心企业已生产产品的数量。

第三，供应链产销率指标 *RGPS*。其表达式为：

$$RGPS = SG/PG$$

式中，*SG* 为一定时间内供应链各节点企业已销售产品的数量之和；*PG* 为一定时间内供应链各节点企业已生产产品的数量之和。

该指标反映供应链在一定时间内的经营状况，其时间单位可以是年、月、日。随着供应链管理水平的提高，时间单位可以取得越来越小，即可以以天为单位。该指标也反映供应链资源（包括人、财、物、信息等）的有效利用程度，产销率越接近 1，说明资源利用程度越高。同时，该指标也反映了供应链库存水平和产品质量，*RGPS* 的值越接近 1，说明供应链成品库存量越小，产品质量越好，生产出来的产品就容易销售出去。

2）平均产销绝对偏差指标。

3）产需率指标 RPQ。

第一，供应链节点企业产需率指标 *RJPQ*。其表达式为：

$$RJPQ = PJ/QJ$$

式中，*PJ* 为一定时间内节点企业已生产产品的数量；*QJ* 为一定时间内节点企业已销售产品的数量。

该指标反映上、下层节点企业之间的供需关系。产需率越接近 1，说明供应链上、下层节点企业之间的供需关系越协调，准时交货率越高；反之，则说明下层节点企业准时交货率低或者生产管理水平低下。

第二，供应链核心企业产需率指标 *RHPQ*。其表达式为：

$$RHPQ = PH/QH$$

式中，*PH* 为一定时间内核心企业已生产产品的数量；*QH* 为一定时间用户对该产品的需求量。该指标反映供应链整体生产能力和快速市场响应能力。若该指标数值大于或等于 1，则说明供应链整体生产能力较强，能快速响应市场需求，具有较强的市场竞争力；若该指标数值小于 1，则说明供应链生产能力较差，不能快速响应市场需求。

4）供应链产品出产（或投产）循环期（Cycle Time，TC）指标。

第一，供应链节点企业（或供应商）零部件出产循环期 *TC*1。指标 *TC*1 反映了节点企业库存水平及对其上层节点企业需求的响应程度。该循环期越短，说明整个供应链管理水平比较高，能够快速响应市场需求。

第二，供应链核心企业产品出产循环期 *TC*2。指标 *TC*2 反映了整个供应链的在制品库存水平和成品库存水平，同时也反映了整个供应链对市场或用户需求的快速响应能力。*TC*2 决定着各节点企业产品出产循环期，即各节点企业产品出产循环期必须与核心企业产品出产循环期相适应。

5）供应链总运营成本指标 *CT*。

第一，供应链总库存费用 *C*2。

第二，各节点企业外部运输总费用 *C*3。

6）供应链核心产品成本指标 *CH*。

7）供应链产品质量指标。

### 7.3.3 供应链管理成熟度

在供应链管理成熟度的管理结构中，主要包含工作流、组织结构、产品流设施结构、沟通与信息流设施结构、权力与领导结构、风险与回报结构。在供应链成熟度的管理策略中，主要包含规划与控制方法和管理方法。在供应链成熟度的管理环境中，主要包含文化与态度。

供应链管理成熟度有以下特点：

（1）管理思想的渗透程度。供应链管理更多地体现了管理思想、管理理念和管理方法的集成，特别是管理思想的渗透。供应链管理成熟度，成为分析和评价管理思想渗透程度的一项重要指标。

（2）综合的管理评价体系。供应链管理成熟度综合反映了供应链评价体系的结构，分别从活动、组织、产品、信息、权力和风险 6 个方面描述了供应链的管理结构，从规划、控制和方法 3 个方面描述了供应链的管理策略，从文化和态度两个方面刻画了供应链的管理环境。

（3）交叉的管理体系结构。供应链管理成熟度模型描述了一个交叉的管理体系结构，横向由物理与技术组件和管理与行为组件构成，纵向由管理结构、管理策略和管理环境构成，形成了一个管理层次和管理体系交叉的结构。

（4）可量化的指标体系。构成供应链管理成熟度的各项指标都是可以量化的，便于对供应链体系的分析，从而形成一个科学的管理体系。

供应链管理成熟度可应用在以下方面：

（1）绩效评价。绩效评价包括对整个供应链体系运营能力进行综合评价，分析供应链的管理绩效，分析管理投入所带来的效率、效益和效能。应用供应链管理成熟度对供应链进行绩效评价，能够及时、准确地获得供应链运营状况的信息，及时采取有效措施，调控供应链体系中所有节点企业的运营方式，加快运营效率。

（2）供应链管理决策分析。在供应链管理体系中，主要包含物流决策、关系决策和整合决策，供应链管理成熟度将成为各项决策的重要基础。供应链管理成熟度分析的结果能够综合反映是否应该强化某类决策行为，是否应该关注某类决策结果，是否应该跟踪某类决策进程。供应链管理成熟度在决策分析中起到了举足轻重的作用。

（3）寻找约束。在由供应链节点企业构成的动态联盟中，企业间和流程间存在着各种类型的衔接关系，成为制约整个供应链运营的瓶颈因素。这些瓶颈因素只有在供应链管理成熟度分析的基础上才能显现出来。借助于供应链管理成熟度分析，可以及时发现供应链体系中的约束，并进行调整，以保持供应链的动态优化。寻找约束的过程，也就是供应链管理成熟度分析的过程。将获得的信息进行综合分析，可以重新平衡和配置各类资源，实现资源的最大化应用。

（4）建立标杆。随着市场竞争的加剧，供应链将成为企业之间竞争的焦点，因此，面向供应链体系的管理成熟度分析将会获得反映供应链核心能力的参数，从根本上分析供应链面临的问题和解决问题的方法。供应链标杆的建立，将形成一个具有较高供应链管理成熟度的标准体系。这个标准体系的建立和完善是以供应链管理成熟度为依据的，可从不同的角度反映标杆的价值。

## 7.4 QR 供应链管理方法

### 7.4.1 快速反应系统的由来

快速反应（Quick Response，QR）系统是 20 世纪 80 年代首先在美国的纺织服装行业发展起来的一种供应链管理策略，目的是为了提高整个纺织服装行业的市场竞争力，减少供应链中从原材料到用户过程的时间和库存，提高顾客的服务水平，降低经营风险，最大限度地提高供应链的运作效率。QR 系统的实施过程主要包括：

（1）零售商通过 EDI 系统把销售数据传送给商品的供应商，供应商根据零售商的销售数据，及时了解商品销售情况，掌握商品的需求状况，及时调整商品的订货或生产计划。

（2）供应商利用 EDI 系统在发货之前向零售商传送预先发货清单（Advanced Shipping Note，ASN），零售商在接到 ASN 后，马上做好进货准备工作。

（3）零售商在接收商品时，用扫描器读取商品包装上的物流条码，并把读取的信息与预先存储在计算机中的进货清单进行核对，以判断商品与发货清单上所列的项目是否一致，从而简化了检验作业，提高了商品检验作业的效率。

（4）零售商利用电子支付手段向供应商支付货款，同时零售商只把 ASN 数据与商品销售数据进行比较，就可迅速了解商品库存的信息。

总之，QR 系统通过信息技术的应用，增强了企业对市场的快速反应能力。

### 7.4.2 传统供应链运作中存在的问题

传统的供应链是以制造为中心，只考虑企业自身的资源利用，偏重于制造企业内部的过程，即从外部采购的原材料和零部件，经过生产转换及销售直到用户的过程。在销售方面则是将商品“推向”消费者，并在制造和消费之间建立库存机制以方便储存货物，不中断“推动”过程。传统供应链运作中存在的主要问题有：

（1）对新的需求趋势反应迟缓。一般来说，制造商利用从零售仓库接到的订单来预测顾客的需求，因此，传统的推动式供应链对市场变化做出反应需要很长的时间，这可能降低其对需求变化的响应能力，尤其是当某些产品的需求消失时，供应链库存将过时，而在市场出现突发情况，对某些商品的需求急剧增加时，又不能进行及时生产和补充。传统供应链的一个主要缺点是对新的需求趋势反应迟缓。假如某种商品突然流行起来，并在商店脱销，补货订单到达零售商的配送中心后，配送中心只是在此商品量降到最低库存水平时，才向制造商发出订单；制造商在其配送中心的库存降到订货点时订货，然后，生产计划部门开始计划新的生产。从而使整个供应链体系无法及时抓住销售良机。由于传统体系采取沿着供应链向上游逐级转移的订货程序，没有和潜在的消费需求及时沟通，所以，往往无法做到更快地向市场供应需求商品。

（2）需求预测的准确性低。传统的供应链管理方式，至少依赖 3 个间断性的库存缓冲环节来促使生产过程的货流通畅，并对变化的消费需求做出反应。由于存在牛鞭效应，即当供应链上的各节点企业只根据来自其相邻的下级企业的需求信息进行生产或者做出供应决策时，需求信息的不真实性会沿着供应链逆流而上，产生逐级放大的现象，当信息达到最源头的供应商时，其所获得的需求信息和实际消费市场中的顾客需求信息发生了很大的偏差，受到这种需求变异放大效应的影响，上游供应商往往维持比下游供应商更高的库存水平，使得供应链上各节点企业对需求预测的准确度降低。此外，牛鞭效应还会导致资源的无效率利用。例如，制造商应如何确定生产能力。如果根据需求峰值确定，那么在大多数时间内制造商将有昂贵的资源闲置；如果根据平均需求确定生产能力，那么就要求在需求高峰期有额外的生产能力。同样，应该如何对运输能力进行计划，是根据需求峰值还是平均需求。因此，在传统的推动式供应链中，经常发现由于紧急生产转换而引起运输成本的增加、高库存水平或高制造成本。

### 7.4.3 建立快速反应供应链的方法与途径

一般来说，供应链具有两种基本运作模式，即推动式和拉动式供应链。推动式供应链是以制造商为核心，产品生产建立在需求预测的基础上，产品生产出来后从分销商逐级推向用户。在拉动式供应链系统中，整个供应链的驱动力产生于最终用户，生产是由需求驱动的，各节点通过较高的集成度和快速的信息交换，增强对需求变动的响应能力，为用户提供定制化服务。由于推动式供应链和拉动式供应链在运作方面各有其局限性，因此在很多情况下相互混合的方法更为合适，即推拉结合式供应链，如图 7-2 所示，推即企业的利益推动，拉即用户的需求拉动，在推动与拉动的同时作用下，把满足用户需求的商品源源不断地推向用户。通过实施延迟差异策略，确定推动与拉动的边界，在推动式系统与拉动式系统的优势间达到一种平衡，以尽快满足用户需求。

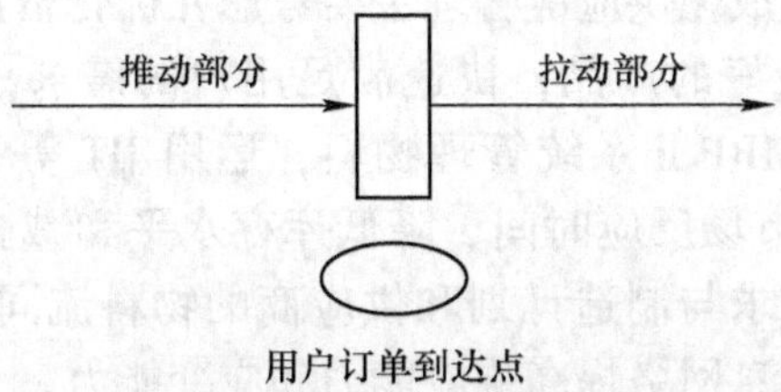


图 7-2 推拉结合式供应链

对于不同制造类型的企业，可以采用不同的供应链运作模式。按照企业组织生产的特点，可以将生产分为成备货型生产（Make To Stock，MTS）与订货型生产（Make To

Order，MTO）两种。备货型生产是指在没有接到用户订单时按已有的标准产品或产品系列进行的生产，生产的目的是为了补充成品库存，通过成品库存来满足用户随时需要，例如一些标准件、通用件的生产。订货型生产是指按用户订单进行的生产，由用户提出对产品的各种各样的要求，并以协议或合同的形式予以确认，然后进行组织设计和制造，现在按此类型生产的产品越来越多。

对于备货型生产企业可以采用推动式供应链运作模式，即在需求预测基础上进行产品生产，并且备好库存，在接到用户订单后可以快速发货，以缩短响应时间。对于订货型生产企业，包括按订单装配（Assembly To Order，ATO）、按订单配置（Configuration To Order，CTO）生产企业，都是按用户订单进行生产，为满足用户的各种要求，可以采用延迟策略，即在供应链流程中尽量延长产品的标准化生产环节，而体现产品个性化特征的生产环节，如产品的装配、着色、包装等尽量推迟进行。延迟策略使供应链的生产运作具有较高的柔性，可以提高供应链对用户需求的反应能力和速度。因此 MTO 生产企业宜采用拉动式或推-拉结合式的供应链运作模式。

传统的供应链系统至少由供应商、制造商、分销商、零售商和用户 5 部分组成，制造商从供应商处购买零部件，经过加工装配成最终产品，然后经分销商、零售商，逐级推向最终用户，而用户的需求信息则经零售商、分销商、制造商、供应商进行逆向反馈，供应链上从一个节点到另一个节点的响应时间从几个星期到几个月，整个供应链对用户需求的响应时间较长。即使是利用看板管理进行运作的精细供应链，虽然在制造商、供应商、分销商、零售商和用户之间采用的是需求拉动式运作模式，减少了库存，在一定程度上缩短了从分销商到零售商、零售商到用户的响应时间，但整个供应链对用户需求的响应时间仍然较长。

因此，缩短供应链的总体长度，减少链节点，可以有效提高供应链对需求的响应能力。比如，减少零售商环节，从分销商直接到用户；或者同时减少分销商和零售商环节，从制造商直接到用户，即类似戴尔公司的直销模式。由于减少了很多中间环节，从而大大缩短了供应链对用户需求的响应时间，比如戴尔公司，从确认顾客订货到送货上门仅需 2 天至 5 天时间。但这种运作方式要求整个供应链具有较高的集成度和快速的信息交换，以先进的信息网络技术为基础，相互之间资源共享，协调配合。

将供应链一体化，就是把企业内部组织以及各节点企业之间的组织看作是一个整体功能的过程，将企业内部的供应链与企业外部的供应链有机集成起来进行管理，形成集成化的供应链管理体系。内部集成化供应链管理主要考虑在优化资源、能力的基础上，以最低的成本和最快的速度生产最好的产品，快速满足用户的需求，以提高企业反应能力和效率。可以采用 DRP 系统、MRP Ⅱ 系统管理物料，运用 JIT 等技术支持物料计划的执行。JIT 的应用可以使企业缩短市场反应时间、降低库存水平和减少浪费。企业可以采用同步化的需求管理，将用户的需求与制造计划和供应商的物料流同步化，减少不增值的业务。同时企业可以通过广泛的信息网络提高响应能力和应变能力。

外部供应链集成是将企业内部供应链与外部的供应商和用户集成起来，形成一个集成化的供应链网络。制造商要加强与主要供应商和用户的联系，增进相互之间的了解，相互之间应保持一定的一致性。采用供应商管理库存和共同计划预测与库存补充策略有助于在节点企业之间建立良好的合作伙伴关系，相互之间实现集成与合作，共同在预测、产品设计、生产、运输计划和竞争策略方面等方面设计和控制整个供应链的运作。在供应链上采用销售点驱动的同步化以及集成化的计划和控制系统，可以保证整个供应链成员同步化地进行供应链管理。

通过信息共享，可以有效改善和加强供应链的集成化管理，它能使企业快速捕捉市场信息，在整个供应链范围内进行信息反馈，从而消除信息扭曲和失真，同时利用先进的信息通信技术，可以有效地进行供应链的协调管理使成员企业的运作达到同步化和获得一致性。广泛运用 EDI 和 IT 技术支持与供应商及用户的联系，可以提高供应链的快速反应能力。

## 7.5　ECR 供应链管理方法

### 7.5.1　ECR 基本概述

有效客户反应（Efficient Consumer Response，ECR）是 1992 年从美国的食品杂货业发展起来的一种供应链管理战略。20 世纪 90 年代初，日本食品加工和日用品加工开始模仿美国服装业的“快速反应”，并形成自己的体系，称为“有效消费者反应”（Efficient Consumer Response）。ECR 系统是为了给消费者提供更高利益，以提高商品供应效率为目标，广泛应用信息技术和沟通工具，在生产厂商、批发商、零售商相互协作的基础上而形成的一种新型流通体制。由于 ECR 系统是通过生产厂商、批发商、零售商的联盟来提高商品供应效率，因而又可以称为连锁供应系统，ECR 系统结构，如图 7-3 所示。ECR 是一种观念，不是一种新技术。它重新检讨上、中、下游企业间生产、物流、销售的流程，其主要目的在于消除整个供应链（Supply Chain）运作流程中没有为消费者加值的成本，将供给推动的“push”（推）式系统，转变成更有效率的需求拉动的“pull”（拉）式系统，并将这些效率化的成果回馈给消费者，期望能以更快、更好、更经济的方式把商品送到消费者的手中，满足消费者的需求。因此 ECR 的实施重点包括需求面的品类管理改善、供给面的物流配送方式改进等。

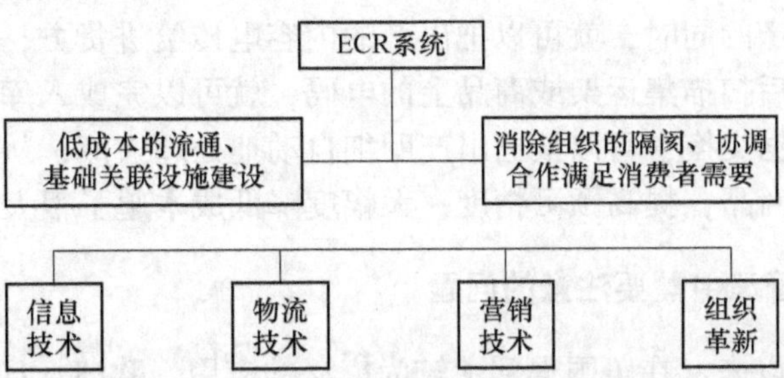


图 7-3　ECR 系统结构图

ECR 的推广对象主要以快速移转消费产品及食品杂货为主，而其实施重点包括需求面的品类管理改善、供给面的物流配送方式的改进等，目前，ECR 概念正向其他产业体系推广。

### 7.5.2 ECR 系统的特点

ECR 系统主要特点包括：

（1）ECR 系统重视采用新的技术、新方法。首先，ECR 系统采用了先进的信息技术，在生产企业与流通企业之间开发了一种利用计算机技术的自动订货系统（Computer Assisted Ordering，CAO）。CAO 系统通常与电子收款系统（POS）结合使用，利用 POS 系统提供的商品销售信息把有关订货要求自动传向配送中心，由该中心自动发货，这样就能使零售企业的库存降至零状态，并缩短了从订货至交货的周期，提高了商品鲜度，减少了商品破损率；还可使生产商以最快捷的方式得到自己的商品在市场是否适销对路的信息。

其次，ECR 系统还采用了两种新的管理技术和方法，即种类管理和空间管理。种类管理的基本思想是不从特定品种的商品出发，而是从某一种类的总体上考虑收益率最大化。就软饮料而言，不考虑其品牌，而是从软饮料这一大类上考虑库存、柜台面积等要素，按照投资收益率最大比原则去安排品种结构。其中有些品种能赢得购买力，另一些品种能保证商品收益，通过相互组合既满足了顾客需要，又提高了店铺的经营效益。空间管理指促使商品布局，柜台设置最优化。过去许多零售商也注意到了此类问题，不同点在于 ECR 系统的空间管理是与种类管理相结合的，通过两者的结合实现单位销售面积的销售额和毛利额的提高，因而可以取得更好的效果。

（2）ECR 系统建立了稳定的伙伴关系。ECR 系统建立了稳定的伙伴关系。在传统的商品供应体制上，生产者、批发商、零售商联系不紧密或相互间较为紧密，发生的每一次订货都有很强的随机性，这就造成生产与销售之间商品流动的极不稳定性，增加了商品的供应成本。而 ECR 系统恰恰克服了这些缺点，在生产者、批发商、零售商之间建立了一个连续的、闭合式的供应体系。改变了相互敌视的心理，使他们结成了相对稳定的伙伴关系，克服了商业交易中的钩心斗角，实现了共存共荣，是一种新型的产销联盟和产销合作形式。

（3）ECR 系统实现了非文书化。ECR 系统充分利用了信息处理技术，使产购销各环节的信息传递实现了非文书化。无论是企业内部的传票处理，还是企业之间的订货单、价格变更、出产通知等文书都通过计算机间的数字交换进行自动处理。由于利用了电子数据交换，生产企业在出产的同时，就可以把出产的内容电传给进货方，作为进货方的零售企业，只要在货物运到后扫描集运架或商品上的电码，就可以完成入库验收等处理工作。由于全面采用了电子数据交换，可以根据出产明细自动地处理入库，从而使处理时间近似为零，这对于迅速补充商品，提高预测精度，大幅度降低成本起了很大作用。

### 7.5.3 ECR 供应链管理中需要注意的问题

ECR 系统自提出以来，在美国得到了较为广泛的应用。欧洲、日本等地区、国家也纷纷引用该系统的技术，来改变本国陈旧的商品供应系统，并出现了许多成功案例。因此利用 ECR 系统使流通过程合理化是今后不容回避的课题。在实施过程中应注意以下问题：

（1）高层决策者的作用至关重要。ECR 系统是改善企业经营管理工作的大工程，系统涉及产、供、销多个企业部门，任何部门出现错误都会对整个系统的启动产生很大影响。因此，各部门的高层决策者的热情和决心对于推动这项工作非常重要，其积极支持和倡导有利于明确目标，提高业务改革速度，排除浪费，增强 ECR 系统的应用质量。

（2）正确地把握顾客的价值和需求。ECR 系统自始至终把增加消费者的利益和满足消费者的需求作为根本宗旨，所有的业务改善和效率提高都是围绕这一宗旨展开的。只有正确地把握顾客价值和需求，才能确立 ECR 系统的工作目标，增强对顾客的适应能力。正确判断消费者的利益追求，把消费者的利益放在何种位置是开展 ECR 工作的第一步。当前超市消费趋向于商品品质、鲜度、营养、包装、价格等方面，在品种结构上，顾客大多带有一次购妥的愿望。掌握了这些信息，ECR 系统才能真正发挥其优越性。

（3）制定明确的目标和标准。作为一项系统改善工作，ECR 要有明确的目标和工作标准。通过这些目标和标准，可以对照成果进行正确地评价。同时，有了目标和标准，员工才能明确需要完成的任务和达成的尺度。

（4）积极改革组织机构。ECR 系统的有效开展必须获得相应的组织和机构保障。ECR 系统的基本思想是从流通过程和业务活动中寻求改革方案，因而传统职能划分的组织形式是不适应的，应构建新型的组织形式。ECR 系统可被视为一种广泛的连锁系统，因而可按照连锁的模式来建立组织机构。

### 7.5.4 ECR 供应链管理的基础架构

ECR 的主要基础架构分为四大领域，包括供应面管理、需求面管理、使 QR/ECR 付诸实践的标准工具及整合力的应用，并据此形成 ECR 评量表，可评估 ECR 导入前的程度与能力。此外，ECR 可鼓励供应链相关业者能在需求面管理、供应面管理等 4 个范畴中不断地改进。

#### 7.5.4.1 需求面管理、供应面管理等

需求面管理涉及有关商品与服务需求方面的认知与管理，并直接影响到消费者的满足，销售额（量）以及市场占有率等。其内容包括：

（1）需求策略与能力（Demand Strategy & Capabilities）。分析企业组织内执行需求面管理的能力，包含人员、系统、策略方面的配合与准备，以达到更有效率的销售与及时响应消费者需求的目标。

（2）商品组合最佳化（Optimise Assortments）。确保供货商与零售商充分地协同合作，评估符合市场上需求的商品组合策略，并确实执行。意即在最佳时间将最适当的商品数量展示在消费者面前，以合理的价格吸引消费者的购买，并改善库存问题。

（3）促销最佳化（Optimise Promotions）。拟定符合市场目标的商品促销策略，规划促销策略执行面与评估成本效益，并随时审视促销的模式以及频率是否刺激到消费者的购买欲望以及购买的数量。

（4）新商品导入最佳化（Optimise New Product Introductions）。由于商品开发之前不易评估商品成功率，在交易伙伴间存在旧有的障碍与缺乏信任感、商品仿冒等问题，使得新商品导入最佳化是 ECR 概念中最难执行的部分，因此 ECR 概念的目标则是希望通过供应链伙伴间的策略合作，有效地了解消费者的需求与欲望，改善新商品的研发失败率与缩短新商品上市时间。

（5）合作创造消费者的价值（Collaborative Shopper Value Creation）。合作创造消费者的价值概念除了延伸之前 Consumer Value Creation 的想法，还结合了协同式客户关系管理

的观念。合作创造消费者的价值是来自于供应链上交易伙伴的协同过程，锁定目标消费群与建立提升消费者价值差异化解决方案为目标。其包含3个主要要素：

1）协同式情报管理（Collaborative Information Management）是一种收集消费者商品购买决策与使用商品信息的流程。

2）锁定目标消费者（Shopper Targeting）是一种零售商应该吸引何种客户上门购买商品与安排商品类别的程序。

3）差异化方案（Differentiated Solutions）是整合商品、信息与服务使之能符合目标消费者需求的完整解决方案。

#### 7.5.4.2 供应面管理

快速消费响应（ECR）所提及的供给端，其焦点主要集中在以下4个改善供应链上商品流动的概念，并从不同方向说明如何满足整个供应链快速及有效商品补货模式的需求：

（1）供应策略与能力（Supply Strategies & Capabilities）。主要检视商品流（Product Flow）在整条供给链中从原料、组成、生产、包装、到配销以及仓储等流程的效率，企业需有明确的策略，改良现有组织架构，配合信息科技，并针对整个供应链服务作绩效衡量。

（2）有效供给（Responsive Supply）。供应端补货管理是改善配销方法来简化商品从生产端配送至零售点货架上的补货作业，并响应实际客户需求与平衡管理成本及存货水平。其关键要素包含自动订货（Automated Store Ordering）、持续补货（CRP）等技术；进阶要素包含合理运输规划与有效仓储。

（3）整合需求导向的供给（Integrated Demand Driven Supply）。规划与控制方法是依照供应链上原料、包装、成分与商品供给频率与数量的实际状况做出调整。其包含主要两个概念：同步化生产（Synchronized Production）、供货商的整合（Integrated Suppliers）。所谓同步化生产，是指商品生产规划依据消费者需求，避免不必要的成本与存货，进而可不断改善生产周期的天数；另外，供货商的角色更是不容忽视的，由于原料与包装的成本占整体供应链总成本的30%~50%，会影响到下游厂商的服务水平，需切实执行ECR的概念，以应付的新品导入、季节因素等变动情况。

（4）操作最佳化（Operational Excellence）。采用管理的方法增加营运的信赖度，如缺货管理、瑕疵货品与延迟交货处理以及管理失误。

#### 7.5.4.3 驱动力（Enablers）

为使需求面管理和供应面管理能真正落实，商品识别与数据管理能力的支持是主要的驱动力，例如交易伙伴间的商品交易流程，都需要有标准格式或信息，才能保证正确和实时的信息响应。驱动力包含3个领域：共同识别标准、交换信息标准、全球数据同步。

#### 7.5.4.4 整合力（Integrator）

需求与供应管理的策略能力结合新科技的应用和发展，改变原有的商业模式，形成协同式电子商务并持续增加与交易伙伴的互动和价值提升。整合力体现在协同计划与预测，和成本/利润与价值计量两个方面。

# 7.6 大中型电子商务企业的供应链管理方法

## 7.6.1 我国大中型电子商务企业供应链管理存在的问题

目前，我国大中型电子商务企业供应链管理存在的问题主要有：

（1）供应链各节点企业之间信息无法共享。信息技术的运用可以加快信息的传递，协调供应链各节点企业的经济行为。同时信息流是供应链管理的基础，是供应链节点企业之间进行协调管理的关键，它决定着供应链管理的成败。目前，我国企业在实施供应链管理的过程中，受企业间信息共享系统的限制，供应链各节点企业之间缺乏共享的数据库和信息平台，造成许多企业内部出现“信息孤岛”。

（2）企业间没有建立良好的合作伙伴关系。企业供应链的外部整合是供应链整合的关键部分，它是指将企业内部供应链与企业外部供应商和客户连接起来，通过协调管理组织内部和组织之间的业务流程，实现高效率的供应链管理。在我国，供应链各节点企业虽然拥有共同的利益，却没有形成真正的战略伙伴关系。供应链管理理论强调的是企业之间的合作，但是目前我国大多数企业之间都只是单纯的业务往来，并没有建立战略合作伙伴关系，利用供应链管理使供应链整体利益提升。

（3）标准化问题。标准化是供应链管理和电子商务高效运作的关键措施之一，尽管我国在供应链物流标识标准的建立方面取得了一定的成绩，但是目前仍存在许多问题。比如，各行业纷纷制定自己的行业标准，但缺乏与国际接轨的全国统一的标准；商品信息标准化工作滞后；标准推广存在严重问题。

（4）人才问题。电子商务环境下的供应链管理要获得长足的发展，人才是一个关键问题。首先，供应链管理理念在我国刚刚引入，国内企业界人士对此知之尚浅，更缺乏对供应链管理人才的教育和培养。其次，供应链管理是一种跨行业、跨部门的管理理念，它涉及诸多领域的高新技术，不仅需要专门的技术人才，而且需要既精通供应链管理理论、方法、手段，又熟悉与供应链有关的诸多技术的综合型人才，以保证在供应链某个环节发生故障时，他们能统观全局，给予合理的解决。

## 7.6.2 我国大中型电子商务企业实施有效的供应链管理的主要对策

我国大中型电子商务企业要实施有效的供应链管理，可按以下对策实施：

（1）建立健全先进信息系统，加快企业信息化进程。

1）加快企业信息化的建设步伐。实施供应链管理需要在企业内部和企业之间建立完善的信息系统。鉴于国内企业的实力相差很大，各企业可根据自身的需要和条件，采用适合本企业实际的信息化方案。对于实力比较雄厚的大型企业，可以采用国外著名的 SCM 软件厂商的高端产品；对于实力一般的中型企业，可以采用国内优秀的 SCM 软件厂商的产品或采用自主研发的方式；对于实力较弱的小型企业，可先从企业内部的部分信息化做起，等条件成熟后，再推行供应链管理方案。

2）加快核心技术的推广力度。在继续推广商品条码技术应用的同时，不断提高商品条码的应用质量，引导生产企业应用商品条码进行业务管理，改变过去被动应用商品条码的情况。与此同时，要加大工作力度，在商品包装、运输工具、供应链成员等供应链过程中各实体的有效标识和自动数据采集中应用条码技术，为整个供应链管理中的信息交换和信息共享打下基础，让商品条码真正为自己的企业服务。

(2) 加快商品信息数据库的建设以及信息平台的构建。在供应链管理过程中，信息对供应链的成员是非常重要的。因此，我国政府应该在商品信息标准化的基础上，加快商品信息数据库的建设，为供应链的各个节点企业打造一个完善的数据处理和存储中心，提高各企业信息的利用效率，创造供应链的竞争优势。同时，政府部门也要大力支持信息平台的构建，这能为供应链企业交流信息、采集和利用信息提供一个有利的信息渠道源泉。

(3) 建立良好的合作伙伴关系。企业供应链的外部整合是供应链整合的关键部分，而与主要供应商和用户建立良好的合作伙伴关系则是决定供应链外部整合成功与否的关键。企业应该在完善的合作机制下选择具有延续性和扩展性的合作伙伴，建立不同层次的合作伙伴关系，培养合作企业之间的信任，共同为整个供应链的行业竞争优势服务，达到理想的供应链协同和合作状态，发挥最大的协同效应。

(4) 加强标准化工作。加强标准化工作对供应链管理非常重要。目前，最为重要的两个问题是物流标识标准和运输工具标准化。在这两个方面，我国的标准化工作还不到位。因此，为了使各类标准能够协调统一，需要由国家标准化工作的主管部门出面对这些单位的标准化工作进行协调，各单位之间也应积极配合，共同努力，把标准化工作做好。

(5) 引进和培养集成化供应链管理人才。电子商务环境下的供应链管理是一个很复杂的过程，当各个行业竞争前景改变了，建造和管理有效果并且有效率的供应链将是生存的关键，而目前国内供应链高级人才较少。因此，我国企业要想顺利实施供应链集成，就应首先充分认识到供应链管理战略的重大意义，并引进人才，或通过各种业务培训来培养与锻炼这方面的人才，然后建立合理的报酬和激励体系，使其为企业的进一步发展开拓道路。

目前，电子商务正在我国快速发展，尽管在发展中遇到很多的障碍和阻力，但电子商务对我国企业供应链的发展有着极大的推动作用。电子商务环境下的供应链管理依然是我国企业供应链管理发展的一个主要趋势，它应该是我国未来企业供应链管理的一个研究热点。

众所周知，电子商务的发展，促使信息流在整个供应链中及时、快速、高效地流转，它是供应链管理中沟通生产者和消费者的桥梁。因此，电子商务和供应链管理这两大利器将为我国企业的发展和强大注入源源不断的动力。

## 7.7 小型电子商务企业的供应链管理方法

目前，随着信息经济的发展以及电子商务时代的到来，传统的供应链管理已经有了更广阔的发展空间并被赋予了新的内涵。但是，由于电子时代网络通信与信息技术的发展，供应链管理中的信息流在很大程度上不再受时间、空间的限制，客户、零售商、分销商、制造商、供应商可直接进行信息分享，物流与信息流成为构成电子商务供应链管理的最重要的两个因素。那么，如何使供应链更有效、更稳定地运作成为广大企业思考的主要问题之一。

### 7.7.1 小型电子商务企业的供应链管理对策

小型电子商务企业是与所处行业的大企业相比人员规模、资产规模与经营规模都比较小的经济单位。对于小企业的划分，不同行业有不同的标准。我国小型电子商务企业发展的普遍特点是企业寿命低、数量多、做不大。电子商务是指通过现代信息手段，利用信息技术在互联网上完成的商务活动，主要体现在商流、资金流和信息流都是在网上完成。只要是信息流在网上完成的，就算是电子商务。电子商务在我国的发展非常迅速。阿里巴巴是我国电子商务成功发展的代表企业之一。阿里巴巴之所以能如此成功，正是因为我国有众多的小型电子商务企业，这些企业没有实力开展自己企业的电子商务，而阿里巴巴就提供了这样一个 B2B 交易平台。

B2B 电子商务模式带来企业价值链变革的同时，还带来了企业供应链的变革。在传统的供应链管理中，任何企业内部都存在着物流、信息流、资金流的流动，企业与企业之间也存在着这样的流动关系。而在分工日趋细化、开放合作的时代，企业仅仅依靠自己的资源参与市场竞争往往处于被动，必须把同经营过程有关的多方面纳入一个整体的供应链中，这样每个企业内部的价值链就会通过供应关系联系起来，构成更高层次、更大范围的供应链。供应链管理就是把这个供需的网络组织好。供应链管理仅仅是一个横向的集成，即通过通信介质将预先指定的供应商、制造商、分销商、零售商和客户依次联系起来，只注重内部联系，灵活性差，也只是点到点的集成，不仅成本高、效率也低，而且供应链一个环节中断了，则整个供应链都不能运行。

电子商务的出现使中小企业拥有了一个商机无限的网络发展空间，而 B2B 电子商务则是中小企业谋生存、求发展的必由之路。B2B 电子商务服务模式以丰富、便捷的信息资讯为中小企业建立了良好的销售平台。小型电子商务企业在积累了一定的客户资源后，应寻找新需求与高增值的发展方向，深度介入供应链过程，获得更多的服务机会。如利用初具规模的市场资源，扮演供应链资源整合者的角色，整合各方资源，提供集中物流服务、公共服务、信用保障服务、支付服务、资讯服务的一站式服务与供应链运作整体解决方案给客户，并对客户决策产生影响。

### 7.7.2 小型电子商务企业供应链管理存在的问题

小型电子商务企业供应链管理中，存在的主要问题有：

(1) 缺乏战略合作和服务意识。供应链的良好运作需要企业具备正确的合作观念和较好的服务意识。但目前我国小型电子商务企业的经营诚信度普遍较低，对供应商拖欠货款、给客户提供劣质产品和服务的现象时有发生，这直接影响了企业间合作关系和机制的建立。另外，仍有大部分的小型电子商务企业供应链为推动式，这必然会导致企业研发的产品不能满足客户需求。而供应链管理强调的是要节点企业间形成长期稳定的战略合作伙伴关系，以最终客户需求为驱动力，通过协同运作来实现“多赢”，所以这些短视行为不利于小型电子商务企业供应链管理的实施。

(2) 物流运作难以满足供应链需求。物流是供应链管理高效运作的关键之一。我国小型电子商务企业目前面临的宏观物流环境与发达国家相比存在差异，我国物流市场缺乏统一标准，这在一定程度上阻碍了物流的畅通。对于自营物流的中小企业，不同的自建标准在企业沟通合作时设置了巨大的阻碍。另有部分小型电子商务企业选择将物流业务外包，但由于当前我国物流供应商的整体服务水平较低，不少企业总在选换新的物流供应商。这不仅产生了较高的变更成本，也影响了小型电子商务企业供应链合作伙伴关系的形成。

（3）信息化水平影响信息共享实现。供应链的一体化运作需要以信息系统建设、信息平台搭建为前提，通过配置相应的信息技术来整合资源，优化供应链管理。但由于受到经营环境、管理理念、资金等诸多因素的限制，小型电子商务企业信息化建设总体水平偏低。虽然小型电子商务企业意识到信息化建设应向更高层次的系统应用与整合方向发展，但是信息化建设不足的现状使节点企业间的数据难以及时、准确、安全地传输，这在很大程度上阻碍了信息共享。虽然部分企业实现了信息共享，但每个企业对于互接区域内容的理解和认识也不相同。

（4）成本偏高、资金周转率低、订单响应不及时。完善的供应链体系中有较强的成本控制和资金回收能力。我国中小企业供应链的存货过于分散而且整体规模偏大，这不仅造成了较高的仓储成本，更意味着低效率的资金周转。中小企业过高的库存水平和成本，会影响企业竞争力提升；过低的资金周转率，会降低对支撑技术的投入；过慢的响应速度，会使企业失去商机，在市场竞争中被淘汰。

（5）复合型供应链管理人才紧缺。人才是供应链之间竞争制胜的关键。供应链管理是一个大跨度的管理理念，所涉及的业务基本上均具备跨职能、跨行业的特点。小型电子商务企业根据业务需求配置人员，但是供应链的运作经常涉及多项领域的高新技术，所以小型电子商务企业供应链运作不但需要专门人才，而且需要既精通供应链管理理论、方法和手段，又懂电子商务和 IT 网络等其他领域技术的复合型人才。在我国无论是小型电子商务企业还是大型电子商务企业都缺乏这样的人才，国内更是缺少对供应链管理人才的教育和培训。

随着全球经济一体化进程步伐的加快，我国正逐步全面对外开放各个领域，国外各类企业抓住机遇相继涌入中国市场，导致国内企业面临更为激烈的竞争环境，中小企业增强竞争力势在必行。小型电子商务企业应及时克服缺点，尽快形成高效的供应链，以获得持续发展的竞争优势。

### 7.7.3 小型电子商务企业的供应链问题解决对策

为了更好地实施供应链管理，针对以上存在的问题，小型电子商务企业应该采取如下对策：

（1）转变传统观念，树立共赢思想。小型电子商务企业必须转变和更新传统思想观念，主动意识到供应链管理的价值。只有那些改善组织结构，敢于资源整合、资源共享的小型电子商务企业，才能增强市场竞争能力。在合作伙伴关系建立过程中，需要注重与供应链上其他企业的融合，消除节点企业在文化、制度等方面的碰撞和冲突。合作企业之间要加强沟通，做到逐步兼容，形成统一的价值观和行为规范。在合作过程中也要建立协作意识，树立共赢思想。小型电子商务企业的经营目标要与供应链总体目标一致，把握核心优势、积极合作，建立起充分的信任机制和信息共享机制，把自己融入到供应链中，依托供应链企业群体合作优势来参与竞争，实现共赢。

（2）业务流程重组，提升企业核心竞争力。为使整个系统最优，小型电子商务企业必须进行基于供应链管理的业务流程重组，加强过程控制，不断地对原有业务流程进行根本性再思考和彻底性再设计。企业的业务流程重组有3个步骤：第一，进行职能机构内部的业务流程重组，手工业务计算机化，消除重叠的中间业务；第二，进行职能机构部门之间的业务流程重组，跨越企业职能部门界限，实现全过程的信息化管理；第三，进行企业之间的业务流程重组，这是供应链管理有效实施、业务过程一致的必要条件。重建后的业务流程要有利于相互交流与沟通的扁平化或网络状的组织结构。具有吸引力的核心竞争力是供应链伙伴关系稳定持久的前提。小型电子商务企业会在业务流程重组的过程中找到自己的核心竞争力。

(3) 加强信息化建设，实现信息共享。供应链管理的实质是通过企业间的资源互补，快速研发出多样化、个性化的产品和服务，这就需要现代信息技术的支持。为此，小型电子商务企业应把信息化建设作为首要工作，充分利用现代信息技术进行供应链运作，以实现信息共享。具体做法是：首先，强化企业管理层对信息化建设的紧迫感，做好企业发展规划和投资计划；其次，建立信息管理机构，安排专职人员负责，做到既满足目前的信息处理需要，又考虑到将来的升级，还要充分考虑到供应链各成员企业之间信息系统的兼容对接；最后，有计划地安排员工进行信息化知识和技能的培训。

(4) 联合采用第三方供应链管理平台。很多小型电子商务企业都面临着资金短缺的问题，为了有效规避投资风险，小型电子商务企业在实施供应链管理的过程中，应该共同采用第三方供应链管理平台，与平台服务商达成协议，通过 Internet 为其提供供应链管理软件功能，并享受第三方供应链平台服务商提供的各项服务。所以对于供应链管理不是核心业务的小型电子商务企业来说，最好的方式是将其外包，利用第三方供应链管理平台避免了平台建设的巨大投资，也不会被软件升级套牢。而且企业和平台提供商之间是租赁关系，这就有效回避了信息不对称问题。另外，信息产品还具有网络效应，小型电子商务企业将会在这个共同的平台上获得更多的价值。

(5) 加快建设人才队伍，提高自主学习能力。人才是实施供应链管理的关键因素。由于复合型人才的缺乏，要求小型电子商务企业必须加快人才队伍的建设，采用引进复合型人才、加强在职员工的进修培训等方式，尽快形成一支既懂管理又懂技术的人才队伍，以满足企业的人才需求。知识储备决定员工层次，员工层次决定企业发展。小型电子商务企业不仅需要实施人才引进与培训，还要引导员工主动学习，在企业内部形成良好的求知氛围，逐步将企业建成一个能适应现代供应链管理的学习型组织。

小型电子商务企业供应链管理的实施需要一个过程。在这一过程中，难免会遇到一些困难和阻碍。面对未来的机遇与挑战，小型电子商务企业要做好各项准备，争取在短时间内完成供应链管理的实施，实现做强做大的目标，与大企业一同分享市场开放的成果。让我们共同关注中小企业的蜕变。

## 7.8 案例1 华为的供应链困境与思考

自2018年贸易摩擦升级后，华为等国内高科技企业就一直处于风口浪尖。特别是2020年5月以来，西方政客的“极限施压”让国人捏了一把汗。令人振奋的是，面对极端的生存考验，华为并未陷入绝境，而是连续出招化解危机。

### 7.8.1　“断供华为”事件始末

2018年，华为消费者业务表现喜人，全年手机发货量突破2亿台，其中Mate和P两个高端系列全球发货量近3000万台。全年出货量位居全球第三位，市场份额达到14.7%，值得注意的是，华为的手机出货量比起2017年增长了33.6%。2018年华为等公司手机出货量排行见表7-1。

表7-1　2018年华为手机出货量排行

| 公司 | 2018年出货量/百万台 | 2018年市场份额/% | 2017年出货量/百万台 | 2017年市场份额/% | 同期增长率/% |
|---|---|---|---|---|---|
| 三星 | 292.3 | 20.8 | 317.7 | 21.7 | -8.0 |
| 苹果 | 208.8 | 14.9 | 215.8 | 14.7 | -3.2 |
| 华为 | 206 | 14.7 | 154.2 | 10.5 | 33.6 |
| 小米 | 122.6 | 8.7 | 92.7 | 6.3 | 32.2 |
| OPPO | 113.1 | 8.1 | 111.7 | 7.6 | 1.3 |
| 其他 | 462 | 32.9 | 573.4 | 39.1 | -19.4 |
| 总量 | 1404.9 | 100.0 | 1465.5 | 100.0 | -4.1 |

2019年5月15日，美国商务部以国家安全为由，将华为公司及其70家附属公司列入出口管制“实体名单”。

2020年5月15日，美国升级禁令，美国商务部发布公告称，正在制定更“全面”的计划，不仅是美国的公司，全球范围内的公司，只要用美国设备和技术（达到一定比例）给华为生产芯片，就必须得到美国批准。

为了“活下去”，华为在6月重新规划供应链，大量采购中国台湾手机芯片供应商联发科的芯片，希望渡过难关。但仅仅3个月，美国打压华为的手段再度变本加厉，管辖范围更是从美国本土扩展到华为芯片全球供应链，包括台积电、SK海力士、三星、高通、联发科在内的芯片供应商，也在美国禁令下停止为华为供货，不留任何死角。

我国虽能设计先进的芯片，却不能生产芯片。这涉及芯片生产的一个关键的硬件——光刻机。光刻机是制造芯片的核心装备，被誉为“现代光学工业之花”，全世界只有少数厂商能生产，而生产高端手机处理器的光刻机，更是难上加难。目前我国最先进的光刻机，也只能实现22nm，中芯国际虽然能生产14nm的芯片，但用的光刻机也是荷兰ASML的，自然用到了美国的技术，也不能为华为代工。所以，美国此项制裁举措对华为、对整个中国的芯片制造产业都是一个沉重的打击。

此次制裁升级，华为肯定会面临更大的压力，不过远没有外界想象的那么大，华为对此等程度的制裁也早有准备。虽不幸成为中美贸易战中美国最大的目标之一，但美国也清楚，制裁华为是一个“杀敌八百，自伤一千”的做法。华为是全球5G标准最重要的贡献者，如果禁止美国公司与华为在标准上的合作，也意味着美国公司在使用包含华为大量专利的5G标准时，会受到种种制约。

### 7.8.2 为什么华为能够对抗来自西方强国的封锁

(1) 体量为王。华为之所以让很多西方企业下不了“断供”的决心，很大原因在于它的采购量足够大，因此对方无法放弃这样一个重要客户。在华为被列入实体清单之后，硅谷多家半导体企业股价大跌。为减少销量下降带来的损失，很多芯片公司加班加点，尽可能在禁令生效之前给华为多供货。

有体量就有话语权，这也是供应链的基本原理之一。对于一些规模较小的公司，则可以考虑与他人联合采购等方式，增大整体采购量，增加自身在采购环节的主动性。

(2) 内外有别。如今，即使是世界500强制造业企业也不可能包办全部零部件的生产。因此，科学制订“Make or Buy”（自制或外包）决策，对公司具有重要战略意义。就华为来说，一方面将芯片设计等核心知识牢牢握在手中，另一方面也对非战略领域做了很多外包，其中包括代工工厂来生产零部件。

即便在代工合作中，华为也坚持对模具等核心资产的所有权。这使得公司在某些合作无法继续时，可以迅速找到新的代工工厂并投入生产，保证零部件生产的稳定性。

(3) 驾驭风险。在充满不确定性的时代，企业必须具备很强的风险管理能力才能基业长青。风险可能来源于政治、经济、商业、自然环境等多个方面。优秀企业不仅需要规避重复发生的重大风险，也要为偶发性的高风险事件制定预案，并持续监控其他风险因素。

所有这些的前提，是对风险作出识别和预判。早在2018年华为就已经意识到芯片供应链上潜藏的危机，提前储备了半年以上的芯片库存。

(4) 精准运作。在高水准企业，一切都要用数字说话。重大决定的背后都有数学、计算机等工具的支持，以避免“拍脑袋”式决策。从2012年起，华为内部建立了“诺亚方舟”实验室，其研究方向包括计算机视觉、高速计算、自然语言处理等，用数学和计算机知识来支持企业运作。

在公司内部，许多核心的物流和供应链流程都建立了复杂的数学模型，为降本增效提供数字化依据。为了进一步获得理论知识的武装，华为公司甚至在欧洲成立了多家数学研究所，开展纯数学研究。

(5) 借用外脑。要在科技方面持续领先，不可能只靠公司内部的人才。因此，华为与国内外知名大学积极合作，无论是产品的研发还是运营的流程都采取开放创新的态度，充分吸取先进知识。同时，华为也虚心地向知名咨询公司学习，通过和IBM等咨询公司长期合作，打造了IPD/ISC等业界最佳实践案例。

(6) 和合共生。企业要充分意识到物流和供应链的重要性，确保必要投入，和供应链合作伙伴一起成长，才能获得长期回报。作为世界顶级的制造型企业，必须要获得世界级的物流和供应链服务，才能在产品质量、客户服务水平等方面形成核心竞争力。如果只懂得“压缩物流成本”等简单粗暴的手段降低经营支出，一味压缩合作伙伴的生存空间，最终受损的将是制造企业自己。

在贸易摩擦导致我国供应链转型升级的道路上，需要有更多企业走上良性循环的发展道路，即生产高附加值产品获得足够的利润率为物流和供应链作必要投入获得供应链伙伴的高水平服务，持续提高自身产品竞争力。希望制造业和供应链相关从业者都能从华为案例中收获经验，帮助企业更好地实现转型升级。

**思考题：**

（1）请用本章所学知识，归纳一下华为能够应对此次“断供”的原因。

（2）结合当前我国提出内外双循环的新时期格局的发展理念，针对未来全球供应链的变化，我们应该怎么做？

## 7.9 案例2 小米手机供应链的“补课”

2016年是小米手机的转折年。2016年之前，小米手机一直是国内的手机业的一哥，在最高峰时，小米手机全年的出货量超过7000万台，位居世界第一。然而在2016年之后，小米手机的销售量不仅大幅下降，国内排名也从第一退居到第四。因此，雷军提出小米手机供应链要“补课”三年。

在此之后，小米手机重新回到了增长之中，2017年手机销量就大涨到了9141万台，2018年达到了11866万台，首次超过1亿，2019年销量达到了1.246亿，比创业第一年销量提升了460多倍。

### 7.9.1 小米科技有限公司简介

小米科技有限公司成立于2010年4月，是一家专注于高端智能手机自主研发的移动互联网公司。小米科技有限公司旗下的三大核心产品分别为小米手机、MIUI、米聊。“为发烧而生”是小米的产品理念。小米公司还首创了用互联网模式开发手机操作系统、60万发烧友参与开发改进的新兴模式。

小米科技有限公司自成立以来，产品的更新速度越来越快且掌握一定的规律。除了手机之外，小米科技有限公司还不断推出MIUI操作系统，其更新速度最快为一周一次。同时还有许多移动互联网的周边产品，包括小米盒子、小米电视、小米移动电源、小米蓝牙耳机、小米路由器和小米随身wifi。小米科技有限公司利用这些产品构架出了小米公司的核心业务模式。

### 7.9.2 小米手机供应链为什么要“补课”

从小米手机供应链的营销模式、销售渠道、商业模式三方面来看，找到供应链瓶颈存在的原因，结合图7-4不难发现：

（1）饥饿营销的营销模式会失灵，瓶颈期出货量低出前五，在榜单前五中已不见小米手机的身影。小米手机自上市以来，获得了广大消费者的追捧与喜爱，销量一直再创新高，这与它一直坚持的营销模式是分不开的。在饥饿营销的作用下，小米手机获得了巨大成功。小米手机成功实施饥饿营销，满足了4个必要条件，即市场竞争不充分、产品综合能力强、品牌实力强、消费者心理不稳定。但是随着时间的推移，供应链必然会出现瓶颈状况。饥饿营销是一把“双刃剑”，运用好的情况下并且满足饥饿营销的条件时，会获得很好的效果，但是随着市场的变化、消费者的成长等因素的推动，逐渐不再满足饥饿营销的实施条件，饥饿营销便会失灵。

（2）线上营销不再是小米手机的独家秘诀，而线下渠道却是小米手机的软肋。如今互联网营销的利润逐渐减弱，线下销售的市场挖掘空间巨大。小米手机引以为傲的互联网营

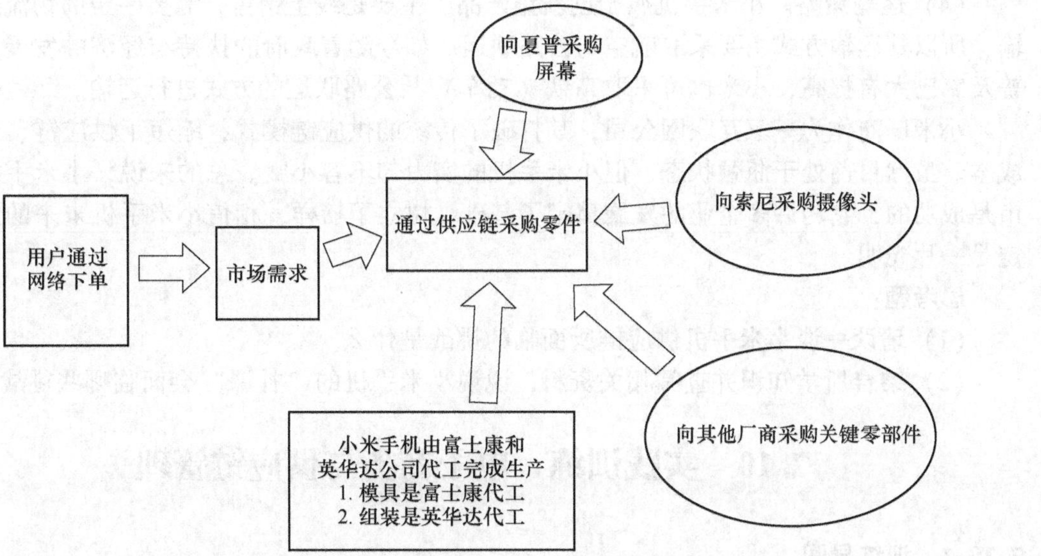


图 7-4 小米手机供应链结构

销变得不再"给力"。小米手机曾经凭借其独特的互联网模式出现过爆发式的增长，还登上过我国国内出货量第一的宝座。但是在线下的销售上，小米手机却远远落后。相比华为、OPPO、VIVO 等手机厂商，小米手机的销量已进入瓶颈期，所以应完善其线下渠道，拓宽市场范围。

（3）小米手机也并非十全十美，其软肋在于供应链，在于小米手机的硬件。小米手机的供应链其实特别脆弱，稍有放松，就会出现供应链的断裂。小米手机与高通和英伟达的合作，让小米手机得到了一个教训：要适当地改变和供应商的关系，供应不是简单地提供硬件设备，更多的是建立供应商之间的合作关系。

### 7.9.3 小米手机供应链需要"补"哪些课

（1）稳定供应商，与供应商一起做事业。小米厂商断货的问题是由于对供应商把控不够、零部件匮乏而导致影响小米手机市场需求。为了解决这一问题，就必须要稳住供应商。企业的需求都是以最小的成本获得最大的收益，从而提高自身品牌的影响力，出于合作关系的供应商也一样，他们更希望能与大企业合作进而提高自己品牌的价值。例如跟一些行业巨头合作，能带动供应商自身品牌影响力的上升。因此，与供应商合作要抱着一起做事业的态度和理念，这样的合作关系会才更加稳固。

（2）优化库存。小米手机的生产能力有限，小米手机采用的是"网络下单→提前预约→到指定日期发货"的模式。因为市场需求是不可预测的，供应能力也有限。为避免小米手机一部分客户的需求不能得到及时满足，所以小米手机应维持一定量缓冲库存（安全库存）来应对需求或供应的不确定性。

（3）增加产能。对小米手机而言，目前面临的最大问题是产能问题。由于各个零件需要多家供应商，小米手机供应商容易出现供不应求的状况，导致无法及时满足消费者需求，这可能会使小米手机丢失一部分市场。所以小米手机应该通过增加其产能来提高产品销量。

（4）运输策略。小米手机属于创新型产品，主要是线上销售，需要一定的物流进行运输，所以其运输方式主要采取航空与公路联运。如今随着政府的扶持与经济的发展，高铁普及率已大有提高，小米也可采取高铁（动车）与公路联运的方式进行运输。

小米厂商作为一家互联网公司，其打破了传统的供应链模式，缩短了供应链、节省了成本。虽然目前处于瓶颈状态，但小米手机的实力却不容小觑。总的来说，小米手机的上市是成功的，它为许多企业的发展奠定了基础、树立了榜样，相信小米手机未来的发展肯定是一片光明。

**思考题：**

（1）请谈一谈小米手机供应链所面临的挑战是什么？

（2）结合所学知识并查阅相关资料，说说小米手机的“补课”会面临哪些挑战？

## 7.10　实践训练　电子商务与供应链管理

### 7.10.1　训练导图

电子商务与供应链管理训练导图，如图 7-5 所示。

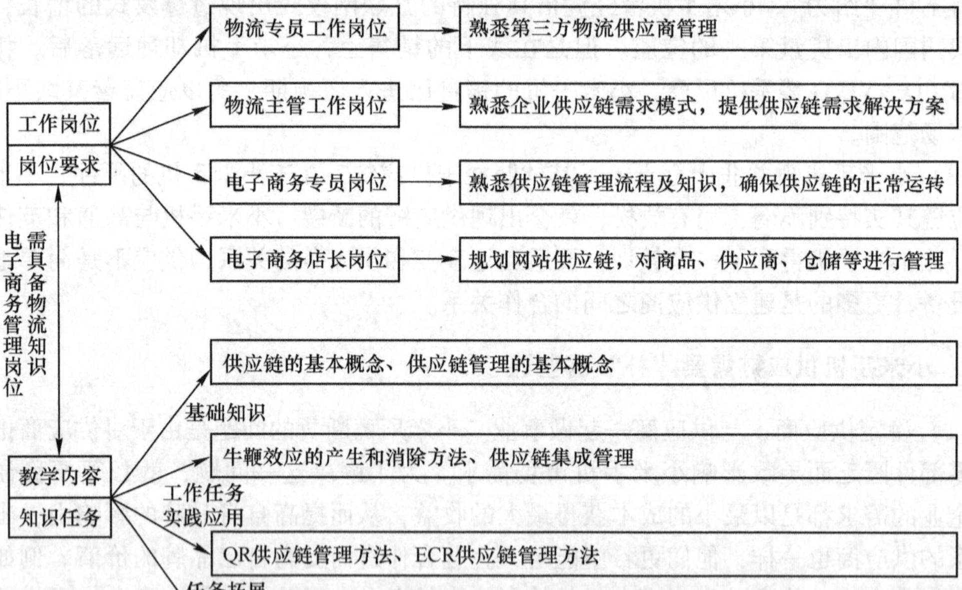


图 7-5　电子商务与供应链管理训练导图

### 7.10.2　训练目标

（1）熟悉供应链集成管理的 5 个阶段。

（2）具备运用管理技术和信息技术消除牛鞭效应的能力。

（3）具备 QR 供应链的实施与管理能力。

（4）具备 ECR 供应链的实施与管理能力。

### 7.10.3 训练重点

（1）QR 供应链的实施与管理。
（2）ECR 供应链的实施与管理。

### 7.10.4 训练内容

（1）牛鞭效应的产生和消除方法。
1）分析牛鞭效应产生的主要原因；
2）了解牛鞭效应的消除方法。
（2）供应链集成管理。
1）分析基础建设；
2）分析职能集成；
3）分析内部供应链集成；
4）分析外部供应链集成；
5）分析集成化供应链动态联盟。
（3）QR 供应链管理方法。通过深入理解 QR（Quick Response）的原理，掌握 QR 供应链管理方法，熟悉 QR 供应链管理的实施过程：
1）理解 QR 的概念；
2）理解 QR 的作用；
3）熟悉 QR 的实施步骤；
4）用供应链管理的观点深入分析 QR 管理的关键点。
（4）ECR 供应链管理方法。通过理解 ECR 的原理以及它的原则与目标，掌握 ECR 的 3 个战略，熟悉 ECR 的四大要素和系统结构，掌握 ECR 实施阶段：
1）理解 ECR 的原理、原则、目标；
2）分析 ECR 系统的四大因素；
3）分析 ECR 的 3 个重要战略；
4）分析 ECR 的系统结构。

### 7.10.5 训练拓展

撰写电子商务企业的供应链管理方法报告。
（1）任务安排。选择一个家电制造企业，和供应商构建起来的供应链是一条敏捷供应链，能够根据市场需求快速作出响应，企业仓库小，零部件库存周转率高，确保产品永远都是新鲜的。并根据了解的实际情况，撰写任务拓展实践报告。
（2）任务要求。请为该家电直销电子商务企业设计一个 ECR 供应链管理系统，内容包括信息技术和物流技术，并撰写工作任务实践报告，字数在 1000 字以上。

# 8 电子商务物流成本管理

**学习目标：**

（1）掌握电子商务物流成本的基本概念。

（2）理解电商企业物流作业成本核算模型。

（3）熟悉电子商务物流成本管理、预算方法和作业成本核算的基本步骤。

## 8.1 电子商务物流成本

### 8.1.1 电子商务物流成本概述

在物流活动过程中，为了提供物流服务而占用和消耗一定的物化劳动和活劳动，这些物化劳动和活劳动的货币表现，即物流成本。如产品在实物运动过程中的包装、运输、储存、流通加工、物流信息管理等环节所支出的人力、物力和财力的总和。也就是说，物流成本是完成各种物流活动所需的全部费用。电子商务物流成本为进行电子商务物流活动过程中所发生的人、财、物耗费的货币表现。它是衡量电子商务物流经济效益高低的一个重要指标。为了适应市场经济的要求、观念和认识，跟上市场经济的步伐，物流成本的内涵还须进一步扩展。

8.1.1.1 物流成本对企业物流模式的选择具有决定性作用

成本是商品经济的产物，也是商品的价值构成。马克思在《资本论》中对此做过科学分析：资本主义生产方式的每一个商品 $W$ 的价值，用公式表示为 $W=C+V+M$，如果减去 $M$，剩下在生产要素上耗费的资本价值 $C+V$ 的等价物或补偿价值即成本。对社会再生产来讲，产品成本 $C+V$ 是维持简单再生产的补偿尺度，如果产品在成本耗费下不能得到补偿，简单再生产就无法进行。物流成本也一样，在一定营业量和价格条件下，即 $W$ 不变，物流成本 $C+V$ 的高低决定利润 $M$ 的多少，进而决定企业选择自营还是外包给第三方。

8.1.1.2 物流成本内涵外延扩大

马克思认为，$C+V$ 是成本的经济内涵，生产商物化劳动和活劳动的消耗。不管在何种生产方式下，生产和流通都要消耗一定数量的劳动，即社会生产费用，这种费用必须在下一环节得到补偿；否则，再生产与再流通无法进行。在这一过程中，大家对活劳动 $V$ 的认识基本一致，但物化劳动 $C$ 一直被理解为对生产资料的耗费。在知识经济时代，社会生产和流通是依靠科学技术进行的，而且，在物流商品中，物流高科技的含量越来越高。传统思想中，$C+V$ 中一直没有包含科学技术的部分，而是把科技部分放在期间费用中，扭曲了物流成本的真实价格。成本外延扩大，意味着我们进行成本控制不能只着眼于单个环节，应考虑整个物流营运过程。

8.1.1.3 讲究物流成本效益

传统思想认为，物流成本控制是尽力降低消耗，避免某些费用发生，把物化劳动和活劳动消耗降到最低。在市场经济下，物流成本控制更应讲究成本效益，注重投入产出比。例如，投入新设备、新技术改造流程，绝对成本肯定会增加，但从其带来的经济效益来考虑，成本又是降低的。

从物流成本的产生和构成来看，物流成本具有5个特征，即复杂性、乘数效应、隐含性、二律背反性和成本计算方法不统一。

（1）复杂性。物流成本的产生和构成相当复杂，它不仅涉及到企业营运过程中的各个环节，而且环节中的费用多样化，既有物流过程中发生的直接人工、直接耗料，也有物流设施和物流设备的折旧费、维护费及物流活动中的管理费用、资本利息，还有物流信息处理过程中的信息处理费。各种费用相互关联、相互交错，有时呈现出不可控现象，例如，保管费中就隐藏了紧急运输、过多进货或过量生产等费用，增加了核算的难度。物流成本领域有待研究和未知的东西很多，而这方面的理论体系又不成熟，复杂性显而易见。

（2）乘数效应。物流成本产生的效应类似物理学中的杠杆原理，物流成本的下降通过一个隐形的支点，可使营业利润获得成倍的增长。倘若销售额为100亿元，物流成本为10亿元，那么物流成本削减1亿元，这不仅可以直接产生1亿元的利润，而且因为物流成本占销售额的10%，可以间接增加10亿元的利润，这就是物流成本的乘数效应。

（3）隐含性——“物流冰山”理论。“物流冰山”学说是日本早稻田大学西泽修教授提出的。他在研究物流成本时发现，通过现行的财务会计制度和会计核算方法都不能掌握物流费用的实际情况，人们对物流费用的了解很片面，甚至有很大的虚伪性，他把这种情况比作“物流冰山”。冰山的特点是大部分隐藏在水面之下，而露在水面上的仅仅是冰山一角，未能显现冰山全貌，如图8-1所示。

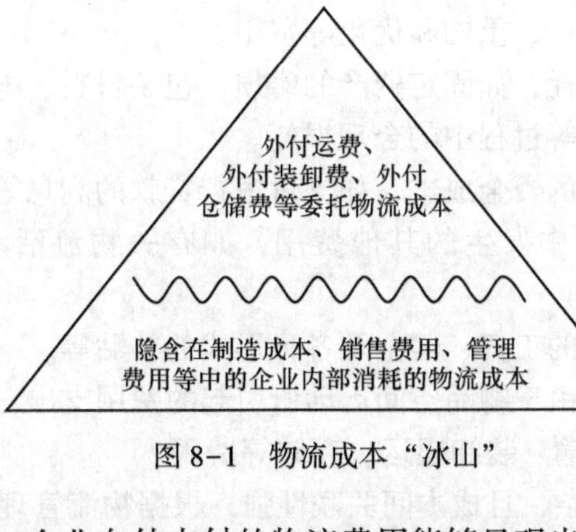


图8-1 物流成本“冰山”

在企业财务会计中，企业向外支付的物流费用能够显现出来，而企业内部消耗的物流成本是不能显现出来的，并且显现出来的物流成本只是整个物流成本的一小部分。因此，将物流费用比喻成冰山是非常形象的。

（4）二律背反性。物流系统中各种费用的变化常常表现出相互矛盾的特征，当一种费用下降时，另一种费用又有上升的趋势。比如在存储和运输两个环节中，考虑减少库存数量是为了降低存储成本，但是在减少库存数量的同时必然会带来运输距离加长、运输次数的增加，结果导致运输成本增加。如果增加的运输成本超过了减少的存储成本，那么总的物流成本反而增加。另外，高水平的物流服务是由高水平的物流成本作保证的。一般来讲，提高物流服务，物流成本也会随之上升。这种此消彼长、此盈彼亏的现象就构成了物流成本的“二律背反”状况，如图 8-2 所示。

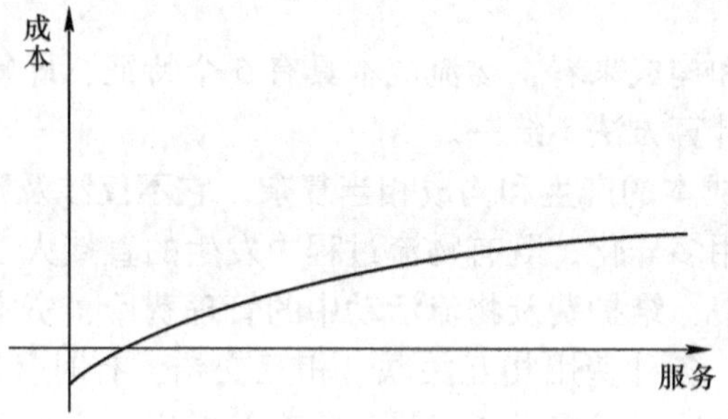


图 8-2　物流成本和服务的二律背反

（5）成本计算方法不统一。对物流成本的计算与控制，各企业通常是分散进行的，各企业根据自己不同的理解和认识来把握物流成本，这样使得企业间的物流成本无法进行比较分析，也无法得出产业平均值，不能真正评价企业相对物流业绩。

### 8.1.2　物流成本的构成与分类

物流成本与物流活动过程是分不开的，制造企业的物流过程包括企业内部原材料和协作件的采购与供应，生产过程中的半成品存放、搬运与装卸，成品包装与入库验收、分类、储存、保管、配送及运输，最后送到消费者手中的全过程。因此，可将物流成本分为 7 个部分：

（1）物流过程的研究设计、重构和优化等费用。

（2）物流过程的物质消耗，如固定资产的磨损，包装材料、电力、燃料消耗等。

（3）物资在保管、运输等过程中的合理损耗。

（4）用于保证物流顺畅的资金成本，如支付银行贷款的利息等。

（5）在组织物流的过程中发生的其他费用，如有关物流活动进行的差旅费、办公费等。

（6）从事物流工作人员的工资、奖金及各种形式的补贴等。

（7）在生产过程中一切由于物品空间运动所引起的费用支出，如原材料、燃料、半成品、在制品、产成品等的运输、装卸搬运、存储等费用。

物流成本的构成比较混杂，且成本间关联性强，根据物流管理方法和成本分析方法的不同，又可以将物流成本的 7 个部分进行不同形式的分类。下面介绍 3 种分类方式：按费用支出形式分类、按物流活动构成分类和按物流范围分类。

#### 8.1.2.1　按费用支出形式分类

这种分类方法与财务会计统计方法相一致，便于检查物流费用在各项日常支出中的数额和所占比例，继而分析各项费用水平的变化情况。此方法将物流成本分为本企业支付的物流费用和支付给他人的物流费用两大项：

（1）本企业支付的物流费用是指企业在供应、销售、退货等阶段，因运输、包装、搬运、整理等发生的由企业自己支付的物流成本，其主要形式有材料费、人工费、公益费、维护费、一般经费、特别经费、委托支付物流费等，可见表 8-1。

**表 8-1 本企业支付的物流费用内容**

| 形式 | 内容 |
|---|---|
| 材料费 | 包装材料费、燃料费，以及消耗性工具、器具、备品费等随物品消耗而发生的费用 |
| 人工费 | 工资、补贴、奖金、退休金积累、福利费等劳务费用 |
| 公益费 | 电力、煤气、自来水等提供公益服务部门支付的费用 |
| 维护费 | 使用和维护土地、建筑物、车辆、搬运工具等支出的维修费、消耗材料费、课税、租赁费、保险费等费用 |
| 一般经费 | 差旅费、交通费、会议费、招待费、教育费、杂费等支出 |
| 特别经费 | 采用不同财务会计计算方法所计算出来的物流费用，包括折旧费和企业内利息 |
| 委托支付物流费 | 企业对外支付的包装费、运费、保管费、出入库装卸费、手续费等物流业务费用 |

（2）支付给他人的物流费用是指由于企业采购材料、销售产品等业务发生的由供应者或购买者支付的费用，如各种包装、发运、运输、验收等成本。

8.1.2.2 按物流活动构成分类

物流活动的本质是服务过程、价值增值过程。分析物流活动时，将其与价值链紧密结合起来，从供应商出发，接着到生产商，最后到消费者，并对这些物流活动进行核算，以此掌握真实的物流成本。因此，我们可将其大体上分为物品流通费、信息流通费和物流管理费 3 个方面：

（1）物品流通费指为完成商品、物资的物理性流通而发生的费用，包括包装费、运输费、保管费、装卸费及流通加工费等。

（2）信息流通费是指因处理、传输有关物流信息而产生的费用，包括与订货处理、存储管理、客户服务有关的费用。

（3）物流管理费指进行物流的计划、调整、控制、监督和考核等活动所需的费用，包括企业物流管理部门的管理费和作业现场管理费。

这种分类的优点是便于检查物流过程各个环节的费用支出情况，并据此安排物流资金、衔接各环节的关系。

8.1.2.3 按物流范围分类

这种分类方法强调按物流过程的先后次序来对物流费用进行分类。按照物流范围可以分为供应物流费、生产物流费、销售物流费、退货物流费和废弃物流费 5 种。这种分类的优点是便于分析各个物流阶段的物流费用情况。

（1）供应物流费是指从原材料（包括容器、包装材料）、燃料及外购件的采购到供应给制造企业这一物流过程中所需的费用，如运输费、装卸费及搬运费等。

（2）生产物流费。是指从产成品的包装、运输开始到最终确定向顾客销售这一物流过程中所需的费用。生产物流费因包含在制造成本中，很难单独计算。一般由产品位置转移而发生的搬运、配送、发料、收料等费用构成。

(3) 销售物流费。是指企业为了实现商品价值，产品在确定向顾客销售到向顾客交货这一物流过程所需要的费用，包括存储费、运输费、包装及服务成本等。

(4) 退货物流费。指因售出产品的退货或换货而引起的物流活动过程中所产生的费用，一般包括退货过程中的运输费、管理费存储费等。

(5) 废弃物流费。是指由于产品不合格、包装或运输容器废弃、材料变质等原因而引起的物流活动过程中所发生的费用，一般包括废品损失、削价损失等。

上述的五种分类方法是为了便于认识和了解物流成本而进行的简单划分，事实上，物流成本是一个多重而复杂的概念。在此，物流成本的构成见表 8-2，五种分类方式下的物流成本的全貌，如图 8-3 所示。

**表 8-2　物流成本的构成**

| 物流成本 | 采购成本 | 运输成本 | 存储成本 | 配送成本 | 服务成本 |
|---|---|---|---|---|---|
| 人工费 | ○ | ○ | ○ | ○ | ○ |
| 管理费 | ○ | ○ | ○ | ○ | ○ |
| 信息处理费 | ○ | ○ | ○ | ○ | ○ |
| 业务活动费 | ○ | | | | ○ |
| 材料耗费 | | ○ | ○ | ○ | ○ |
| 折旧费 | | ○ | ○ | ○ | |
| 维护费 | | ○ | | ○ | |
| 利息支出 | | | ○ | | |
| 保险费 | | ○ | ○ | | |

注：○表示成本间的关联性。

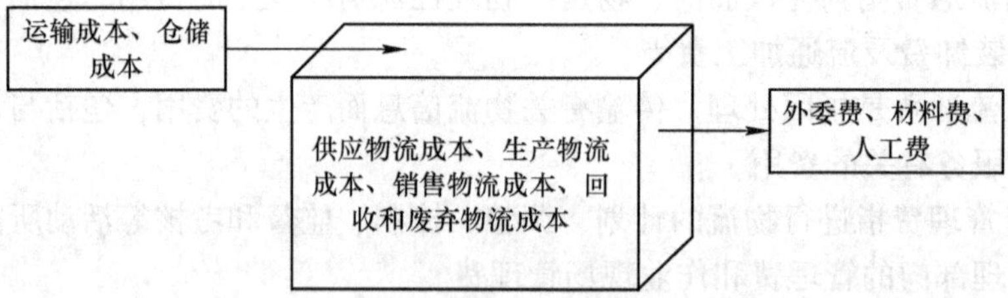


图 8-3　五种分类方式下的物流成本全貌

从表 8-2 和图 8-3 可以看出，物流成本之间的关联性是很强的，在物流实践活动中，接触到的每一种物流成本都是图 8-3 中 3 个面交叉存在的结果。

## 8.2　电子商务物流成本管理

电子商务物流成本管理是对电子商务物流相关费用进行的计划、协调与控制。电子商务物流成本管理是以成本为手段的物流管理方法。因为成本能真实地反映活动的实态，而且成本可以成为评价所有活动的共同尺度。用成本去衡量活动，活动方法上的差别就会通过成本差别明显地表现出来。用成本这个统一的尺度来评价各种各样的活动，可以把性质不同的活动放到同一个场合进行比较、分析，决定优劣。利用这一点，可以轻易地计算出盈亏。由此看来，把物流活动转换成物流成本来管理，是有效管理物流的一种新思路。

### 8.2.1 物流成本管理的目标

物流管理的目标就是要提升企业的物流能力，实现物流活动的高效率。物流企业要在总成本最低的条件下，提高有竞争优势的客户服务，完成商品从供应地到消费地的流动。不论是以 5R 或 7R 的原则来衡量物流服务的质量，还是以活动基础作业成本法来控制成本，最终的目标都是在微观上体现为以尽可能低的成本为顾客提供最好的服务，在宏观上表现为在一定的物流收益水平的约束下追求物流成本最小化。要实现这个目标，就必须将混入其他费用科目的物流成本全部抽取出来，使人们能够清晰地看到潜藏的物流成本。

在物流成本中，有不少是物流部门无法控制的，如保管费中就包括了由于过多进货或过多生产而造成积压的库存费用以及紧急运输等非常规发货的费用。从销售方面看，物流成本并没有区分多余的服务和标准服务的不同，如物流成本中一般都包含促销费用。物流成本之间存在二律背反规律。这要求必须从总成本的角度出发，以系统的角度看问题，追求整个物流系统总成本的最低。例如，仓储中心的建立可以降低运输费用，但仓储费用和库存费用可能增加了。因此，在对物流服务和物流成本做决策时通常考虑以下 4 个目标：

（1）保持物流服务水平不变，尽量降低物流成本。这种尽量降低成本来维持一定服务水平的方法称为追求效益法。

（2）提高物流服务水平，不惜增加物流成本。这是许多企业提高物流服务水平的做法，是企业对特定商品面临竞争时所采取的具有战略意义的做法。

（3）保持成本不变，提高服务水平。这是一种积极的物流成本对策，是一种追求效益的方法，也是一种有效的利用物流成本性能的方法。

（4）用较低的物流成本，实现较高的物流服务。这是一种增加销售、增加效益、具有战略意义的方法。只有要求企业合理运用自身的资源，才能获得这样的成果。

企业采取哪种物流成本策略，往往不是凭感觉而定的，而是通盘考虑各方面因素的结果。这些因素包括商品战略和地区销售战略、流通战略和竞争对手、物流成本、物流系统所处的环境以及物流系统负责人所采用的方针等。

### 8.2.2 物流成本管理的原则

物流成本管理需要遵循以下原则：

（1）关注总成本。把企业作为一个系统，物流只是一个子系统，成本管理必须选择总成本的最低，而不能单独追求物流成本的降低。

（2）放弃管理全部物流成本，重点控制物流领域的成本发生源。

（3）按照管理权限的归属，设立物流管理部门的企业，对部门的业务活动范畴进行成本管理。对于没有设立物流管理部门的企业，应当根据需要或者定时对有关物流主要会计科目进行分析研究，通过和历史数据的比较，掌握物流成本的问题和动向。

（4）在分摊成本时，防止成本的交错、重复计算。正是由于许多物流成本发生源是处于其他环节，例如，原料或材料价格、生产工艺环节、人力工资支出环节等，按照“物流冰山”原理，是属于沉没于水面之下那一部分，在进行成本分摊的时候，可能出现交错或者重复分摊计算情况，从而使总成本失真。

### 8.2.3 物流成本管理的方法

物流成本管理的方法有很多，在此主要介绍物流成本横向管理法、物流成本纵向管理法以及计算机管理系统3种方法。

#### 8.2.3.1 物流成本横向管理法

物流成本预测和计划物流成本预测是在编制物流计划以前进行的。它是在对本年度物流成本进行分析，充分挖掘降低物流成本的潜力，寻求降低物流成本的有关技术经济措施，以保证物流成本计划的先进性和可靠性。物流成本有月度计划、季度计划、年度计划和短期计划（半年或1年）、中期计划（3年）、长期计划（5年或10年）等计划体系。

#### 8.2.3.2 物流成本纵向管理法

这是物流过程的优化管理方法。物流过程是一个创造时间性和空间性价值的经济活动过程，为使其能提供最佳的价值效能，就必须保证物流各个环节的合理化和物流过程的通畅。物流系统是一个庞大而复杂的系统，要对它进行优化，需要借助于先进的管理方法和管理手段。可先在其单项活动范围内进行，再发展到对整个物流系统进行模拟，采用最有效的数理分析方法来组织物流系统，使之合理化。

#### 8.2.3.3 计算机管理系统

计算机管理系统将物流成本的横向、纵向连接起来，形成一个不断优化的物流系统的循环。通过一次次循环、计算、评价，整个物流系统在不断地优化，最终找出其总成本最低的最佳方案。

### 8.2.4 物流成本控制技术

现今，物流成本控制成为成本管理的重要内容，其技术也多种多样。从控制范围来看，通常分为局部控制技术和综合控制技术两种。局部控制技术是针对物流的一个或某些局部环节发生费用所进行的控制，如运输费控制、存储费控制、包装费控制、流通加工费控制等，以探求适合不同环节成本的控制指标和控制方式。局部控制技术对企业的物流模式依赖性较强，如果企业部门之间的联系不紧密，可能效果不会令人满意。表8-3反映的是每个物流环节中的局部控制技术。

**表8-3 各物流环节的局部控制技术**

| 物流环节 $i$ | 成本因素 $j$ | 控制技术 |
|---|---|---|
| 销售环节 | 运输成本、仓储成本、订货处理成本、退货成本、信息处理费、人工费用 | 选择运输设备，库存的最佳规模和最佳空间布置，以便最大限度地降低运输成车。<br>合理确定仓储，选择物流手段使其功能配套互补。<br>减少交货点，并且与用户协商简化交货约束条款。<br>鼓励用户尽可能大批量地订货。<br>合理扩大运输和仓储规模。<br>以劳动生产率为中心制定人事政策，签订定额承包合同 |

续表 8-3

| 物流环节 $i$ | 成本因素 $j$ | 控制技术 |
|---|---|---|
| 生产环节 | 人工费用、燃料动力、车间转运费、搬运费、仓储费、设备维修费、材料或半成品的丢失 | 生产手段自动化，经常性地进行生产投资，提高劳动生产率。<br>以人工费用最低为标准确定厂址。<br>确定生产的规模、批量。<br>依靠工艺开发、技术革新，最大限度地提高各道工序的效率。<br>建立健全及时反映生产经营状态的会计分析活动和物流成本控制体系 |
| 采购环节 | 订货处理成本、质检成本、搬运费、运输费、仓储费、人工成本 | 以减少运输和搬运为目的，进行大批量订货供应。<br>采购地点距离加工厂尽可能近。<br>采购供应原材料、零部件标准化，方便技术处理。<br>为减少人工，采用供应自动化管理。<br>给供应任务的承担者集中尽可能多的任务。<br>强化对采购供应活动的基础工作控制 |
| 售后服务 | 维修费、文件编印费、维修工工资及培训费、信息系统运作费 | 调整售后服务网点的数量和布局。<br>调整售后服务工作的范围和水平。<br>在产品设计定型时，引进售后服务预测成本的概念。<br>集中多种商标，同时提供服务，以便形成售后服务经济规模。<br>建立自动诊断、排除故障的电话、电传等客户服务系统。<br>发展维修中的组件快速替换，把维修工作集中为批量后处理 |

综合控制技术是采用系统优化理论和模型方法，如 ABC 法、规划论、存储论、决策论、人工神经网络法、系统动力学、随机控制论、模糊控制法等，研究和构造物流成本动态模型，从多个角度实现最优组合控制。综合控制是局部控制的集成，具有系统性、综合性和战略性。它是根据物流成本控制的目标，调节物流系统中的各子系统，通过子系统的优化和集成，最终促使整个物流过程的总成本趋向最优或次优。

物流成本局部控制用数学表达式表示为：

$$C_i = \min\{C_{ij}(X_{ij})\} \qquad i=1,2,\cdots,n \quad j=1,2,\cdots,m$$

其中，$X_{ij}$ 表示第 $i$ 环节的第 $j$ 种资源数量，$C_{ij}$ 表示第 $i$ 环节第 $j$ 种成本水平。

那么，物流成本综合控制的函数表达式则为：

$$f = \min\sum C_i(X_{ij}) \qquad i=1,2,\cdots,n \quad j=1,2,\cdots,m$$

电子商务的推广，加快了世界经济的一体化进程，电子商务的跨时域性和跨区域性，使物流需求呈现跨地域性，省际物流、国际物流在整个商务活动中的作用越来越大。然而，决定电子商务发展程度的主要因素之一仍然是成本。

电子商务发展的前期，物流成本将会居高不下。因此发展电子商务，一开始就应该寻找能够降低物流成本的物流方案。企业可以考虑的方案，一是采用第三方物流服务；二是电子商务经营者之间或电子商务经营者与普通商务经营者联合；三是采取物流共同化计划。同时，如果具有一定的商务规模，可以通过采用比较适用但投资比较少的物流技术和设施设备，或推行物流管理技术，如运筹学中的管理技术、单品管理技术、条形码技术和信息技术等，提高物流的效率和效益，降低物流成本。

# 8.3 物流成本预算

## 8.3.1 物流成本预算方法

物流成本预算是制定计划、调整和评价计划的有效方法，是指进行物流活动之前，根据企业的年度生产和销售计划制定出物流费用的开支预算，为物流成本控制设定控制标准；然后，根据企业在现阶段物流成本决策下的运作情况，核算出实际的物流成本，为物流成本控制提供准确的成本信息；并将实际物流成本和预算成本进行分析比较，找出主要影响因素和环节，将信息反馈给决策层，从而调整物流成本控制策略，改进控制方法，如果在成本分析中发现预算不合理的地方，可以将信息反馈给物流成本预算，对其进行修正或重新设定预算目标，这样不断循环，不断优化，直至达到物流成本控制目标。预算与控制密不可分，物流成本预算既是一个计划过程，同时也是确定控制标准的过程。我国常用的预算方法主要有固定预算、弹性预算和零基预算等。

### 8.3.1.1 固定预算

固定预算是指在对企业物流成本费用编制预算时，其中的变动费用明细项目是根据预算期某一固定的业务量水平来确定其预计金额。这种方法有一定的局限性，当实际业务量与预算业务量有差异时，各费用明细项目的实际数与预算数就失去了可比的基础。固定预算不考虑环境变化的影响，而在企业的实际情况中，由于市场行情的变化和季节性原因，实际业务量水平常常与预算产生差异，使其无法准确地评价和考核物流成本预算的执行情况，从而也无法对其实施预算控制。但是，固定预算方法简单，易掌握，易操作，该方法一般适于业务量稳定的中小企业。

### 8.3.1.2 弹性预算

弹性预算也称为变动预算，是指在编制费用预算时，预先估计预算期间业务量可能发生的变动，按照多种物流活动的成本费用与物流活动之间的数量关系编制出一套能适应多种业务量的费用预算，以分别反映各种业务量下开支的费用水平。这种预算有利于企业在变化的市场环境中保持灵活性，不会因业务量的突变而失去控制的依据。弹性预算是以变动成本法为基础的，把物流成本按照成本性质分为固定成本和变动成本两部分。由于固定成本在其相关范围内总额一般不随业务量的增减而变动，因此，在按照实际业务量对预算进行调整时，只调整变动成本即可。设弹性预算中的成本预算总额为：

$$Y = a + bX$$

式中，$a$ 为固定成本，$b$ 为单位变动成本，$X$ 为业务量。

如果实际业务量为 $X_0$，按照实际业务量调整的预算总额为 $Y_0$，则：

$$Y_0 = a + bX_0$$

### 8.3.1.3 零基预算

在编制费用预算时，传统的方法是以过去的各种成本费用项目的实际开支数为基础，再考虑预算期的业务变化，对以往的开支数据做适当的增减变动后加以确定。这种方法是建立在历史数据上的，难以避免过去的不合理支出，所以预算中延续了过去那些不合理的数据，导致预算不准确。零基预算是指以零为基础编制计划和预算。对于任何一项预算支出，都不考虑过去或现有的费用水平，一切都以零为起点，从根本上考虑其必要性及其数额的大小。所以，这种预算编制方法更切合实际情况，从而使预算充分发挥其控制实际支出的作用。零基预算的编制步骤如下：

(1) 企业或部门要在计划期的目标和任务中列出计划期内需要发生哪些成本费用项目，并说明成本费用开支的目的，以及需要开支的具体数额。

(2) 将每项成本费用项目的所得与所耗进行对比，权衡利害得失，按先后顺序排列，并分出等级。一般以必不可少的业务及其发生的费用为第一层次；然后依据业务内容和费用多少，依次列为第二层次、第三层次等，作为决策的依据。

(3) 根据所定的层次和顺序，结合可动用的资金来源，分配资金，落实预算。

零基预算比起其他预算方法来较为优越，带来的效益和效果也十分可观。但是，零基预算对每一项成本费用都要从零开始考虑，因此任务十分繁重。在实际工作中，可以把弹性预算和零基预算有机地结合起来，各取所长，相互补充。

## 8.3.2 物流成本预算编制

以下是物流成本预算编制在具体物流业务中的应用。

### 8.3.2.1 仓储成本预算编制

制造企业的仓储形式有自建仓库和租用仓库两种，因此，在预算时必须区分外包仓储成本和自营仓储成本。外包仓储成本可根据不同仓储单位的地理位置、仓储条件和收费标准，编制相应的费用预算。

K 公司以生产木地板装饰材料为主营业务，现租用甲、乙、丙 3 个仓储基地存储货物，甲、乙、丙 3 地的收费及预算情况见表 8-4。

**表 8-4 K 公司外包仓储费用预算表**

| 仓储单位 | 收费标准/元 · $m^{-2}$ | 预期租用面积/$m^2$ | 预算费用/元 |
|---|---|---|---|
| 甲 | 150 | 2000 | 300000 |
| 乙 | 200 | 2000 | 400000 |
| 丙 | 300 | 1000 | 300000 |
| 合计 | 650 | 5000 | 1000000 |

自营仓储成本的成本要素比外包仓储成本多得多，所以预算编制起来比较复杂。在预算编制时，通常把自营仓储成本分为变动仓储成本和固定仓储成本。变动仓储成本是指与仓储业务水平呈线性关系的成本，主要有直接人工、转库搬运费、检验费、挑选费和整理费等。固定仓储成本是指在一定时期内与仓储业务水平无关、保持稳定的成本，主要有仓库折旧费、保险费、管理费和水电费等。固定成本可在产品中分配，A 产品分配率 = 200000/(200000+250000+300000) = 0.27，B 产品分配率 = 2500000/(200000+250000+300000) = 0.33，C 产品分配率 = 300000/(200000+250000+300000) = 0.4。K 公司自营仓储成本预算见表 8-5。

**表 8-5 K公司自营仓储费用预算**

| 明细项目 | | 变动费用率/% | A产品流转量 | 费用预算/元 | B产品流转量/元 | 费用预算/元 | C产品流转量/元 | 费用预算/元 |
|---|---|---|---|---|---|---|---|---|
| 变动费 | 直接人工费 | 0.1 | 200000 | 20000 | 250000 | 25000 | 300000 | 30000 |
| | 搬运费 | 0.5 | | 10000 | | 12500 | | 15000 |
| | 检验费 | 0.02 | | 4000 | | 5000 | | 6000 |
| | 挑选整理费 | 0.04 | | 8000 | | 10000 | | 12000 |
| 小计 | | — | | 42000 | | 52500 | | 63000 |
| 明细项目 | | 费用额 | 分配率 | | 分配率 | | 分配率 | |
| 固定费 | 折旧费 | 180000 | 0.27 | 48000 | 0.33 | 60000 | 0.4 | 72000 |
| | 保险费 | 60000 | | 16000 | | 20000 | | 24000 |
| | 管理费 | 30000 | | 8000 | | 10000 | | 12000 |
| 小计 | | 270000 | | 72000 | | 90000 | | 108000 |
| 合计 | | — | | 114000 | | 142500 | | 171000 |

#### 8.3.2.2 运输成本预算编制

运输成本也需区分外包运输费用和自营运输费用。外包运输费用是将运输业务外包给运输企业而支付的运费，企业根据预算年度总运输量即可编制。一般地，总运输量可由产品数量、单位产品重量和运输距离共同确定，产品数量和运输距离可以根据销售预算的数据推算。企业在销售预算时，要按销售区域对每个销售区的销量、单位产品重量以及销售区离厂地的距离分别计算，而且，由于销售区域的远近不同，不同的运输方式（公路、铁路、水路）运费率各不相同，在预算时也应将其区分开来。K公司外包运输成本预算见表8-6。

**表 8-6 K公司外包运输费用预算**

| 销售区域 | 运输方式 | 运费率/% | 运输量/吨·公里 | 运输费/元 |
|---|---|---|---|---|
| 甲 | 公路 | 0.4 | 5000×60 | 120000 |
| 乙 | 铁路 | 0.25 | 8000×1200 | 2400000 |
| 丙 | 水路 | 0.15 | 10000×600 | 900000 |
| 合计 | — | — | 23000×1860 | 3420000 |

当企业自营运输时，多采用公路运输。由于运输成本构成较复杂，在进行预算控制时，可以将变动运输成本和固定运输成本分开考虑。变动运输成本的变动费用率可由企业以前年度该项变动成本除以总运输量确定，并考虑现实情况做适当的调整。变动费用率乘以预期运输量，即预算期的变动运输成本。固定费用项目可按一定的分配基数将其分配到各项费用项目。K公司自营运输成本预算见表8-7。

**表 8-7 K公司自营运输费用预算表**

| 明细项目 | | 变动费用率/% | A产品流转量/元 | 费用预算/元 | B产品流转量/元 | 费用预算/元 | C产品流转量/元 | 费用预算/元 |
|---|---|---|---|---|---|---|---|---|
| 变动费 | 燃料费 | 0.5 | 200000 | 100000 | 250000 | 125000 | 300000 | 150000 |
| | 维修费 | 0.2 | | 40000 | | 50000 | | 60000 |
| | 轮胎费 | 0.1 | | 20000 | | 25000 | | 30000 |
| 小计 | | — | 160000 | | 200000 | | 240000 | |
| 明细项目 | | 费用额 | 分配率 | | 分配率 | | 分配率 | |
| 固定费 | 折旧费 | 150000 | 0.27 | 40000 | 0.33 | 50000 | 0.4 | 60000 |
| | 养路费 | 120000 | | 32000 | | 40000 | | 48000 |
| | 管理费 | 30000 | | 8000 | | 10000 | | 12000 |
| 小计 | | — | 80000 | | 100000 | | 120000 | |
| 合计 | | — | 240000 | | 300000 | | 360000 | |

### 8.3.2.3 配送成本预算编制

配送活动是流通加工、分拣、配货、装载、送货等一系列活动的集合，其涉及的环节多，范围广，成本构成相当混杂，导致其预算编制相当麻烦。因此，只能根据仓储成本和运输成本的预算模式，近似地编制配送成本预算，K公司配送成本预算见表8-8。

**表 8-8 K公司配送成本预算**

| 明细项目 | | 变动费用率/% | A产品流转量/元 | 费用预算/元 | B产品流转量/元 | 费用预算/元 | C产品流转量/元 | 费用预算/元 |
|---|---|---|---|---|---|---|---|---|
| 变动费 | 配送运输费 | 0.3 | 200000 | 60000 | 250000 | 75000 | 300000 | 90000 |
| | 分拣费 | 0.15 | | 30000 | | 37500 | | 45000 |
| | 装配费 | 0.2 | | 40000 | | 50000 | | 60000 |
| | 流通加工费 | 0.25 | | 50000 | | 62500 | | 75000 |
| 小计 | | — | 180000 | | 225000 | | 270000 | |
| 明细项目 | | 费用额 | 分配率 | | 分配率 | | 分配率 | |
| 固定费 | 折旧费 | 180000 | 0.27 | 48000 | 0.33 | 60000 | 0.4 | 72000 |
| | 保险费 | 60000 | | 16000 | | 20000 | | 24000 |
| | 管理费 | 240000 | | 64000 | | 80000 | | 96000 |
| 小计 | | — | 128000 | | 160000 | | 192000 | |
| 合计 | | — | 308000 | | 385000 | | 462000 | |

同理，按照前面介绍的几种成本预算的编制方法，可以编制包装成本预算和装卸成本预算。另外，为了使物流成本预算更加完整，预算中还要考虑采购费用、订货费用、物流信息处理费用、物流管理费用等。这些费用在物流成本中的比重不大，而且变动不明显，可将它们作为固定成本，逐项确定其各项费用的具体金额。

### 8.3.2.4 预算汇总编制

将各分部预算汇总合计，即构成了物流总成本预算。K公司物流总成本预算见表8-9。

**表8-9 K公司物流总成本预算表** （元）

| 项目 | | A产品流转量 | 费用预算 | B产品流转量 | 费用预算 | C产品流转量 | 费用预算 |
|---|---|---|---|---|---|---|---|
| | 运输成本 | | 160000 | | 200000 | | 240000 |
| | 仓储成本 | | 42000 | | 52500 | | 63000 |
| 变动费 | 配送成本 | 200000 | 180000 | 250000 | 225000 | 300000 | 270000 |
| | 包装成本 | | 40500 | | 49500 | | 58500 |
| | 装卸搬运费 | | 94000 | | 114000 | | 134000 |
| 小计 | — | — | 516500 | — | 641000 | — | 765500 |
| | 物流管理费 | | 80000 | | 100000 | | 120000 |
| | 保险费用 | | 32000 | | 40000 | | 48000 |
| 固定费 | 订货处理费 | — | 1500 | — | 2000 | — | 2500 |
| | 养路费 | | 32000 | | 40000 | | 48000 |
| | 折旧费 | | 136000 | | 170000 | | 204000 |
| | 广告费 | | 1500 | | 2000 | | 3000 |
| 小计 | — | — | 283000 | — | 354000 | — | 425500 |
| 合计 | — | — | 849500 | — | 995000 | — | 1191000 |

### 8.3.2.5 预算差异分析

根据预算汇总表，结合企业实际情况，可以编制物流成本预算差异表，进而分析差异数量和差异原因。表8-10展示了K公司主要物流活动差异的弹性预算。

**表8-10 K公司物流活动差异弹性预算表** （万元）

| 项目 | (A1) 业务项目预算 | (A2) 种类预算 | 来自预算的变化 (B) 实际销售&费用水平 | (C) 无效活动导致的预算差异 | (D) 无效率导致的预算差异 | (E) 实际结果 |
|---|---|---|---|---|---|---|
| 净销售额 | — | 2260 | 2120 | 140 | — | 2120 |
| 出售产品成本 | — | — | — | — | — | — |
| 原材料 | 220.5 | | 196 | 24.5 | — | — |
| 可变制造成本 | — | 409.5 | 364 | 45.5 | — | — |
| 出售产品总成本 | — | 630 | 560 | 70 | — | 560 |
| 制造贡献额 | — | 1630 | 1560 | 70 | — | 1560 |
| 自营仓储 | 15.75 | — | 15 | 0.7 | 0.05 | — |
| 外包仓储 | 100 | — | 120 | -10 | -10 | — |
| 仓储成本 | — | 115.75 | 135 | -9.3 | -9.95 | — |
| 自营运输 | 60 | — | 80 | -10 | -10 | — |

续表 8-10

| 项目 | (A1) | (A2) | 来自预算的变化 | | | |
|---|---|---|---|---|---|---|
| | 业务项目预算 | 种类预算 | (B)<br>实际销售 &<br>费用水平 | (C)<br>无效活动导致的<br>预算差异 | (D)<br>无效率导致的<br>预算差异 | (E)<br>实际结果 |
| 外包运输 | 342 | | 335 | — | 7 | — |
| 运输成本 | — | 402 | 315 | -10 | -3 | — |
| 配送成本 | 57.5 | — | 52 | 2.2 | 3.3 | — |
| 包装成本 | 14.85 | | 16.6 | -0.15 | -1.6 | — |
| 装卸成本 | 34.2 | — | 33.9 | 0.17 | 0.13 | — |
| 可变物流总成本 | — | 624.3 | 652.5 | -17.08 | -11.12 | 652.5 |
| 客户部分贡献利润 | — | 1005.7 | 907.5 | 52.92 | -11.12 | 907.5 |
| 物流固定成本 | — | — | — | — | — | — |
| 管理费 | 30 | — | 30 | — | — | 30 |
| 保险费 | 12 | — | 12 | — | — | 12 |
| 订单处理 | 0.6 | — | 0.6 | — | — | 0.6 |
| 折旧费 | 51 | — | 51 | — | — | 51 |
| 广告费 | 0.65 | — | 0.65 | — | — | 0.65 |
| 养路费 | 12 | — | 12 | — | — | 12 |
| 总物流固定成本 | — | 106.25 | 106.25 | — | — | 106.25 |
| 客户可控利润 | — | 899.45 | 801.25 | 52.92 | -11.12 | 801.25 |

注：表中“—”表示没有差异。

A1 和 A2 分别表示业务项目和种类的初期预算，数据源于 K 公司的预算汇总表。B 列是基于实际活动水平折扣减免的预算金额。E 列是预算期内每一个种类花费的实际金额。A2 与 E 列的差为预算差，这种差可能是由于无效活动导致，也可能是由于效率低下导致，效果低下一般是销售不善引起，效率低下是由活动的绩效水平与标准成本的差异产生。预算差可以是正差，即有利差异，也可以是负差，即不利差异。在表 8-10 中，运输类和库存类反映的是负差，配送成本和装卸成本反映的是正差。对于有利差异，要加以发展；对于不利差异，需分析原因，及时控制，或者调整目标。

### 8.3.3 预算执行与考核

预算控制的执行必须体现以人为本的管理思想。企业应该掌握好集权与分权、严格与灵活的度，过度分权容易各自为战而忽视企业整体利益；但是，如果事事都实行集权式管理，则不利于调动人的积极性，在两者之间寻找一个合理的平衡点是较为可取的。

预算一经制定通过是必须要严格执行的，但既称之为预算便总有“预”不到的时候。此时，企业应该因地制宜地改变执行方式，以保证预算控制在执行过程中的灵活性。同时，在预算执行过程中落实经营策略，强化企业管理，也必须要合理分配管理执行的资源，企业的执行机构可以按照预算方案跟踪实施预算控制，但是重点应该是成本控制和资金管理两大主题，因为企业的中心目的是最大限度地追求利润。因此，预算执行也必须以成本管理为基础，以资金控制为核心，通过控制现金流量来有效地控制收入项目资金的及时回笼及各项费用的合理支出。以此才能保证整个预算管理的顺利执行，这样就会形成全员和全方位的管理局面，使预算执行得以顺利而有力地执行。

考核与奖惩是预算管理的生命线，只有通过科学合理的考核、赏罚分明的奖惩，才能确保预算管理落到实处，才能真正发挥预算控制的激励和约束作用。因此，一个严谨而合理的考核制度对企业预算控制推行是非常重要，考核制度必须体现客观性、严肃性和权威性，要同企业经营者和职工的经济利益相结合，使经营者、职工与企业形成责、权、利相统一的责任共同体，最大限度地调动经营者、职工的积极性和创造性，从而把预算控制工作推向一个新的水平。

## 8.4 作业成本法在电商企业物流成本核算中的应用

### 8.4.1 作业成本法概述

作业成本法的产生，最早可以追溯到20世纪杰出的会计大师、美国人埃克·科勒（Eric Kohler）教授。科勒教授在1952年编著的《会计师词典》中，首次提出了“作业”“作业账户”“作业会计”等概念。1971年，乔治·斯托布斯（George Staubus）教授在《作业成本计算和投入产出会计》（活动成本计算和输入输出解释）中对“作业”“作业成本”“作业会计”“作业投入产出系统”等概念做了全面系统的讨论。这是理论上研究作业会计的第一部宝贵著作。但是当时作业成本法却未能在理论界和实业界引起足够的重视。20世纪80年代后期，随着以MRPII为核心的管理信息系统的广泛应用，以及集成制造的兴起，美国实业界普遍感到产品成本信息与现实脱节，成本扭曲普遍存在，且扭曲程度令人吃惊。美国芝加哥大学的青年学者库伯（Robin Cooper）和哈佛大学教授卡普兰（Robert S. Kaplan）注意到这种情况，在对美国公司调查研究之后，发展了斯托布斯的思想，提出了以作业为基础的成本计算（Activity Based Costing，ABC），又称为“作业成本计算”，受到广泛的关注。会计理论界对其研究日益深入，实务界对之应用也在不断拓展。理论上，作业成本法已超越了提高成本计算精确性这一最初动机，从成本的确认、计量方面转移到企业管理的诸多方面，深入企业作业链—价值链重构，乃至企业组织机构设计问题，一种以“作业”为中心的现代企业管理思想-作业管理（Activity Based Management，ABM）正在形成和发展。作业成本法应用的领域已由最初的制造行业扩展到商业、金融、保险、医疗、物流产业等领域，在范围上已由产品制造加工扩展到产品销售定价、零部件设计、物流管理、战略决策等方面，新型的咨询公司已经扩展了作业成本法的应用范围并研发出相应的软件。

#### 8.4.1.1 作业成本法的基本含义

A 资源两层分解

基于作业的成本计算是将组织的各种直接或间接资源分配到作业活动上的一种成本分析工具，通常在ABC的使用中，涉及资源的两层分解：第一层是将各种资源分解到业务流程中的活动，从而核算各活动环节所耗费的资源；第二层再将活动成本分摊到各产品、服务、顾客或部门，进而计算这些类别是如何消费活动资源，为企业优化业务和市场，合理管理作业流程奠定基础，如图 8-4 所示。

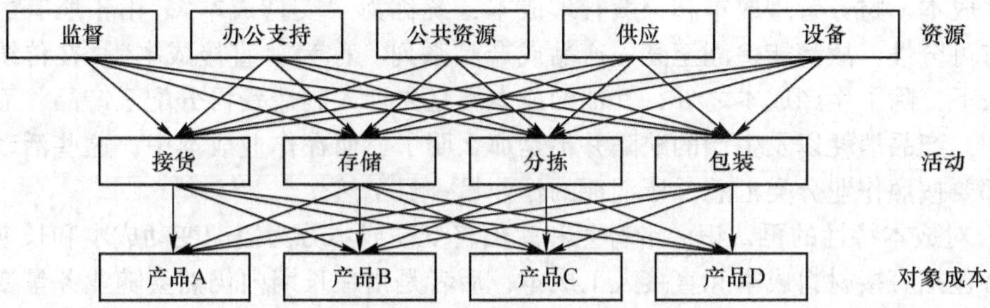


图 8-4 ABC 的两层资源分解

作业成本法在间接费用的分配上比传统的方法更准确，它直溯支出之源，而不是按是否与生产有直接的关系来归集分配成本。其基本逻辑是：各种资源的耗费驱动成本的发生，因而各种产品成本的多少应取决于对各种活动的消耗量，并以此来核算成本，在此之上的成本管理具有更大的准确性。

B 作业成本法的二维观念

作业成本法具有二维观念，一是“成本分配观”（Cost Assignment View），它可以概括为资源—作业成本对象；二是“过程观”（Process Analysis View），它可以概括为经营过程分析—作业持续改进，如图 8-5 所示。成本分配观以“成本对象引起作业需求，而作业需求进而引起资源需求”为基本依据，将资源首先分配到作业，再由作业分配到成本对象；过程观提供的是“何种因素引起作业及作业完成效果如何”的信息，企业可以利用这些信息不断优化经营过程，从而实现持续改善。在二维观念的指导下，作业成本法在企业物流成本管理中的应用主要体现在两个方面：第一，将作业成本法引入物流领域，结合物流作业的特征进行作业成本计算；第二，利用作业成本计算信息分析、改善作业过程，进行物流作业成本管理。

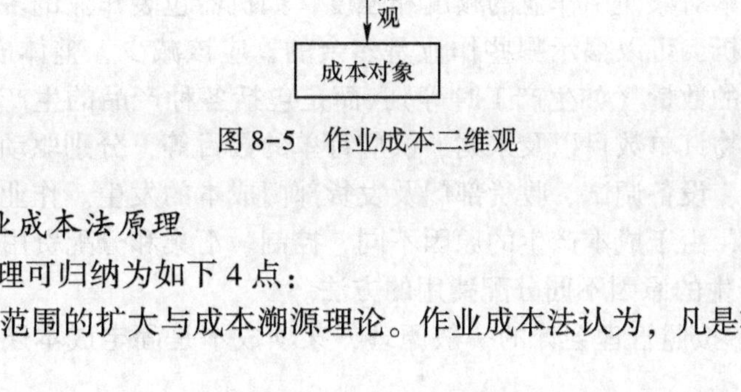


图 8-5 作业成本二维观

8.4.1.2 作业成本法原理

作业成本法原理可归纳为如下 4 点：

(1) 产品成本范围的扩大与成本溯源理论。作业成本法认为，凡是有助于增加价值的活动都计入产品或服务的成本，但是其成本的归属对象不是产品，而是与产品有关的作业，它包括生产成本、技术成本、物流成本、信息成本、销售成本、营销成本、服务成本、配送成本、财务管理成本和一般管理成本，统称为“支持成本”。由于所有的工厂成本都具有可分性，故都能追溯至某一产品或产品系列，称为“直接成本”。在传统的成本核算方法下，除了生产成本之外，其他的成本不是先计入制造费再分配至产品，而是进入期间费用，产品消耗以及生产的缺陷并不是那么明了，而在作业成本中，这些活动所产生的成本都要按照作业分类汇总，所消耗的作业量一目了然。

（2）对成本特性的再认识。卡普兰和库伯将变动成本分为短期变动成本和长期变动成本，前者包括直接材料成本和直接人工成本，后者是指在长期内仍然会随业务量变化的成本。他们认为，真正不随业务量变化的成本在总成本中的比重极小，因此，直接成本外的大多间接费用可以按业务量分配。而传统的成本核算方法认为固定成本在总成本中仍有较大的比重，且不随业务量的变化而变化，仍是采用两步法分配固定费用。

（3）成本驱动因素（costdriver）理论。作业成本法认为绝大多数成本都是可变的，因而可以找出这些成本形成和变化的原因。成本动因可分为以下几类：1）与数量有关的成本驱动因素，最常见的如产量、采购量等，这些动因决定短期变动成本，也是短期成本的分配依据，2）与活动量相关的成本驱动因素，它们导致了长期变动成本的发生，因此成为长期变动成本分配的依据，如准备次数、每次准备的时间。主要包括：各种产品的生产批数（批次），如驱动生产调度、产品检验、材料、在制品的管理、设备的调度等；所接的货物订单的数目决定收货部门相关成本的发生；发送货物订单的数目，它引致发货部门的相关成本；采购、供应和顾客订单数目，它们决定了与库存原材料、库存在制品和库存产成品等相关成本的产生。

（4）重建成本责任中心。因为成本及制造费用是按成本动因归集与分配的，而成本动因又要追溯到作业，而传统的成本管理体系下的成本利润中心不一定能够真正地控制成本发生的全部动因，却要对全部成本负责，这显然是不合理的。由于存在着成本控制权力和责任的不对称，成本责任中心必须重建。

#### 8.4.1.3 作业成本法的理论基础

（1）成本动因论。作业成本法的理论基础是成本动因论，着眼点于研究成本费用产生的原因。成本动因有两种形式。1）资源动因：资源动因是决定一项作业所耗费资源的种类及数量的因素，它反映作业量与资源耗费间的因果关系。如机器包装作业的资源动因可看作是机器工作小时，通过分析，可以揭示哪些资源需要减少，哪些资源需要重新配置，最终确定如何改进和降低作业成本；2）作业动因：决定成本对象所需作业的种类和数量的因素，它反映成本对象使用作业的频度和强度，如机器包装作业的多少决定于要钻孔的数量。通过实际分析，可以揭示哪些作业是多余的，应该减少，整体成本应该如何降低。作业不是一般理解的数量（如生产工时等），而是包括各种产品的生产批次、接受货物订单的数目、发送货物订单数目以及采购、供应订单的数目等，分别驱动生产计划制定、产品检验、材料管理、设备调试、收货部门及发货部门成本的发生。作业成本计算着眼于分析成本产生的原因，由于成本产生的原因不同，控制、汇集和分配费用的方法也不同。

（2）按成本产生的原因不同分配费用的方法。

1）时间水平：按照管理会计的一般原理，某项成本是固定成本还是变动成本，主要取决于时间水平。根据经济学的观点，从长期看，所有成本都是可变的；从短期来看，则成本可能是固定不变的。一般认为，短期时间的长短因不同成本而不同，并在某种程度上取决于管理者的判断及估计、成本性态的特定目的。

2）资源耗用量：资源是作业实施所必需的，是在实施作业过程中耗用的经济性投入。材料、能源、人工及资本等，均是实施某项作业所必需的资源。资源取得成本是取得实施某项作业所需能力而发生的成本，而资源耗用量是在作业产出过程中所耗用的作业能力，因而资源耗用量等同于作业耗用量。如果所取得的作业能力未耗用完，剩余作业能力就是所取得的作业能力与实际的作业耗用量之间的差额。资源取得成本与资源耗用量之间的关系，可以用来定义变动或固定的成本性态。

8.4.1.4　作业成本法的适用范围

作业成本法是有一定的适用条件的，要针对各个企业的实际情况而定。评价的依据如下：间接费用占全部制造成本的比重较高；管理层对传统成本计算系统提供信息的准确程度不满意；生产经营活动十分复杂；产品结构十分复杂；产品生产工艺复杂多变，经常发生调整准备成本的情况；经常调整生产作业，而较少调整会计核算系统；企业拥有计算机技术和自动化生产设备；较好地实施了适时生产系统和全面质量管理体系；具有高素质的管理人员，熟悉会计知识和生产工艺流程。

总体来说，企业实施作业成本法的必要条件是产品中间接费用的高比例和产品（服务）个性化要求高。如果把企业看成是生产物流服务这一无形产品的制造企业，那么以物流服务合同或者客户为成本计算对象时，生产物流服务产品所耗费的直接人工和直接材料较少，其成本几乎全部由间接费用构成；同时，物流服务产品的物化表现为企业和客户签订的合同，不同的客户类型要求的物流服务内容不同，即物流产品生产的个性化程度高。所以企业采用基于作业的物流成本管理方法将极大地提高管理有效性。

### 8.4.2　作业成本核算的基本步骤

作业成本核算的基本步骤包括定义作业、建议作业中心等6个步骤。

8.4.2.1　定义作业

定义组织中生产和服务的作业，是构造ABC系统的基础。定义作业首先要进行鉴别，它需要鉴别者具有科学的估计、判断能力，需要确定哪些作业是重要作业并且需要进一步细分，哪些作业不需要细分，甚至于可以合并到其他作业中去。定义作业的基本目的是对作业链上“隐蔽工厂”的各种作业的了解，为达到此目的，需要对庞杂的作业信息，运用系统的思想去观察，运用科学合理的方式、方法去分析。一个经济组织的作业链（Activity Chain）是与成本标的密切相关的一系列有序作业的集合，是由员工、设备、设施、供应商及客户等构成的一个系统。一般的成本分配模型将注意力集中在人工实施的作业上；在ABC系统中，人工作业虽然是一个重要作业，但并非唯一重要的作业，作业趋于多元化。ABC系统分析人员应将作业分成人工作业，设备作业，设施作业，管理、服务部门作业等不同类别的作业。根据前面的分析可知，第三方物流企业的主要作业有运输作业、仓储作业、配送作业、信息服务、增值服务、物流方案设计、订单处理及搬运作业等。

8.4.2.2　建立作业中心

第一步完成后，将产生大量的次级作业，为了建立合理可行的系统，需要把大量次级作业按一定的原则合并为若干个一级作业，建立作业中心。作业中心是负责完成某一项特定产品制造或服务功能的一系列作业的集合。建立作业中心要考虑的因素：

（1）各作业的生产工序和重要程度。一个作业中心应能完成一定的工作。一般考虑是先确定一些主要作业，然后将其上下工序的一些不太重要的作业与之归集成作业中心。

（2）将同质性作业归集到作业中心。一方面，性质相同的作业可以归集为一个作业中心。性质相同的作业指工艺接近、工作场地相邻的作业，这一类性质相同的同质作业可以合并为一个作业中心。另一方面，具有一定同质性的作业可以合并为一个作业中心。

（3）成本计算准确性的影响。在压缩作业中心数量工作中，应注意减少作业中心数量对产品/服务成本计算准确性的影响以及基层部门内部控制的需要。如果不同产品耗用的作业及资源具有多样性，那么不加区别地合并这些作业及其资源费用，将导致成本的不准确；如果需要加强基层部门的成本控制，作业中心就不宜划得过粗。通常，在手工计算的条件下或工艺较为简单时，合并后保留10个左右的作业中心，在会计电算化条件下或工艺较为复杂时，由于核算成本低，保留的作业中心可在15个左右。

#### 8.4.2.3 归集作业中心成本库费用

作业中心是一系列相互联系、能够实现某种特定功能的作业集合。把相关的一系列作业（或任务）消耗的资源费用归集到作业中心（或作业），构成各该作业中心（或作业）的作业成本库，作业成本库是作业中心（或作业）的货币表现。

归集作业中心消耗的资源费用，典型的费用及其归集要点如下：

（1）直接工资。直接工资是通常通过查询每一部门的工资成本来确定，通常工资水平因部门差异而显著变化。

（2）间接工资。了解间接人工数量在各部门的分布以及所从事的作业，最终将恰当地把间接成本归集于相关的作业。例如，叉车司机的劳务费用、装卸费用的归集等。

（3）维护修理费。相关信息获得需要向维护和修理部门管理者调查。由于引起这类费用的资源动因都与设备有关，因此调查内容包括各种设备类型、性能等信息，以便于对费用进行相应归集，通常可以直接归集的包括设备在内的作业中心。

（4）固定资产折旧及税金。与机器设备相关的折旧和税金可以直接分配到包含设备在内的作业中心，房屋建筑物的折旧及税金可以根据作业中心占有资源比例进行归集。

（5）水、电、煤气等能源、动力费用。这类费用原则上应根据相应的资源动因分配到相关的作业或作业中心。

（6）部门经费。部门经费如部门管理人员工资及附加费、办公费、差旅费、低值易耗品、办公设备折旧等，可以单独归并为管理协调作业中心。这部分费用是为所有产品或服务提供支持的，可选择合适的资源动因进行归集与分配。

作业成本库应有一定规模。作业成本库的金额应足够大，这样使用复杂的ABC法才有其合理性（重要性原则）。另外，过大的作业成本库采用代表成本动因分摊成本，容易造成成本扭曲，因为成本动因率较高。在这种情况下，应适当将其分解为多个成本库。作业成本库规模可以参考成本库资源价值与总资源价值之比来确定。

#### 8.4.2.4 确定成本动因、计算成本动因率

##### A 成本动因的选择问题

成本动因是作业成本法的核心概念之一，它表示某一特定作业与特定资源、特定成本标的与特定作业之间的因果关系，指推动资源和作业发生的直接、根本驱动力量。揭示和科学地确定成本动因可以从根本上提高会计信息系统的质量，从而提高企业的经营决策水

平和管理控制水平。成本动因的选择反映了精确性（含纯粹性）与实行成本之间的权衡，是合理、科学的近似。具体来讲，为了提高精确性，对每项作业消耗的资源或产品/服务消耗的作业，都需精确地选择相应的成本动因。过高的精确性必然产生高额的实行成本，但是为了使实行成本最低，大量混合成本信息又会牺牲成本信息的纯粹性和精确度，两者都违背了成本/效益原则。因此只有根据实际情况，运用科学的理论和方法，在相对准确的理念下确定成本动因，才有可能达到两者的和谐。

成本动因选择存在于作业成本法中的两个环节：（1）在资源-作业环节选择资源动因，这一步侧重于纯粹性的考虑，兼顾实行成本。（2）在作业-成本标的环节选择作业动因，这一步是在第一步的基础上通过科学地合并作业，成立作业中心，建立作业成本库之后的选择，侧重于实行成本兼顾精确度要求。对最终精确度产生直接影响的是第二环节，但是第二环节是建立在第一环节纯粹性基础之上的。每一个环节都需要解决两个问题：选择哪一个成本动因和选择多少个成本动因。选择恰当的资源动因不仅仅是为了获取满意的产品/服务成本精确度，而且是为了更有效的作业管理。确定适当的成本动因数目，通常是为了满足产品/服务成本一定的精确度，进而提高决策水平。

B 确定成本动因个数的因素

确定成本动因的个数要考虑以下两个因素：（1）成本动因与实际营运间接费用的相关程度。在既定的精确度下，运用相关程度较高的成本动因时，则成本动因的数目就较少；反之，如果缺少与实际营运间接费用相关程度较高的成本动因，则为达到一定的精确度水准，必须增加成本动因的数量。（2）产品成本的精确度和产品组合的复杂程度。倘若对产品成本的精确度要求比较高，则成本动因的数目必然增加，反之，则会减少；若产品复杂程度低，则多个作业成本可汇集在同一作业成本库中，反之，则汇集比较困难，所要求的成本动因数目也相应增加。

C 选择成本动因的影响因素

成本动因的数目确定后，选择成本动因要考虑以下3个因素。（1）成本的计量。即要考虑成本动因的资料是否易于获得。若在现有的成本系统内即可获得，则成本不会太高；反之，需要另设新的系统收集资料，则成本会大增，此时，必须做成本效益分析。（2）成本动因与实耗资源成本的相关程度。相关程度越高，产品成本被歪曲的可能性就越小。（3）会计的行为方面。在选择成本动因时，必须考虑组织中心的行为。成本动因相关程度的确定可运用经验法和数量法。经验法指利用各相关作业经历，依据其经验，对一项作业中可能的成本动因做出评估。一般将成本动因的权数分为5、3、1共3个级：最有可能成为成本动因的，权数为5；可能程度属于中等的，权数为3；可能程度较小者，权数为1。然后各成本动因的权数依各经理给定的系数进行加权平均，取较高者进行数量方法测试。所谓数量法，是指利用回归分析，比较各成本动因与成本间的相关程度。

成本动因分配率的计算：为作业成本库选择合适的成本动因，确定成本库成本动因消耗量，计算成本动因率。成本动因率等于作业中心成本库的成本除以成本动因量。

#### 8.4.2.5 计算服务产品作业成本和服务产品成本

（1）计算服务产品作业成本。根据计算出来的成本动因率和服务消耗的成本动因数量，计算服务的作业成本。服务产品耗用每一作业中心的作业成本等于该作业中心耗用资源的数量与资源价格的乘积，或者说资源动因量与资源动因率的乘积。服务产品包含所有作业的作业成本之和，即为该服务产品的营运间接费用。

（2）计算服务产品成本。服务产品成本等于服务产品所消耗的直接人工、直接材料及营运间接费用。

8.4.2.6 ABC 的实施

ABC 是个性化的成本核算方法，它的实施一般包括以下几个步骤：

（1）设定 ABC 实施的目标、范围，组成实施小组。ABC 的实施必须目标明确，即决策者如何利用 ABC 计算提供的信息。实施范围是 ABC 实施的部门，ABC 可以在全企业实施，也可以在独立核算的部门实施，ABC 的实施主体必须明确。为实施 ABC 必须组建 ABC 实施小组，小组由企业的领导牵头，包括企业的会计负责人及相关的人员。国外实施 ABC 时一般由企业内部的人员和外部的专业咨询人员组成专门实施小组，外部专业的咨询人员具有 ABC 的实施经验，使得实施可以借鉴其他实施过程的成功与失败的经验。

（2）了解企业的运作流程，收集相关信息。此步的目的是详细了解企业的经营过程，理清企业的成本流动过程导致成本发生的因素、各个部门对成本的责任，便于设计作业以及责任控制体系。

（3）建立企业的 ABC 核算模型。在对企业的运作进行充分了解与分析的基础上，设计企业的 ABC 核算模型，主要确定以下内容：企业资源、作业和成本对象的确定，包括它们的分类，与各个组织层次的关系，各个计算对象的责任主体，资源作业分配的成本动因，资源到作业的分配关系，作业到产品的分配关系建立。

（4）选择/开发 ABC 实施工具系统。ABC 能够提供比传统成本更丰富的信息，是建立在大量的计算基础上的。ABC 的实施离不开软件工具的支持，软件工具有助于完成复杂的核算任务，有助于对信息进行分析。ABC 软件系统提供了 ABC 核算体系构造工具，可以帮助建立和管理 ABC 体系，并完成 ABC 核算。

（5）ABC 运行。在建立 ABC 核算体系的基础上，输入具体的数据后运行。

（6）分析解释 ABC 运行结果。对 ABC 的计算结果进行分析与解释，如成本偏高的原因、成本构成的变化等。

（7）采取行动。针对成本核算反映的问题采取行动，如提高作业效率、考核组织和员工，改变作业的执行方式、消除无价值的作业。

### 8.4.3 电商企业物流作业成本核算模型

物流作业成本计算模型是基于物流管理中的任务成本方法（Mission Costing）和管理会计中的作业成本计算方法来构建的，如图 8-6 所示。

收集的成本信息可以相应地分配给每一个物流运作环节，在该模型中一共有 7 个相关活动及相应的成本：

（1）采购：只包括采购订单处理成本。

（2）运输：包括入库运输及出库运输。

（3）仓库的内部物流：入库货品的接收、检验和堆架。

（4）仓库的流动成本：主要指货物的持有成本等变动成本。

（5）仓库的固定成本：主要指设施和空间的折旧成本。

（6）仓库的外部物流：分拣、包装和搬运等。

（7）销售：只包括销售订单处理成本。

图 8-7 说明了这 7 个环节是如何定价的。图右侧是这 7 个环节，图的左边是成本因素 1~5。从成本要素出发的箭头指向这 7 个运作环节表示了物流成本是如何分配给这 7 个运作环节的。

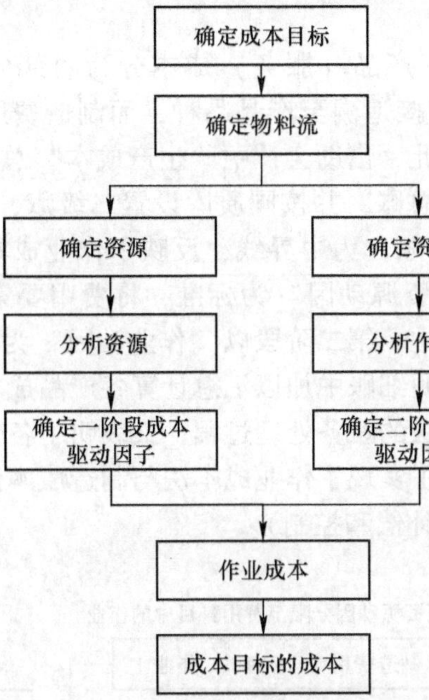


图 8-6 作业成本计算模型框架

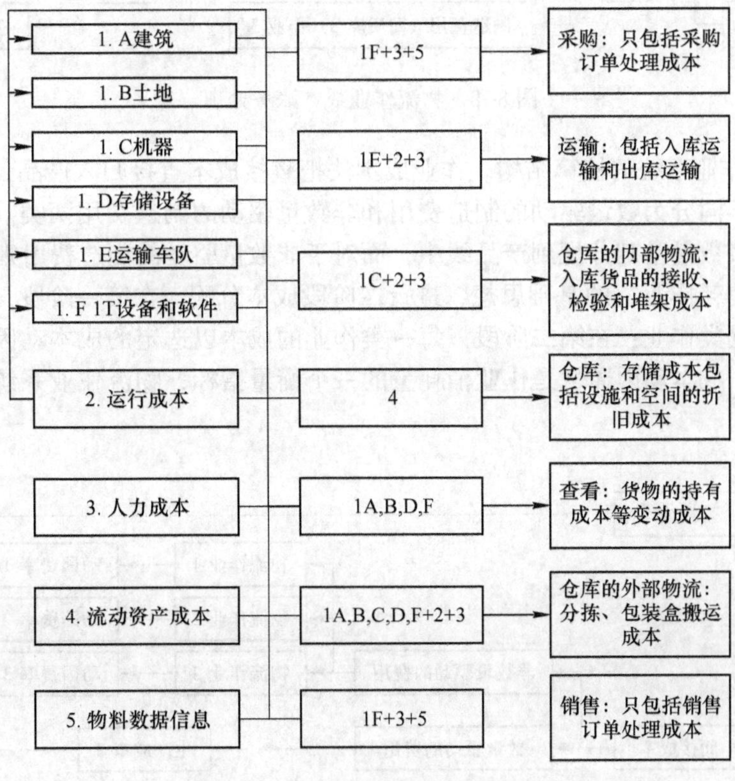


图 8-7 企业物流成本的分配框架

物流成本核算体系包括：

（1）账户设置与账务处理。产品（服务）成本分为两部分，即主要成本和费用类（以制造费用为例）。主要成本直接追溯至产品品种，而制造费用则需要通过计算作业成本，按作业动因分配至产品。为此，借助会计中“生产成本”总账科目，按产品品种设置明细账，而对于制造费用，设置总账，并按同质库设置二级账，按各种作业设置二级账。如图 8-8 所示，以“制造费用”账户为中界线，反映了作业成本计算的二维模型的账户体系和财务处理。第一阶段以“资源动因”为标准，将费用要素（资源耗用）直接追溯或分配至产品成本和作业成本之中；第二阶段以“作业动因”为标准，将作业成本分配至产品成本，最终在生产成本及其明细账中加以汇总计算各产品成本。这一账户体系和账务处理程序既体现了作业成本计算法的账务处理过程，又表明了各作业的可控成本及其产品消耗作业的情况。各账户数据真正实现了作业成本法与制造成本法的结合，能够达到作业成本计算和核算的双重目的（即补偿和控制）。

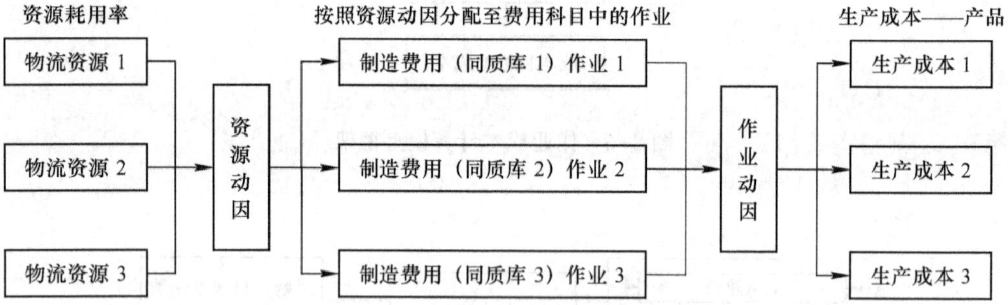


图 8-8 物流作业成本账务处理

（2）物流作业系统的核算结构。作业成本法把直接成本直接归入产品，而把间接成本按成本动因的不同分为数量驱动的制造费用和非数量驱动的制造费用两类。对于数量驱动的制造费用，按数量基础分配到产品线中，而对于非数量驱动的制造费用则根据“作业消耗资源，产品消耗作业”的基础思想，进行二阶段成本分配。在第一阶段，把那些非直接成本归集到不同类作业；在第二阶段，每一类作业的成本以选定的成本动因按比例分配到产品中。因此，成本动因通常是作业消耗量的一个衡量指标，物流作业系统核算结构，如图 8-9 所示。

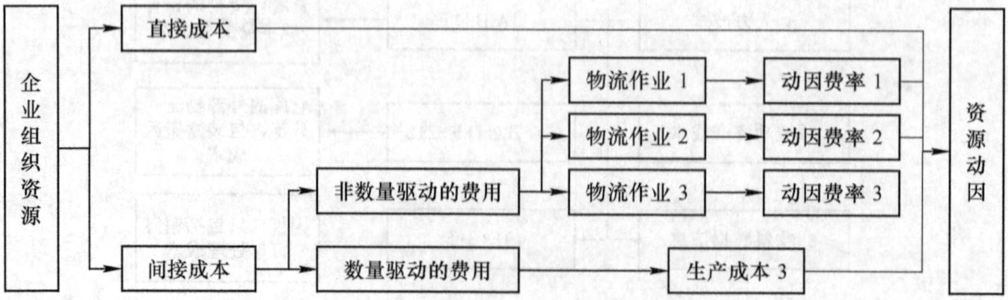


图 8-9 物流作业系统核算结构

### 8.4.4 应用案例——JD 公司

JD 公司进行物流成本管理，首先需要收集资料。

相关资料具体如下。

(1) 原材料采购。本月该企业采购进口 CKD 部件共有 86 份订单，国产零部件共有 38 份订单，共计 124 份订单，其中，B92 原材料订单为 62 份，B93 原材料订单为 49 份，B94 原材料订单为 13 份。

(2) 运输。由于企业的原材料运输与成品运输均外包出去，因此相关费用在财务上单列科目进行结算，这里不予考虑。

(3) 收货验货。各种原材料的检验过程完全相同，每次货物入库时检验人员均进行检验。GHP 公司该月库房共入货 113 批。其中：B92 原材料为 56 批，B93 原材料订单为 45 批，B94 原材料订单为 12 批。

(4) 库存持有。本月 GHP 公司的库存零部件总额为 1744.5 万元，成品挖掘机的库存（其中，B92 为 59 台，B93 为 57 台，B94 为 14 台）总额为 2214.5 万元。这两项共计 3959 万元。同时，该月的银行商业利率是 0.65%。

(5) 存储管理。本月库房能够提供 1872 工作小时的存储管理能力，其中用于各类型产品的装卸搬运时间分别与它们本月的生产数量成正比，已知本月各类型挖掘机的生产数量为：B92 为 163 台，B93 为 135 台，B94 为 11 台。

(6) 装卸搬运。本月库房能够提供 3328 工作小时的装卸搬运能力，其中用于各类型产品的装卸搬运时间分别与它们本月的生产数量成正比，已知本月各类型挖掘机的生产数量为：B92 为 163 台，B93 为 135 台，B94 为 11 台。

(7) 销售。本月 GHP 公司处理销售订单 216 份（这里一份订单只包含一台挖掘机的资料），其中各类型产品的数量分别为：B92 为 125 台，B93 为 79 台，B94 为 12 台。

计算物流成本的基本步骤采用作业成本计算方法，计算上述物流成本的基本步骤如下：

(1) 分析和确定资源。通过确认和计量企业所提供的各类资源价值，将资源耗费价值归集到各资源库中。本月 GHP 公司所提供的各类资源价值情况见表 8-11。

**表 8-11 JD 公司所提供的各类资源价值**

| 资源项目 | 折旧 | 电力 | 燃油 | 办公费 | 工资 | 流动资产 |
|---|---|---|---|---|---|---|
| 资源价值/元 | 102236.54 | 6490 | 5625 | 13296 | 67817.6 | 387335 |

(2) 分析和确定作业。图 8-10 所示为 JD 公司的物流作业流程，它清楚地描述了采购、验货、收货、会计、存储、机制、工作准备等作业是怎样进行的及其相互联系。可以看出，系统的起点是仓库，它向存储作业发出原材料请求单。若还有原材料，则将原材料送往机制作业；如果没有，就要向采购作业发出购货请求。采购作业向供货商（终点）发出购货单，要把一个购货单附件送往会计作业，供应商把原材料连同购货单送往验货作业。品质保证部门检查原材料的质量和规格后，提供验货报告，库房的收货作业开始清点货物，并把原材料连同一个收货报告送往存储作业。如果存储管理人员接收了货物，那么

所需要的原材料就立即被送往机制作业加工，同时，向会计作业送去收货报告，用作付款凭据。这里，通过对这一流程的描述，我们归纳出与JD公司相关的7种物流作业：原材料采购（订单处理）、收货验货、库存持有、存储管理、装卸搬运、销售（订单处理）、一般管理。需要为每项作业分别设立作业成本库，用于归集各项作业实际消耗的资源。

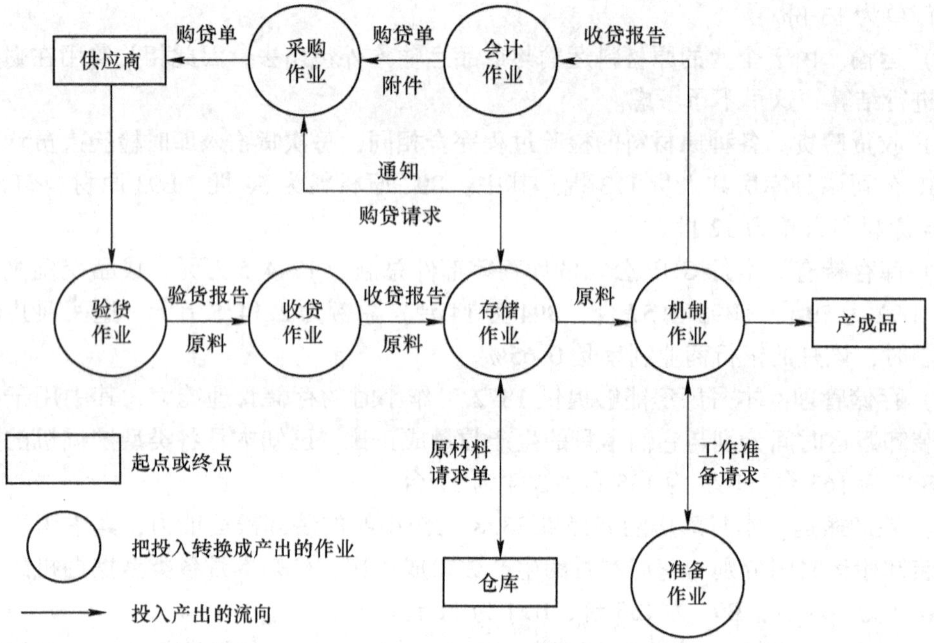


图 8-10 JD公司物流作业

（3）资源到各作业成本库中的分配。这里我们需要确认各项资源的资源动因，将各资源库中所汇集的资源价值分配到各作业成本库中。

折旧费与办公费的分配：折旧费用发生的原因在于各项作业运用了有关的固定资产。因此，可根据各项作业固定资产运用情况来分配折旧费用。这种运用通常具有“专属性”，即特定固定资产由特定作业所运用。各项办公费也具有“专属性”，其分配方法与折旧费的分配大体相同。有关分配结果见表8-12。

**表8-12 固定资产折旧费及办公费的分配**

| 项 目 | 原材料采购 | 收货验货 | 存储管理 | 装卸搬运 | 销售 | 一般管理 | 合计 |
|---|---|---|---|---|---|---|---|
| 折旧/元 | 11230.51 | 7341.33 | 23456.3 | 41895.7 | 12564 | 5748.7 | 10223.54 |
| 办公费/元 | 3564 | 1255 | 2300 | 543 | 2896 | 2738 | 13296 |

电力资源价值的分配：电力资源消耗的动因在于“用电”，其数量多少可以由用电度数来衡量。已知每度电的价格为0.65元，具体分配结果见表8-13。

**表 8-13　电力资源的分配**

| 项目 | 原材料采购 | 收货验货 | 存储管理 | 装卸搬运 | 销售 | 一般管理 | 合计 |
|---|---|---|---|---|---|---|---|
| 用电数/千瓦·时 | 1465 | 1356 | 2890 | 1366 | 1695 | 1213 | 9985 |
| 金额/元 | 952.3 | 881.4 | 1878.5 | 887.9 | 1101.8 | 788.4 | 6490.3 |

燃料资源价值的分配：燃料资源消耗的资源动因在于已知每升柴油的价格为 3 元，具体分配结果见表 8-14。

**表 8-14　柴油资源的分配**

| 项　目 | 原材料采购 | 收货验货 | 存储管理 | 装卸搬运 | 销售 | 一般管理 | 合计 |
|---|---|---|---|---|---|---|---|
| 柴油/L | 0 | 257 | 630 | 988 | 0 | 0 | 1875 |
| 金额/元 | 0 | 771 | 1890 | 2964 | 0 | 0 | 5625 |

工资费用的分配：工资费用消耗的资源动因在于各项作业"职工人数"，因此，应根据完成各项作业的职工人数和工资标准对工资费用进行分配。分配结果见表 8-15。

**表 8-15　工资费用的分配**

| 项目 | 原材料采购 | 收货验货 | 存储管理 | 装卸搬运 | 销售 | 一般管理 | 合计 |
|---|---|---|---|---|---|---|---|
| 工资/元 | 6096 | 5379 | 0 | 12105 | 21520 | 8857.4 | 53957.4 |
| 流动资产/元 | 15746.8 | 10248.7 | 257335 | 29524.8 | 46290.6 | 16561.8 | 375707.7 |
| 合计/元 | 21842.8 | 15627.7 | 257335 | 41629.8 | 67810.6 | 25419.2 | 429665.1 |

流动资产的分配：流动资产这里只针对货物持有作业这一项而言，因此可以将流动资产的持有成本 257335 元完全分配给货物持有作业。其中，分配给原材料库存的持有成本为 113392.5 元，分配给产成品库存的持有成本为 143942.5 元。将上述有关结果汇总，资源向各个作业分配见表 8-16。

**表 8-16　流动资产的分配**

| 项　目 | | 原材料采购 | 收货验货 | 库存持有 | 存储管理 | 装卸搬运 | 销售 | 一般管理 |
|---|---|---|---|---|---|---|---|---|
| 折旧/元 | | 11230.51 | 7341.33 | 0 | 23456.3 | 41895.7 | 12564 | 5748.7 |
| 运行成本 | 电力/元 | 952.3 | 881.4 | 0 | 1878.5 | 887.9 | 1101.8 | 788.4 |
| | 燃料/元 | 0 | 771 | 0 | 1890 | 2964 | 0 | 0 |
| | 办公费用/元 | 3564 | 1255 | 0 | 2300 | 543 | 2896 | 2738 |

（4）确定各项作业的成本动因。JD公司各项作业的成本动因见表8-17。

**表8-17 各项作业的成本动因**

| 作 业 | 作业成本动因 |
|---|---|
| 原材料采购 | 采购订单处理份数 |
| 收货验货 | 货物入库批数 |
| 库存持有 | 挖掘机台数 |
| 存储管理 | 工作小时数 |
| 装卸搬运 | 工作小时数 |
| 销售 | 销售订单处理份数 |

这里，对于“库存持有”作业和“一般管理”作业，由于其成本动因比较复杂，因此在计算B92、B93、B94这3种挖掘机消耗该项资源成本时，予以另行处理。

（5）计算有关作业成本动因分配率。有关作业成本动因分配率的计算见表8-18。

**表8-18 作业成本动因分配率的计算**

| 作业 | 作业分配率 | 各产品耗用作业成本数 | | | | 耗用资源/元 | | |
|---|---|---|---|---|---|---|---|---|
| | | B92 | B93 | B94 | 合计 | B92 | B93 | B94 |
| 原材料采购 | 176.15 | 62 | 49 | 13 | 124 | 10921.3 | 8631.4 | 2290 |
| 收货验货 | 138.3 | 56 | 45 | 12 | 113 | 7744.8 | 6223.5 | 1659.6 |
| 库存持有（成品） | 1107.25 | 59 | 57 | 14 | 130 | 65327.8 | 63113.3 | 15501.5 |
| 存储管理 | 22.24 | 987.5 | 817.9 | 66.6 | 1872 | 21962 | 18190 | 1481.2 |
| 装卸搬运 | 20.38 | 1755.5 | 1454 | 118.5 | 3328 | 35777.1 | 29632.5 | 2415 |
| 销售 | 117.68 | 125 | 79 | 12 | 216 | 14710 | 9296.7 | 1412.2 |
| 库存持有(原材料) | 0.36 | 156443 | 135087.4 | 24759.5 | 316289.9 | 56319.5 | 48631.5 | 8913.4 |
| 一般管理 | 0.07 | 156443 | 135087.4 | 24759.5 | 316289.9 | 10951 | 9456 | 1733.2 |
| 合计 | 1582.43 | 315931 | 272676.7 | 49755.1 | 638362.8 | 223713.5 | 193174.9 | 35406.1 |

B92型挖掘机其他各项作业成本之和为：

$$10921.3+7744.8+65327.8+21962+35777.1+14710=156443\ （元）$$

B93型挖掘机其他各项作业成本之和为：

$$8631.4+6223.5+63113.3+18190+29632.5+9296.7=135087.4\ （元）$$

B94型挖掘机其他各项作业成本之和为：

$$2290+1659.6+15501.5+1481.2-2415+1412.2=24759.5\ （元）$$

“库存持有（原材料）”作业成本分配率为：

$$113392.5/(156443+135087.4+24759.5)=0.36$$

“一般管理”作业成本分配率为：

$$23135.1/(156443+135087.4+24759.5)=0.07$$

# 8.5 案例1 百世开通“橙易装”降低物流成本

2020年10月13日，百世快运正式推出“送装一体”和“送装分离”全新模式下的“橙易装”送装服务产品，提供家具运输和安装全流程服务。“橙易装”服务开通将有效降低送装成本。

目前，百世快运送装一体服务已覆盖浙江、江苏、上海、北京、天津等11个省、市，送装分离服务将于同年10月底实现全境覆盖，送装货物涵盖了床、柜、沙发、电视等500多种类型的家居用品。

近年来，以百世快运为代表的零担快运企业崛起，满足电商大件运输、配送、安装以及售后等愈发强劲的物流需求，为客户和消费者提供全场景、全流程和高品质的安装服务解决方案，通过覆盖区域更广、渗透能力更强的物流网络和包装、客服等一体化的专业服务，赢得家具企业的青睐，促进当地家具电商业发展。

## 8.5.1 “橙易装”送装服务是什么

百世快运推出“送装一体”和“送装分离”全新模式下的“橙易装”送装服务产品，提供家具运输和安装全流程服务，挖掘和满足消费者最后100m的服务深度和需求。

（1）送装一体。有仓配和产地直发两种形式，货物经网点揽收，从始发转运中心发出，前者送达目的地转运中心后，通过系统通知供应商自取和送装。

（2）送装分离。通过整车、专线直接运至供应商仓库进行送装。不论哪种形式，都减少了中转次数，降低破损率，优先卸货保证时效。

“送装一体”和“送装分离”两种全新模式下的高性价比送装服务，以满足不同场景下的服务需求，为客户提供定制化的家装物流运输解决方案。

## 8.5.2 强大的网络服务基础保障

要实现这种全新的送装模式，离不开百世多年来布局的强大的网络服务基础保障。

（1）送装覆盖500多种类型。百世快运送装一体服务已覆盖浙江、江苏、上海、北京、天津、重庆、广东、山东、河南、安徽和湖南共11个省份，送装分离服务将于同年10月底实现全境覆盖，送装货物涵盖了床、柜、沙发、电视、灯具和跑步机等500多种类型的家居用品。

不仅如此，百世快运在网络覆盖、运力调度、自动化投入等方面进行不断优化，提升电商件的时效和服务体验。在全国，百世拥有转运中心94个，末端网点17500多个，省级网络覆盖率达100%，市级网络覆盖率达到99%。

（2）送装分离服务可在全国范围内推行。正是由于这些基础保障，百世快运凭借省级100%、市级99%和乡镇97%的网络覆盖优势，将送装分离服务在全国范围内推行，即网点在揽收环节便将信息同步至安装师傅，待货物送上门后，安装师傅将主动联系消费者预约安装时间，消费者在送装环节上拥有更多灵活的选择空间。

百世快运自2018年起发力电商件，2020年第二季度电商件货量同比增长30.5%，其中江苏电商件货量年均增速更是高达67%。

### 8.5.3 家具送装一体服务成本直降30%

从刚开始的网点自提，发展到送货上楼，再到如今的拆包、安装、摆放，消费者对大件物流的要求越来越高。末端服务一直是家居物流行业面临较为重要的话题，也是物流环节中与消费者直接接触的环节，这个环节的服务质量将直接影响到客户评价。

任何一种模式下，安装师傅都会在货物到齐后2小时内与消费者预约。百世其在降低破损、保证时效的同时，相对传统模式下的送装成本还节约了30%。此外，百世快运还搭建了专属客服和理赔通道，24小时投诉处理，72小时快速赔付；并且在货物发出后，客服便实时逐票跟踪，全流程为货物保驾护航。

场景1：百世快运宿城二部

网点负责人A于2014年加盟，之前一直和家人忙着经营自家的工厂，随着环境的变化，家族企业逐渐趋于下坡路，眼看周围很多朋友开始接触电商，加上当地拥有集中的家具市场，机缘巧合下，他接手了一家正在转让的快运门店。

从家族企业转入陌生的物流行业，起初面单出错、货物少件等问题频发，家人不看好甚至试图叫停，A坚持边摸索边学习，逐渐进入正轨。随着大件电商的发展，网点从开始时既做工厂件又做电商件，如今电商件已占货物近9成比例；目前网点发货量日均70t，高峰期可达200t左右，其中家具占比85%左右。

场景2：百世快运睢宁一部

网点负责人B于2013年5月加盟，是最早一批和百世快运一同成长的网点，目前网点日均出货量120t，最高峰可达400t左右，货量年增长率达50%，且货物100%为家具板。之前，B一直从事工程装修相关工作，随后接触快递开始进入物流行业，随着大件货物的涌入和高速增长，B将目光落在了快运行业。

从百世快运的家具行业解决方案到“橙易装”送装服务产品，以及百世快运网点的快速增长，无不折射出百世快运这场发布会适逢其势。但回过头来，看整个家具行业，送装一体服务，百世快运显然不是独家，但用户的个性化、多样化需求却是同样的，那就是高效、安全、优质的服务体验和低成本，至少直降30%的送装成本对于同行来说，一定是望尘莫及的。

**思考题：**

（1）请说说百世推出“橙易装”送装服务的意义。

（2）试结合调查、查阅相关资料的方式，分析一家制造企业的物流成本。

## 8.6 案例2 盒马的成本“填坑之战”——盒马mini

2019年，生鲜电商倒闭如潮，盒马陆续关闭了昆山等地的三家门店。同年4月，美团旗下的新零售业态小象生鲜宣布关闭无锡及常州地区门店。顺丰旗下的新零售品牌顺丰优选也关闭了武汉、青岛、成都、上海的门店。除此之外，京东7FRESH的扩张速度一再放缓。

据中国电子商务研究中心的数据显示，截至2019年生鲜电商4000多家入局者中，只有4%的商户收支平衡，88%亏损，7%巨额亏损，1%盈利。而据另一组公开数据显示，2018年我国生鲜市场交易规模达到4万亿元，其中生鲜电商行业市场交易规模达到

2103.2亿元，较2017年（1402.8亿元）增长49.93%。也就是说，交易规模大、被称为最后一片电商蓝海的生鲜电商，却长期饱受1%的低盈利概率之痛。

### 8.6.1 盒马发展遇到瓶颈

2016年10月，马云在杭州云栖大会上提出“新零售”的概念，盒马鲜生作为阿里开拓“新零售”领域的“第一样本”，从成立伊始，就已经明确了其定位及发展模式，着重布局生鲜市场，通过线上线下相结合的方式开创零售新业态。经过近4年的探索，盒马鲜生顺利进入生鲜电商行业的第一梯队，其独具特色的发展模式也成为了“新零售”行业的标杆。

最早闯进新零售赛道的盒马鲜生，背靠阿里，底气十足，面对这些竞争对手多少有些心不在焉。所以，早年的盒马鲜生敢对外声称“舍命狂奔”。比如从用户体验来讲，盒马鲜生的重模式会轻松碾压每日优鲜的轻模式，首先其4000多种SKU覆盖了从高端远洋海鲜到一日三餐所需的各种果蔬、奶饮、肉食等，非常丰富，远超每日优鲜的600多个SKU。其次盒马鲜生的特有的体验单元如海鲜餐区、啤酒吧设计，给用户及家庭成员提供了一个社交、体验的新空间。这些都是APP+前置仓的每日优鲜所不能比拟的。

由于盒马店铺的快速扩张，管理和人力资源跟不上开店的速度，2019年，盒马位于昆山新城吾悦广场的门店宣布关闭。盒马的关店似乎也向外界释放了这样一个信息：生鲜电商并不好做。

但盒马最大的问题，就是太重了，盒马鲜生创始人侯毅曾透露，盒马鲜生的单店开店成本在几千万元不等，其最大的问题是，线下店与线上3公里配送能力的矛盾性。换句话说，盒马花了比每日优鲜前置仓高1000倍成本打造的店面，但其线上覆盖能力和每日优鲜是一样的。

事实也证明，两年后，除了稍加落伍的京东，腾讯投资的其他在生鲜新零售赛道的企业，已初具规模。而跑得上气不接下气的盒马，虽说表面成绩也不差，但面对与对手相比落差极大的市场数据和增长事实，不甘与焦虑也日渐增长，甚至头一次在新零售地盘失去以往的从容和自信，并颇有危机感地提出“保命”的口号。

### 8.6.2 盒马 mini 的诞生

2019年，曾经一路“舍命狂奔”的盒马正式对外提出“填坑之战”。盒马抛弃固有模式，开始回归零售的本质，尝试精细化运营，推出盒马 mini。

盒马 mini 是盒马去年推出的小店业态，与盒马鲜生的大店模式不同，面积为500~1000㎡，约3000个品类。作为盒马用于下沉的业态，盒马 mini 延续盒马大店线上线下一体化模式，同样包括水产、蔬果、肉禽等数千种商品，覆盖周边1.5km的消费者。

盒马 mini 是对传统盒马鲜生店的一种迭代和补充。盒马 mini 采用店仓一体、线上与线下一体化模式，与盒马鲜生店相比主要覆盖规模更小、消费能力偏低的商圈，更聚焦于买菜场景。目前盒马 mini 共6家门店，门店面积有500~600平方米和800~1000平方米两种模型，选址为社区一楼的街边店，单店SKU数超过3000个，配送半径为1.5公里。盒马 mini 并不是真正的是从零诞生的全新商业模式，从供应链的角度和从商品的角度，其成功一定程度上都是基于盒马鲜生在这个城市的成功。盒马鲜生赋予盒马 mini 最大的价值，一方面是来自于品牌，另外一方面来自于供应链。

与盒马小站（前置仓模式）相比，盒马 mini 体现出更好的服务能力和盈利能力。盒马小站的优势在于选址门槛低，投入小，开店成本只是盒马 mini 的 1/4，但由于单渠道模式下覆盖范围内消费群体有限，后期运营数据远不如盒马 mini。在盒马鲜生同样的技术和商品供应链支持下，盒马 mini 基于线上线下一体化的模式优势，体现出更好的服务能力和盈利能力。数据显示，由于多了线下门店体验，盒马 mini 的次月留存率是小站的一倍，履约成本也小一半；由于 mini 门店新客大部分来自于门店转化，人均拉新成本是小站的 1/4；门店促清的效果大于纯线上，盒马 mini 的损耗率也比小站低了近一倍，因为损耗低，所以商品品类也几乎是后者的一倍。综上所述，盒马 mini 平均每单的净利润率要比小站高 15%，前者最快 3 个月就能盈利，而盒马小站在疫情之前基本上是亏损状态。

盒马 mini 模式难以被模仿的核心壁垒在于盒马的数字化能力与供应链水平。一是顶层设计维度，盒马的店仓一体模式实现的是全链路的商业数字化，在门店货架和仓储链路的数字化方面已投入大量人力物力，并具备技术能力。二是供应链维度，盒马鲜生在 4 年内专注生鲜供应链体系以及鲜食品类开发，盒马 mini 则基本复用盒马鲜生的供应链物流运输链路，由此降低成本，并通过建立拆零仓优化库存周转。

**思考题：**

（1）请概括盒马降低物流成本的方法。

（2）除了书中所谈的方法，请谈谈其他可以降低物流成本的办法。

## 8.7 实践训练 电子商务物流成本管理

### 8.7.1 训练导图

电子商务物流成本管理训练导图，如图 8-11 所示。

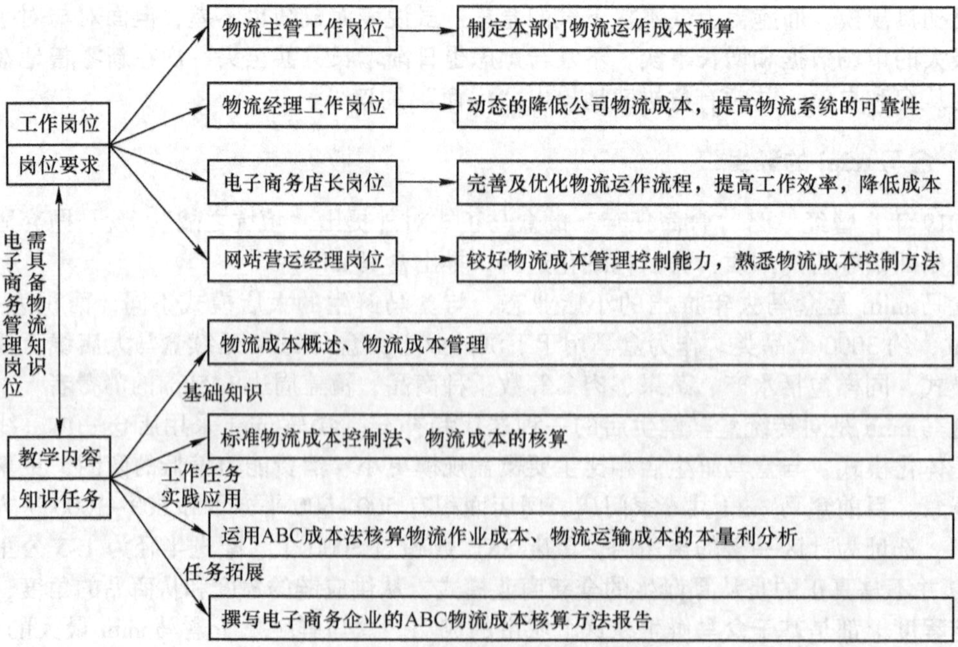


图 8-11 电子商务物流成本管理训练导图

### 8.7.2 训练目标

（1）具备物流标准成本的计算能力。

（2）具备物流成本核算的能力。

（3）具备运用 ABC 成本法核算物流作业成本的能力。

（4）具备物流运输成本的本量利分析能力。

### 8.7.3 训练重点

（1）物流成本管理的成本预算方法。

（2）物流成本管理的成本控制。

### 8.7.4 训练内容

（1）标准物流成本控制法。

1）直接材料标准成本计算；

2）直接人工标准成本计算；

3）变动制造（服务）费用标准成本计算；

4）固定制造（服务）费用标准成本计算。

（2）物流成本的核算。

1）收集物流成本基础数据；

2）确定物流成本核算的范围；

3）按支付形态核算物流成本；

4）简单除法核算。

（3）运用 ABC 成本法核算物流作业成本。要求运用 ABC 物流成本法，循着“资源成本→作业成本→产品成本”的顺序核算物流作业成本。

1）明确导入作业成本法的目的及成本对象；

2）调查物流企业布局，分析业务流程；

3）界定物流系统中的作业，划分物流作业中心；

4）确认物流系统中涉及的资源；

5）确认资源动因，并将资源分配到作业；

6）以物流作业中心为成本库汇集成本；

7）确认作业动因，将作业成本分配到客户或服务（成本对象）；

8）计算客户或服务（成本对象）的总成本。

（4）物流运输成本的本量利分析。通过对本量利分析的了解，运用本量利分析的基本模型，计算电子商务企业的盈亏平衡点及利润额。

1）了解本量利分析；

2）理解本量利分析的基本模型；

3）计算盈亏平衡点；

4）对运输业务本量利示例进行计算分析。

### 8.7.5 训练拓展

撰写 B2C 型电子商务企业的 ABC 物流成本核算方法报告。

(1) 任务安排。了解某经营图书和音乐 CD 的 B2C 型电子商务企业的网上营销情况，按照 ABC 成本法核算其物流作业成本，撰写任务拓展实践报告。

(2) 任务要求。根据上述资料按照 ABC 成本法核算该 B2C 电子商务企业的物流作业成本，并撰写任务拓展实践报告，字数在 1000 字以上。

# 9 跨境电商与国际物流

学习目标：

（1）掌握跨境电商与国际物流基本概念。

（2）了解跨境电商物流运作模式及流程。

（3）熟悉国际货物进出口业务。

## 9.1 跨境电商与国际物流概述

### 9.1.1 跨境电商

跨境电子商务简称跨境电商，是指分属不同关境的交易主体，通过电子商务平台达成交易、进行支付结算，并通过跨境电商物流送达商品、完成交易的一种国际商业活动。从狭义上来说，可将跨境电商理解为跨境零售，即交易最终面向的是终端消费者，在电子信息技术的基础上，消费者通过线上的方式完成商品的跨境流通、交易、支付等过程的贸易方式。从广义上来说，可将其理解为对外贸易的电子化，即将传统外贸的交易流程借助电子信息技术完成。它实质上就是传统外资的网络化、电子化和信息化。

跨境电子商务包含较多要素，主要有交易对象、交易渠道、货物流通、监管方式等，按照这些要素的不同可以将跨境电子商务分为不同的类型：

（1）按照交易对象的不同，跨境电商可以分为B2B、B2C、C2C等几类。B2B，即企业与企业之间的跨境电子商务，主要应用于企业之间的采购与进出口贸易等；B2C，即企业与消费者个人之间的跨境电子商务，主要应用于企业直接销售或消费者全球购活动；C2C，个人与个人之间的电子商务。

（2）按照交易渠道的不同，跨境电商可以分为EDI和互联网两种。EDI是以电子数据交换方式进行的跨境电子商务，自20世纪70年代以来，国际组织一直在推动有关数据传输标准和安全等技术的发展。目前，该技术已经比较成熟，主要应用于企业与企业之间的电子商务活动。但由于EDI对企业数据的标准化程度及软硬件的要求较高，且必须租用专线，因此普及起来存在一定的困难。随着互联网的普及，大多企业尤其中小企越来越多地利用互联网进行跨境交易。但在大型企业中，EDI还广泛存在在。

此外，按照货物流通方向的不同，跨境电商可以分为进口跨境电子商务和出口跨境电子商务；按照海关监管方式的不同，跨境电商可以分为一般跨境电子商务和保税跨境电子商务。一般跨境电子商务主要用于一般进出口货物，大多是小额进出口货物，而保税跨境电子商务主要是用于在保税进出口货物，二者在通关手续等方面有明显不同。

跨境电商的特点包括：

（1）全球性。互联网具有全球性和非中心化的特点，因此依托互联网平台的跨境电商也具有互联网的这些特点。相较于传统的国际贸易，跨境电商的重要特点在于它没有所谓的重要或中心市场，也不受具体时间和位置要求的限制，是一种无边界交易，具有极强的平等性、时空便利性和全球化等特性。当然，社会大众在享受由跨境电商的诸多特性带来的便利时，也需要面临或承担因各国文化、政治和法律的不同产生的各类交易风险。

（2）无形性。互联网是一种虚拟的、无形的媒介体。作为数字产品和数字服务的载体，互联网的快速发展促进了数字产品和数字服务的盛行。因此，基于数字传输活动的数字产品和服务也必然具有的特征。传统的交易以实物为主，而在电子商务中，无形的产品却可以替代实物成为交易的对象。以音乐为例，传统模式下，只有通过购买 CD 或是磁带才能获得相应的歌曲。然而，在电子商务交易中，消费者只要在网上购买音乐的数字版权便可以欣赏该音乐了。而如何界定该交易的性质、如何监督、如何征税等一系列的问题却给税务和法律部门带来了新的课题。

（3）匿名性。由于网络用户在线交易时通常不会使用真实的身份信息和地理位置，因此跨境电商具有典型的匿名性特征。这一特性在给交易双方带来便利的同时，也会导致其权利和责任的不对等。人们在这里享受最大的自由，却只承担最小的责任，甚至干脆逃避责任。例如，应纳税人会通过电商交易的匿名性规避税收部门的监管，这将给税务部门在征税以及核查纳税人应纳税额方面带来巨大的困难。部分交易和纳税人将隐于税务部门的视线之外，这对税务部门来说是一重大难题。

（4）即时性。在传统的国际贸易中，客户之间交流的主要形式是信件和传真。在这种信息交互模式下，信息的传递存在参差不齐的时间差异。然而，互联网的出现使得信息交流与时空距离无关，信息的发送与接收方几乎是同时的，从而使得订单的生成和支付都可以瞬时完成。这一特性被称之为跨境电商的即时性。虽然电商交易的即时性提升了交易的效率，但也潜藏了交易的风险，如交易的即时性会导致交易的随意性，电商交易的主体都是匿名的，电子商务主体的交易活动都能够随时开始、终止或变动交易，这加剧了交易的不确定性，电商环境下交易主体的信任机制国际制较之传统模式更难建立。

（5）无纸化。电商交易主要是通过电子数据信息进行，电子数据取代了传统贸易中纸质文件，因而无纸化是电商交易的重要特点之一。然而传统法律规范多以“纸质文件”为凭证，因此无纸化的电商交易在法律法规的管制上会出现一定的困难。

（6）快速演进。互联网作为新生事物，现阶段尚处于成长期。虽然无法判断其在未来的发展方向，但可以确定的是，像其他的新生事物一样，基于互联网的跨境电商必将以空前的速度向前演进。跨境电商的发展涵盖了从 EDI 到跨境交易，从跨境交易再到跨境电商的过程。在这个过程中，创和利新性的数字化产品和电商服务模式层出不穷，不断地改善人们的生活方式和生活品质。

### 9.1.2 国际物流

国际物流（International Logistics，IL）是指在两个或两个以上国家（或地区）之间所进行的物流。

广义的国际物流研究的范围包括国际贸易物流、非贸易物流、国际物流投资、国际物流合作、国际物流交流等。其中，国际贸易物流主要是指定组织货物在国际间的合理流动；非贸易物流是指国际展览与展品物流、国际邮政物流等；国际物流合作是指不同国别的企业完成重大的国际经济技术项目的国际物流；国际物流投资是指不同国家物流企业共同投资建设国际物流企业；国际物流交流则主要是指物流科学、技术、教育、培训和管理方面的国际交流。

狭义的国际物流主要是指当生产消费分别在两个或在两个以上的国家（或地区）独立进行时，为了克服生产和消费之间的空间距离和时间间隔，对货物（商品）进行物流性移动的一项国际商品或交流活动，从而完成国际商品交易的最终目的，即实现卖方交付单证、货物和收取货物。

国际物流的实质是根据国际分工的原则，依照国际惯例，利用国际化的物流网络、物流设施和物流技术，实现货物在国际的流动与交换，以促进区域经济的发展与世界资源的优化配置。国际物流的总目标是为国际贸易和跨国经营服务，即选择最佳的方式与路径，以最低的费用和最小的风险，保质、保量、适时地将货物从某国的供方运到另一国的需方。

### 9.1.3 跨境电商与国际物流的关系

一方面，跨境电商为国际物流的发展带来市场。传统的商务模式越来越不能满足人们的需求，新时代下消费者会更加重视商品的质量以及商品种类的丰富程度。此外消费者也会更加重视购物体验，而跨境电子商务的出现则在很大程度上提升购物便捷性、满足消费者需求、优化消费者购物体验。同时，跨境电子商务的出现，在改善企业服务质量、提高供应链有效性、增进企业经营效益、提升国际贸易成交量及开展范围等方面发挥着巨大的作用。因此现今很多传统企业都纷纷引入跨境电商经营模式，而巨大的跨境电商市场，则为跨境电商必备环节“国际物流”的发展提供了市场机遇。另一方面，国际物流是构建跨境电商供应链的关键环节。跨境电商有别于传统的国际贸易，其很多步骤如洽谈交易、签订合同、运送商品和支付等都可以通过网络完成，其不确定性较小，边际成本几乎可以忽略不计。而商品运输则需要通过国际物流完成，在运输过程中，不仅不确定因素众多，而且风险极大。由此可见，作为跨境电商的关键环节，国际物流成本的高低、运行时间的长短都会影响跨境电商的发展。首先是国际物流的成本高昂、流程复杂，运行时间长、手续繁琐，其成本本身就数倍于国内物流。因此，如果对其不加以重视，不对相关的物流资源进行科学有效的配置，降低其成本，必然会显著阻碍跨境电商的发展。其次是国际物流的运行时间，跨境电商物流需要跨越国境，物流的时间会显著长于国内物流。而物流时间越长就意味着交易达成的时间越长，一方面会让消费者的消费体验大打折扣，另一方面受汇率变动的影响，还会给跨境电商买卖双方的成本带来不可预知的风险。最后是商品的可达性存在风险，因为国际物流受到天气、政治和法律等各方面的限制，涉及的不确定性因素众多，因此物流的可送达性必然会受到影响。

## 9.2 国际货物进出口流程

### 9.2.1 国际货物进口流程

国际货物进口合同商定的业务环节为：出口商与进口商经过询盘、发盘、还盘和接受等业务磋商环节，就货物的各项交易条件达成一致。进口商拟订购货贸易合同一式两份，双方签章后，各留下一份作为履行合同的依据。合同商定的详细业务流程，如图 9-1 所示。

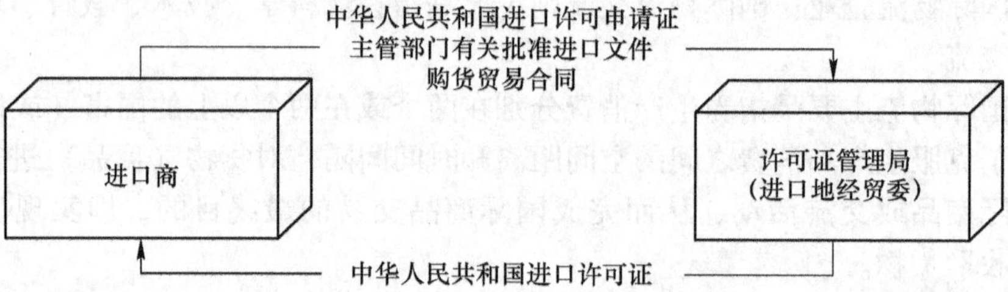


图 9-1 合同商定业务流程

进口许可证签发的业务环节，如图 9-2 所示。进口商签订购货贸易合同后，持进口许可证申请表（一式两联）、贸易合同和主管部门有关批准进口文件等资料，向进口地外经贸委主管部门申请签发进口许可证。

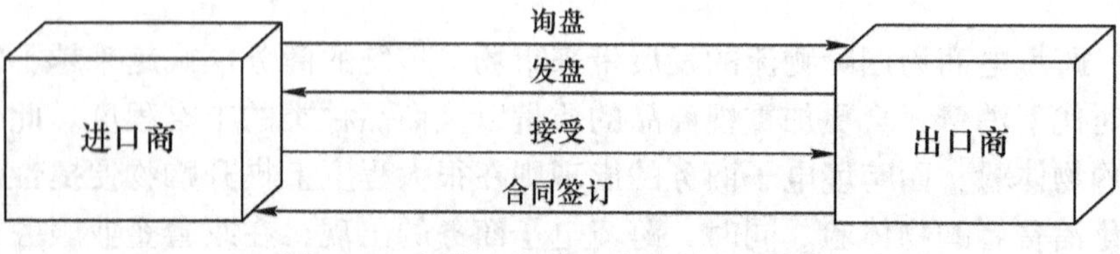


图 9-2 申请签发进口许可证业务流程

开立与修改信用证的业务环节，如图 9-3 所示。进口商在合同规定的开证时间内及时向开证行申请开立信用证，为此要填写开证申请书并交纳开证费和保证金。开证行根据开证申请书的要求开出不可撤销信用证，信用证通过 SWI 英尺网络传递给通知行，副本交给开证人备案。通知行收到信用证后，进行审证，审核无误后用电话通知出口方到通知行取信用证。出口商依据贸易合同再次审证，发现有多处不符点或改证要求，可书写改证函向进口商提出改证要求。进口商对改证函的内容予以确认，于是向开证行提出改证要求，交纳改证费。开证行开出信用证改证书，并通过通知行交至出口商。

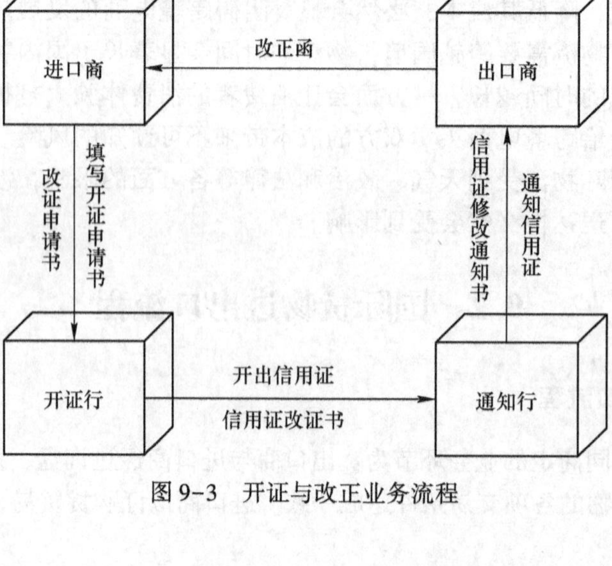


图 9-3 开证与改正业务流程

安排运输与保险业务环节，如图 9-4 所示。进口商在办理好改证手续后，及时向货代公司办理订舱委托，根据合同有关内容填写进口订舱委托书。货代公司联系其在出口国的代理，委托货代公司在出口国代理办理租船订舱事宜。货代公司出口国代理联系出口商后，填写货物托运单交船公司，船公司确认订舱后，货代公司出口国代理通过货代公司将订舱信息反馈给进口商。当进口货物运输手续办妥之后，进口商向出口商发出装船指示，告知其船名、航次和到达装运港的时间，以便出口商做好装运货物的准备。进口商发出装船指示后，及时向保险公司办理进口货物运输保险，根据购货合同保险条款有关内容的规定签订进口货物运输预约保险合同。出口商在装船后向保险公司发出装运通知，该批进口货物便自动被承保。

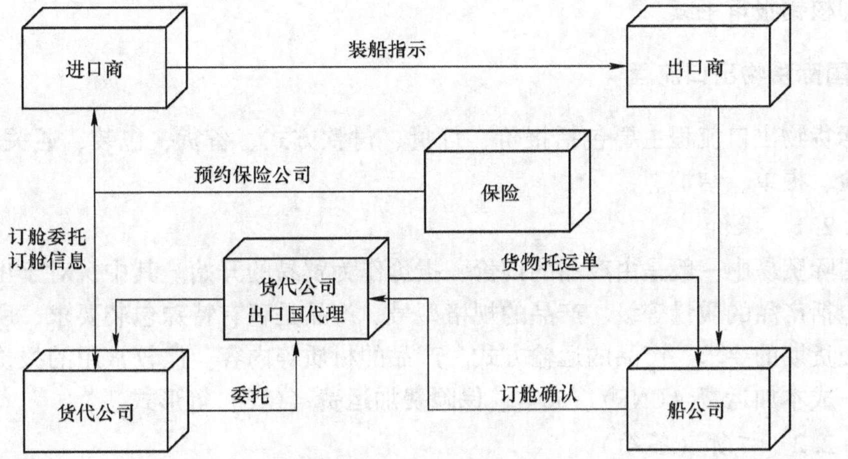


图 9-4　订舱、保险业务流程

付款与提货业务环节，如图 9-5 所示。开证行收到议付行的全套议付单据进行付款后，向进口商发出进口信用证付款，承兑通知书，通知其审单付款。进口商根据合同与信用证的内容进行审单，核准无误后进行承兑/付款，拿到全套单据。

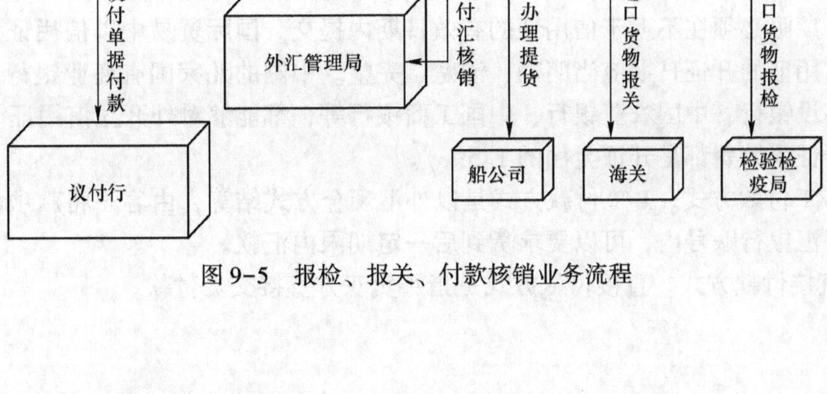


图 9-5　报检、报关、付款核销业务流程

进口商根据我国出入境商品检验检疫有关法律法规等及时办理入境货物报检手续，填写入境货物报检单，并随附进口贸易合同、国外发票、提（运）单和装箱单等有关证单。检验检疫局检验后，签发“入境货物通关单”。进口商持正本提单连同进口许可证向进口港船公司换取提货单，并付清一切费用。

进口商持填写的进口货物报关单、入境货物通关单、提货单、进口许可证、发票等手续，在海关规定的时间内及时办理进口货物的报关。海关查验合格并征收进口关税后，予以放行，进口商方可提货。进口商办理好付汇手续后，填写贸易进口付汇核销单。银行审核无误后，将第一联交外汇管理局，第二联退还给进口商，由进口商的核销员向外汇管理局提供贸易进口付汇核销单、进口货物报关单、付汇水单，并填写贸易进口付汇到货核销表，办理核销报审手续。

### 9.2.2 国际货物出口流程

国际货物出口流程主要包括报价、订货、付款方式、备货、包装、通关手续、装船、运输保险、提单、结汇。

#### 9.2.2.1 报价

在国际贸易中一般是由产品的询价、报价作为贸易的开始。其中，对于出口产品的报价主要包括产品的质量等级、产品的规格型号、产品是否有特殊包装要求、所购产品量的多少、交货期的要求、产品的运输方式、产品的材质等内容。比较常用的报价有船上交货（FOB）、成本加运费（CNF）、成本、保险费加运费（CIF）等形式。

#### 9.2.2.2 订货（签约）

贸易双方就报价达成意向后，买方企业正式订货并就一些相关事项与卖方企业进行协商，双方协商认可后，需要签订购货合同。在签订购货合同的过程中，主要对商品名称、规格型号、数量、价格、包装、产地、装运期、付款条件、结算方式、索赔、仲裁等内容进行商谈，并将商谈后达成的协议写入购货合同。这标志着出口业务的正式开始。通常情况下，签订购货合同一式两份由双方盖本公司公章生效，双方各保存一份。

#### 9.2.2.3 付款方式

比较常用的国际付款方式有3种，即信用证付款方式、T/T付款方式和直接付款方式。

（1）信用证付款方式。信用证分为光票信用证和跟单信用证两类。跟单信用证是指附有指订单据的信用证，不附任何单据的信用证称光票信用证。简单地说，信用证是保证出口商收回货款的保证文件。请注意，出口货物的装运期限应在信用证的有效期限内进行，信用证交单期限必须在不迟于信用证的有效日期内提交。国际贸易中以信用证为付款方式的居多，信用证的开证日期应当明确、清楚、完整。中国的几家国有商业银行，如中国银行、中国建设银行、中国农业银行、中国工商银行等，都能够对外开立信用证（这几家主要银行的开证手续费都是开证金额的1.5‰）。

（2）T/T付款方式。T/T付款方式是以外汇现金方式结算，由客户将款项汇至收款公司指定的外汇银行账号内，可以要求货到后一定期限内汇款。

（3）直接付款方式。直接付款方式是指买卖双方直接交货付款。

9.2.2.4 备货

备货在整个贸易流程中，起到举足轻重的重要地位，须按照合同逐一落实。备货的主要核对内容如下：

(1) 货物品质、规格，应按合同的要求核实。

(2) 货物数量，应保证满足合同或信用证对数量的要求。

(3) 备货时间，应根据信用证规定，结合船期安排，以便于船货衔接。

9.2.2.5 包装

可以根据货物的不同，来选择包装形式（如纸箱、木箱、编织袋等）。不同的包装形式其包装要求也有所不同。

(1) 一般出口包装标准：根据贸易出口通用的标准进行包装。

(2) 特殊出口包装标准：根据客户的特殊要求进行出口货物包装。

(3) 货物的包装和唛头（运输标志）：应进行认真检查核实，使之符合信用证的规定。

9.2.2.6 通关手续

通关手续极为繁琐又极其重要，如不能顺利通关则无法完成交易。

(1) 属法定检验的出口商品须办出口商品检验证书。目前我国进出口商品检验工作主要有4个环节：1）接受报验，即对外贸易关系人向商检机构报请检验；2）抽样，即在商检机构接受报验之后，及时派员赴货物堆存地点进行现场检验、鉴定；3）检验，即在商检机构接受报验之后，认真研究申报的检验项目，确定检验内容，并仔细审核合同（信用证）对品质、规格、包装的规定，弄清检验的依据，确定检验标准、方法（检验方法有抽样检验，仪器分析检验，物理检验，感官检验，微生物检验等）；4）签发证书，在出口方面，凡列入“种类表”内的出口商品，经商检机构检验合格后，签发放行单（或在出口货物报关单上加盖放行章，以代替放行单）。

(2) 须由专业持有报关证人员，持箱单、发票、报关委托书、出口结汇核销单、出口货物合同副本、出口商品检验证书等文本去海关办理通关手续。其中，箱单是由出口商提供的出口产品装箱明细；发票是由出口商提供的出口产品证明；报关委托书是没有报关能力的单位或个人委托报关代理行来报关的证明书；出口核销单由出口单位到外汇局申领，指有出口能力的单位取得出口退税的一种单据；商检证书是经过出入境检验检疫部门或其指定的检验机构检验合格后而得到的，是各种进出口商品检验证书、鉴定证书和其他证明书的统称；是对外贸易有关各方履行契约义务、处理索赔争、议和仲裁、诉讼举证，具有法律依据的有效证件，同时也是海关验放、征收关税和优惠减免关税的必要证明。

9.2.2.7 装船

在货物装船过程中，可以根据货物的多少来决定装船方式，并根据购货合同所定的险种来进行投保，可选择以下两种：

(1) 整装集装箱。集装箱（又称货柜）分为以下几类：

1）按规格尺寸分，国际上通常使用的干货柜有：

20 尺货柜：外尺寸为 20 英尺❶×8 英尺×8 英尺 6 英寸，简称 20 尺货柜。

40 英尺×8 英尺×8 英尺 6 寸，简称 40 尺货柜；及近年较多使用的 40 英尺×8 英尺×9 英尺 6 英寸，简称 40 尺高柜。

20 尺柜：内容积为 5. 69m×2. 13m×2. 18m，配货毛重一般为 17. 5t，体积为 24~26$m^3$。

40 尺柜：内容积为 11. 8m×2. 13m×2. 18m，配货毛重一般为 22t，体积为 54$m^3$。

40 尺高柜：内容积为 11. 8m×2. 13m×2. 72m，配货毛重一般为 22t，体积为 68$m^3$。

45 尺高柜：内容积为：13. 58m×2. 34m×2. 71m，配货毛重一般为 29t，体积为 86$m^3$。

20 尺开顶柜：内容积为 5. 89m×2. 32m×2. 31m，配货毛重 20t，体积 31. 5$m^3$。

40 尺开顶柜：内容积为 12. 01m×2. 33m×2. 15m，配货毛重 30. 4t，体积 65$m^3$。

20 尺平底货柜：内容积 5. 85m×2. 23m×2. 15m，配货毛重 23t，体积 28$m^3$。

40 尺平底货柜：内容积 12. 05m×2. 12m×1. 96m，配货毛重 36t，体积 50$m^3$。

2）按制箱材料分，有铝合金集装箱，钢板集装箱，纤维板集装箱，玻璃钢集装箱。

3）按用途分，有干集装箱、冷冻集装箱、挂衣集装箱、开顶集装箱、框架集装箱、罐式集装箱。

（2）拼装集装箱。拼装集装箱，一般按出口货物的体积货重量计算运费。出口集装箱流程如图 9-6 所示。

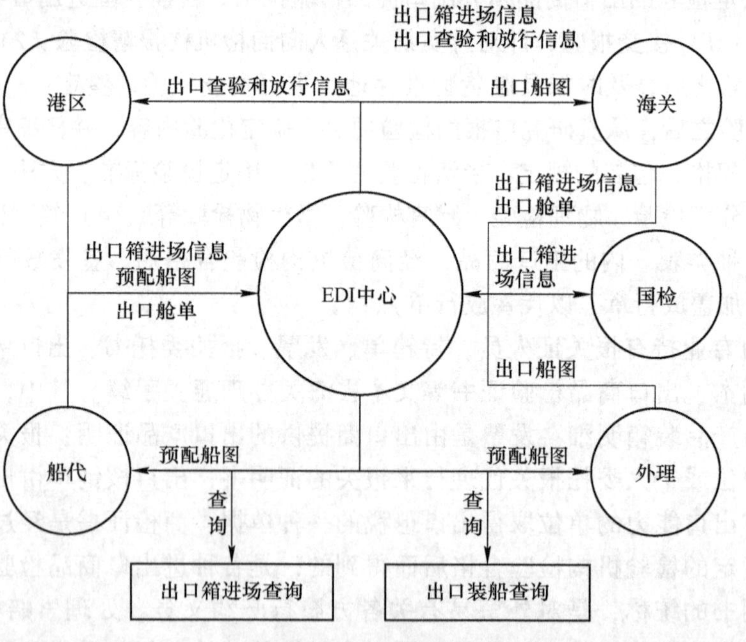


图 9-6　出口集装箱流程

集装箱出口流程包括：A 出口集装箱进入港区后，港区向海关发送出口集装箱进场信息；B 待货主作出口报关后，海关向港区发送出口集装箱查验或放行信息；C 港区将形成的预配船图发送给船代和代理；D 船代按预配船图形成出口舱单发送给海关；E 外理按预

❶ 1 英尺 = 0. 3048m。

配船图形成出口船图发送给海关。

9.2.2.8 运输保险

通常双方在签订购货合同中已事先约定运输保险的相关事项。常见的保险有海洋货物运输保险、陆空邮货运输保险等。其中，海洋运输货物保险条款所承保的险别，分为基本险别和附加险别两类：

(1) 基本险别有平安险（Freefrom Particular Average，F. P. A)、水渍险（With Averageor With Particular Average，W. A 或 W. P. A）和一切险（All Risk，A. R.）3 种。平安险的责任范围包括：由于海上自然灾害引起的货物全损；货物在装卸和转船过程中的整体遗失；由于自然灾害损引起的牺牲、分担和救助费用；由于运输船只触礁、搁浅、沉没、碰撞、水灾、爆炸引起的货物全损和部分损失。水渍险是海洋运输保险的基本险之一。按中国人民保险公司的保险条款，其责任范围除了承担平安险所列各项风险外，还承担恶劣气候、雷电、海啸、洪水等自然灾害的风险。一切险的承报保责任范围相当于水渍险和一般附加险的总和。

(2) 附加险别。附加险别有一般附加险和特别附加险两种类型。一般附加险有偷窃提货不着险、淡水雨淋险、短量险、渗漏险、破损破碎险、碰损险、混杂玷污险、包装破裂险、霉变险、受潮受热险、串味险等。特别附加险有战争险、罢工险等。

9.2.2.9 提单

提单是出口商办理完出口通关手续、海关放行后，由外运公司签出、供进口商提货、结汇所用单据。所签提单根据信用证所提要求份数签发，一般是 3 份。出口商留两份，办理退税等业务；一份寄给进口商用来办理提货等手续。进行海运货物时，进口商必须持正本提单、箱单、发票来提取货物（须由出口商将正本提单、箱单、发票寄给进口商)。若是空运货物，则可直接用提单、箱单、发票的传真件来提取货物。

9.2.2.10 结汇

出口货物装出之后，进出口公司即应按照信用证的规定，正确缮制（箱单、发票、提单、出口产地证明、出口结汇）等单据。在信用证规定的交单有效期内，递交银行办理议付结汇手续。除采用信用证结汇外，其他付款的汇款方式一般有电汇、票汇、信汇等方式，由于电子化的高速发展，现在汇款主要使用电汇方式（在我国，企业出口享有出口退税优惠政策)。

## 9.3 跨境电商物流的运作模式

跨境电商物流运作模式包括国际邮政包裹、国际快递等多种模式。

### 9.3.1 国际邮政包裹

国际邮政包裹指通过万国邮政联盟（万国邮政联盟是商定国际邮政事务的政府间国际组织）实现货物的进出口运输，多采用个人邮包形式进行发货，以邮政体系为商品实现跨国物流的载体。在跨境电子商务市场中，国际邮政包裹方式包括大包、小包，其中邮政小包因其时效快、价格低的综合特质而使用最为广泛。国际邮政小包在目前跨境电子商务中使用最多，也是海淘与海外代购最常用的跨境电商物流模式。以我国为例，据不完全统计，目前跨境电子商务中有超过60%的商品是通过国际邮政小包运输的。在万国邮政联盟中，跨境电商使用较多的有中国邮政、新加坡邮政、英皇邮政、比利时邮政、俄罗斯邮政、德国邮政、瑞士邮政等。国际邮政小包的优势较明显，其价格低，并方便个人操作实现通关；但是劣势也较为显著，主要有递送时间久，包裹丢失率高、非挂号件难以追溯进度等。在时效性方面，国际邮政小包虽然绝大部分宣称为15~30天，但80%以上的包裹递送都超过30天，如果碰到圣诞节等旺季或特殊节假日，物流周期会更久。在丢包率方面，经常使用国际邮政包裹的消费者都会有很大概率遇到包裹丢失的情况，一个包裹发出后，虽然海关出关信息都有，但是后续的消息就消失了，直到最后才发现商品根本没有送达。如果想跟踪物流轨迹，则需要通过挂号件方式，挂号件要在原有价格基础上增加挂号费用，这也是一笔不小的成本开支。国际邮政包裹适合轻、小型商品，在货物体积、重量、形状等方面限制性较高，如含电、粉末、液体等特殊商品无法通过正常方式在邮政渠道实现通关。在一些国家通关政策变化的影响下，国际邮政小包的优势受到挑战，如俄罗斯宣布从2015年1月15日起停收邮政平常小包，美国从2014年11月起逐渐停止扫描国际邮政小包。

### 9.3.2 国际快递

国际快递是指货物通过国际快递公司实现在两个或两个以上国家或地区之间的物流与配送活动。全球性国际快递公司主要有UPS、FedEx、DHL、TNT、ARAMEX等，我国知名的快递公司也扩展了国际快递业务，包括EMS、顺丰速递、申通、韵达等。国际快递在对货物计费时一般分为重量计算与体积计算，常以两者中费用高的一项为最终计费方式，并在货物包装方面要求较高。国际快递可以根据不同的客户需求，如地域、货物种类、体积大小、货物重量等选择不同的渠道实现货物运输与速递。国际快递与国际邮政小包具有明显的互补性。国际快递具有速递时效性高、丢包率低、可追溯查询等优点。国际快递全球网络较完善，能够实现报关、报检、保险等辅助业务，支持货物保障与仓储等服务，实现门到门服务以及货物跟踪服务。国际快递的价格较高，尤其在一些国家或偏远地区收取的附加费更是惊人。国际快递也会遭遇一些国家的政策限定，尤其在货物种类方面，在一些国家会成为禁运品或限运品。在美国，一些货物被列入国际快递的禁运目录，如新鲜、罐装的肉类与肉制品，以及植物种子、蔬菜、水果、非罐装或腌熏鱼类及鱼子等。为顺应跨境电子商务快速发展的需求，一些国际快递企业推出特色服务，如我国邮政速递与阿里巴巴旗下的全球速卖通联合推出了e邮宝（ePacket），该产品针对2kg以下跨境寄送的包裹收取的费用远低于普通EMS的价格，并且投递时效与EMS产品保持一致。

### 9.3.3 海外仓

海外仓俗称海外仓储，是指跨境电商企业在卖方所在国之外，尤其是买方所在国租赁或建设仓库，通过国际货运方式，预先将所售商品运至该仓库，然后通过跨境电子商务平台进行商品展示与销售。在接到消费者订单后，商品从该仓库进行出货、物流与配送活动。跨境电子商务发展与需求创新推动了海外仓的出现，使其成为解决跨境电商物流困境的一个有效方案，也是跨境电商物流发展道路上的一个突破。海外仓模式出现后备受关注，越来越多从事跨境电商业务的企业纷纷建立海外仓，用于解决所面临的跨境电商物流难题。Amazon 与 eBay 在全球各地通过不同模式组建海外仓，有与政府合作模式、与企业合作模式、租赁模式、自建模式，在澳大利亚、拉美、中国、西欧快速密布海外仓；大龙网、FocalPrice 等投入巨资自建海外仓，顺丰与韵达等快递企业也试水海外仓模式。

海外仓能够集中进行大批量商品运输，提升了效率，利于降低物流成本。海外仓的使用能够有效解决国际邮政小包与国际快递的劣势与短板，如物流时效性、物流成本、通关与商检、退换货、本地化偏好等问题，还可以降低不同国家所带来的汇率、税费、文化、习俗、语言等风险。

海外仓也存在一定的风险，同时需要巨大的投入与精细化管理。首先，租赁、建设与运营仓库需要人力、物流与财力；其次，需要提前将商品批量运入海外仓，这对前期的消费预期与商品数量、种类预测要求极高，否则会面临商品因销售不畅而造成库存积压，加上因市场变化会产生资金积压与商品滞销风险，如果回流到国内，则又成为商品的进口活动，除了国际货运成本外，还需要缴纳各类进口费用；最后，海外仓也会面临所在国的政治、法律、社会等风险。

### 9.3.4 边境仓

边境仓指的是在商品输入国的邻国边境，通过租赁或建设仓库，预先将商品送达该仓库，通过跨境电子商务平台进行商品的陈列、浏览、下单、处理、支付及客服等一系列活动，通过线下物流直接从该仓库进行跨境电商物流运输与配送。边境仓与海外仓的区别在于仓库所处的地理位置不同，海外仓是建设在跨境电商交易主体的卖方所在国家之外的仓库，边境仓则是建设在跨境电商交易主体买方所在国家邻国的仓库。

按照仓库所处地理位置的差异，边境仓分为相对边境仓与绝对边境仓两类。绝对边境仓是指与跨境电商交易主体所在国家接壤，仓库设在交易主体卖方所在国家内，该仓库所在地与交易主体卖方所在国家相邻。如中国在中俄边境的中国国境内的邻近城市设立仓库，如哈尔滨等城市，来对接与俄罗斯的跨境电子商务业务；相对边境仓指的是与跨境电商交易主体所在国家不接壤，仓库设在交易主体买方所在国家的邻国边境城市或地区，用于应对跨境电子商务交易所产生的跨境电商物流业务需求，如中国与巴西的跨境电子商务交易，在于巴西接壤的阿根廷、哥伦比亚、巴拉圭、秘鲁等国家临近巴西的边境城市设立仓库。

相对边境仓是一个相对的概念，相对于交易主体买方所在国而言属于边境仓范畴，相对于交易主体卖方所在国而言又属于海外仓范畴。边境仓可以规避海外仓的一些风险，是针对本国保护主义以及跨境电子商务业务发展而产生的一种新型跨境电商物流模式。由于一些国家政局不稳定、税收政策苛刻、货币贬值及国内通货膨胀等因素，刺激了边境仓的出现与发展。边境仓尤其在一些自由贸易区极具优势，如巴西因为本地保护主义及苛刻的税收政策，制约了跨境电子商务与跨境电商物流的发展，但是利用南美自由贸易协定的优势，通过在巴西的邻国建立边境仓，能够规避风险，推动南美及巴西跨境电子商务业务的发展。边境仓具有海外仓无法实现的优势：可以规避输入国的政治、税收、货币、法律等风险；可以利用区域政策，如南美自由贸易协定、北美自由贸易区等。

### 9.3.5 国际物流专线

国际物流专线指在两个国家或地区以上形成的跨境电商物流模式，运输线路、运输时间、物流起点与终点、运输工具都是固定的，尤其是针对固定跨境电商物流线路而言。国际物流专线对跨境电子商务而言，可以起到长途跨境运输的功能，具有很高的规模化属性，通过专线物流模式，能够获得规模经济效应，对于降低跨境电商物流成本意义重大，尤其对固定市场的跨境电商企业而言，是一种行之有效的跨境电商物流解决方案。依据地域线路的不同，国际物流专线的种类非常多，以中国为例，可分为中俄专线、中美专线、中欧专线、中澳专线等。依据运输方式的不同，国际物流专线分为航空专线、港口专线、铁路专线、大陆桥专线以及多式联运专线。已经开通的专线主要有郑欧班列、日本 OCS、欧洲 GLS、渝新欧专线、中欧（武汉）冠捷班列、国际传统亚欧航线、顺丰深圳-台北全货机航线等。国际物流专线的时效性优于国际邮政小包，弱于国际快递；国际物流专线的物流成本低于国际快递，但要高于国际邮政小包；国际物流专线能够提供便利的清关服务；国际物流专线具有明显的区域局限性，无法适应跨境电子商务所产生的无地域限制性物流需求。以渝新欧专线为例，这是一条从我国重庆开通至欧洲国际铁路的大通道，是指利用南线欧亚大陆桥这条国际铁路通道，从我国重庆出发，经过西安、兰州、乌鲁木齐，向西经过北疆铁路，到达边境口岸阿拉山口，进入哈萨克斯坦、俄罗斯、白俄罗斯、波兰，最后到达德国的杜伊斯堡，全长 11179km。渝新欧专线是由沿途 6 个国家（中国、俄罗斯和哈萨克斯坦、白俄罗斯、波兰、德国）铁路、海关部门共同协调建立的铁路运输通道，它既是中欧专线，也是铁路专线，不仅能够帮助传统贸易提供性价比更高的服务，更为跨境电子商务企业提供了缩减中国到欧洲的距离与成本的跨境电商物流解决方案。

### 9.3.6 保税区、自贸区物流

保税区或自贸区物流是指通过国际货运预先将商品运至保税区或自贸区仓库，通过跨境电子商务平台进行商品陈列、浏览、下单、处理、支付等活动，当处理完网络订单后，通过线下的保税区或自贸区仓库实现商品的分拣、包装、发货，完成终端配送等物流活动。

自贸区物流或保税区物流模式总体上属于先物流、后订单。自贸区或保税区物流模式集规模化物流、集货物流、本地化物流优势于一身，有利于缩短物流时间，提高物流时效，降低物流成本，还利于享受保税区或自贸区的资源优势。保税区或自贸区物流可以享受保税区或自贸区的优惠政策与综合优势，主要体现在物流、通关、商检、收付汇、退税等方面，也简化了跨境电子商务与跨境电商物流繁琐的流程与手续。如亚马逊在上海自贸区建立自贸区物流仓库，以上海自贸区为跨境电子商务交易入口，引入全球产品线，预先将商品送至自贸区物流仓库。当消费者下单后，商品由自贸区物流仓库发出，能够实现集中化的国际货运、通关与商检，既降低了跨境电商物流成本，也缩短了物流时间，提高了物流与配送时效。天猫国际、苏宁全球购等纷纷推出保税区物流模式，通过与郑州、重庆等跨境电商试点城市合作，在保税区设立物流保税仓库，预先将商品送至保税仓库。当消费者下单购买后，商品直接从保税区仓库发出。保税区或自贸区物流模式比较适用于母婴用品、食品、化妆品等日常消耗量较大的商品品类，或者是商品型号较多、具备销量大数据分析能力的电商巨头。此外，在一些如“双 11”“黑色星期五”等大型促销活动周期内，该模式为解决大量商品集中清关的拥堵问题起到了很大的作用。

### 9.3.7 集货物流

集货物流指先将商品运输到本地或当地的仓储中心或集散中心，当积累到一定数量或达成一定规模后，通过与国际物流公司合作，通过国际货运模式将商品运至境外的买家手中；或者将各地发来的商品先进行聚集，然后批量配送；或者与一些商品属性或种类相似的跨境电商企业形成战略联盟，成立共同的跨境电商物流运营中心，利用规模化与互补优势等理念，达到降低跨境电商物流成本的目的。如米兰网在广州与成都自建了仓储中心，商品在仓储中心聚集后，通过与国际快递公司合作将商品送至国外买家；大龙网在深圳建立了仓储中心，采取集中发货方式满足跨境电商物流需求，既提高了跨境电商物流的整体效率，又降低了跨境电商物流成本。虽然保税区或自贸区物流模式类似集货物流模式，大致可以归属集货物流范畴，但是集货物流又不等同于保税区或自贸区物流模式。集货物流不仅可以集中仓储后再进行跨境电子商务活动，也可以先进行跨境电子商务活动再集中进行物流与配送。集货仓库不单独局限在保税区或自贸区，已经脱离了局限性的地理空间范畴。

### 9.3.8 第四方跨境物流

第四方跨境物流是独立于交易主体双方以及专业第三方物流商之外的主体，承担跨境商品流与配送业务，具体指为商品交易的买卖双方、第三方提供物流咨询、物流规划、商品运输、物流信息系统、供应链管理等综合性服务的一个供应链集成商，通过管理自身资源以及外部可协调资源、能力与技术，提供综合性的、全面的供应链解决方案。如兰亭集势在 2015 年 1 月 26 日宣布正式启动“兰亭智通”全球跨境电商物流开放平台，通过整合全球各地物流配送服务资源，开放比价竞价、全球智能物流路径优化、多种物流协同配送、自动打单跟单服务、大数据智能分析等综合性服务内容。Axado 与全球 150 多个物流公司通力合作，通过整合碎片化跨境电商物流市场，为需求方提供一揽子物流解决方案。速四方和出口易也属于第四方跨境电商物流公司的范畴。全球整合物流服务资源，不仅能够提供专线物流服务，还可以提供购物车建站、货源分销、在线推广、渠道管理软件服务、在线收付、全球物流与仓储等一站式综合服务项目，并逐渐涉足大数据、信息技术及金融增值服务等。

通过分析各跨境电商物流模式在时效性、成本、适用性以及目前的使用率等方面的表征，能够对各类跨境电商物流模式有较为清晰的了解，跨境电商物流模式对比见表 9-1。

**表 9-1 跨境电商物流模式对比**

| 模式 | 时效性 | 成本 | 适用性 | 目前使用率 |
|---|---|---|---|---|
| 国际邮政小包 | 慢 | 低 | 广 | 高 |
| 国际快递 | 快 | 高 | 广 | 高 |
| 海外仓 | 较快 | 较低 | 广 | 较高 |
| 边境仓 | 较快 | 较低 | 局限性显著 | 低 |

续表 9-1

| 模式 | 时效性 | 成本 | 适用性 | 目前使用率 |
|---|---|---|---|---|
| 国际物流专线 | 较快 | 较低 | 局限性显著 | 低 |
| 保税区、自贸区物流 | 较快 | 较低 | 局限性显著 | 较高 |
| 集货物流 | 一般 | 较低 | 局限性显著 | 低 |
| 第四方物流 | 不确定 | 不确定 | 广 | 较高 |

## 9.4 案例1 RCEP给国际物流带来的新机遇

2020年11月15日，全球最大的自由贸易协定RCEP（Regional Comprehensive Economic Partnership，区域全面经济伙伴关系协定）正式签署。

### 9.4.1 什么是RCEP

RCEP覆盖15个国家，总人口超过22亿人，覆盖人口、GDP总量、贸易额都超过了全球的三成，全面超过美国、加拿大和墨西哥组成的北美自由贸易区和欧洲关税同盟。签署协议的缔约国家共有15个，也就是“10+5”，即东盟10国加上中、日、韩、澳、新五国。

这份协定由东盟发起，覆盖全球30%的GDP和人口，横跨东亚三大经济体和东南亚主要国家，被称为“全球最大的自贸协定”。RCEP的签署将极大推进地区间贸易、跨境电商及相关产业的增长，实现地区各国间货物贸易高水平开放，助力跨境物流发展进入“快车道”。RCEP明确支持电子商务的跨境经营。据协定，各成员国均承诺将降低关税、开放市场、减少标准壁垒，未来区域内90%以上的货物贸易将最终实现零关税。对跨境电商及相关行业而言，关税减免将直接降低生产和流通等环节的成本，而多方市场的贸易标准统一化，也将削弱交易壁垒，促进自由贸易。

RCEP的核心就在于“自由贸易”，而自由贸易的核心则在于“消除关税壁垒”。在RCEP框架内，降低关税的基本模式包括：协定生效即降为0；十年过渡期内降为0；部分降税；例外商品不降税。

### 9.4.2 RCEP从4个方面促进中国跨境电商发展

（1）市场潜力：RCEP签署，将有利于帮助缔约国优质商品打开庞大中国市场，同时加速中国企业投资东南亚建厂。

（2）优势整合：RCEP成员国经济发展阶段差异大，将会巩固优势互补的产业链合作模式。

（3）品牌保护：RCEP对知识产权保护作出规定，为企业品牌建设、数字经济开展和创新提供保障。

（4）平台扶持：RCEP签署后，中国优质的跨境电商平台将加大中小微企业的扶持力度，推动企业及行业发展。

### 9.4.3 RCEP 的签订给跨境物流带来的好处

（1）物流通关效率提升。除了市场好，更多利好是在效率。在整个跨境过程中，通关效率是非常重要的，6 小时通关是中国政府对于边境贸易的要求。RCEP 协定下简化了海关手续，采取预裁定、抵达前处理、信息技术运用等高效管理方式帮助中国出口商品在目的国海关通关效率大大提升；中国 1210、9610、9710、9810 等跨境电子商务监管模式创新及技术平台很有可能被更多国家借鉴、参考及推广应用。事实上，有一种贸易模式，正常情况下基本上能做到 1 小时内通关。当然如今受疫情影响，时间上较以往会有些许调整。

（2）海外仓投资效率更佳。做跨境的，传统的很多仓库建在欧美，事实上东南亚的仓库还是不足的。现有一些快递公司计划在当地建一些仓库，但仓库的资源还是不够，仓配在东南亚还是稀缺资源。

RCEP 协定下，海外仓建设阻碍大大减少，国内商家也想更多囤货到海外，提升海外仓体验感。企业可以抓住机遇进行海外资本、人员投入，推进区域品牌化建设，高质量推进海外仓建设、丰富海外仓功能，对海外市场资源进行有效地整合。

（3）共建物流体系。在整个物流链路体系中，物流系统、支付系统和仓储系统，都是不可缺少的。现在有很多的东南亚支付牌照已经在使用，传统的像 ebay，包括蚂蚁集团做的跨境宝，对东南亚的渗透也非常强。站在整个跨境物流角度来讲，不管是物流、仓配，都还有很多机会。RCEP 的签署也是各缔约方加强物流合作，共克难关的良好契机，发达地区为欠发达地区提供技术和经验的援助，将从一定程度上改善欠发达地区的物流系统、支付系统、仓储系统，促进电商基础设施建设。

RCEP，是中国用勤劳、勇敢、智慧换来的金质勋章。2018 年的贸易战以来，我国的经济和科技产业遭受了一些冲击。但事实胜于雄辩，随着 RCEP 的签订，无数经济制裁和打压瞬间都显得毫无意义，澳大利亚也积极地加入了 RCEP。

自由贸易、合作共赢，才是历史的正确方向。RCEP 的签订，意味着在这个方向上迈出了坚实的一大步。

**思考题：**

（1）签署 RCEP 对我国有什么影响？

（2）请查阅相关资料，分析一下 WTO 与 RCEP 的区别。

## 9.5 案例2 疫情冲击下国际物流的发展观察——以深圳市为例

自 2020 年 1 月的新型肺炎疫情暴发以来，全球近 200 个国家和地区的交通运输中断。全球交通运输中断、商业活动被限制，各个国家生产企业停工停产，全球贸易交往锐减。由此给我国外贸带来国际运输迟滞、物流成本增加等多方面影响，国际物流发展面临较大不稳定性。

深圳市对外物流结构呈现典型的国际化、外向型特点，是我国发展国际物流业务的典型代表城市。有鉴于此，本书以深圳市为例，开展疫情下国际物流发展特征观察，并对其面临的发展挑战与机遇进行预判，为深圳及类似城市的国际物流业务发展策略提供参考。

### 9.5.1 国际物流需求的不稳定性加大

作为国际与国内产品流通渠道，国际物流主要发挥三方面的功能，一是承担高度国际化产业的产品流通，二是承担区域、周边城市以及城市自身的商贸产品出口活动，三是服务国际、国内居民消费需求品的快速流通。疫情暴发后，这三类货物流通均呈现较大不稳定性。

9.5.1.1 进口需求不稳定性加剧

以电子信息、生物医药产业等为代表的高附加值产业，原材料链条呈现高度全球化。当疫情全球爆发，链条上的任何国家生产过程不畅，均会带来中下游业务量下降。以深圳市集成电路产业为例，疫情引发日本、美国部分晶圆厂产能下降，加上贸易摩擦及交通运输通道不畅等原因，2020 年上半年自日本、美国进口单晶硅、电子元器件等集成电路原材料总额仅为 15 亿元、1.6 亿元，较 2019 年同期下降 15%、16%。

9.5.1.2 出口物流需求波动幅度增大

A 出口需求总体波动幅度较大

2020 年第一季度全市进出口总额为 2911 亿元、货运量 3897 万吨，较 2019 年同期分别下降 21.2%、9%。第二、第三季度略有好转，出口额逐步回升，并于第三季度末恢复到疫情发生前水平，但总体上看出口贸易发展态势不稳定，出口等需求呈现一定波动。近三年深圳市前三季度货物出口金额变化情况见图 9-7。

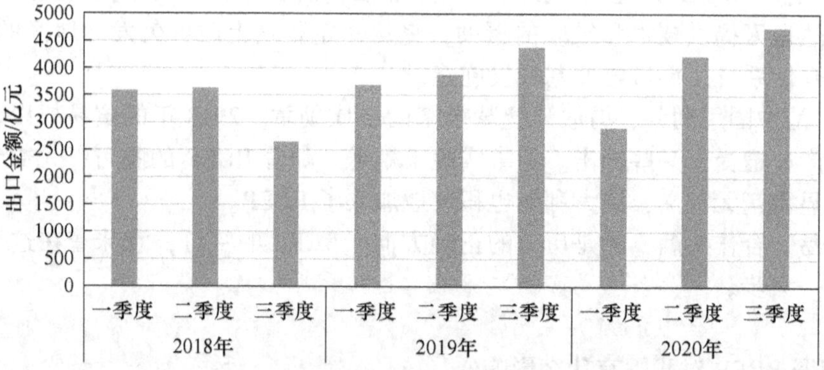


图 9-7 近三年深圳市前三季度货物出口金额变化情况

B 典型出口产品、出口区域需求下降

受新冠肺炎疫情及此前中美贸易战叠加影响，外贸市场疲软带来工业产品流通需求下浮，货物运输需求呈现下降趋势。以机电、汽车、纺织品等传统出口贸易产品为例，参考深圳市社会组织总会开展的《疫情下的行业调研系列报告》，疫情发生初期，机械、新能源汽车、物联网、半导体、氢能与燃料电池等工业产品产量均呈不同程度下降，其中 60% 企业反馈国外订单下降约 10%～30%，20%企业国外订单下降 30%～60%，另外 10%企业反馈国外订单遭受断崖式下降。

9.5.1.3 小批量、多批次跨境电子商务需求逆势增长

疫情下国际物流整体需求不稳定，但仍有部分领域呈现欣欣向荣之势，跨境电子商务

交易（简称跨境电商）尤其明显。各国对防疫物资、家居用品、室内体育用品等需求迅速增长，2020年前三季度深圳海关跨境电商进出口总值183亿元，同比增长2倍多。随着货运航班恢复和中欧班列投入，前三季度跨境电商快件数5.0亿件，较2019年同期增长20%，实现疫情期间少有的不降反增的好势头。

## 9.5.2 国际物流供给体系韧性不足初显

### 9.5.2.1 物流设施网络通达度降低

各个国家、地区为防止其他地区疫情传播，相继切断、减少对外的交通运输联系，尤其是承当国际货运重要角色的航空运输、海洋运输，深圳与全球各国家、地区之间的外向型物流网络通达性大幅降低。

A 航空运输网络中断

为坚决遏制境外疫情输入风险高发态势，自2020年3月29日起，民航局规定国内每家航空公司经营至任一国家的航线只能保留1条，且每条航线每周运营班次不得超过1班；外国每家航空公司经营至我国的航线只能保留一条，且每周运营班次不超过1班。截至第三季度末，全球疫情危机仍未解除，该政策仍然有效。

尽管货机航线恢复至疫情发生前的水平，多家航空公司开通20余条“客改货”航线。但较疫情前通达性仍存在差距（疫情前通航60个国家），客机腹舱带货和全货机航空货运能力明显下降，货物难以及时运送出境，影响了贸易公司、跨境电商出口企业的正常经营。

B 海运国际货运航线停航

各国相继切断交通联系，国际商品贸易量锐减，进而导致国际航运市场需求减少，削减运力已成为2020年国际航运市场的主旋律。截至第二季度末，深圳盐田港、蛇口港集装箱停航比例达15%、18%，主要包括深圳—亚洲、深圳—北欧、深圳—北美、深圳—美国东海岸贸易航线。而美国、欧盟作为深圳最大的贸易伙伴，航线停航对外贸出口产生较大冲击。

C 铁路运输网络发力不足

相较其他交通运输通道完善、多交通方式互补的城市，深圳市当前外向型物流网络韧性存在较大的差距，尤其体现在铁路运输方面。在空运、海运方式运输受阻后，广州、义乌充分抓住中欧班列的发展机遇，为国际贸易开辟新的通道。据广州海关统计，2020年前三季度，广州共开行进出口中欧班列79列，相比之下，深圳仅开通19列，存在明显差距。

### 9.5.2.2 关键环节流通效率下降

疫情初期，为防控人员流动增加传染，不同区域、城市采取了不同管制措施，物流从业人员复工不确定性增加。部分物流业务开工时间无法预估，整体对外物流工作效率受到影响。疫情在全球各个国家相继爆发后，空运和海运运输渠道受阻，在运输时间上相较以往增加更多不确定性。如为减少人员交叉感染风险，深港两地口岸决定从4月3日起，将深圳湾口岸（出入境旅检大厅、出入境客车通道）通关时间由早上6：30至晚24：00调整为上午10：00至晚20：00，至今仍维持该通关时间。各国在货物检验检疫更严格，除增加货物检测次数、设置防疫消毒站点外，国家和地区对其他国家货物贸易采取管制措施，物流整体服务效率出现不同程度下降。

### 9.5.3 国际物流发展面临挑战与机遇并存

#### 9.5.3.1 国际物流面临主要挑战

A 物流需求不稳定现象恐呈常态化

疫情带来生产要素自由流动性降低，引发全球生产型产业链不稳定性将长期存在，国家之间的产品、服务贸易等将不同程度变化，给货运业务带来严峻挑战。

传统国际物流的优势区域、优势产业领域能否尽快恢复难以预估，货运市场恢复的周期将进一步拉长。深圳国际货物各月进出口物流总量累计值增长率经历近10个月的下降后才开始回升，且波动幅度明显，因此国际物流需求总量、各国家和地区需求量持续波动应是一段时期内的常态，如图9-8所示。

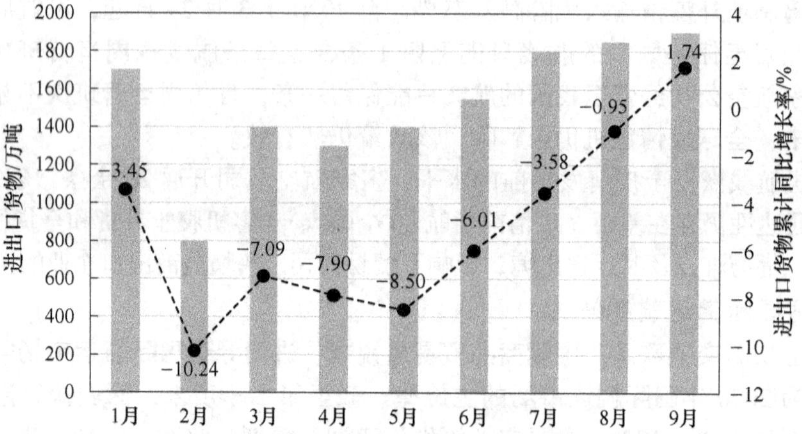


图9-8 深圳2020年进出口货物变化

B 物流运营面临高综合成本的挑战

疫情期间国际空运航班停班，运力不足导致运价迅猛增长，尤其是2020年4月、5月份，DHL、UPS等国际快递公司欧美寄递运价基本是2019年同期的2倍以上，第三季度运价稍微有所下降，但仍较2019年同期高出30%。国际海运运费同样增幅明显，欧美航线运价持续保持走高，无疑给国际物流运输公司增加了成倍经营成本，如图9-9和图9-10所示。

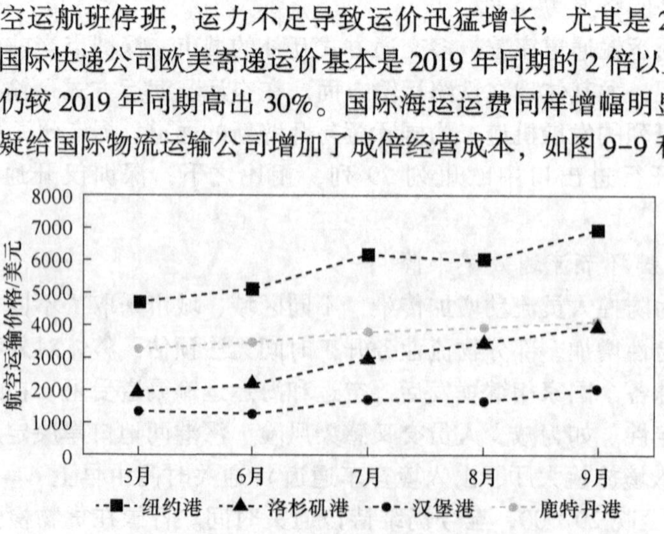


图9-9 DHL、UPS等公司深圳至北美航空运输价格变化

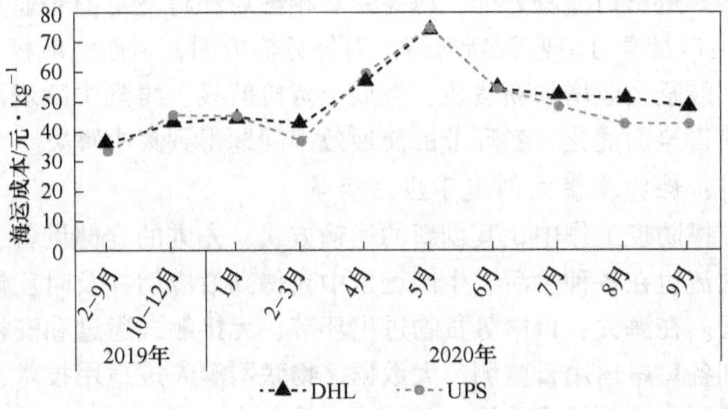


图 9-10　2020 年深圳港出发至欧美主要港口单位集装箱海运成本变化

物流行业为劳动密集型产业，不同国家、公司复工人员不确定，导致物流效率无法评估，企业用工成本提高。加上物流属于重资产行业，仓库用房租金、大型船舶租赁等成本增加，让原来业务量波动的企业面临巨大压力。不同环节的时间、人工、运营成本增加，最终都将导致物流综合成本的上涨。

### 9.5.3.2 国际物流发展主要机遇

A　“一带一路”沿线国家货物贸易成新的业务增长点

2020 年前 7 个月深圳市对“丝绸之路经济带”和“21 世纪海上丝绸之路”沿线国家（以下简称“沿线国家”）进出口 3556.5 亿元人民币，比 2019 年同期增长 4.9%，如图 9-11 所示。伴随深圳科学技术投入、资本投资等在“一带一路”沿线的成熟，沿线国家的贸易量将会大幅提升。加上中欧班列在疫情期间扮演了国际救援物资运输的重要角色，其特殊战略价值在全球遭遇极端情况下得以体现，未来将会为深圳与“一带一路”沿线国家货物贸易创造新的增长契机。

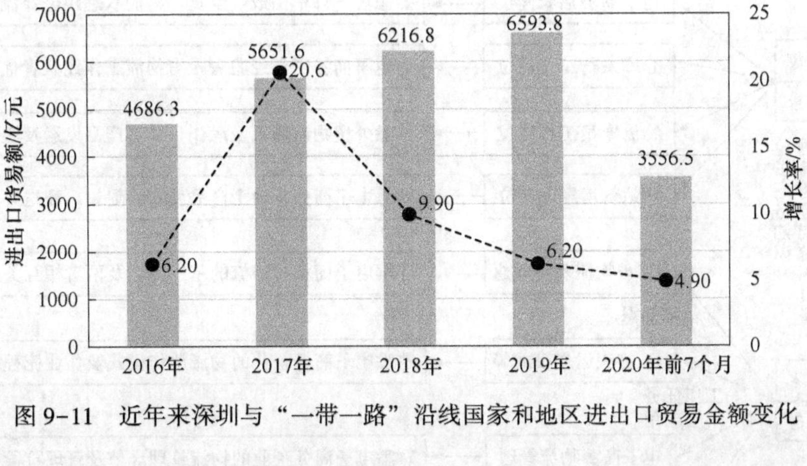


图 9-11　近年来深圳与“一带一路”沿线国家和地区进出口贸易金额变化

B　疫情之下国际物流获得发展政策红利

新冠疫情暴发以来，国家、省市各部门对面向海外市场的制造业、流通业恢复发展给予了大量的政策支持。尤其在跨境电商物流方面，国家各级部门共提出 10 余条具体优惠政策促进业务发展。进出口流程方面，海关总署相继启动跨境电商企业、出口退货业务监管试点，为B2B出口量身打造监管新通道。对外运输方面，从航空航权、航线、时刻等资源向货运倾斜，到鼓励企业增加新货机、发展全货机航线，再到中欧班列、海运快船，跨境电商物流政策获得全面优化，各环节的流通效率问题得到集中解决。

C　疫情为创新性物流模式创造了应用场景

物流行业在支撑防疫工作中，其创新的运输方式、先进的仓储设备、新颖的商业模式及智慧化物流数据流也在各种生活、生产场景中获得高效应用并及时反馈，从而推动整个行业的数字化进程。在海关、口岸等货物进出环节，无接触式通过和安检作业应用场景得到大量应用，深圳各口岸运用云监测、大数据、物联网等先进适用技术，初步实现包括货车实时定位跟踪监测、检验检疫功能，服务响应效率快速提高。

新冠疫情作为2020年初的“黑天鹅”同2003年的非典疫情一样，给深圳国际物流业发展带来了挑战，但同时也带来了机遇。准确把握国际物流业发展特征的变化，明确深圳物流疫情之下具备的物流基础优势、政策和市场机遇，进一步优化物流网络、积极布局商业发展模式、提高物流抵御风险的能力，才能助力深圳国际物流转危为安。

**思考题：**

（1）请谈谈深圳国际物流如何通过“一带一路”政策促进与沿线国家货物贸易？

（2）通过疫情下国际物流挑战和机遇，谈谈它给了你什么启示？

## 9.6　实践训练　跨境电商物流管理

### 9.6.1　训练导图

跨境电商物流管理训练导图，如图9-12所示。

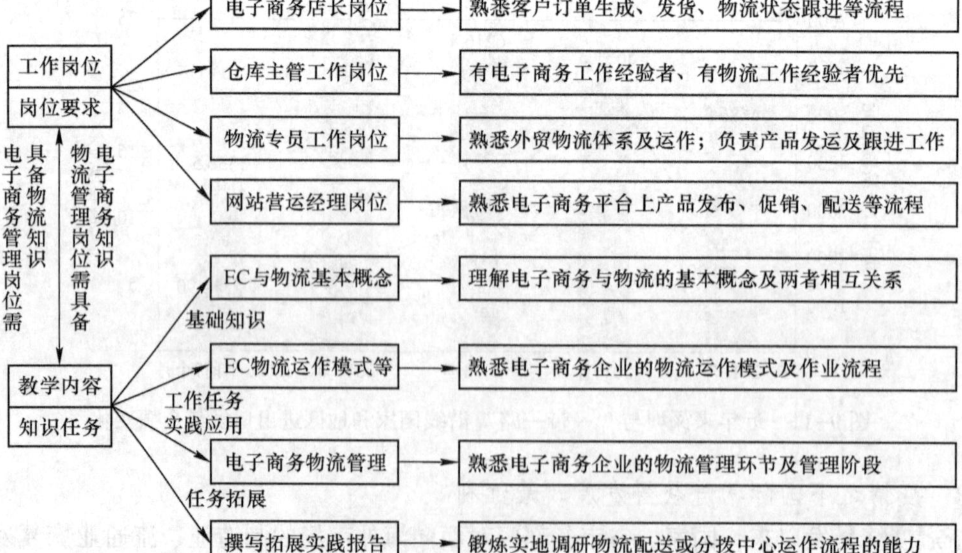


图9-12　跨境电商物流管理训练导图

### 9.6.2 训练目标

（1）学习国际物流的基本概念和国际物流系统。

（2）了解国际货物出口，熟悉国际货物进口。

（3）掌握外贸寄样外贸单证格式并能加以应用。

### 9.6.3 训练重点

（1）撰写出口报关单的缮制报告。

（2）撰写进口报关单的缮制报告。

### 9.6.4 训练内容

（1）了解国际货物出口。

1）了解贸易磋商的一般步骤；

2）了解付款方式有哪几种；

3）了解出口货物的过程；

4）比较出口退税的流程。

（2）国际货物进口。

1）利用电子商务平台寻找供应商，熟悉对外磋商的基本过程；

2）详细描述进口货物的通关流程。

（3）外贸寄样。通过了解寄样问题的实质，能够在寄样前是否寄样进行判断，熟悉打样的过程，以及了解如何有效控制寄送样品的快递费用。

1）准备寄样物品；

2）了解样品寄送方法；

3）与客户建立联系。

（4）外贸单证及应用。

1）通过了解常见单证，熟悉单证的使用；

2）比较不同类型的单证；

3）了解相关单证知识以后，查看单证是如何使用的。

### 9.6.5 训练拓展

训练拓展一：撰写出口报关单的缮制报告

（1）任务安排。选择浙江省进出口有限公司 2020 年 5 月在广交会上与一家美国企业 HOMIER DISTRIBUTING COMPANY INC 签订了出口 5000 件羽绒服（HS 编码：94039000）的合同，然后了解其相关的信息，然后根据了解的实际情况，撰写任务拓展实践报告。

（2）任务要求。中华人民共和国海关出口货物报关单填写要规范，用语要准确，相关代码资料可在“中华人民共和国海关总署”网站上查询，内容符合要求，保证报关单数据质量，并撰写工作任务实践报告，字数在 500 字以上。

（3）行动策划。

步骤 1：熟悉《中华人民共和国海关进出口货物报关单填制规范》中的相关要求；

步骤 2：仔细分析任务内容中相关背景资料；

步骤 3：在“中华人民共和国海关总署”网站上搜索关区代码表、运输方式代码表，查询相关代码或编号；

步骤 4：认真填写《中华人民共和国海关出口货物报关单》，保证报关单数据质量；

步骤 5：根据本单元所学的知识撰写工作任务实践报告。

训练拓展二：撰写进口报关单的缮制报告

（1）任务安排。浙江华润万家超市有限公司从德国西门子公司进口电冰箱，共 200 台，价格 698 美元/台，纸箱包装，合同号码为 LS2010901，要求 2021 年 3 月底交货。根据实地了解的情况，撰写任务拓展实践报告。

（2）任务要求。中华人民共和国海关进口货物报关单填写要规范，用语要准确，相关代码资料可在“中华人民共和国海关总署”网站上查询，内容符合要求，保证报关单数据质量，并撰写工作任务实践报告，字数在 500 字以上。

（3）行动策划。

步骤 1：熟悉《中华人民共和国海关进出口货物报关单填制规范》中的相关要求；

步骤 2：仔细分析任务内容中相关背景资料；

步骤 3：在“中华人民共和国海关总署”网站上搜索关区代码表、运输方式代码表，查询相关代码或编号；

步骤 4：认真填写《中华人民共和国海关进口货物报关单》，保证报关单数据质量；

步骤 5：根据本单元所学的知识撰写任务拓展实践报告。

# 参考文献

[1] 熊巍俊．采购与库存控制［M］．武汉：华中科技大学出版社，2011.
[2] 何庆斌．仓储与配送管理［M］．上海：复旦大学出版社，2011.
[3] 邵雷．物流信息系统［M］．杭州：浙江大学出版社，2010.
[4] 蔡淑琴，夏火松，梁静．物流信息系统［M］．北京：中国物资出版社，2010.
[5] 胡春森，袁荃．物流与供应链管理［M］．武汉：华中科技大学出版社，2012.
[6] 李荧．供应链与物流管理［M］．北京：电子工业出版社，2010.
[7] 沙梅．供应链管理与物流［M］．上海：上海交通大学出版社，2010.
[8] 宋华．物流与供应链管理［M］．北京：中国人民大学出版社，2017.
[9] 张夏恒．跨境电子商务概论［M］．北京：机械工业出版社，2021.
[10] 毕娅，原惠群．电子商务物流［M］．北京：机械工业出版社，2021.
[11] 陈雪梅．电子商务物流［M］．成都：西南财经大学出版社，2016.
[12] 陈瑶，李平．电子商务物流［M］．2 版．北京：北京理工大学出版社，2020.
[13] 赵林度．电子商务物流管理［M］．北京：科学出版社，2006.
[14] 刘磊，梁娟娟，曾红武．电子商务物流［M］．3 版．北京：电子工业大学出版社，2020.
[15] 胡荣，曹杰，陈波．智慧物流与电子商务［M］．北京：电子工业出版社，2016.
[16] 百度百科．同城配送［EB/OL］．（2020-09-21）［2021-02-05］．https：//baike. baidu. com/item/%E5%90%8C%E5%9F%8E%E9%85%8D%E9%80%81/10534870？fr=aladdin.
[17] 沈彬彬．中通研究院．与传统快递必有一战！同城配送 7 大模式，你了解多少？［EB/OL］．（2020-1-13）［2021-02-05］．https：//mp. weixin. qq. com/s/uBjw3cGMI7UV76fCAb5BgQ.
[18] 百度百科．天猫国际［EB/OL］．（2020-11-24）［2020-12-15］．https：//baike. baidu. com/item/%E5%A4%A9%E7%8C%AB%E5%9B%BD%E9%99%85/7972736？fr=aladdin.
[19] 物流时代周刊．提升“双 11”进口备货量，天猫国际上线保税仓存货贷款服务［EB/OL］．（2020-9-15）［2020-12-15］．https：//mp. weixin. qq. com/s/XyBs8znnrL6TAR-ewnbMuQ.
[20] 物流技术与应用．智能调拨聚合库存备货提速 4 倍天猫国际打造“直播弹性供应链”［EB/OL］．（2020-12-3）［2020-12-15］．https：//mp. weixin. qq. com/s/6qjfPG5fCGdbUyNfgdWJuw.
[21] 物流指闻．全国首创大进口新模式，天猫国际首个保税区工厂正式投产［EB/OL］．（2020-7-22）［2020-12-15］．https：//www. sohu. com/a/408946881_343156？_trans_=000014_bdss_dkbjxgyq.
[22] 京东企业业务．京东企业业务高校智能采购解决方案拍了拍你［EB/OL］．（2020-09-30）［2020-12-21］．https：//mp. weixin. qq. com/s/L4tGMvVGOTOw92MgkmoBEA.
[23] 首席数字官．京东智能采购平台席卷高校，百万师生智享全流程电子化［EB/OL］．（2018-09-20）［2020-12-21］．https：//mp. weixin. qq. com/s/eHN33MF5VtfnvDCuOfG8mA.
[24] 高荣月．高校实验物资采购信息化建设在路上［N］．中国政府采购报，（2018-12-23）.
[25] 袁瑞娟．推进信息化实现高校采购提质增效和风险防范［N］．中国政府采购报，（2019-06-20）.
[26] 国家企业信用信息公示系统美的集团 2019 年年度报告［EB/OL］．（2020-06-08）［2020-12-19］．http：//www. gsxt. gov. cn/%7B0FDFDA8767FE7B5594C91D844522F919440B7ABB226D0A5B5EC7EB8CEBC5E903DE1FFFFAA77C1A360FCE5731EC8E434562F31631539673547D938D9326932693BF78F7428353022EB713B709EB726CAD6ADF465CF877950C16B30DB372D75E40814696333279A228C2-1608470304120%7D？anCheId=PROVINCENODENUM4400005c17a89e-2a08-4ea0-8cdb-533dd3904f67&entType=101&anCheYear=2019.
[27] 一图读懂美的集团 2019 年报 & 2020 年一季报［EB/OL］．（2020-04-28）［2020-12-19］．https：//tech. sina. com. cn/it/2020-04-30/doc-iircuyvi0591932. shtml？zw=tech.

[28] 邓宇宁. “小到极致大有作为”美的采购中心供应链变革之路 [EB/OL]. (2019-04-29) [2020-12-19]. https://mp. weixin. qq. com/s/uI9m61s9Pk17y5u_hbBELw.

[29] 吴爱萍，徐志灵，曾文怡. 京东现代物流模式下的仓储管理 [J]. 市场研究，2018 (8): 44-46.

[30] 吕天奇，王婧娇，吕春梅. 京东物流仓储管理 [J]. 商场现代化，2017 (21): 62-63.

[31] 李佳师. 京东仓储系统：应对物流高峰品质效率两相宜 [N]. 中国电子报，2015-10-12.

[32] 京东物流. 京东物流大力布局本地仓，三四线城市网购提速至“当日购当日达” [EB/OL]. (2017-8-22) [2020-12-4]. https://mp. weixin. qq. com/s/NcN5ZmGA_oapLz975UR8sQ.

[33] 世界通史. 京东物流亚洲一号亮相“北京8分钟”成中国智慧物流名片 [EB/OL]. (2017-8-22) [2020-12-4]. https://mp. weixin. qq. com/s/5IGSCK8Qq5h3hUIrOD2jwg.

[34] 华南农产品交易中心. 冷链储存开创农产品新时代，助推现代果蔬产业发展! [EB/OL]. (2020-12-23) [2021-01-03] https://mp. weixin. qq. com/s/vB-D-YQWOo5gY4I-BY9kIg.

[35] 吴梦雁. 韶关日报. 华南农产品交易中心果蔬批发市场今日开业运营 [EB/OL]. (2020-08-08) [2021-01-03] https://www. sohu. com/a/412177274_120214184.

[36] 太原润恒城. 我国农产品冷链物流保鲜到底差在哪? [EB/OL]. (2018-09-13) [2021-01-02] https://m. sohu. com/a/253581143_99936581.

[37] 任明涛. 和君咨询. 即时配送行业的主要模式. [EB/OL]. (2020-11-01) [2021-01-02]. https://mp. weixin. qq. com/s/NQ8vztlqNd5P3Xg4JzsxTg.

[38] 刘江. 即时配送“破圈”，加速渗透快递 [J]. 物流时代周刊，2020 (10): 60-63. (2020-10-09) [2021-01-02].

[39] 道客巴巴. 2019中国即时配送行业发展报告. [EB/OL]. (2020-05-22) [2021-01-02]. http://www. doc88. com/p-37739708243386. html.

[40] 航运交易公报. 中国农产品冷链物流将成未来“新风口” (N). 航运交易公报，2018-01-29. (2018-01-29) [2021-01-03].

[41] 顺丰生鲜水果寄递解决方案 [EB/OL]. (2020-04-16) [2021-01-03]. https://www. sf-express. com/CN/sc/news/detail/2020--00002/.

[42] 2020生鲜包装解决方案 [EB/OL]. (2020-07-01) [2021-01-03]. https://www. sf-express. com/CN/sc/news/detail/2020--00002/.

[43] 赵皎云. 农产品冷链“最先一公里”的现状与趋势 [J]. 物流技术与应用，2020 (21): 34-40. [2021-01-03].

[44] 万德乾. 未来消费. 六大快递喜提“菜鸟天眼”备战双11，但物流业的IOT战略才刚开始. [EB/OL]. (2018-09-28) [2021-02-15]. https://www. sohu. com/a/256814090_ 650513.

[45] 李昭. 众创网. 菜鸟发布“物流天眼”快递公司将拥有“上帝视角”. [EB/OL]. (2018-10-04) [2021-02-15]. https://www. sohu. com/a/257133440_ 449073.

[46] 唯爱智能科技. 重磅! 菜鸟发布“物流天眼”，要为快递业百万摄像头装上大脑! [EB/OL]. (2018-09-27) [2021-02-15]. https://www. sohu. com/a/256446181_407669.

[47] 苏宁科技. 苏宁物流实时大数据的探索与实践. [EB/OL]. (2018-10-04) [2021-05-28]. https://www. sohu. com/a/233180651_804130.

[48] 王文博. 华夏幸福产业研究院. 备战双11这招666: 菜鸟“物流天眼”IOT解决案. [EB/OL]. (2018-10-17) [2021-01-05]. https://mp. weixin. qq. com/s/EUXOZPt0XvFOCEhmbXUmfQ.

[49] 任芳. 物流技术与应用. 通天晓助力韩后提升仓储物流信息化水平 [J]. 物流技术与应用，2018, 23 (10): 4.

[50] 百度百科. 第三方冷链物流. [EB/OL]. (2021-01-31) [2021-02-03]. https://baike. baidu. com/item/%E7%AC%AC%E4%B8%89%E6%96%B9%E5%86%B7%E9%93%BE%E7%89%A9%E6%

B5%81/253608？fr=aladdin.

[51] 物流时代周刊．第三方冷链物流为什么这么难？［EB/OL］．（2019-08-15）［2021-02-03］．https：//mp. weixin. qq. com/s/RvoNq7W-gP1e2f97sK1EiA.

[52] 白世贞，曲志华．冷链物流［M］．北京：中国人民大学出版社，2019.

[53] 汪利虹，冷凯君．冷链物流管理［M］．北京：机械工业出版社，2019.

[54] 梁永安．基于波特五力模型的第三方冷链物流企业行业竞争结构分析及对策［J］．物流工程与管理，2020，42（8）：87-89.

[55] 阿朱菇凉．牛气电商．“通达系”好日子到头了？顺丰借势唯品会杀入低端快递，每单4块钱．［EB/OL］．（2019-11-26）［2021-02-01］．https：//mp. weixin. qq. com/s/yCMYY6fEsiI9Lc0-zishlQ.

[56] 物者资讯．唯品会即日起终止自营快递业务与顺丰达成合作．［EB/OL］．（2019-12-03）［2021-02-01］．https：//mp. weixin. qq. com/s/YV_ dAUA--kW_ 2vCZBMy11w.

[57] 汪林．唯品会宣布与顺丰全面合作专家称“轻装上阵”将1+1>2［J］．计算机与网络，2019，45（23）：10-11.

[58] 冯维．华为应对供应链危机的六大经验［N］．中国邮政快递报，2019-6-12（7）.

[59] Hogwarts. S. 民营企业与超级大国的战争：“断供华为”事件始末［EB/OL］．https：//mp. weixin. qq. com/s/E45_ 0I3QnR_ EIO4KxhRqPAQ（2020-09-14）［2020-12-17］.

[60] CI. C美国升级对华为的芯片管制，没那么可怕［EB/OL］．https：//mp. weixin. qq. com/s/itzOXywzE-H6t0RsT_ UE1w，（2020-05-16）［2020-12-17］.

[61] 马士华，林勇．供应链管理［M］．5版．北京：机械工业出版社，2016.

[62] 李娜．我国智能手机产业供应链管理研究——以小米手机为例［J］．河北企业，2019（3）：51-52.

[63] 百度百科．小米科技有限责任公司［EB/OL］．（2020-10-10）［2020-12-18］．https：//baike. baidu. com/item/%E5%B0%8F%E7%B1%B3%E7%A7%91%E6%8A%80%E6%9C%89%E9%99%90%E8%B4%A3%E4%BB%BB%E5%85%AC%E5%8F%B8/13022816？fromtitle=%E5%B0%8F%E7%B1%B3&fromid=1566828&fr=aladdin.

[64] 小米集团2019年年报［EB/OL］．http：//www. doc88. com/p-19216996508766. html（2020-04-06）［2020-12-18］.

[65] 物流时代周刊．送装成本直降30%，百世快运是如何实现的？［EB/OL］．（2020-10-13）［2021-01-23］．https：//mp. weixin. qq. com/s/RIlG8l6D9O9-E2Kl7Fel4g.

[66] 江楚雅．长江商报．百世快运加码大件家居市场推“橙易装”服务将降低三成送装成本．［EB/OL］．（2020-10-15）［2021-01-23］．https：//m. sohu. com/a/424734469_120047081.

[67] 物流指闻．成本直降30%百世快运送装服务全新升级．［EB/OL］．（2020-10-13）［2021-01-23］．https：//www. headscm. com/Fingertip/detail/id/16080. html.

[68] 小高．财经看点网．盒马鲜生的突围困境．［EB/OL］．（2019-11-12）［2021-02-03］．https：//mp. weixin. qq. com/s/8ynxOU1y7uaK-wvup00Juw.

[69] 新经销．生鲜电商哀鸿遍野！盒马之“死”谁之错？［EB/OL］．（2019-05-21）［2021-02-03］．https：//mp. weixin. qq. com/s/_ HTyfE7ffiA34km2UxFsmw.

[70] 宁浮洁、丁浙川、周洁．盒马倪晓俊：盒马mini是生鲜电商全渠道终局模式．［EB/OL］．（2020-03-30）［2021-02-03］．https：//mp. weixin. qq. com/s/5FCE1PcmtF6JuxXoVuTySw.

[71] 星海情报局．RCEP：历史的转折和中国人的新生活．［EB/OL］．（2020-11-17）［2021-01-28］．https：//mp. weixin. qq. com/s/nNlPRII17lU_OhcQEWJP9A.

[72] 物流时代周刊．RCEP利好跨境物流，国际快递和国内快递一样方便．［EB/OL］．（2020-11-18）．［2021-01-28］．https：//mp. weixin. qq. com/s/k2JcS-5RqLvJowfv3lPI7Q.

[73] 物流指闻. 递四方戴彬：RCEP 给跨境物流带来哪些新机遇？[EB/OL].（2021-01-30）.[2021-01-28]. https：//mp. weixin. qq. com/s/A1_LJDkFi4MuM_gZuqapmg.

[74] 深圳市城市交通规划设计研究中心. 疫情冲击下国际物流发展特征观察与启示——以深圳市为例.[EB/OL].（2021-01-28）[2021-02-04]. https：//mp. weixin. qq. com/s/qvypDm0VPOzrOwDSI94A9Q.

[75] 徐青松，徐岚. 经济放缓和新冠疫情下海运货代企业的融资现状与创新策略 [J]. 天津商务职业学院学报，2020，8（5）：10.

[76] 曹允春，谢艾伦. 疫情下加快我国航空物流业发展的对策 [J]. 物流技术，2020，39（7）：3.

[77] 陈小梅，王海灵. 疫情下我国国际物流运营模式优化研究 [J]. 科技经济市场，2020（8）：109-112.